咸
豐
元
寶

História do Dinheiro

Volume IV

O valor das moedas, das coisas e do trabalho no Extremo Oriente, no Sul da Ásia e na África Subsaariana

Antonio Luiz M. C. Costa

1ª edição

Editora Draco

São Paulo
2021

Antonio Luiz M. C. Costa
Formou-se em engenharia de produção e filosofia, fez pós-graduação em economia e foi analista de investimentos e assessor econômico-financeiro antes de reencontrar sua vocação na escrita, no jornalismo e na ficção especulativa. Além de já ter escrito sobre a realidade na revista CartaCapital, é autor do romance *Crônicas de Atlântida: o tabuleiro dos deuses*, *Crônicas de Atlântida: O olho de Agarta* e de dezenas de contos e novelas.

Publisher: Erick Santos Cardoso
Revisão: Ana Lúcia Merege
Capa e diagramação: Ericksama

Dados Internacionais de Catalogação na Publicação (CIP)
Ana Lúcia Merege 4667/CRB7

C 837

Costa, Antonio Luiz M. C.

História do dinheiro - volume IV: O valor das moedas, das coisas e do trabalho no Extremo Oriente, no Sul da Ásia e na África Subsaariana / Antonio M. C. Costa. – São Paulo : Draco, 2021.

ISBN 978-65-5753-015-3

1. Moeda - História 2. Dinheiro - História I. Título

CDD-332.49

Índices para catálogo sistemático:
1. Moeda - História 332.49

1ª edição, 2021

Editora Draco
R. César Beccaria, 27 - casa 1
Jd. da Glória – São Paulo – SP
CEP 01547-060
editoradraco@gmail.com
www.editoradraco.com
www.facebook.com/editoradraco
Twitter, Instagram e TikTok: @editoradraco

SUMÁRIO

Introdução

O primeiro volume da série sobre a história do dinheiro cobriu a Antiguidade e a Idade Média. O segundo volume foi uma descrição abrangente da evolução dos sistemas monetários na Europa e Oriente Médio do século XVI ao XVIII, o período tradicionalmente chamado de Idade Moderna. A Idade Contemporânea ficou para o terceiro volume e, neste quarto volume, apresentaremos a história dos sistemas monetários do Extremo Oriente, Sul da Ásia e África subsaariana.

Para facilitar as comparações, introduzimos uma unidade de medida do poder aquisitivo, ou moeda imaginária, que chamaremos de **numo**[1] e representaremos por ñ.

O valor do numo foi escolhido de maneira arbitrária, mas cômoda. Os múltiplos simples correspondem em números redondos a referências comuns[2]:

Exemplo	ñ
Uma libra esterlina da era vitoriana (1837-1901) na Inglaterra	1.000
Um dólar dos anos 1920 nos EUA	100
Um real em 2015 no Brasil	4
Um dia de salário mínimo nacional brasileiro em 2015	100
Um dia de consumo digno de um trabalhador pré-industrial	25
Limiar de pobreza extrema do Banco Mundial, renda per capita diária	10
Fruta popular média ou ovo de galinha	1 a 2

(*)Como se recebia por dia efetivamente trabalhado e normalmente não se trabalhava mais de 250 dias por ano, um salário diário de 100 garantia um consumo de 75.

1 Do latim *nummus*, "moeda", é um sinônimo pouco usado de "dinheiro" em português e também o nome de várias moedas romanas e de uma unidade de conta na era bizantina.

2 Mais Informações sobre o numo e a ciência da comparação de valores monetários podem ser encontradas em *História do Dinheiro v. I*.

Extremo Oriente

China

A outra invenção da moeda

A única civilização onde a moeda propriamente dita foi inventada de forma independente além da Lídia e Grécia foi a chinesa. A tradição literária da China fala de várias formas de protodinheiro ou quase moedas usadas na antiguidade mais remota, incluindo cascos de tartaruga, pérolas, dentes, chifres, têxteis e ferramentas de pedra, mas as mais antigas das quais se tem comprovação arqueológica são os búzios ou cauris (*Monetaria moneta*) originários do Índico, encontrados em fieiras de dez unidades desde a dinastia Shang (1600 – 1050 a.C.) e com mais abundância na dinastia Zhou ocidental (1050 –771 a.C.), durante a qual parecem ter deixado de ser apenas objetos de prestígio ou presentes para se tornarem padrão de valor e meio de troca. O termo chinês ***bei***, "búzio" ou "concha", também significa "dinheiro" e seu ideograma, um búzio estilizado, compõe os logogramas para "valioso", "comprar", "comércio", "barato", "riqueza" e "objetos de valor", entre outros. Seu uso se espalhou do norte para o sul; desapareceu do norte durante a dinastia Han (206 a.C. – 226 d.C.), mas perdurou no sul até a imposição de um pleno controle imperial, no século XVI.

No fim do período Shang, começam a aparecer imitações de búzios feitas de osso e bronze, que atingem o auge na dinastia Zhou oriental (770 – 256 a.C.). Ferramentas em miniatura, principalmente lâminas de pás de tamanho cada vez menor, também foram usadas como reserva de valor. Em 1200 – 800 a.C. essas moedas-pás (*bubi*), feitas de uma liga de cobre (80%), chumbo (15%) e estanho (5%), eram postas nas tumbas, originalmente com forma e tamanho semelhantes ao de utensílios agrícolas verdadeiros – mas não robustas o suficiente para serem usadas –, depois com cerca de 40 gramas e 44 x 62 milímetros. Também nessa época se usaram peixinhos de bronze e jade com um furo, com cerca de 9 gramas. A partir de 700 a.C. as pás eram inscritas com o símbolo *peng* e números, o que permite inferir seu uso como dinheiro. No chamado "Período das Primaveras e Outonos" (771 – 476 a.C.) essas pás tinham 7 x 10 centímetros de comprimento e pesavam 20 a 30 gramas, mas ainda retinham a forma original e uma imitação de encabadouro oco para o cabo de madeira.

Nos reinos de Yan e Qi, usava-se também dinheiro com forma de lâminas de faca (moedas-facas, *daobi*) com 11 a 16 gramas. Às vezes são achadas em tumbas em pacotes de 25, 50 e 100 e possuíam um furo na ponta para serem reunidas em cordões. Segundo a tradição chinesa, o duque Huan de Qi (r. 685-643 a.C.) foi o primeiro a legislar sobre o peso das moedas de metal (entre 670 e 655 a.C.) e a estampar nelas um selo oficial (a partir de 655 a.C.), o que faz a invenção da moeda chinesa praticamente contemporânea das primeiras moedas na Lídia.

Reinos Combatentes e reunificação da China

No "Período dos Reinos Combatentes" (475 – 221 a.C.), moedas-pás eram muito menores e se tornaram totalmente achatadas e estilizadas. Em algumas regiões eram denominadas meio *jin*, um *jin* ou dois *jin* e, em outras, um *liang* ou 12 *zhu*[1]. Os sistemas monetários eram específicos de cada reino. Em Han e Wei, existiam em três pesos: 7, 14 e 28 gramas. As médias tinham cerca de 4 x 7 centímetros. Yan e Qi continuavam a usar as moedas-facas.

No reino meridional de Chu usou-se um sistema baseado em imitações achatadas de búzios de bronze chamados *yibi* ("nariz de formiga") ou *guilian* ("cara de fantasma"), com cerca de 1,8 grama

1 Nos períodos Qin e Han inicial, 1 *liang* equivalia a 15,24 gramas ou 24 *zhu* de 0,64 grama e um *jin* a 16 *liang* ou 244 gramas.

e 18 x 10 mm, assim como pequenas placas quadradas de ouro de tamanho variável (unidades de 7,9 gramas) marcadas com o nome da moeda (*yuan*) e o nome da capital, Ying. Foi uma exceção na história monetária da China, onde, antes de o país ser avassalado pelo comércio ocidental, quase não se usaram moedas de metais preciosos como as que foram base de quase todos os sistemas monetários ocidentais da Grécia Antiga ao início do século XX.

A partir do século IV a.C. surgiram também, a partir da planície do Rio Amarelo, moedas redondas com um furo redondo no centro, que presumivelmente imitavam discos circulares de jade mais antigos. Eram fundidas de acordo com padrões regionais e inscritos com sua denominação e o nome da cidade que as emitia e difundiram-se entre todos os principais reinos, exceto Chu. Os furos serviam para juntar as moedas em fieiras com um cordão. Tinham cerca de 10 gramas e 4 centímetros de diâmetro.

Segundo o *Clássico das Leis* (407 a.C.) de Li Kui, depois ministro do marquês de Wei (r. 403 -387 a.C.), um *hu* de grãos (19,968 litros) custava 30 moedas, o que permite estimar grosseiramente o valor dessas moedas em 10 ñ. Uma família com uma propriedade de 100 *mu* (4,6 ha) produziria 150 *hu* de grãos, uma renda bruta de 45.000 ñ (125 ñ/dia).

O Reino de Qin, a partir de 378 a.C., fundia moedas inscritas com os caracteres *ban liang*, ou seja meio *liang*, que pesavam inicialmente cerca de 10 gramas e passaram a ter um peso teórico de 7,62 gramas e um furo quadrado após uma reforma legalista de 340 a.C. Quando Qin unificou a China, em 221 a.C., essas moedas foram impostas a todo o país. Leis de Qin de 242 a.C. estabelecem claramente que elas deveriam ser aceitas pelo valor nominal independentemente do seu peso real e proíbem classificá-las por tamanho ou peso, o qual, na prática, podia variar de 3 a 10 gramas. Jarros desse período contendo mil moedas *banliang* de diferentes pesos (na maioria, 5 a 6 gramas, 34 mm de diâmetro) entesouradas de maneira indiscriminada sugerem que de fato o peso das moedas não era considerado relevante para seu valor.

Desde 300 a.C., pelo menos, os reinos de Qin e Qi haviam estabelecido o controle estatal da moeda. Em períodos anteriores, as moedas parecem ter sido criadas por agentes privados, como voltaram a ser parcialmente nas primeiras décadas do período Han, mas textos dos séculos IV a.C. e III a.C. discutem a conveniência de o

Estado controlar preços e oferta de moeda por meio do entesouramento ou dos gastos públicos.

Da dinastia Han à dinastia Sui

Quando a dinastia Han tomou o poder (206 a.C.), voltou a autorizar súditos privados a cunhar moedas mais "leves" que as Qin, chamadas "sementes de olmo" (*yu jia*), prática que parece ter gerado inflação e incentivado a prática de medir as moedas pelo peso. Essas moedas geralmente tinham menos de um grama. Um exemplar típico tem 0,49 grama e 17,5 milímetros; alguns, 0,4 grama e 10 milímetros; uns poucos, 0,12 grama e 5 milímetros.

Em 186 a.C., o peso oficial do *banliang* foi reduzido para 8 *zhu* (5,2 gramas, 32 mm). Em 182 a.C. foi emitida também uma moeda chamada *wu fen* ("quinta parte"), ou seja, um quinto do *banliang* ou 2,4 *zhu* (1,54 grama, 22 mm). As moedas passaram a ser redondas com um furo quadrado, símbolo do céu em torno da terra. Enquanto as moedas ocidentais da era pré-industrial foram geralmente pedaços de metal cunhados (batidos com um selo), o que lhes dava um formato algo irregular, as chinesas eram fundidas em um molde no qual o metal escorria por um tronco central e se espalhava por ocos que formavam cerca de 100 moedas dispostas como "folhas", o que lhes assegurava uma forma redonda mais perfeita e dava a impressão de uma "árvore de dinheiro" antes que as peças fossem destacadas. "Árvores de Dinheiro" eram postas em templos como símbolo de boa fortuna e davam sorte ao serem tocadas. Hoje, são feitas com enfeites dourados e prateados para decorar festas de Ano Novo.

Em 175 a.C., o *banliang* foi redefinido como 4 *zhu* (2,56 gramas, 23-25 mm), e em 119 a.C. substituído pelo *san zhu qian* ("moeda de três *zhu*", 1,92 grama, 23 mm) e pouco depois pelo *wu zhu qian* ("moeda de cinco *zhu*", 3,2 gramas, 25 mm). Essa moeda permaneceu como padrão do sistema chinês por mais de setecentos anos. Em muitos períodos, moedas e imitações de moedas com símbolos propícios foram amuletos populares. Na dinastia Han, por exemplo, foi costume mulheres usarem uma delas na faixa que prendia suas vestes como "simpatia" para ter filhos homens.

Em 119/118 a.C., foram criadas moedas chamadas de "metal

branco" (*baijing*) em três denominações: "dragão" (redonda, de 125 gramas, com valor de 3.000 moedas de bronze), "cavalo" (500 moedas, 21 gramas) e "tartaruga" (300 moedas, 15 gramas). Embora fossem teoricamente de prata, os exemplares encontrados arqueologicamente contêm apenas 6% desse metal (além de 40% de chumbo e 38% de estanho). Foi também criada uma espécie de "papel-moeda" de até 400 mil moedas (1,2 milhão de ñ). O couro de veados brancos criados para esse fim no parque do imperador era cortado em quadrados de 30 centímetros de lado, ornamentados com pinturas e bordados florais e marcado com denominações elevadas. Tinham de ser trocados por "presentes" de valor equivalente por vassalos que faziam sua viagem anual ao palácio para prestar homenagem. Na prática, eram certificados de pagamento de tributos.

Em 115 a.C., foram também lançadas moedas *wu zhu* com valor de cinco *qian* locais, chamadas *chi wu ze zhu* ou *zhong guan chi ze*. *Chi ze* significa "borda vermelha", porque, depois de removidas do molde, as bordas eram alisadas de modo a expor a cor de cobre do metal.

Aparentemente essas moedas de valor fiduciário (muito maior do que o valor do metal contido) foram falsificadas em grande escala e abandonadas até 113 a.C., quando também voltou a ser imposto o monopólio estatal da emissão de moedas para eliminar a desproporção de tamanho e peso entre as moedas de diferentes regiões.

Neste período, a economia já é fundamentalmente monetária, com uma cunhagem da ordem de 230 milhões de *qian* (750 toneladas) por ano. Existem dados suficientes para estimar o poder aquisitivo dessa moeda de bronze em cerca de 3 ñ.

mercadoria	Unidade antiga	qian por unidade antiga	unidade moderna	ñ por unidade moderna
terra	mu = 461 m²	70	hectare	4.556
"	mu	300	hectare	19.525
sementes de cânhamo	shi / hu = 19,968 litros	70	kg	19
arroz polido (norte)	shi	200	kg	34
arroz polido (sul)	shi	100	kg	17
trigo descascado (capital)	shi	160	kg	31
trigo em casca (capital)	shi	100	kg	19
trigo em casca (interior)	shi	75	kg	14

"	shi	50	kg	10
cevada	shi	40	kg	10
soja	shi	30	kg	6
feijão azuki	shi	50	kg	10
painço	shi	100	kg	24
painço glutinoso	shi	60	kg	14
gordura animal	jun = 7,32 kg	300	kg	123
carne	jun	200	kg	82
bucho	jun	90	kg	37
peixes	30 unidades	60	unidade	6
"	30 unidades	100	unidade	10
peixe de 69 cm (3-4 kg)	unidade	50	unidade	150
huangjiu (vinho de arroz)	shi	100	litro	15
"	shi	500	litro	75
palha de arroz	fardo = 15 kg	8,5	kg	0,57
madeira	chi = 23,1 cm	23,5	metro	305
tecido	bu = 1,38 m	60	metro	130
seda bruta	jin =244 g	240	kg	2.950
"	jin	345	kg	4.240
tecido de seda	jin	512	kg	6.290
tecido de cânhamo	jin	125	kg	1.535
cavalo	unidade	5.454	unidade	16.362
vaca	unidade	1.200	unidade	3.600
"	unidade	3.750	unidade	11.250
porco	unidade	300	unidade	900
"	unidade	900	unidade	2.700
ovelha	unidade	150	unidade	450
"	unidade	500	unidade	1.500
cão	unidade	100	unidade	300
galinha	unidade	70	unidade	210
"	unidade	40	unidade	120
coelho	unidade	29	unidade	87
caixão	unidade	2.000	unidade	6.000
prata (*)	jin =244 g	2.000	grama	25
ouro (*)	jin	10.000	grama	123

(*) o poder aquisitivo da prata era semelhante ao vigente em Roma na mesma época e o do ouro era cerca da metade.

Além das moedas de bronze, circulavam também lingotes de prata e ouro, com o peso de um *jin* (244 gramas) ou dois *jin* (488 gramas) e com formato de torta, sapato ou casco de cavalo.

Por volta de 2 d.C., o Império Han tinha uma população de 58 milhões a 60 milhões, com uma área cultivada de 827 milhões de *mu* ou 381 mil km². Entre outras taxas, cada adulto de 15 a 56 anos pagava uma capitação[2] de 80 a 120 *qian* (240-360 ñ) anuais e crianças de 7 a 15 anos, 23 *qian* (69 ñ). Mercadores pagavam 240 qian (720 ñ). Além disso, cobrava-se 1/30 a 1/15 da produção agrícola, mais um imposto de 127 *qian* para cada *suan* (10.000 *qian*) de propriedade. Uma propriedade de 70 *mu* (3,2 hectares), com uma casa, dois bois e duas carroças era avaliada em dois *suan* (60.000 ñ) e, portanto, pagava 254 *qian* (762 ñ). Homens de 20 a 56 anos eram sujeitos ao serviço militar, mas se convocados podiam optar por pagar 300 *qian* (900 ñ) por mês ou, segundo outras fontes, 2.000 *qian* (6.000 ñ) por um substituto.

A arrecadação total do Império foi calculada em 10,7 bilhões de *qian*, mais 20,3 milhões de *shi* de grãos, o que a uma média de 50 a 100 *qian* por *shi* de grãos (10 a 20 ñ por kg) equivalia a 11,7 bilhões a 12,2 bilhões de *qian*, 35 bilhões a 37 bilhões de ñ, o dobro da arrecadação total do Império Romano em seu auge ou pouco menos que isso, mas talvez apenas um pouco mais se forem considerados os impostos municipais romanos (pois na China o governo imperial assumia também as funções locais).

Estima-se que o Império tinha cerca de 130 mil a 150 mil funcionários, 30 mil a 40 mil dos quais na capital, Luoyang, que representavam uma despesa anual de 2 bilhões de *qian* (6 bilhões de ñ). Seus proventos eram pagos metade em moedas, metade em *shi* ou *hu* de cereais não descascados. Um *hu* valia 100 *qian* na capital e 50 a 75 *qian* nas províncias. Os pagamentos eram os seguintes:

Funcionário	categoria	salário mensal qian (moedas)	shi (grãos*)	presentes	ñ/ano	ñ/dia
Burocratas						
Três excelências	10.000 shi	17.500	175	+100%	2.520.000	7.000
Nove ministros	2.000 shi plenos	9.000	90	+50%	972.000	2.700
Burocratas (máximo)	1.000 shi	4.500	45		324.000	900
Burocratas (mínimo)	100 shi	800	8		57.600	160
Funcionários de base	dou	550	5,5		39.600	110

2 Imposto de valor fixo por pessoa (per capita), independentemente de renda e propriedade.

Escriturários auxiliares	auxiliar	400	4	28.800	80
Governador de comarca	2.000 shi	6.000	60	378.000	1.050
Magistrado de comarca	600 shi	3.500	35	220.500	613
Governador de distrito (mais de 10 mil famílias)	1.000 shi	4.500	45	283.500	788
"	600 shi	3.500	35	220.500	613
Governador de distrito (menos de 10 mil famílias)	400 shi	2.500	25	157.500	438
"	300 shi	2.000	20	126.000	350
Magistrado de distrito (máximo)	400 shi	2.500	25	157.500	438
Magistrado de distrito (mínimo)	200 shi	1.500	15	94.500	263
Militares					
Xiao wei (comandante de 1.000 soldados)	2.000 shi	6.000	60	378.000	1.050
Hou (comandante de companhia, 100-200 soldados)	600 shi	3.000	30	189.000	525
Sai wei (vice-comandante de companhia)	300 shi	2.000	20	126.000	350
Shi li (oficial de companhia)	-	1.200	12	75.600	210
Wei shi (funcionário civil de companhia)	-	600	6	37.800	105
Ling shi (")	-	480	4,8	30.240	84
Shu zuo (")	-	360	3,6	22.680	63
Hou chang (comandante de pelotão)	-	1.800	18	113.400	315
"	-	1.200	12	75.600	210
Hou shi (oficial civil de pelotão)	-	900	9	56.700	158
Sui chang (comandante de seção)	-	900	9	56.700	158

Soldado (sentinelas e serviço permanente)	-	0	3,33	8.991	25
Soldado (serviço temporário e colônias agrícolas)	-	0	3	8.100	23
Dependente de soldado (homem adulto)	-	0	3,33	8.991	25
Dependente de soldado (mulher adulta)	-	0	2,16	5.832	16
Dependente de soldado (menino 7-14 anos)	-	0	2,16	5.832	16
Dependente de soldado (menina 7-14 anos)	-	0	1,67	4.509	13
Dependente de soldado (menino 2-6 anos)	-	0	1,67	4.509	13
Dependente de soldado (menina 2-6 anos)	-	0	1,17	3.159	9
Outros					
Lacaio	-	1.000	0	36.000	100
Trabalhador não especializado	-	500	0	18.000	50
Empregada doméstica	-	100	0	3.600	10
Camponês livre (70 mu de terra, bruto)	-	0	8,75	23.625	66
Camponês livre (70 mu de terra, líquido de taxas)	-	0	8,17	20.070	56

(*) avaliado em 300 ñ para burocratas da capital e 225 ñ para os do interior

Os altos funcionários civis eram categorizados por "números de shi", que talvez representassem o pagamento original para sua classe, mas não correspondiam exatamente aos pagamentos efetivos. Estes eram relativamente modestos: romanos com cargos de importância semelhante ganhavam cinco a vinte vezes mais.

Os funcionários de nível mais baixo tinham proventos comparáveis em ambos os impérios, mas eram pelo menos dez vezes mais numerosos na China (considerando também os funcionários municipais romanos, ainda assim havia pelo menos o dobro de chineses).

Os cerca de 200 senhores feudais chineses, muitos dos quais eram também altos funcionários, podiam cobrar, em vez da capitação, 200 *qian* de impostos por cada família de seus feudos, as quais variavam em número: de algumas centenas a 26.000. Isso podia significar uma receita média de 200 mil a 1 milhão de *qian* (600 mil a 3 milhões de ñ), bem inferior à de um senador romano, cujo requisito *mínimo* era de 1 milhão de sestércios em propriedades e cerca de 150 mil (3,6 milhões de ñ) em renda. A média era 2,5 vezes maior, e alguns ganhavam centenas de vezes esse valor.

Um *hou* chinês ganhava pouco mais da metade do soldo de um centurião romano ordinário, mas o dobro de um centurião das tropas auxiliares. Um soldado chinês ganhava à primeira vista muito menos que um legionário romano, mas a diferença é mais qualitativa que quantitativa. O soldado da Roma imperial era um mercenário engajado por 25 anos, mas 60% de seu soldo regular (60 ñ diários) era descontado por alimentação (27%) e vestuário (33%) e lhe restavam de fato 24 ñ diários em dinheiro. O soldado chinês era um conscrito que normalmente servia por um ou dois anos e recebia do Estado a alimentação (seu soldo teórico) e vestuário, mas nenhum dinheiro. Em termos de ração, o chinês recebia 3,33 *shi* ou 66 litros (52 quilos) de grãos com casca por mês e o romano 4 módios ou 35 litros (27 quilos) presumivelmente descascados, mas descontados do soldo.

Por outro lado, se o soldado chinês tivesse família, esta o acompanhava e recebia uma alocação adicional em grãos em troca de seus serviços: uma família constituída de um soldado acompanhado, digamos, da esposa, uma filha e um filho de 7 a 14 anos receberia o equivalente a 63 ñ em grãos, uma renda comparável à de uma família camponesa, sem os riscos de uma quebra de safra (substituídos pelos de um ataque inimigo, é claro).

Tudo considerado, a renda parece ter sido menos concentrada no Império Han do que no romano e os gastos mais voltados para a burocracia e obras civis do que para as forças armadas.

O salário médio de um trabalhador não qualificado parece ter sido 500 *qian* por mês, equivalentes a 1.500 ñ por mês ou 50 ñ por dia (72 ñ por dia efetivamente trabalhado). Uma empregada doméstica, porém, ganhava apenas 100 *qian* (300 ñ por mês, 10 ñ por dia), embora provavelmente também tivesse direito a casa e comida.

Em 9 d.C., o ex-comandante militar e regente Wang Mang, sobrinho da imperatriz, assassinou o jovem herdeiro e usurpou o trono chinês, reinando até 23 d.C. como uma efêmera "Dinastia Xin". Esse imperador tentou reformas agrária e tributária, a abolição da escravidão e a emissão de 37 tipos de moeda, muitas delas baseadas em modelos arcaicos, anteriores aos Han.

O novo imperador não foi bem sucedido em nenhuma dessas medidas, particularmente a última, que confundiu o público, incapaz de reconhecer as novas moedas e distingui-las de falsificações. As moedas Xin, baseadas em um *liang* redefinido como 13,92 gramas, incluíram:

a. Onze tipos de *moedas-pás*, com valores de 100 a 1.000 *qian*, 40 mm a 58 mm de comprimento e 4,2 a 10,6 gramas

Tipo	significado	Valor em qian
huo bu	moeda pá	25
xiao bu yi bai	pá pequena	100
yao bu er bai	pá bebê	200
you bu san bai	pá juvenil	300
xu bu si bai	pá regular	400
cha bu wu bai	pá servidora	500
zhong bu liu bai	pá média	600
zhuang bu zi bai	pá adulta	700
di bu ba bai	pá graduada	800
ci bu jiu bai	pá inferior	900
da bu heng qian	pá grande	1.000

b. Dois tipos de *moedas-facas*, uma com valor de 5.000 *qian*, 74 x 15 mm, 41,1 gramas e inscrição em ouro; outra com valor de 500 *qian* e sem inscrição

c. *Moedas redondas*, furadas, conhecidas como *huo quan*, com vários pesos (menos de 2 a 20 gramas), tamanhos e valores. As maiores eram conhecidas como *bing* ("torta" ou "biscoito"):

Tipo	significado	Valor em qian
xiao quan zhi yi	moeda pequena	1
yao quan yi shi	moeda bebê	10
you quan er shi	moeda juvenil	20
zhong quan san shi	moeda média	30
zhuang quan si shi	moeda adulta	40
da quan wu shi	moeda grande	50

d. Uma moeda redonda ligada a um quadrado, chamada *guo bao jin kui zhi wan* ("deficiência em ouro do tesouro nacional") e com a inscrição "valor 10.000".

Wang Mang foi, por sua vez, deposto e assassinado e foi restaurada a dinastia Han, que transferiu a capital de Luoyang para Changan e voltou a fundir as *wu zhu qian* como únicas moedas circulantes, com peso abaixo do padrão teórico, geralmente em torno de 1,1 grama.

Após a queda definitiva da dinastia Han, em 220 d.C., a China se dividiu temporariamente em três reinos rivais. O reino de Wei fundiu apenas moedas de tipo tradicional, mas o reino de Shu produziu moedas de 1 grama com valor nominal de 100 *qian*, e o reino de Wu, moedas de 500, 1.000, 2.000 e 5.000 *qian*. Não havia relação entre o tamanho das moedas e seu valor, atestado apenas pelas inscrições: a de 1.000, por exemplo, era maior que a de 5.000.

O país foi reunificado pela dinastia Jin em 265, mas no século seguinte várias minorias se separaram e criaram 16 pequenos reinos. As moedas por eles emitidas continuaram a ser do tipo *wu zhu* criado pelos Han.

Em 420, um golpe contra a dinastia Jin resultou em nova divisão da China em dois reinos: um no Norte, governado inicialmente pela dinastia Wei, e outro no Sul, com capital em Jiankang (atual Nanjing), cujos primeiros imperadores foram da dinastia Song.

No Norte, foram fundidas moedas *wu zhu* tradicionais, mas também, desde 561, um tipo de moeda-pá com valor de 5 *qian;* a partir de 574, uma moeda redonda de 3,8 gramas chamada *wu xing da bu* ("grande moeda dos cinco elementos") com valor de 50 *qian* e, em 579, outra chamada *yong tong wan guo* ("circulação eterna em dez mil reinos"), com valor de 500 *qian*. Conta-se, porém, que depois de alguns anos estas últimas foram desvalorizadas para um *qian* e 10 *qian*, respectivamente.

No Sul, foi comum a emissão privada de minúsculas moedas de bronze conhecidas como "olho de ganso" ou "olho de galinha", sem indicação de padrão ou valor nominal, e moedas de ferro, de peso regular, mas valor rapidamente reduzido pela inflação. Também foi comum cortar as moedas tradicionais em duas partes, um anel exterior e um interior. A partir de 430, circularam moedas oficiais com a indicação de peso de *si zhu* (quatro *zhu*, ou 2,32 gramas), mas que foram diminuindo progressivamente de tamanho. Em 465, seu peso real era de dois *zhu* (1,16 grama). Entre 552 e 557 foram também fundidas moedas conhecidas como "dois pilares", "três pilares" e "quatro pilares", caracterizadas por igual número de marcas redondas e peso de duas a três gramas. As duas primeiras tinham valor de 10 *qian* e a última de 20 *qian*. Em 560-566 e de novo em 579 foram postas em circulação outras moedas de 10 *qian*, estas chamadas *liu zhu* (6 *zhu*, 3,48 gramas).

Em 581, a China foi reunificada sob o governo da dinastia Sui, que inicialmente cunhou moedas *wu zhu* de tipo tradicional e peso próximo do padrão, mas perto do final sofreu uma crise monetária que a levou a usar pedaços de ferro, papel e couro como moeda.

Dinastia Tang

Em 618, a dinastia Sui foi derrubada por uma revolta popular e o trono tomado pela dinastia Tang, que trouxe um período duradouro de estabilidade e prosperidade ao país, às vezes considerado como a sua "idade de ouro". A China tinha então 80 milhões de habitantes e era o maior e mais avançado império de seu tempo, cujas inovações tecnológicas – incluindo o papel, a pólvora, a porcelana, a imprensa e o relógio mecânico – começaram a ser gradualmente transmitidas na direção do Ocidente por intermédio de hindus, árabes e mercadores judeus da Estrada da Seda.

A dinastia Tang também exerceu um controle mais estrito sobre a economia e a administração que suas antecessoras. A proporção de funcionários públicos na população atingiu um índice que nunca voltaria a ser visto antes do século XX (0,7%, cerca de 600 mil). A terra foi distribuída em propriedades de tamanho padronizado conforme a capacidade de trabalho (proporcional ao número de membros da família e bois que possuíssem; em média, 80 *mu* por família) e instituindo um sistema de seleção de funcionários por exames escritos, que versavam sobre os clássicos confucianos. Os camponeses pagavam tributo anual de cerca de 2 *tan* de grãos (207 litros) e 2 *zhang* e 5 *chi* de tecido (8 metros), mais 20 dias de trabalho compulsório (ou 3 *chi*, 0,96 metro, de tecido por dia não trabalhado), o que representava o equivalente a 25% de sua produção.

Gaozu, fundador da dinastia Tang, aboliu o *wu zhu* e criou em 621 uma nova moeda chamada *kaiyuan tongbao*, "novo início (emissão) circulante do tesouro", cujo peso seria de 1/10 de um *liang*, unidade que, dos 15,36 gramas das eras Qin e Han inicial e 13,92 do período Xin em diante, foi redefinida para perto de 40 gramas. Mil moedas, chamadas *wen*, eram reunidas em fieiras chamadas *guan*, teoricamente de mil unidades (ou menos em épocas de escassez de moedas – 770 no período Song, por exemplo), divididas em dez seções de cem unidades chamadas *zumoqian*. Quem assim as reunia retinha 1% a 3% pela conversão, reduzindo a seção a 97 a 99 unidades. O *guan* de moedas de bronze, mais tarde também chamado *chuan* ou *diao*, equivalia, em tese, a um *liang* de prata, mas o câmbio real oscilou consideravelmente conforme a época e a região.

O *liang* de prata de perto de 40 gramas foi também conhecido nas línguas ocidentais como *tael*, nome português derivado do malaio *tahil*, "peso". Equivalia a 10 *qian* (em inglês *mace*, português "maz", ambos derivados do malaio *mas*), 100 *fen* (em inglês *candareen*, português "condorim", derivados do malaio *kanduri*) e 1.000 *li* (em inglês *cash*, português "caxa" ou "caixa"[3], derivados do tâmil *kasu*, por sua vez derivado do sânscrito *karshapana*, antiga moeda indiana). 16 *liang* ou taéis faziam um *jin* de 596,8 gramas (em inglês *catty* e em português "cate", do malaio *kati*) e 100 *jin* um *dan* (inglês *picul*, português "pico", do malaio *pikul*).

Fisicamente, o *liang* de prata circulava na forma de lingotes de variados pesos e formatos. São conhecidos em chinês como *yuanbao*, "tesouro circulante" (mais aplicado ao lingote de 50 liang), abreviação da inscrição *kaiyuan tongbao* das moedas Tang, ou *yinding*, "placa (lingote) de prata". Em inglês, usou-se no século XIX *yamboo*, derivado de *yuanbao*,

3 Também se usou para a moeda, em português de Macau, a palavra "sapeca", do malaio *sapaku*, originalmente "fieira de 100 moedas" (o *zumoqian* chinês). Na Indochina francesa, dizia-se *sapèque*.

no comércio entre Xinjiang e a Índia britânica, mas o nome mais conhecido é *sycee*, de *xisi*, "seda fina" (*saisi* em cantonês), nome dado em chinês ao metal dos lingotes de pureza comercial (95% ou mais) cujo resfriamento produz na superfície finas ondulações que lembram fios de seda, em contraste com a superfície enrugada ou grosseira dos lingotes de teor mais baixo. Em português, foram chamados "pães de prata". Feitos e selados por prateiros privados (artesãos), mais tarde também por bancos e contrastarias oficiais, não eram propriamente moedas, pois seu peso e qualidade eram reavaliados a cada transação, recebendo novas estampas de comerciantes e autoridades para atestar seu peso e pureza.

Variantes da nova moeda de 4 gramas de bronze ou pouco menos, com diâmetro de 8 *fen* (25,6 mm), vieram a ser adotadas também no Japão, Coreia e Anam (atual Vietnã) e foram fundidas ou cunhadas até 1916 na China e 1945 no Vietnã, ou seja, por cerca de 1.300 anos, mais do que qualquer outra moeda metálica. No início do período Tang, um *dou* de arroz (10,35 litros, 9,22 quilos) custava 10 *wen*, o que permite estimar seu poder aquisitivo em cerca de 10 ñ. Em 630, 3 ou 4 *wen* (30-35 ñ por moeda), em 665, 5 *wen* (20 ñ).

Foram também fundidas moedas do mesmo tamanho e com as mesmas inscrições de ouro e prata, mas aparentemente não foram usadas como dinheiro e sim como presentes distribuídos por ocasião de casamentos e nascimentos imperiais. A prata era usada, porém, na forma de lingotes retangulares de 50 *liang*, para pagamento de tributos ao imperador e por este para premiar seus favoritos.

Em 666 foi posta em circulação, para fazer frente a despesas militares, uma moeda de 5 gramas chamada *qian feng yuan bao*, com o valor de 10 *wen*, que teve curta duração.

Em 758-761, o líder da rebelião Anshi fundiu moedas de 100 *wen* por razões semelhantes, e o governo imperial, moedas chamadas *zhong bao* ("tesouro pesado"), de 28 mm e 7 gramas, com valor de 10 *wen*, e também de 35 mm e 22 gramas com valor de 50 wen. No entanto, o imperador Daizong, ao subir ao trono em 762, rebaixou o valor das moedas maiores para uma *caxa*, de modo a tirá-las de circulação.

As moedas chinesas do período Tang e posteriores tiveram caráter semifiduciário, com poder aquisitivo em torno do dobro do valor do metal contido (83% cobre, 15% chumbo, 2% estanho) em meados do século VIII, mas moedas de valor nominal muito alto em relação ao valor do metal, embora impostas em emergências, eram mal aceitas, estimulavam a falsificação e raramente circularam por mais do que alguns anos. Por outro lado, ainda durante a dinastia Tang, por volta do ano 800, começaram a circular notas promissórias de papel impresso, conhecidos como *fei qian* ou "dinheiro voador", usadas em grandes pagamentos entre mercadores (principalmente de chá), para os quais era pouco prático transportar grandes volumes de moedas. O comerciante as recebia em troca de um depósito em moedas na capital e podia redimi-las nas províncias ou endossá-las em favor de terceiros. Embora de emissão e uso privados, sem chancela do Estado (que tentou brevemente proibir seu uso como dinheiro em 811), tais notas podem ser consideradas um passo importante para o papel-moeda.

Em 760-763, no fim da rebelião Anshi, o *dou* de arroz custava 1.000 *wen* (0,1 ñ por moeda) e em 780, 200 *wen*, o que corresponde a um valor de 0,5 ñ por moeda (a metade do qual era o custo de produção e transporte da moeda à capital, segundo uma crônica da época). Em 785, o *dou* de arroz era vendido a 150 *wen* e o de painço, a 80 *wen* (cerca de 0,7 ñ por moeda, cujo custo de produção era então de ¾ do valor nominal segundo a enciclopédia *Tongdian*, editada de 766 a 801). No início do século IX esses preços haviam caído para 50 e 20 *wen*, respectivamente (2 ñ por moeda). A escassez de metal, a deflação e o entesouramento de moedas de bronze foram vistos como um sério problema econômico. Em 808 e 817 houve decretos proibindo a acumulação de mais de 5 mil fieiras (5 milhões de moedas, cerca de 10 milhões de ñ) e tornando obrigatório usar o excesso para comprar mercadorias no prazo de dois meses. Em 845, o imperador taoísta Wu Zong fez destruir monastérios e templos budistas e permitiu aos governos locais usar o bronze das estátuas, queimadores de incenso e gongos para fundir moedas. Perto do final da dinastia (perto de 907) a moeda valia cerca de 5 ñ.

Após a queda da dinastia Tang, a China entrou em outro período de fragmentação, conhecido como "Período das Cinco Dinastias e dos Dez Reinos" (907-960), durante os quais foram fundidas moedas de bronze e também de chumbo e ferro segundo o modelo dos Tang.

A Dinastia Song e o nascimento do papel-moeda

Em 960, a China foi novamente unificada pela dinastia Song, que durou até 1279. Criou-se um Estado menos burocrático, centralizado e militarista que o Tang, que controlou um território menor, mas com uma população maior (100 milhões). A prosperidade voltou e trouxe mais inovações tecnológicas, inclusive a bússola, os tipos móveis e as máquinas têxteis. A maior disponibilidade de metais aumentou a produção e circulação de moedas com o mesmo tamanho e formato das do período Tang e uma liga um pouco modificada (64% cobre, 27% chumbo, 9% estanho). O poder aquisitivo variou de 1 ñ a 3 ñ nos séculos X e XI, em média 2 ñ.

Continuava, ao mesmo tempo, a prática iniciada no período Tang de usar notas promissórias para pagamento a distância. O governo Song começou a emitir suas próprias notas, chamadas *bianqian* ("dinheiro conveniente"), e a aceitar pagamentos em ouro, prata, moedas ou seda em troca dessas notas denominadas em *wen*, bem como *jiaoyin* ("letra de câmbio") para o comércio de mercadorias de monopólio estatal (sal e chá, principalmente). Outro tipo de nota, chamado *xianqian jiaoyin* ("letra de câmbio de dinheiro à vista") foi emitido em denominações padronizadas a partir de 1026 para que as guarnições militares da fronteira noroeste pagassem os comerciantes que as abasteciam de alimentos e tecidos, de forma a poupar-lhes o transporte de moedas de volta à capital.

Enquanto isso, na província de Sichuan, moedas de ferro com valor de cerca de 1/10 das moedas de cobre, fundidas pelo reino de Shu durante o período de fragmentação, continuavam a circular. O governo Song recuou em 979 da tentativa de tirá-las de circulação que criou pânico na província, mas elas eram pouco práticas: comprar um quilo de sal exigia um quilo e meio de moedas; um tael de prata valia 1.460 taéis de moedas de ferro. Copiar alguns dos clássicos chineses custava 120 fieiras de moedas de ferro (cerca de 24.000 ñ).

Então, em 993, uma rebelião em Sichuan levou ao fechamento das fundições de moedas e o governo imperial não as reabriu ao recuperar a província no ano seguinte. A falta de moeda metálica levou os comerciantes da região a emitir seus próprios títulos de crédito (*jiaozi*) para o comércio dentro da região. Abusos e fraudes se multiplicaram e, em 1005, o prefeito Zhang Yong de Chengdu, capital da província, interveio para regulamentar as *jiaozi*. Estas passaram a ser emitidas apenas por um consórcio de 16 casas com recursos considerados suficientes para bancá-las e padronizadas em cor, tamanho e formato (mas não em valor). Podiam ser endossadas ou redimidas em moedas com um desconto de 3%. Além disso, lançou moedas de ferro de cerca de 11 gramas e 35 mm de diâmetro com o valor de 1 ñ, equivalentes a 5 das moedas de ferro antigas ou ½ de uma moeda de bronze.

Em 1014, um novo padrão de moedas de ferro, com valor de 0,5 ñ e cerca de 7 gramas e 28 mm, substituiu os dois tamanhos anteriores. Ao mesmo tempo, o sistema de *jiaozi* começou a enfrentar problemas por falta de liquidez de seus emissores e falsificação, o que levou as notas a terem seu valor descontado em 20% a 30% por volta de 1019. Em 1023, por recomendação do governador Xue Tian, a emissão foi assumida pelo Estado e restrita a dois valores: um ou dez *guan* (uma ou dez fieiras de 1.000 moedas, ou seja, 500 ñ ou 5.000 ñ) e prazo de circulação de dois anos, após os quais tinham de ser redimidas com desconto de 3%, de maneira a retirar as notas velhas de circulação e dificultar as falsificações. Este pode ser considerado o primeiro papel-moeda propriamente dito.

A essa altura, o Estado já autorizava o mercado secundário (de revenda e troca) dos vários tipos de notas que emitia, operado por cerca de 100 comerciantes autorizados da capital Kaifeng, de forma a transformá-las em instrumentos negociáveis. Então, o Imperador Shenzong (1068-1085) iniciou uma série de reformas destinadas a ampliar a monetização da sociedade, fazendo empréstimos em dinheiro a agricultores e determinando que tributos e salários fossem pagos em moedas e não em produtos. Isso quadruplicou a demanda por moedas, que passaram a ser produzidas a um ritmo de 5 bilhões por ano.

Em Sichuan optou-se, porém, por duplicar a produção de *jiaozi*, e em 1070 foi criada uma fábrica especializada em Chengdu para imprimir essas notas em grande quantidade. Apesar de teoricamente conversíveis em moedas de ferro, na prática eram redimidas por notas novas ao expirarem. No início do século XII, a pressão das despesas militares fez a produção dessas notas atingir um volume 24 vezes superior à quota original e seu valor caiu a menos de 10% do nominal.

Com a desvalorização do *jiaozi*, entre 1106 e 1111 o governo Song as retirou e substituiu por uma nova versão das *xianqian jiaoyin*, agora chamadas simplesmente *qianyin* ("títulos de dinheiro"), reduziu o volume circulante e ampliou o prazo de circulação para três anos.

No reinado do imperador Huizong (1100-1126), por escassez

de metal para fundir moedas tradicionais, foram emitidas moedas com o valor de 10 *wen*, de 9,5 gramas e 35 mm. Uma história da época conta que um cliente comprou uma tigela de sopa e pagou com uma moeda de dez (cerca de 10 ñ). O vendedor não tinha troco e por isso convidou o freguês a comer mais. Ele assim fez, mas, quando acabou, suspirou e disse: "sorte que a minha moeda era só de dez, se fosse de cem, ela me mataria!"

Em 1127, o Império Song foi invadido ao norte pelo povo Jin, por isso se viu obrigado a se retirar de Kaifeng para o sul e a estabelecer uma nova capital em Hangzhou. O saque de tesouros pelos Jin e a necessidade de mais despesas militares exigiram maiores quantidades de moeda.

Em Sichuan, o total de *qianyin* em circulação saltou de 1,25 milhão de *guan* para 80 milhões. As moedas de ferro passaram a representar menos de 2% do meio circulante e a ser usadas apenas como troco miúdo. Mesmo assim, o valor do papel-moeda continuou substancial, de 30% a 40% do valor de face.

Na nova capital e nas outras províncias, o público tinha pouca confiança nas notas e letras tradicionais e não havia metal suficiente para fundir moedas na escala necessária, mesmo com a qualidade da liga sendo rebaixada (40% cobre, 55% chumbo, 5% estanho) e a maioria das novas moedas valendo 2 *wen* (29 mm, 7 a 9 gramas) ou 3 *wen*.

Cambistas começaram então a emitir seus próprios títulos negociáveis, chamados *bianqian huizi* ("notas de dinheiro conveniente") ou *jifu huizi* ("notas de consignação"). O Estado inicialmente considerou esses títulos privados uma concorrência indesejável e tentou proibir seu uso fora da capital em 1135, mas os protestos o fizeram voltar atrás literalmente no dia seguinte.

Nos anos 1150, o entesouramento das moedas de bronze voltou a ser um problema. Em 1159, ante relatórios que indicavam que alguns súditos chegavam a acumular mais de um milhão de fieiras (um bilhão de moedas), o governo limitou a posse de moeda a 10 mil fieiras para particulares e 20 mil para famílias de funcionários, devendo o excesso ser convertido em *jiaoyin*. Isso reduziu a liquidez dos cambistas que emitiam notas privadas, mas em 1160 a prefeitura da capital passou a emitir seus próprios *huizi*, com circulação restrita à cidade.

No ano seguinte, o prefeito Qian Duanli, promovido a um cargo alto no ministério da Receita, convenceu a corte a assumir a responsabilidade por sua emissão. A novidade foi bem aceita, tirou as notas privadas do mercado, e assim começou a circular o papel-moeda propriamente dito, em denominações originalmente de 1, 2 e 3 *guan* e a partir de 1164 também 200, 300 e 500 *wen*. Tais como as *qianyin* de Sichuan, essas notas não eram conversíveis em moedas, mas apenas em notas novas ao se encerrar sua validade de três anos. Em 1170, os Song determinaram que metade das despesas e receitas do Estado seriam feitas em papel-moeda e a outra metade em moedas de bronze.

No final do século XII e início do XIII, novas guerras com os Jin, nas quais os Song foram derrotados, levaram a triplicar e depois decuplicar o volume de notas em circulação, o que fez seu valor efetivo cair para a metade do nominal. Para tentar recuperar o valor original, o governo tentou trocá-las por uma nova emissão à razão de 2 para 1, mas a operação gerou desconfiança e as novas notas foram avaliadas a apenas 60% do valor nominal.

Apesar disso, o conflito expandiu ainda mais o uso de papel-moeda. O reino Jin, embora não tivesse escassez de metais, carecia de técnicas para fundir moedas. Criou na fronteira com os Song, em 1154, uma região onde a circulação de moeda metálica foi proibida e substituída pelo seu próprio papel-moeda, chamado *jiaochao*, "títulos de câmbio", para evitar o "vazamento" de moedas para o reino inimigo.

Os Song pagaram na mesma moeda (de papel), criando notas e moedas regionais para uso nas províncias de fronteira, de Huainan e Hubei. Assim, no período final dessa dinastia, o Império ficou dividido em quatro regiões monetárias: 1) capital e sudeste, onde circulavam moedas de bronze e notas *huizi*; 2) Sichuan, onde circulavam moedas de ferro e notas *qianyin*; 3) Huainan, com moedas de ferro e notas *jiaozi*; e 4) Hubei, onde circulavam moedas de ferro de Huainan, moedas de bronze do Sul e notas chamadas *huhui*. Moedas de ferro foram fundidas nos valores de 1, 2, 3 e 5 wen e as de bronze em 1, 2, 5 e 10 *wen*.

Inicialmente as notas Jin tinham vaidade de sete anos, ao fim dos quais eram conversíveis em moedas de bronze, mas em 1189 os Jin, que nunca fundiram sua própria moeda metálica em grande quantidade, adotaram o papel-moeda como padrão monetário, sem conversibilidade nem prazo de circulação.Em 1211, ao serem invadidos pelos mongóis de Gengis Khan, os Jin recorreram a emissões massivas que inflacionaram seu papel-moeda, como sugerem os altos valores nominais das novas notas, chamadas *baojuan* ("certificados do tesouro"), emitidas de 1215 até o colapso final do reino, em 1234: 10, 20, 50, 100 e 1.000 *guan*.

Os Song tiveram problema semelhante ante o crescimento das despesas militares com a iminência da invasão mongol. Nos anos 1230, o papel-moeda era avaliado a 22% do valor nominal em moedas de bronze. Em 1264 foi emitido um novo papel-moeda não conversível, chamado *jinyin xianqian guanzi* ("garantia de moeda à vista de ouro e prata"), com denominação de um *guan* especificado como 770 moedas de cobre. Foram fundidas placas de bronze de 78 x 26 mm com um furo, chamadas *qian pai* ("cartão de dinheiro"), nos valores de 10, 40, 100, 200, 300 e 500 *wen*. Esses papéis-moedas circularam até a conquista final de Hangzhou por Kublai Khan, em 1276.

A tabela abaixo resume as variações do valor aproximado da moeda chinesa durante a dinastia Song, estimado segundo as variações do preço do arroz no Sul:

Poder aquisitivo das moedas chinesas na dinastia Song

década	liang de prata	wen de bronze	guan de papel-moeda de Hangzhou	moeda de ferro de Sichuan	guan de papel-moeda de Sichuan
961-970	3.256	3,3		0,3	
971-980	1.296	1,3		0,1	
981-990	3.430	3,4		0,3	
991-1000	2.739	2,7		0,3	
1001-1010	1.772	1,8		0,9	
1011-1020	3.422	3,4		0,9	642
1021-1030	3.304	3,3		0,8	909
1031-1040	2.051	2,1		0,5	564
1041-1050	852	0,9		0,2	234
1051-1060	2.400	2,4		0,6	660
1061-1070	1.570	1,6		0,4	432
1071-1080	732	0,7		0,2	201
1081-1090	1.251	1,3		0,3	281
1091-1100	1.151	1,2		0,3	259
1101-1110	677	0,7		0,2	17
1111-1120	889	0,9		0,2	222

1121-1130	152	0,2		0,04	38
1131-1140	166	0,2		0,04	42
1141-1150	1.337	1,3		0,3	117
1151-1160	942	0,9		0,2	82
1161-1170	916	0,9	916	0,2	80
1171-1180	1.096	1,1	1.096	0,3	96
1181-1190	907	0,9	680	0,2	79
1191-1200	638	0,6	396	0,2	56
1201-1210	420	0,4	210	0,1	37
1211-1220	885	0,9	531	0,2	77
1221-1230	812	0,8	179	0,2	71
1231-1240	1.064	1,1	271	0,3	93
1241-1250	1.064	1,1	273	0,3	93
1251-1260	1.066	1,1	821	0,3	93

A dinastia Yuan (mongol)

Kublai Khan assumiu o nome chinês de Zhongtong, declarou uma dinastia com o nome de Yuan e emitiu seu próprio papel-moeda, chamado *Zhongtong yuanbao jiaochao*, "notas conversíveis do tesouro circulante (da era) Zhongtong", inicialmente denominadas em *guan*, mas conversíveis em prata, que foram trocadas pelas inflacionadas notas Song à razão de 1 para 50.

Em 1282, o uso do metal no comércio privado foi proibido, o que tornou as notas, na prática, inconversíveis. Notas velhas podiam ser trocadas na "casa da moeda" por cédulas novas ou por metais preciosos para adornos, em ambos os casos com um desconto de 3%. Em 1287, as *Zhongton chao* foram substituídas por novas notas chamadas *Zhiyuan chao* (do novo nome chinês adotado pelo imperador), oficialmente inconversíveis e trocadas pelas antigas à razão de 5 para 1. Tiveram, porém, pouca aceitação. Após uma tentativa de substituí-las por um terceiro tipo de papel-moeda, *Zhida chao*, em 1311 o governo mongol voltou a imprimir as *Zhongton chao* e desistiu de proibir o uso de metal precioso, o que restaurou a conversibilidade e o prestígio do papel-moeda.

As denominações baixas da maioria das notas dessa época (10, 20, 30, 50, 100, 200, 300 e 500 *wen*; 1 e 2 *guan* para as *Zhongton chao;*

as *Zhiyuan chao* tinham também o valor de 5 *wen* e, entre 1275-78, foram emitidas também notas de 2, 3 e 5 *wen* chamadas *Zhongton lichao*) indicam que de fato eram usadas no varejo. O papel-moeda chinês foi também usado em outros domínios mongóis, como a Pérsia.

Quando o mercador veneziano Marco Polo esteve na China, entre 1271 e 1292, teve a impressão de que praticamente todas as transações eram em papel-moeda. Equiparou a nota de 10 *wen* à moeda veneziana *tonesel* (ou "dinheiro tornês", com valor de 1/240 de uma libra tornesa de 90 gramas de prata), a de 50 *wen* ao *gros* (moeda veneziana de 2,18 gramas de prata) e a de 1 *guan* ao *besante* (moeda bizantina de 4,5 gramas de ouro, que a uma razão de 8,7 para 1 entre ouro e prata, vigente na China da época, equivaleria a 39 gramas de prata ou um *liang*).Se o poder aquisitivo local da prata era semelhante ao da Europa da época, o *guan* valeria cerca de 1.500 ñ e o *wen* cerca de 1,5 ñ. Marco informou também que o imperador comprava anualmente dos mercadores 400 mil "besantes" de ouro, prata, joias e pérolas. Marco Polo igualou o *guan* ao *liang* de prata, mas documentos chineses indicam que, entre 1282 e 1287, o *guan* de papel-moeda valia apenas meio *liang* de prata. Possivelmente, o veneziano considerou o valor teórico para simplificar sua exposição e o valor real do *guan* de papel moeda era 1.000 ñ, ante 2.000 ñ para o *liang* de prata.

Moedas de estilo tradicional foram fundidas nos valores de 1, 2, 3, 5 e 10 *wen* (as maiores de 42 mm e 23 gramas), porém foram relativamente raras, o que indica que foram usadas apenas como troco e não em fieiras. Entre 1311 e 1350 foram retiradas de circulação, mas moedas simbólicas, usadas como oferendas a templos budistas, continuaram a ser fundidas. Lingotes de prata, geralmente com formato de cabeça de machado duplo, foram fundidos em pesos de 1 a 100 *liang* ou taéis (o de 50 *liang*, mais comum, media 145 mm de comprimento e 30 mm de espessura. Lingotes de ouro, menos comuns, existiam em pesos a partir de 1/10 de *liang*.

O sistema monetário mongol permaneceu estável até os anos 1340, quando problemas econômicos e políticos geraram inflação, regressão econômica e o colapso da dinastia mongol, sucedida em 1368 por uma nova dinastia nativa.

A dinastia Ming

O primeiro imperador Ming quis restaurar o uso exclusivo das moedas de bronze, mas a insuficiência da produção de metal o levou a emitir seu próprio papel-moeda inconversível a partir de 1375, chamado *Da Ming tongxing baochao* ("notas universalmente válidas do tesouro do Grande Ming"), com denominações de 100 *wen* a 1 *guan*. O poder aquisitivo médio do *wen*, estimado pelo preço do arroz, era então próximo de 1 ñ. Entretanto, emissões excessivas para atender aos projetos imperiais de reconstrução e a indecisão sobre o padrão monetário reduziram o valor do papel-moeda a 20% do valor nominal até 1394 e 1/35 em 1399.

As moedas metálicas Ming foram fundidas com cerca de 90% de cobre e valores de 1, 2, 3, 5 e 10 *wen*. Em 1393, a produção foi interrompida e se usou apenas papel-moeda e prata, mas em 1408 as moedas voltaram a ser emitidas para uso no comércio exterior, em associação às expedições marítimas de Zheng He. Voltaram a ser produzidas para o mercado interno em 1525.

Enquanto isso, o interesse dos depostos dominadores mongóis pelo comércio internacional e sua parceria com mercadores estrangeiros foram repudiados pelos rebeldes chineses que fundaram a dinastia Ming, cujo ideal era um sistema de comunidades agrárias autossuficientes, baseado no pagamento de tributos em trabalho ou produtos e em um sistema de castas em que os indivíduos eram registrados como agricultores, artesãos ou soldados e proibidos de mudar de emprego. Esse regime enfrentou resistência, e muitos camponeses endividados fugiram de suas terras.

Muitos desses camponeses tornaram-se contrabandistas, piratas, biscateiros ou garimpeiros. Minas ilegais se multiplicaram e lingotes de prata não cunhados passaram a movimentar a economia informal no lugar de papel-moeda e fieiras de moedas de bronze. Quando o governo tentou fechar minas ilegais nos anos 1430 e 1440, enfrentou insurreições em que os mineiros se aliaram a camponeses deslocados, tomaram cidades e às vezes ameaçaram províncias inteiras. A isso se somou o crescimento das despesas militares e navais (inclusive as explorações marítimas da famosa esquadra do almirante Zheng He) e as da transferência da capital de Nanquim para Pequim. Tudo contribuiu para desvalorizar o papel-moeda, que caiu para 1/1.000 do valor nominal em 1450 e foi abandonado em 1455, para só voltar a ser usado no século XIX, por influência ocidental.

No século XV, o governo desistiu de suprimir a economia informal, parou de emitir papel-moeda, legalizou as minas e o uso de lingotes de prata nas grandes transações e autorizou a cunhagem de moedas de bronze privadas. Isto permitiu o abandono gradual do sistema de tributação em trabalho e mercadorias, substituído por um sistema fiscal uniforme arrecadado em prata. Neste período, tornaram-se comuns os lingotes chamados *shoe*, "sapato" pelos ingleses, *schuit*, "bote" por holandeses e *mati yin* "prata casco de cavalo" ou *yuanbao*, "tesouro circulante" pelos chineses. O formato característico vem de a prata ser fundida em cadinhos ovais que eram balançados para frente e para trás durante o resfriamento para homogeneizar a liga, de modo a formar paredes, "proa" e "popa" altas em torno de uma cavidade central.

A economia se estabilizou e cresceu, promovendo um longo período de melhora dos padrões de vida e crescimento sem precedentes da população, que atingiu 155 milhões em 1500, 231 milhões em 1600 e 268 milhões em 1650. Para isso era preciso garantir um fornecimento abundante de prata. As minas chinesas foram rapidamente consumidas, e as descobertas no Japão nos anos 1530 esgotadas em uma década ou duas, o que obrigou a China a se voltar para a Europa e o Novo Mundo.

No início do século XVI, a razão de valor entre prata e ouro na China era 1:6, enquanto na Europa era 1:12, na Pérsia 1:10 e na Índia 1:8. Nos anos 1590, era 1:5,5 a 1:7 na China, 1:10 no Japão, 1:9 na Índia e 1:12,5 a 1:14 na Europa. Essa desproporção estimulava o fluxo de prata de outras partes do mundo em troca de enormes quantidades de seda, porcelana, chá e outros produtos chineses e, apesar das enormes distâncias marítimas, proporcionou os lucros fantásticos que imortalizaram a expressão "negócio da China" e enriqueceram tremendamente os mercadores e banqueiros europeus. No final do século XVI, a China importava quase cinquenta toneladas de prata por ano, cerca de 90 por cento de sua prata; no início do século XVII, 116 toneladas, ou mais de 97 por cento.

Poder aquisitivo das moedas chinesas na dinastia Ming

década	liang de prata	wen de bronze
1361-1370	3.628	3,6
1371-1380	1.162	1,2
1381-1390	2.325	2,3
1391-1400	3.098	3,1
1401-1410	3.809	3,8
1411-1420	n/d	n/d
1421-1430	3.135	3,1
1431-1440	4.189	4,2
1441-1450	3.879	3,9
1451-1460	3.280	3,3
1461-1470	2.689	2,7
1471-1480	2.637	2,6
1481-1490	2.204	2,2
1491-1500	1.809	1,8
1501-1510	1.894	1,9
1511-1520	2.263	2,3
1521-1530	2.003	2,0
1531-1540	1.894	1,9
1541-1550	1.970	2,0
1551-1560	1.773	1,8
1561-1570	1.785	1,8
1571-1580	2.052	2,1
1581-1590	1.602	1,6
1591-1600	1.600	1,6
1601-1610	1.517	1,5
1611-1620	1.787	1,8
1621-1630	1.109	1,1
1631-1640	1.202	1,2
1641-1650	856	0,9

No final do período Ming, moedas de prata ocidentais, principalmente *reales de a ocho* ou *pesos* espanhóis cunhados no México, começaram a fluir para o país em grande quantidade e a circular ao lado dos lingotes de prata tradicionais com o valor de 0,72 *liang*. Os portugueses conheciam essas moedas como "patacas", nome que depois veio a ser o da moeda oficial de Macau. Para franceses eram *piastres*, para os ingleses, *dollars* e para os chineses, *yuan*, "redondas".

Também nesse período, os búzios, cujo uso como moeda datava dos primórdios da China e ainda circulavam na província de Yunnan, foram definitivamente retirados do mercado.

A dinastia Qing (Manchu)

Em 1644, o trono foi tomado por invasores manchus (nome adotado em 1635 pelo povo antes chamado jurchen), que fundaram a última dinastia chinesa. As moedas metálicas foram fundidas inicialmente com o mesmo peso (3,75 gramas) e liga (latão de 70% cobre e 30% zinco) das moedas Ming. A taxa em 1644 era de 700 por *liang* de prata (1.400 por *liang* para as moedas Ming), mas em 1645 a moeda passou a pesar 4,5 gramas e ter o valor teórico de 1.000 *wen* por *liang*. O peso foi novamente ajustado para 4,69 gramas em 1651 e 5,25 gramas em 1657.

Em 1684, o peso foi novamente reduzido para 3,75 gramas e a composição alterada para 60% cobre e 40% zinco. Em 1702 a moeda de 1.000 por *liang* voltou a subir para 5,25 gramas, mas foi criada também uma moeda de 2,625 gramas, negociada a 1.428 por *liang*. As duas circularam lado a lado até meados do século XVIII.

Em 1741, a fim de combater a prática de derreter as moedas para fabricar objetos de latão, foi criada uma nova liga com 50% de cobre, 41,5% de zinco, 6,5% de chumbo e 2% de estanho, mais cara, mas que resultava em objetos quebradiços quando reutilizada. As moedas feitas com essa liga foram chamadas *qingqian*, "dinheiro verde", em contraste com as tradicionais, *huangqian*, "dinheiro amarelo" e as moedas com alto conteúdo de cobre do Xinjiang foram chamadas *hongqian*, "dinheiro vermelho", embora as diferenças de tonalidade fossem, na realidade, muito sutis. Em 1799, a liga foi outra vez modificada para 53% de cobre, 41,5% de zinco e 6,5% de chumbo.

Até a primeira metade do século XVIII, a China continuou relativamente próspera e seu mercado atraente. Nesse período, a razão da prata para o ouro era de 1:10 a 1:11 na China, 1:12 na Índia e 1:15 na Europa. A população continuou crescendo em ritmo acelerado, graças à introdução de novas culturas vindas das Américas, como batata-doce, amendoim e milho.

Depois de 1750, porém, a intensificação do comércio ocidental resultante da revolução industrial começou a deixar a China para trás. A relação entre prata e ouro se equalizou em torno de 1:14,5 a 1:14,8 na Europa e 1:15 na China. O declínio dos superlucros com a prata levou os britânicos a substituí-los pela exportação para os portos chineses de ópio produzido em suas recém-conquistadas colônias indianas. Em 1839, autoridades imperiais tentaram coibir esse tráfico de entorpecentes pelo consfisco e destruição de 20 mil caixas de ópio. A rainha Vitória considerou a destruição dos produtos "britânicos" um insulto e enviou uma força expedicionária.

A derrota da China para o Império Britânico na Primeira Guerra do Ópio (1839-42), a cessão da ilha de Hong Kong e a abertura forçada do país ao comércio europeu enfraqueceram a autoridade do governo e abalaram sua estabilidade monetária, golpes agravados pela Rebelião Taiping (1850-1864) que dominou várias províncias do sul e centro do país. Seu líder Hong Xiuquan, místico convertido ao cristianismo, estabeleceu em Nanquim um regime protocomunista, que proibia o comércio privado e a poligamia e oferecia propriedade comunal da terra e a igualdade entre homens e mulheres.

Como a rebelião cortou o acesso do governo imperial às minas de cobre do Yunnan, o governo do imperador Wen Zong (r. 1851-1861) optou por moedas com menos cobre e denominações maiores. Moedas de 1, 2, 4, 5, 8, 10, 20, 30, 40, 50, 80, 100, 200, 300, 500 e 1.000 *wen* foram fundidas com variadas ligas e sem um padrão fixo: moedas de 50 podiam ser maiores que as de 100 e estas maiores que as de 1.000. Os rebeldes Taiping fundiram moedas de prata de ¼ e ½ de *liang* e de ouro de 5 *liang* de estilo semelhante ao das moedas tradicionais e também uma série de moedas de cobre cuja denominação não se inscrevia nelas e tinha de ser deduzida do peso. A primeira série teve moedas de 3g, 5g, 8g, 12g e 31g, cujos valores são hoje desconhecidos.

Em meio à rebelião Taiping, o governo imperial foi derrotado na Segunda Guerra do Ópio (1856-1860) por britânicos e franceses e se submeteu a condições comerciais humilhantes, mas teve de recorrer à ajuda ocidental para esmagar os rebeldes Taiping em uma guerra civil muito maior que a dos Estados Unidos, que resultou em vinte milhões a 30 milhões de mortos e enfraqueceu o controle do governo central sobre as províncias e o da elite manchu sobre os chineses.

Como resultado dos tratados com o Reino Unido, França e Estados Unidos, a China foi obrigada a abrir determinados portos ao comércio, cobrar apenas as tarifas determinadas pelas potências ocidentais e arrendar-lhes ou entregar-lhes territórios. Além disso, concedeu-lhes, dentro de cidades como Pequim, Xangai, Tianjin, Guangzhou, Hankou, Jiujiang, Zhenjiang e Xiamen, bairros inteiros onde cidadãos de cada potência estrangeira tinham pleno direito de habitar e comerciar, com suas próprias culturas. Ali, os chineses eram cidadãos de segunda classe.

Das moedas volumosas criadas durante a guerra civil, apenas as de 10 *wen* continuaram a ser produzidas posteriormente. Assim como as tradicionais, foram também usadas em fieiras chamadas *diao* e com o mesmo valor, mas de 100 moedas em vez de 1.000.

No final do século XIX, aumentou o uso de pesos espanhóis ou mexicanos ou *yuans* com peso e conteúdo em prata mais padronizado que o dos lingotes tradicionais. Tanto moedas quanto notas denominadas em *yuan* (*dollar*, nas legendas em inglês) e suas frações se tornaram comuns, e alguns lingotes de formato tradicional foram fundidos com o peso do *yuan*.

Em 1885, foram feitos em Fujian os primeiros testes para produzir moedas cunhadas com máquinas ocidentais (mas ainda no formato tradicional, com 3 gramas) e em 1889 foi feita em Guangdong a primeira emissão bem-sucedida e em grande quantidade, seguida por cunhagens em Tianjin e Zhejiang.

Em 1895, a China foi derrotada na primeira guerra sino-japonesa, pelo controle da Coreia. As novas humilhações, a perda da ilha de Taiwan, a suserania sobre a Coreia e a grande indenização paga ao Japão enfraqueceram ainda mais o prestígio da monarquia. Intelectuais se convenceram da urgência de imitar o Japão, romper com as tradições e implantar um novo regime capaz de modernizar e industrializar a China. Inspirado pelas tradições deixadas pela rebelião Taiping, o líder republicano Sun Zhongshan (mais conhecido no Ocidente como Sun Yat-sen, seu nome literário em cantonês) tentou um golpe de Estado nesse mesmo ano. Ao fracassar, exilou-se, mas continuou a articular o movimento republicano no exterior.

Em 1897, o assassinato de dois missionários católicos serviu de pretexto para a invasão alemã do Shandong e nova rodada de concessões e anexações. Japão, Rússia, Áustria-Hungria, Alemanha e Itália e obtiveram concessões em cidades chinesas. Além de ampliar a colônia de Hong Kong com um território continental arrendado por 99 anos, a China cedeu Weihai ou Wei-hai-wei ao Reino Unido, Dalian ou Porto Artur à Rússia (tomada pelo Japão em 1905), Qingdao ou Kiautschou à Alemanha (tomada pelo Japão em 1914) e Zhanjiang ou Kouang-Tchéou-Wan à França.

Contra o aprofundamento do domínio imperialista, ergueu-se em 1899 o movimento conhecido em chinês como *Yihetuan*, "Milícia da Justiça" e no Ocidente como "Revolta dos Boxers", por ser liderada por praticantes de kung fu ("boxe" para os ingleses) que atacaram diplomatas, cristãos, estradas de ferro, linhas telegráficas, escolas e concessões ocidentais no Norte da China com o lema "apoiem os Qing, exterminem os estrangeiros". Conseguiram o apoio popular e da dinastia até serem esmagados por uma coalizão de mais de 50 mil soldados de todas as oito nações com presença na China, que invadiram e saquearam Pequim de maneira atroz.

A corte imperial retirou-se para Xi'an e ameaçou continuar a guerra, até que as potências ocidentais concordaram em não fazer exigências territoriais e preservar a dinastia. Impuseram, porém, o pagamento de uma indenização de 450 milhões de *liang* (um para cada habitante da China) e a execução de dez altos oficiais responsáveis por mortes de estrangeiros. Com os juros, a China pagou de fato 668,7 milhões de 1901 a 1939. Por outro lado, as potências imperialistas adquiriram maior respeito pelo povo chinês e passaram a agir com mais cautela. Deixaram de falar abertamente em partilhar a China e tentaram preservar a monarquia com receio de novas revoltas.

Em Guangdong foram feitas, em 1900, as primeiras cunhagens de moedas não furadas em estilo ocidental. As novas moedas de 10 *cash* e 7,5 gramas, equivalentes a 1 centésimo de *yuan*, foram conhecidas em chinês como *tongyuan*, "redonda de cobre". Em 1907, começaram a ser cunhadas moedas de prata de 5, 10, 20, 25 e 50 *fen* ou *xian* (*cents* em inglês, avos em português) ou 1 *yuan* (*dollar* em inglês, pataca em português). Moedas tradicionais continuaram a ser emitidas nos valores de 1, 5 e 10 *wen* de 1861 até o fim da monarquia em 1911, nos primeiros anos da república e na fracassada tentativa de restauração monárquica de Yuan Shikai em 1916.

De 1884 a 1911, algumas províncias (como Jilin e Hunan) e cidades (como Tianjin e Shanghai) cunharam também moedas de prata denominadas em unidades tradicionais: 1, 2, 3, 4, 5, 6, 7, 8 e 9 *qian* e 1 *liang*. O governo regional do Xinjiang, além de moedas de 1, 2, 3, 4 e 5 *qian* (unidade chamada *miscal* na região, nome derivado do *mithqal* islâmico) e 1 *liang* (*sar*) de prata, cunhou moedas de ouro de 1 e 2 *miscal* de ouro, equivalentes a 30 e 60 *miscal* de prata.

O governo imperial resistiu a emitir papel-moeda, mas chegou a fazê-lo no auge da luta contra os estrangeiros e os Taiping, em 1853-59: notas de 500 a 100.000 *wen* e 1 a 50 *liang*. Em 1897, foi fundado o Banco Imperial da China, que começou a emitir notas oficiais (1 a 100 liang e 1 a 100 dólares/*yuan*). Além disso, províncias e bancos privados também o fizeram, criando uma grande variedade de notas nos últimos tempos da monarquia chinesa.

Lingotes de prata e ouro na dinastia Qing

Os *yinding* (*sycee* em inglês, "pães de prata" em português), lingotes de prata de 1/10 de *liang* a 50 *liang* ou taéis (mais frequentemente 5, 10 e 50 *liang* para tributos e comércio atacadista) foram mais frequentemente fundidos no formato chamado "bote" ou "sapato" pelos ocidentais. Os chineses os chamavam *yuanbao*, "tesouro circulante", principalmente quando se tratava dos lingotes de 50 *liang* (1,9 kg), usados pelos governos provinciais para remeter ao tesouro central os impostos recolhidos, com 105 a 135 mm de comprimento, 65 mm de largura e 70 a 105 mm de altura. Grandes transações eram feitas com caixotes que continham 60 *yingding* de 50 *liang* (3.000 *liang* ou 114 kg). Práticas regionais produziam lingotes com formatos de "tambores", "rins", "selas" e outros.

Antes de o lingote ser posto em circulação, um especialista chamado *gonggu* ("estimador público"), escolhido por banqueiros e cambistas e pago com algumas moedas por *yingding*, atestava seu peso e pureza em tinta preta, com uma caligrafia peculiar considerada difícil de copiar. Apesar de se basear na textura do metal ou quando muito em teste com pedra de toque e não em análises químicas, essas avaliações eram consideradas razoavelmente precisas pelos ocidentais.

Os pesos conhecidos incluem 1/10/ 1/5, ¼, 1/3, ½, 2/3, 72/100, ¾, 1, 2, 3, 4, 5, 6, 7, 8, 10, 12,5, 25, 50 e 100 liang. Lingotes de 10 *liang* são *zhongding* (lingotes médios) e os de menos de 5 *liang* são *xiaoding* (lingotes pequenos). Estes últimos são muitas vezes estampados com votos de felicidade para serem usados (ainda hoje) como presentes de aniversário ou casamento. No século XIX, lingotes de 1, 2 e 3 *liang* foram usados também para pagar soldos (1,5 *liang* por mês para um "guerreiro", 1 *liang* para um "guarda") e no comércio varejista. Houve também pedaços de lingotes e pequenos lingotes comerciais irregulares, sem estampas e geralmente de prata inferior, usados no pequeno comércio, chamados *suiyin*, "prata quebrada" ou *yinzi*, "pratinha".

O peso exato do *liang* variava de cidade para cidade e também conforme o tipo de produto pesado, como também ocorria com as onças e libras da Europa pré-moderna. Para a prata, houve 170 padrões, 67 dos quais reconhecidos nacionalmente. Na cobrança das tarifas nas alfândegas usava-se o *haiguan liang* ("tael da alfândega marítima"), *tael haikwan* para os estrangeiros, fixado por tratado com os ingleses em 4/3 de onça *avoirdupois* ou 37,799 gramas de prata pura, por tratado com os franceses em 37,763 gramas e na prática variando de 37,65 a 38,17 gramas. Para tributos internos usava-se o *kuping liang* ("tael padrão do Tesouro") de 37,5729 gramas segundo o tratado de indenização ao Japão, variando na prática de 34,99 a 37,78 gramas.

Em geral, os lingotes físicos eram medidos pelo conteúdo em prata pura medido pelo *liang* local e também pelo padrão local de pureza, em geral mais alto no Norte – em geral, 98% ou mais – e mais baixo, 94% a 96% no Sul, especialmente Yunnan, província produtora do metal. Era de 99,2% em Tianjin, 97,6% em Yantai, 96,7% em Hankou. Em Xangai, usava-se um sistema peculiar. O teor mínimo de prata para certificação oficial e circulação era de 93,54%, correspondente a prêmio zero. O contrasteador marcava o prêmio, que para uso comercial variava de 4% (93,54% x 1,04 = 97,28%) a 6% (93,54 x 1,06 = 99,15%). O teor mais comum era o de 98,6%. Tomava-se o peso em taéis *caoping* (medida de peso de 36,657 gramas, originalmente para tributo de grãos), acrescentava-se o prêmio e se dividia o resultado por 0,98, sendo o tael resultante desse cálculo chamado *jiuba guiyuan* ("circulante da regra do 98"). Assim, um caixote de 60 *yinding* pesando 3.000 taéis *caoping* (109,97 kg) com teor de 98,68% (108,52 kg de prata pura) teria um prêmio de 5,5% (165 taéis), totalizando 3.165 taéis que, divididos por 0,98, resultariam em 3.229,59 taéis de Xangai, cada um com 33,60 gramas de prata teoricamente pura (na realidade, a 99,7%). Portanto, o tael de Xangai equivalia teoricamente a um tael *caoping* com teor de 91,67%. Esse cálculo peculiar provavelmente visava facilitar a comparação com moedas indianas e ocidentais com o mesmo teor.

Alguns tipos de *yinding*:

Formato	nome chinês	regiões	peso usual	Valor em 1750 (ñ)
Bote, sapato ou casco de cavalo (base oval com bordas altas, como uma canoa)	yuanbao, mati yin	Toda a China	50 liang 10 liang 5 liang	50.000 10.000 5.000
Bote pequeno (geralmente para presente)	Xiaobao	Toda a China	1/10 liang a 1 liang	100 – 1.000
Base quadrada (quadrado com bordas altas)	fangbao, fangding	Jiangxi, Jiangsu, Fujian, Hebei, Shanxi, Gansu	1 a 50 liang	1.000 – 50.000
Base retangular, cocho, pão de açúcar (retângulo de bordas altas, maciço, na forma dos pesos de balança chineses)	fangcao ding	Guangdong, Guangxi, Guizhou, Hunan, Anhui, Jiangxi	50 liang 10 liang	50.000 10.000
Tambor ou tímpano oval (oco)	Piaoding	Sichuan	10 liang	10.000
Idem, pequeno	caoding, chaoyin	Shaanxi	4 liang	4.000
Tambor ou tímpano redondo (oco) tigela ou cesto (hemisfério oco)	roroyin (Guizhou), yuanding	Sichuan, Kiangsi, Hunan, Guizhou,	10 liang 5 liang 1 liang	10.000 5.000 1.000
Sapato de seda ou caracol (cone maciço truncado, lembra sapatos de damas de pés atrofiados)	Yuansi	Yunnan (também Birmânia e Tailândia)	1/10 a 100 liang	100-100.000
Face de espelho (calota maciça)	jingbao, jingmienyin	Shanxi, Shandong, Hubei, Gansu	1 liang a 10 liangs	1.000 - 10.000
Bolo (cilindro achatado)	Dangao	Hunan	1/10 liang a 1 liang	100 – 1.000
Cinturado (forma de rim)	Yiaoding	Henan, Shanxi, Gansu, Shandong	5 liang	5.000
Amendoim ou cinturado pequeno	xiao yaoding	Gansu	2 liang	2.000

Quadrado ou retangular, estampa simples	Sichao	Yunnan	¼ a 10 liang	250 – 10.000
Quadrado ou retangular, dupla estampa		Yunnan	5 a 10 liang	5.000 – 10.000
Quadrado ou retangular, tripla estampa		Yunnan	2,5 a 6 liang	2.500 – 6.000
Sela ou pão (*)	paifangding, gongguyin, fangbianding, sanchuo jieding	Yunnan	5 liang	5.000
Bote triangular (**) (cone oco e achatado)	Yuanbao	Várias regiões	5 liang	5.000
Bote pequeno (**)	xiao yuanbao	Várias regiões	1/10 liang a 1 liang	100 – 1.000
Semente de abóbora (**)	Nanguazi	Várias regiões	1/10 liang a 5 liang	100 – 5.000
Face de espelho (**) (calota maciça)	Jingmienyin			
Ninho de galinha (**) (calota escavada)	Mujichao			

(*) variante do lingote retangular de três estampas com pureza de pelo menos 98%, quando na região era corrente 94%

(**) lingotes irregulares e sem estampa, de prata inferior

Lingotes de ouro, *jinding* ou "pães de ouro", com formato de barra ou "bote" e peso de 1/10 de *liang* a 10 *liang*, também foram usados. Valiam 10 vezes mais que o peso em prata no início da dinastia Qing, 15 vezes de 1750 a 1800, 16 vezes de 1800 a 1870 e 30 vezes nas décadas seguintes.

Taéis importantes para o comércio exterior

Nome inglês (século XIX)	Nome chinês atual grafia pinyin	equivalência cambial por tael haikwan	conteúdo teórico de prata pura	observações
Haikwan (aduaneiro)	haiguan	1,0000	37,80	haiguan liang, usado no pagamento de tarifas

Kuping (do Tesouro)	kuping	1,0130	37,57	kuping liang, usado no pagamento dos demais tributos
Shanghai (Xangai)	Shanghai	1,1140	33,60	jiuba guiyuan, base dos pagamentos internacionais
Canton (Cantão)	Guangdong	1,0190	37,09	guangping liang, usado também em Hong Kong e Macau
Hankow	Wuhan (*)	1,0875	34,76	yangli liang, usado na capital da província de Hubei
Peking (Pequim)	Beijing	1,0436	36,22	capital
Tientsin	Tianjing	1,0500	36,00	xinghua liang, usado em Tianjing, porto de Pequim
Kiukiang	Jiujiang	1,0436	36,22	na província de Jiangxi
Chefoo	Yantai	1,0640	35,52	na província de Shandong
Kiaochow	Jiaozhou	1,0500	36,00	na província de Shandong
Nanking (Nanquim)	Nanjing	1,0282	36,76	capital da província de Jiangsu
Chinkiang	Zhenjiang	1,0420	36,29	na província de Jiangsu
Foochow (Fucheu)	Fuzhou	1,1000	34,37	capital da província de Fujian
Ningpo	Ningbo	1,0580	35,73	na província de Zhejiang
Newchuang	Yingkou	1,0850	34,85	na província de Liaoning (Manchúria)
Swatow	Shantou	1,1000	34,32	na província de Guandong
Takao	Gaoxiong	1,0100	37,41	na ilha de Taiwan

(*) cidade formada pela fusão de Wuchang, Hankou e Hanyang em 1927

Alguns preços vigentes no período 1745-54:

mercadoria	Unidade	gramas de prata	ñ por unidade
Pequim			
feijão	kg	1,053	22
ovo	unidade	0,047	1,0
carne	kg	2,025	43
soja	kg	0,833	18
arroz	kg	1,418	30
trigo	kg	1,374	29
painço	kg	1,029	22
milho	kg	0,665	14
óleo comestível	kg	3,983	85
vinho de arroz	litro	1,971	42
sabão	kg	1,644	35
linho	m	6,109	130
óleo combustível	litro	3,286	70
Cantão			
carne	kg	2,447	52
ovos	unidade	0,042	0,9
soja	kg	0,856	18
arroz	kg	1,407	30
trigo	kg	1,407	30
painço	kg	1,126	24
peixe	kg	2,753	59
óleo comestível	litro	3,365	72
vinho de arroz	litro	1,407	30
sabão	kg	1,682	36
linho	m	6,109	130
óleo combustível	litro	3,365	72

Alguns preços citados em ***Rulin Waishi (Os Eruditos)***, romance do século XVIII:

mercadoria		wen	ñ
Pão cozido	unidade	3	3
Tigela de talharim	unidade	16	16
Refeição na escola	unidade	4	4
Anuidade escolar	ano	2.400	2.400

A tabela abaixo indica a variação do poder aquisitivo do *liang* de prata e do *wen* de bronze, segundo a proporção em vigor na região de Pequim, durante a dinastia Manchu, bem como a evolução do salário diário dos camponeses dessa área (que também recebiam uma refeição).

Poder aquisitivo das moedas chinesas na dinastia Qing

década	liang de prata (ñ)	wen por liang	wen (ñ)	salário médio de camponês (wen)	salário médio de camponês (ñ)
1641-1650	856	850	1,01		
1651-1660	900	850	1,06		
1661-1670	1.263	850	1,49		
1671-1680	1.659	850	1,95		
1681-1690	1.252	850	1,47		
1691-1700	1.467	850	1,73		
1701-1710	1.120	850	1,32		
1711-1720	1.168	850	1,37		
1721-1730	1.228	850	1,45		
1731-1740	1.080	850	1,27		
1741-1750	945	850	1,11		
1751-1760	661	850	0,78		
1761-1770	628	1.000	0,63		
1771-1780	711	1.000	0,71		
1781-1790	672	1.000	0,67		
1791-1800	551	850	0,65		
1801-1810	497	999	0,50	82	40,8
1811-1820	503	1.120	0,45	84	37,7
1821-1830	557	1.234	0,45	92	41,4
1831-1840	447	1.390	0,32	91	29,3
1841-1850	480	1.825	0,26	88	23,2
1851-1860	633	1.697	0,37	59	22,0
1861-1870	412	1.075	0,38	55	21,0
1871-1880	622	1.440	0,43	73	31,7
1881-1890	695	1.468	0,47	78	36,9
1891-1900	450	1.357	0,33	83	27,4
1901-1902	278	1.183	0,23	93	21,9

Obs.: 1) o salário dos camponeses era sazonal, tipicamente 60 wen no inverno, chegando a mais de 100 com recorde de 270 nos meses de colheita (maio e agosto); 2) os valores das moedas de cobre de 1801 a 1910, em diao nas fontes primárias, podem ter sido distorcidos por mudanças no número de moedas usadas em cada diao. Supõe-se aqui 500 até 1854, 100 após 1860, talvez 160 em alguns anos.

Salários diários de trabalhadores:

Trabalhador	ano	liang	ñ
Da construção (não qualificado, Heilungjiiang, o mais alto)	1769	0,100	63
Da construção (qualificado, Heilungjiang)	1769	0,191	120
Da construção (não qualificado, Pequim)	1769	0,077	48
Da construção (qualificado, Pequim)	1769	0,141	89
Da construção (não qualificado, Fujian, o mais baixo)	1769	0,030	19
Da construção (qualificado, Fujian)	1769	0,050	31
Da construção (não qualificado, média ponderada)	1769	0,047	30
Da construção (qualificado, média ponderada)	1769	0,065	41
Da construção (qualificado, média ponderada)	1769	0,065	41
Indústria de armas (média ponderada)	1813	0,065	33
Agricultura (média ponderada)	1748-1792	0,045	30

Moedas da China (1906)

Denominação	Valor em tael *kuping*	Peso em gramas	Valor em ñ 1906
Lingotes			
yinding padrão de Xangai (50 liang caoping, prata 98,6%)	48,95	1.832,85	13.700
Papel-moeda (Banco do Ministério da Fazenda) (*)			
500 taéis	500,00	-	140.000
100 taéis	100,00	-	28.000
50 taéis	50,00	-	14.000
10 taéis	10,00	-	2.800
8 taéis	8,00	-	2.240
6 taéis	6,00	-	1.680
5 taéis	5,00	-	1.400
4 taéis	4,00	-	1.120
3 taéis	3,00	-	840
2 taéis	2,00	-	560
1 tael	1,00	-	280
Moedas de ouro			
1 tael (liang)	30,00	37,50	8.400

Moedas de prata 98%			
1 tael (liang)	1,00	37,50	280
5 mazes (qian)	0,50	18,75	140
2 mazes (qian)	0,20	7,50	56
1 maz (qian)	0,10	3,75	28
5 candarins (fen)	0,05	1,88	14
Moedas de prata 90%			
1 yuan = 7 mazes 2 candarins	0,72	27,00	200
Moedas de prata 82%			
½ yuan = 3 mazes 6 candarins (**)	0,36	13,50	100
1 maz 4,4 candarins (20 cents)	0,144	5,40	40
7,2 candarins (10 cents)	0,072	2,70	20
3,6 candarins (5 cents) (*)	0,036	1,35	10
Fieiras de moedas de cobre (diao, chuan ou guan)			
1.000 wen (oficial e Xangai)	0,72	1.240,00	200
500 wen (norte da China, inclusive Pequim)	0,36	620,00	100
333 wen (regional)	0,24	413,33	67
160 wen (províncias do Nordeste)	0,115	198,40	32
100 wen (regional)	0,072	124,00	20
Moedas de cobre (***)			
20 wen/cash	0,0144	15,00	4
10 wen/cash	0,0072	7,50	2
5 wen/cash	0,0036	3,75	1
2 wen/cash	0,00144	1,50	0,4
1 wen/cash ou sapeca (**)	0,00072	1,25	0,2

(*) Hubu Yinhang (Banco do Ministério da Fazenda), depois de 1906 chamado Daqing Yinhang (Banco da Grande Dinastia Qing)

(**) cunhagem provincial

(***) à taxa efetiva de 1.388 wen por liang (1.000 por yuan). Em 1900, 1.060 por liang, 1905, 1.240 por liang.

República da China (1912-1949)

Em outubro de 1911, o exército chinês em Wuhan, capital da província de Hebei, na China central, iniciou uma revolução republicana. O governo imperial, encabeçado pela imperatriz viúva e regente Longyu, encarregou Yuan Shikai, comandante do exército de Beiyang (norte), o mais poderoso da China na época, de reprimi-la; teve sucesso em suas primeiras batalhas, mas quinze províncias se rebelaram e se declararam independentes. Em novembro, Yuan Shikai deteve suas tropas para negociar, e no mês seguinte Sun Yat-sen, no exílio desde 1895, retornou à China.

Em 1º janeiro de 1912, delegados das províncias rebeldes proclamaram a república na cidade de Nanjing (também conhecida em português como Nanquim) e elegeram Sun Yat-sen como presidente provisório. Yuan Shikai aceitou a queda da monarquia e forçou a imperatriz-mãe a assinar a abdicação do filho Puyi, então com seis anos, mas exigiu que a China se unisse sob um governo liderado por ele em Pequim. Para evitar a guerra civil e a intervenção estrangeira, Sun Yat-sen aceitou, e em 10 de março Yuan Shikai tomou posse como segundo presidente provisório.

No início da República, moedas de prata padronizadas ocidentais (pesos ou dólares), juntamente com os lingotes *yinding* ou "pães de prata" pesados em *liang* ou taéis, constituíam a maior parte da moeda circulante. Cunhados em grandes quantidades a partir de 1914, as moedas nacionais equivalentes ao dólar, chamadas *yuans* e divididas em 10 *jiao* e 100 *fen*, tiveram sucesso; os pesos e dólares saíram da circulação durante os anos 1920, mas os *yinding* continuaram a circular e eram preferidos por camponeses para guardar suas poupanças. Os *yuans* de prata chineses continuavam, porém, a ser chamados de *dayang qian*, "grandes moedas estrangeiras", por serem imitações de moedas ocidentais, enquanto suas frações divisionárias eram *xiaoyang qian*, "pequenas moedas estrangeiras".

Estima-se que 30.000 diferentes modelos de notas foram emitidos por bancos chineses de 1911 a 1949. A maioria das notas para uso em todo o país levavam as palavras "Moeda Nacional", assim como alguns bancos provinciais. As restantes notas provinciais apresentavam as palavras "Moeda Local" e circulavam com diferentes taxas de câmbio em relação à moeda nacional. Notas fracionárias proliferaram, com denominações em *fen* e frequentemente com deságio em relação às notas e moedas em *yuan*. Muitas das emissões tinham legendas em inglês para a conveniência de comerciantes estrangeiros, nas quais o *yuan* era frequentemente referido como *dollar*. Algumas notas eram denominadas em *copper coins* ou *coppers*, as moedas de cobre chamadas *tong yuan* pelos chineses, com valor nominal de 10 wen ou 1/100 *yuan*, mas na prática determinado pelo mercado e cotações relativas do cobre e da prata. Havia ainda notas denominadas em *diao*, fieiras de moedas tradicionais (geralmente 500 ou 1.000, mas 160 na Manchúria).

O *copper* ou *tong yuan* foi cotado a 100 por *yuan* em 1905, 112 em 1906, 125 em 1908, 132 em 1912, 150 em 1920, 275 em 1924, 363 em 1926, 290 no verão de 1928, 278 em dezembro de 1929 e 410 em 1932. Com variações regionais, o *wen* ou *cash* era cotado a 900 por yuan em 1905, 1.000 em 1906, 1.207 em 1917, 1.376 em 1918, 1.408 em 1919, 1.461 em 1920, 1.581 em 1921, 1.696 em 1922, 1.974 em 1923, 2.855 em 1925, 3.880 em 1926, 4.060 em 1929 e 28.400 em 1935.

Em agosto de 1912, o Kuomintang (Guomindang pela grafia *pinyin* hoje usada, ou Partido Nacionalista) foi fundado por Song Jiaoren, um dos associados de Sun. Nas eleições de fevereiro de 1913, Song fez campanha contra Yuan e ganhou a maioria do Parlamento. Song foi assassinado em março, provavelmente a mando de Yuan, que agia cada vez mais como um ditador e fez acordos com as potências para favorecer seu exército sem consultar o Congresso. Em julho, sete províncias do Sul se rebelaram contra Yuan instigadas pelo Kuomintang, mas suas forças foram derrotadas. Nanquim foi tomada em setembro, e Sun e seus companheiros fugiram para o Japão.

Em outubro de 1913, o Parlamento intimidado elegeu Yuan presidente. Este, para consolidar seu reconhecimento ante as potências ocidentais, aceitou que a Rússia passasse a controlar Tuva e a Mongólia, e os britânicos, o Tibete. No mês seguinte, Yuan pôs o Kuomintang fora da lei e expulsou seus deputados, deixando o Parlamento sem quorum e sem condições de se reunir. Em 1914, ele revisou a Constituição para centralizar o governo, ampliar seus poderes e estender o mandato para dez anos. Em dezembro de 1915, depois de ceder ao Japão a província de Shandong e partes da Mongólia e do Nordeste da China (chamado Manchúria no Japão e Ocidente[4]),

4 É a região de origem da etnia manchu (jurchen antes de 1635), da qual se originaram as dinastias chinesas Jin (1115-1234) e Qing (1636-1912), mas a migração de camponeses chineses sob domínio Qing reduziu os manchus a uma minoria na Manchúria já no século XVIII, embora estes a controlassem politicamente até 1900.

Yuan Shikai ultrapassou os limites ao se proclamar "imperador Hongxian". A província de Yunnan se declarou independente, foi acompanhada por outras e, ante a relutância dos generais de combatê-las em nome da monarquia, o ministro da Guerra, general Duan Qirui, procurou atuar como mediador.

A era dos caudilhos (1916-1928)

Em março de 1916, Yuan desistiu do título imperial, mas seguiu como ditador. Com sua morte em junho, a facção ou camarilha organizada em torno do comando do exército de Beiyang desintegrou-se em várias: a "facção de Anhui", formada em torno de Duan, a "facção de Zhili" (atual província de Hebei), liderada por Feng Guozhang e a "facção de Fengtian" (atual Liaoning), comandada por Zhang Zuolin. Zhili controlava o sul de Hebei, Jiangsu, Jiangxi e Hubei; Fengtian, a Manchúria; Anhui, a maior parte do restante do norte e leste (inclusive Pequim). As três formaram coalizões precárias para controlar o governo reconhecido pelo Ocidente. Cinco outras facções se formaram em outras regiões: Shanxi, Qinghai-Gansu-Ningxia (chamada facção Ma, por ser liderada pelo clã muçulmano desse nome), Xinjiang, Yunnan e Guangxi e várias pequenas facções disputaram Sichuan.

As guerras civis resultaram na emissão de diferentes moedas com o mesmo nome pelos caudilhos das facções militares e pelo Kuomintang. Por exemplo, em 1917, o caudilho da facção de Fengtian criou uma moeda conhecida como *yuan* (ou *dollar*) *feng*. Foi emitida como notas de 1, 5 e 10 *yuans* a partir de 1917 e notas de 50 e 100 *yuans* a partir de 1924. Originalmente, seu valor era de 1,2 por iene, relativamente estável até 1922, quando começou a se inflacionar devido aos crescentes gastos militares da facção ao enfrentar suas rivais.

Variações de algumas moedas da Manchúria (câmbio em yuans de prata do governo central)

Ano	iene	yuan feng	diao de Jilin	diao de Heilongjiang
1912	0,932	0,7768	0,1695	0,1528
1914	1,036	0,7457	0,0700	0,0628
1918	0,586	0,6042	0,0404	0,0242
1919	0,511	0,5264	0,0203	0,0134

1921	0,885	0,6364	0,0096	0,0134
1925	0,681	0,4053	0,0050	0,0042
1926	0,879	0,2449	0,0053	0,0035
1927	0,965	0,1008	0,0053	0,0073
1928	0,908	0,0362	0,0050	0,0026
1929	1,006	0,0177	0,0049	0,0023
1930	1,510	0,0150	0,0044	0,0018
1931	2,013	0,0149	0,0026	0,0007

Com a morte de Yuan Shikai, seu vice Li Yuanhong assumiu como presidente e Duan como primeiro-ministro. Estes se desentenderam, porém, sobre a disposição do segundo a se unir ao Japão e aliados ocidentais na I Guerra Mundial. Duan foi demitido ao tentar intimidar o Parlamento e comandantes militares que lhe eram leais se rebelaram em seu nome. O general Zhang Xun, chamado pelo presidente para agir como mediador, em vez disso exigiu sua renúncia e proclamou a restauração do imperador Puyi. Li Yuanhong pediu socorro a Duan, o qual atacou Pequim e pôs Zhang em fuga. Li renunciou, seu vice Feng Guozhang assumiu a presidência, Duan dissolveu o Parlamento, declarou guerra à Alemanha e Áustria-Hungria e enviou trabalhadores para apoiar os aliados.

Sun Yat-sen e seus aliados, inclusive a maior parte do Parlamento, formaram um governo rebelde em Guangdong (Cantão). Receberam o apoio de seis províncias do Sul, e suas forças repeliram as do governo de Pequim, no Norte. Em fevereiro de 1919, representantes dos dois governos se reuniram em Shanghai (Xangai) para negociar um acordo, mas os entendimentos foram interrompidos em maio por uma revolta estudantil em Pequim contra o governo do Norte e a decisão da conferência de paz em Versalhes de entregar as possessões alemãs em Shandong ao Japão e não à China. O movimento assinalou a ruptura dos jovens intelectuais com a tradição confuciana, e uma de suas vertentes deu origem ao Partido Comunista da China, fundado em 1921, enquanto Sun Yat-sen se desentendia com os caudilhos de Guangxi e Yunnan e buscava apoio na União Soviética.

Agentes soviéticos ajudaram a reorganizar o governo e as forças militares do Kuomintang e persuadiram o então pequeno Partido Comunista a juntar-se a ele como uma ala esquerda. Em 1923, Sun enviou o general Jiang Zhongzheng, mais conhecido no Ocidente pelo nome literário cantonês de Chiang Kai-shek, para fazer estudos políticos e militares em Moscou, de onde retornou no ano seguinte para comandar a recém-fundada academia militar.

Enquanto isso, em 1920, a facção de Zhili rompeu com a antes poderosa facção de Anhui e juntamente com Fengtien a derrotou militarmente, passando a controlar a maior parte da China central, enquanto Fengtien ficava com o Norte. A disputa de Pequim entre as duas em 1922 resultou na vitória da primeira, o que rompeu a coalizão e deixou Zhili no controle do governo oficial com apoio anglo-americano. Dois anos depois, a tentativa de Zhili de tomar posse de Xangai, ainda governada por Anhui, deu a Fengtien, com apoio japonês, a oportunidade da desforra.

O governo Zhili foi traído pelo comandante de Shandong, que aderiu a Fengtien, e por Feng Yuxiang, comandante militar de Pequim, que deu um golpe, aprisionou o presidente da República, expulsou Puyi, até então confinado na Cidade Proibida, e viu-se no comando de sua própria facção, chamada Guominjun, aliada dos soviéticos e do Kuomintang. As forças de Zhili recuaram para o sul e interior e Fengtien tomou posse das regiões mais prósperas da China e do governo de Pequim, onde por acordo com o Guominjun pôs o enfraquecido Duan, de Anhui, como presidente "neutro", até abril de 1926, quando foi deposto por Feng. Puyi asilou-se na concessão japonesa em Tianjin, rejeitou uma oferta do caudilho de Fengtian para restaurá-lo no trono e aceitou o papel de agente de Tóquio.

Sun morreu em 1925, e Chiang Kai-shek assumiu o comando do exército do Kuomintang. No período compreendido entre julho de 1926 a março de 1927, em aliança com as facções Guominjun, Shanxi e Guangxi, conquistou quase todo o território da enfraquecida Zhili e chegou a Xangai e Nanquim. O avanço parou em abril para um expurgo no qual Chiang, aliado a outros líderes conservadores no Kuomintang, prendeu e executou cinco mil integrantes das milícias comunistas aliadas que haviam tomado Xangai e cerca de dez mil em outras partes. A ala esquerda do Kuomintang, que governava em Wuhan e iniciara uma reforma agrária em aliança com os comunistas, se rebelou contra Chiang, mas depois se submeteu e expulsou os comunistas, enquanto Zhang Zuolin assumia a presidência em Pequim.

O governo do Kuomintang (1928-1949)

Em janeiro de 1928, Chiang retomou a marcha para o Norte, chegou ao Huang He (Rio Amarelo) em abril e a Shandong e Pequim em maio. Os japoneses decidiram trair e assassinar Zhang Zuolin, que até então apoiavam. o filho e herdeiro do caudilho, Zhang Xueliang, aderiu ao governo de Chiang em Nanquim. Este foi internacionalmente reconhecido e obteve concessões das potências ocidentais, inclusive o direito de fixar tarifas alfandegárias, antes ditadas pelas potências ocidentais.

O *yuan feng* continuou a circular na região da Manchúria até a invasão japonesa, mas as guerras da facção Fengtien o inflacionaram drasticamente entre 1922 e 1928. A região, a mais rica e industrializada da China na época, além de responder por 61% das exportações mundiais de soja em 1929, é um exemplo do caos monetário do país no período. Em 1929, circulavam ali as seguintes moedas:

Moeda (nome popular chinês)	Descrição	Emissor	câmbio por yuan	valor em ñ (na China)	circulação
liang	unidade de peso dos lingotes de prata	vários	0,715	194	toda a Manchúria
wen	moeda de cobre tradicional	governo central chinês e outros	4.060	0,034	zonas rurais
dayang qian	moedas de prata de yuan oficiais	governo central chinês	1,00	139	toda a Manchúria
xiaoyang qian	moedas de prata divisionárias oficiais	governo central chinês	1,14	122	toda a Manchúria
tong yuan	moeda de cobre moderna	governo central chinês	278	0,50	toda a Manchúria
dayang piao	papel-moeda oficial	governo e bancos chineses	1,00	139	província de Liaoning e ferrovias
yuan feng	papel-moeda em yuan da Manchúria	facção Fengtian	56,50	2,46	província de Liaoning

yuan Harbin	papel-moeda em yuan	bancos de Harbin	1,40	99	Harbin e zona da Ferrovia da China Oriental
yuan de Heilongjiang	papel-moeda em yuan	governo de Heilongjiang	1,40	99	província de Heilongjiang
diao de Heilongjiang	papel-moeda em diao	governo de Heilongjiang	435,00	0,32	província de Heilongjiang
Jilin guan tie	papel-moeda em diao	banco da província de Jilin	206,00	0,67	província de Jilin
Jilin yongcheng dayang piao	papel-moeda em yuan	banco da província de Jilin	1,45	96	província de Jilin
yen (do Japão)	papel-moeda em yen	sucursal na Manchúria do Yokohama Species Bank	0,91	153	território japonês de Guandong (*), Ferrovia da Manchúria do Sul
yen (da Coreia)	papel-moeda em yen	Banco de Chosen (Coreia)	0,91	153	território japonês de Guandong (*), Ferrovia da Manchúria do Sul
rublo	papel-moeda em rublos	governo soviético	0,81	171	província de Heilongjiang, Ferrovia da China Oriental
dólar dos EUA	papel-moeda em dólares	Fed e tesouro dos EUA	0,42	332	portos internacionais

(*) Kwantung na grafia da época, a antiga possessão russa de Porto Artur

Em 1930, para substituir o tael aduaneiro no pagamento das tarifas, o governo nacionalista começou a emitir uma moeda chamada *guan jin yuan*, "yuan de ouro aduaneiro" ou *haiguan jin danwei*, "unidade de ouro da alfândega marítima", *customs gold unit* ou *CGU* na legenda em inglês, com valor inicial de 601,866 mg de ouro puro, 0,40 dólar estadunidense ou 2/3 do *tael haikwan* usado até então. Com valor fixo em dólar e flutuante em *yuans*, era restrito a transações cambiais e emitido em cédulas de 0,10 a 10 CGUs.

Enquanto isso, os remanescentes comunistas criaram o Exército Vermelho, organizaram sovietes e lançaram insurreições e ataques em várias cidades, mas foram derrotados, o que os forçou a se refugiar nas áreas rurais e depender do apoio dos camponeses.

O governo de Chiang tinha inicialmente o controle direto de apenas quatro províncias, aumentadas para seis até 1930 ,e se mantinha por meio de acordos entre facções internas do Kuomintang e com outros caudilhos. De maio a novembro de 1930, três destes, os caudilhos de Guominjun, Shanxi e Guangxi, se rebelaram contra Chiang. Este os derrotou em aliança com Zhang Xueliang, mas para isso precisou deixar desprotegida a Manchúria e suspender a guerra aos comunistas. De novembro de 1930 a janeiro de 1931, Chiang voltou a se concentrar nos comunistas, mas os encontrou melhor organizados quanto às forças e territórios sob seu controle.

Em setembro de 1931, os japoneses aproveitaram a redução das tropas chinesas para invadir a Manchúria, onde criaram um Estado fantoche, o Manchukuo, com seu próprio *yuan*, de valor aproximadamente equivalente ao *iene* Chamaram, para governá-lo, o imperador deposto Puyi. Em novembro, os comunistas proclamaram a República Soviética da China em Ruijin, cidade do interior da província de Jiangxi, tendo como presidente Mao Zedong, que criou seus próprios bancos e moedas.

Em 5 de abril de 1933, o governo do Kuomintang proibiu o uso do *liang* e ordenou que as transações subsequentes fossem contabilizadas apenas em *yuans*. Todas as contas expressas em *yuan* ou taéis teriam de ser convertidas à taxa fixa de 71,50 taéis de Xangai por 100 *yuans*.

Em 1933 e 1934, Chiang comandou pessoalmente uma campanha contra os comunistas, e em outubro de 1934 os forçou a abandonar Jiangxi. As forças comandadas por Mao escaparam ao cerco e empreenderam a chamada Longa Marcha, uma caminhada de dez mil quilômetros até Yan'an, no norte de Shaanxi, onde estabeleceram a nova sede de seu governo em outubro de 1935.

Com a desvalorização do dólar em 1934, o CGU foi reajustado de 0,40 para 0,6775 dólar. O governo dos Estados Unidos retomava então as compras de prata para atender a seu lobby de mineração e fazia subir o preço internacional do metal. Isso provocou a saída de prata do país e contraiu a oferta monetária interna, provocando alta dos juros e fechamento de bancos. Para combater a crise, em novembro de 1935, o governo do Kuomintang desvinculou o *yuan* da prata. A circulação de moedas de prata foi proibida e a propriedade privada da prata foi banida, medida análoga à tomada nos Estados Unidos em relação ao ouro e às reservas vendidas aos norte-americanos. As notas de moeda fiduciária emitidas em seu lugar eram conhecidas como *fabi*, "curso legal". A emissão de moeda ficou restrita a quatro grandes bancos controlados pelo governo: o Banco da China, o Banco Central da China, o Banco de Comunicações e mais tarde o Banco dos Camponeses da China. O CGU foi então fixado em 2,26 *yuans fabi*.

Em novembro de 1935, o governador chinês da região de Hebei Oriental proclamou um Estado "independente" que imediatamente tornou-se um fantoche do Japão. Em dezembro, o mesmo se deu com parte da Mongólia Interior, conhecida como Mengjiang. Apesar dos avanços japoneses, Chiang insistia em não os enfrentar antes de derrotar os comunistas. Em dezembro de 1936, dois de seus principais generais, Zhang Xueliang e Yang Hucheng, o sequestraram em Si'an, para exigir que mudasse sua política. Chiang aceitou fazer uma trégua com Mao e este concordou em dissolver a República Soviética da China e formar dois exércitos sob o comando nominal de Chiang.

Em julho de 1937, os japoneses invadiram o leste da China, onde criaram inicialmente dois governos-fantoches: em dezembro, o Governo Provisório da República da China, com sede em Pequim, e em março de 1938 o Governo Reformado da República da China, com sede em Nanquim.

Em março de 1940, os governos fantoches, exceto o Manchukuo, foram teoricamente unificados no Governo Nacional Reorganizado da China, com sede em Nanquim. Em 6 de janeiro de 1941, esse governo abriu seu Banco Central que começou a emitir seu próprio dinheiro, chamado *zhongyang chubei yinhang quan* ("nota do Banco da Reserva Central") ou, abreviadamente, *zhongchu quan* ("nota da Reserva Central"). Em 31 de maio de 1942, o governo japonês proibiu o uso da moeda do governo de Chongqing e obrigou sua troca à razão de dois *yuans fabi* por um *yuan zhongchu*, relação provavelmente falseada, pois os índices de preços não eram tão diferentes na nova moeda.

Enquanto isso, os comunistas lutavam contra os japoneses em aliança com o Kuomintang, mas com total independência. Cada um dos territórios libertados por sua guerrilha conduzia a guerra com autonomia, tinha seu próprio governo local e, quando possível, criava seu próprio banco e moeda, cuja inflação e cotações não necessariamente acompanhavam a de outros territórios. Além do núcleo inicial, oficialmente "Região Libertada de Shaanxi-Gansu-Ningsia", seis outras regiões libertadas criaram moedas: Shanxi-Suiyuan (norte), Shanxi-Hebei-Shandong-Henan, Shanxi-Chahar-Hebei, Shandong-Beihai, China central (Jiangsu e Anhui) e Bacia do Dong (Guangdong).

Em fevereiro de 1942, o CGU tornou-se teoricamente equivalente ao dólar e a 0,88861 grama de ouro, e em abril foi posto na circulação geral ao valor fixo de 20 yuans *fabi*, passando a acompanhar a inflação da moeda nacional. A aceitação popular dessas notas foi facilitada pela ilusão de que tinham o valor vinculado ao ouro, e chegou-se a pagar um ágio por elas. Isso deixara de ser verdade, mas o governo se aproveitou do mal-entendido para emiti-las em grandes quantidades.

Em 1943, a emissão passou a ser monopolizada pelo Banco Central da China. De julho de 1943 a agosto de 1945 deu-se o primeiro surto de hiperinflação, quando os preços subiram até 302% ao mês. Por um lado, o governo de Chongqing não era capaz de financiar mais de um terço de suas despesas militares com sua arrecadação normal, sendo obrigado a imprimir dinheiro para cobrir o restante. Por outro, controlava apenas parte do país e concorria com as emissões dos governos japoneses e comunistas em suas respectivas áreas de controle. A inflação fez surgir muitos pequenos bancos privados e casas de câmbio, ocupados principalmente com a especulação monetária. As regiões controladas pelos comunistas tiveram uma inflação mais moderada e tornaram suas moedas mais atraentes e estáveis que as dos nacionalistas e japoneses, evitando a emissão excessiva e baseando suas despesas, finanças e moedas na tributação da agricultura e comércio local.

Com a capitulação do Japão em agosto de 1945, o governo do Kuomintang reassumiu o controle das principais cidades e vias de transporte. Empresários ligados ao Kuomintang receberam as fábricas, bancos e comércios controlados pelos japoneses. O *yuan zhongchu* foi tirado de circulação e trocado de volta pelo *yuan fabi* à razão de 200 por 1, relação provavelmente exagerada: embora a inflação houvesse sido maior na região ocupada pelos japoneses, a relação entre os índices de preços – 8.640.000 e 245.503 – era de 35,2 vezes. Isso prejudicou a popularidade da causa nacionalista em Xangai. Além disso, grande parte dos moradores dos territórios libertados foram recrutados e alimentos estocados para preparar a guerra civil, o que criava escassez e desemprego.

As concessões estrangeiras nas cidades chinesas, principalmente

Shanghai e Tianjin, que haviam se tornado um foco de crime organizado durante o período republicano, haviam sido varridas pela ocupação japonesa. Com a derrota do Japão, retornaram ao controle chinês. Os Estados Unidos e o Reino Unido abriram mão delas em tratado com Chiang Kai-shek em 1943, os franceses em 1946 e os italianos em 1947. Os franceses também desistiram do território de Kouang-Tchéou-Wan, o que deixou apenas a colônia britânica de Hong Kong e a portuguesa de Macau como presenças estrangeiras. Puyi, o imperador fantoche do Manchukuo, foi capturado pelos soviéticos e enviado à Sibéria.

Para a frustração de Mao, Stálin permitiu às tropas de Chiang Kai-shek, transportadas por aviões dos Estados Unidos, retomar também as principais cidades, minas e ferrovias da Manchúria, ocupada pelos soviéticos nos últimos dias da guerra. Ali o Banco Central da China emitiu uma moeda separada chamada *dongbei jiu sheng liutong quan*, "nota para circulação nas nove províncias do Nordeste", que valia 10 *yuans fabi*, numa tentativa de isolar a região da hiperinflação.

Entretanto, os comunistas governavam as áreas libertadas por suas guerrilhas. Em março de 1946, apesar dos pedidos em contrário de Chang Kai-shek, o exército soviético retirou-se do Nordeste e permitiu aos comunistas ocupar suas áreas rurais. Somavam-se às sete regiões libertadas anteriormente as do Nordeste (parte da Manchúria), Dalian-Lüshunkou (Porto Artur), Hebei-Rehe-Liaoning e Planície Central (Henan). Juntamente com outras menos importantes, somavam 19 áreas, um quarto do território e um terço da população da China, embora ainda não incluíssem as principais cidades.

Em junho de 1946, as negociações entre nacionalistas e comunistas fracassaram e degeneraram em guerra total. Em 26 de julho, Chang Kai-shek lançou um ataque simultâneo a todas as regiões governadas pelos comunistas. Estes resistiram com sucesso e ampliaram seu recrutamento com a promessa de reforma agrária a camponeses pobres e sem-terra.

Em março de 1947, após perder mais de um milhão de soldados enquanto o exército comunista crescia em dois milhões, as forças nacionalistas mudaram de tática e concentraram-se em duas regiões importantes, o Shandong e o centro do governo comunista em Shaanxi. Em 19 de março, suas tropas chegaram a tomar a "capital" comunista de Yan'an e proclamar a vitória total, mas tiveram de abandoná-la após uma semana. Essa batalha simbólica imobilizou as forças nacionalistas, enquanto os comunistas recuavam e ocupavam regiões mais populosas e importantes.

Os gastos do Kuomintang com a guerra civil provocaram um segundo grande surto de hiperinflação, de outubro de 1947 a meados de maio de 1949. O déficit público chegou a 70% das despesas em 1947 e 80% em 1948 e a inflação a 5.070% ao mês. Empresas industriais e comerciais privadas especularam com estoques, enquanto a produção caía e o mercado se estagnava, o que contribuía para aumentar o apoio aos comunistas, ou no mínimo a apatia em relação ao regime nacionalista.

Em 19 de agosto de 1948, o Kuomintang decretou uma reforma monetária, colocando em circulação a *jin yuan quan*, "nota de yuan de ouro", com o valor de 3 milhões de *yuans fabi*, 300 mil *yuans dongbei* do Nordeste ou 150 mil CGUs, com valor teórico de 0,22217 grama de ouro ou 4 por dólar e teoricamente lastreada com 40% em ouro ou divisas estrangeiras. O governo decretou um congelamento de preços e salários e a desapropriação de metais preciosos e divisas de particulares para respaldá-la, à razão de 4 *yuan jin* por dólar em papel-moeda, 3 *jin yuan* por onça de prata e 2 *jin yuan* por dólar de prata.

Entretanto, o governo não conseguiu implementar essas medidas, nem obteve dos Estados Unidos um empréstimo em ouro para respaldar o Tesouro – Chiang Kai-shek apostara na vitória dos republicanos que haviam lhe prometido apoio incondicional, mas o democrata Harry Truman o surpreendeu ao derrotar Thomas Dewey e conseguir a reeleição em 2 de novembro. Atacadistas retiveram os estoques de alimentos e proprietários de ouro e dólares recusaram-se a entregá-los. Em 11 de novembro, o governo admitiu uma desvalorização do *yuan jin* para 20 por dólar. O ministro da Fazenda responsável pelo programa de estabilização renunciou e a moeda voltou a ser impressa sem restrições para cobrir o déficit público.

A hiperinflação foi retomada e os preços se multiplicaram por mais de 30 mil até abril de 1949, quando chegaram a ser emitidas cédulas de até 5 milhões de *yuans* e cheques ao portador de até 180 milhões. O câmbio era cotado entre 5 milhões e 10 milhões de *yuan* por dólar.

Enquanto isso, os comunistas contra-atacavam com sucesso. Em abril, tomaram Luoyang, o que abriu caminho para a conquista da bacia do Huang He (Rio Amarelo), centro histórico da China.

Em outubro de 1948, após longo cerco, o Exército de Libertação Popular obteve em Changchun a rendição do melhor e mais armado exército do regime Kuomintang e passou a controlar totalmente o Nordeste e dispor de um arsenal adequado para passar à ofensiva nas regiões centrais. De novembro de 1948 a janeiro de 1949, cercou e destruiu uma grande força nacionalista em Xuzhou, Jiangsu, liquidando a capacidade dos nacionalistas de resistir no Norte. Ainda em janeiro, tomou Tianjin e Pequim, as primeiras das maiores cidades da China a cairem em seu poder. Em 1° de dezembro, os comunistas fundaram em Shijiazhuang, Hebei, o Banco Popular da China e começaram a emitir o *yuan renminbi* ("yuan moeda popular") e a unificar seus governos regionais e respectivas moedas.

Neste ponto, Stálin tentou interceder em favor de Chiang Kai-shek, pedindo aos comunistas para não avançar ao sul do rio Yangzi e negociar um governo de coalizão, mas Mao rejeitou a tentativa de conciliação. Em 21 de abril de 1949, os comunistas tomaram Nanjing (Nanquim), capital do governo do Kuomintang, que se refugiou em Guangzhou (Cantão). Em 27 de maio caiu também Xangai.

A partir de 29 de abril, as autoridades de Cantão começaram a fixar impostos e tarifas (como selos de correio) em *yuans* de prata e frações, pagos em moeda corrente segundo a cotação do dia e lugar (1 milhão de *jin yuan* por *yuan* de prata em 29 de abril, 4 milhões em 2 de maio, 8 milhões dia 20, 12 milhões dia 22, 30 milhões dia 24). Em 3 de julho, outra reforma monetária do Kuomintang criou o *yin yuan duihan quan*, "nota conversível em yuan de prata", resgatável em moedas tradicionais (23,493448 gramas de prata), equivalente a 500 milhões de "*yuans* de ouro" (1,5 quatrilhão de *yuans fabi*) e inicialmente cotado a 1,55 por dólar, com poder aquisitivo da ordem de 150 ñ.

O novo papel-moeda foi emitido em Guangzhou e Chongqing, mas em 17 de julho, os comunistas, que já controlavam a maior parte do país, avisaram que não a aceitariam ao completar a conquista e pediram ao público para boicotá-la. A tentativa das autoridades de proibir o uso de outras moedas fracassou, e em agosto o governo, com escassez de reservas, restringiu sua conversibilidade em prata, enfraquecendo ainda mais a confiança nessa moeda.

Em 1° de outubro, Mao proclamou a República Popular da China. Em 14 de outubro, suas forças tomaram Guangzhou. Reduzido às províncias de Guizhou, Sichuan e Taiwan, o governo nacionalista refugiou-se em Chongqing até 30 de novembro, quando também essa cidade foi tomada pelo Exército de Libertação Popular. Ficou em Chengdu, interior de Sichuan até 10 de dezembro, quando se retirou para Taipé, na ilha de Taiwan, e se juntou a dois milhões de refugiados do continente. A resistência em Sichuan, centrada em Xichang, durou até março de 1950, quando o Partido Comunista tornou-se o senhor de toda a China continental, embora insurgentes muçulmanos apoiados pelos nacionalistas lutassem até 1954 em Gansu, Qinghai, Ningxia e Xinjiang e uma pequena força do Kuomintang continuasse a fustigar a fronteira a partir da Birmânia (atual Mianmar) até 1958.

Em 1949, Stálin entregou à China o ex-imperador Puyi, que após dez anos num campo de reeducação para criminosos de guerra foi libertado para trabalhar como jardineiro com um salário de 100 yuan e morreu em 1967 como um modesto cidadão comunista. Mao deu grande importância à sua reeducação e conversão como maneira de demonstrar a superioridade do comunismo chinês sobre o soviético, que havia executado o último tsar e sua família.

Preços de alguns itens (em yuans correntes), mercado de Xangai

Moeda	Ano	mês	10 taéis (312,5 g) de ouro 99,2%	US$	100 l /78 kg arroz
yuan fabi	1937		1.142	3,40	14,30
	1938		1.999	6,40	11,95
	1939		4.135	14,10	42,50
	1940		6.022	17,80	108
yuan zhongchu = 2 fabi	1941	novembro	13.249	18,90	233
	1942		31.461		845
	1943	dezembro	95.880	20,00	2.202
	1944		730.571		38.500
	1945	agosto	71.250.000		1.500.000
yuan fabi =200 zhongchu	1945	outubro	574.770		
	1945	dezembro	731.374		7.625
	1946		3.167.600	7.600	53.600
	1947		85.000.000	149.600	932.000
	1948	julho	3.119.000.000	6.430.000	31.212.000
	1948	agosto (1-18)	5.080.000.000	10.700.000	49.156.000

yuan jin =3.000.000 fabi	1948	agosto (19-31)		4,00	
	1948	setembro		4,50	
	1948	outubro		9,00	
	1948	novembro	20.000	38,50	734
	1948	dezembro	33.400	75,70	384
	1949	janeiro	159.591	289,00	1.311
	1949	fevereiro	983.000	1.884,30	8.560
	1949	março	4.410.000	8.898,50	45.035
	1949	abril	394.544.000	813.880	2.595.000
	1949	maio	9.684.780.000	23.280.000	118.770.000
	1949	26 de maio	43.000.000.000	80.000.000	300.000.000
yuan renminbi = 100.000 jin	1949	30 de maio	390.000		4.200
	1949	9 de junho	1.100.000		9.400

Poder aquisitivo aproximado do yuan, moeda de prata (1912-1934)

Ano	ñ	câmbio, US$ /元
1912	201	1,877
1913	194	1,903
1914	193	2,073
1915	192	2,240
1916	187	1,758
1917	178	1,348
1918	175	1,102
1919	173	0,999
1920	161	1,120
1921	152	1,877
1922	151	1,830
1923	145	1,923
1924	139	1,910
1925	141	1,800
1926	156	2,003
1927	149	2,221
1928	139	2,168
1929	139	2,387
1930	131	3,342
1931	125	4,456
1932	130	4,600
1933	138	3,497
1934	156	2,933

Moedas da China (1920)

Denominação	Valor em yuan	Peso em gramas	Valor em ñ 1920
Lingote			
yinding padrão de Xangai (50 liang caoping, prata 98,6%)	75,28	1.832,67	12.045
Moeda de conta			
tael haikwan (prata 100%)	1,558	37,43	249
tael de Xangai (prata 98,6%)	1,399	34,08	224
Papel-moeda (Banco da China) (*)			
100 yuan	100,00	-	16.000
10 yuan	10,00	-	1.600
5 yuan	5,00	-	800
1 yuan	1,00	-	160
5 jiao (**)	0,44	-	70
2 jiao (**)	0,176	-	28
1 jiao (**)	0,088	-	14
50 copper coins (***)	0,335	-	53,3
10 copper coins (***)	0,067	-	10,7
Moedas de ouro 85%			
20 yuan	20,00	16,30	3.200
10 yuan	10,00	8,15	1.600
Moedas de prata 89%			
1 yuan (****)	1,00	26,90	160
Moedas de prata 70% (**)			
5 jiao	0,44	13,60	70
2 jiao	0,176	5,40	28
1 jiao	0,088	2,70	14
Diao - fieiras de moedas de cobre (***)			
1.000 cash (centro e sul)	0,667	1.200,0	107
500 cash (norte)	0,333	600,0	53
160 cash (Manchúria)	0,107	192,0	17
Moedas de cobre (***)			
20 wen/cash (2 cents)	0,0133	9,45	2,1
10 wen/cash (1 cent)	0,0067	6,8	1,1
5 wen/cash	0,0033	3,4	0,5
1 wen/cash (sapeca)	0,00067	1,2	0,1

(*) Muitas outras instituições bancárias nacionais ou locais emitiam papel-moeda nesse período.

(**) considerado deságio de 12%

(***) à taxa efetiva de 150 cents ou coppers (tong yuan) e 1.500 wen por yuan.

(****) reduzido para 26,6971 gramas de prata 88% em abril/1933

Poder aquisitivo aproximado do yuan de curso legal ou yuan *fabi* (1935-1948)

Ano	ñ	câmbio, US$ /元
1935	150	2,734
1936	138	3,361
1º sem/1937	142	3,377 (média)
jul/1937	137	
out/1937	131	
dez/1937	130	
jan/1938	125	4,68 (média)
abr/1938	116	
jul/1938	109	
out/1938	98	
dez/1938	91	
jan/1939	84	8,42 (média)
abr/1939	77	
jul/1939	66	
out/1939	53	
dez/1939	46	
jan/1940	42	16,67 (média)
abr/1940	34	
jul/1940	27	
out/1940	20	
dez/1940	17,7	
jan/1941	16,3	18,82 (média)
abr/1941	13,5	
jul/1941	10,6	
out/1941	8,55	20,00 (oficial)
dez/1941	6,71	
jan/1942	5,86	20,00 (oficial)
abr/1942	4,52	
jul/1942	2,87	
out/1942	2,60	
dez/1942	2,31	

Ano	ñ	câmbio, US$ /元
jan/1943	2,13	20,00 (oficial)
abr/1943	1,48	
jul/1943	0,895	
out/1943	0,729	
dez/1943	0,635	
jan/1944	0,572	20,00 (oficial)
abr/1944	0,400	
jul/1944	0,305	
out/1944	0,248	
dez/1944	0,208	
jan/1945	0,174	20,00 (oficial)
abr/1945	0,104	
jul/1945	0,060	
out/1945	0,079	
dez/1945	0,067	
jan/1946	0,077	7.600 (média)
abr/1946	0,046	
jul/1946	0,034	
out/1946	0,026	
dez/1946	0,0219	
jan/1947	0,0186	149.600 (média)
abr/1947	0,0102	
jul/1947	0,00667	
out/1947	0,00233	
nov/1947	0,00138	
jan/1948	0,00103	10.700.000 (agosto)
abr/1948	0,0000358	
jul/1948	0,0000537	
ago/1948 (1-18)	0,0000330	

Obs.: a cotação oficial do dólar foi de 20 yuans de julho/1942 a janeiro/1946

Moedas da China (1936)

Denominação	Valor em yuan fabi	Peso em gramas	Valor em ñ 1936
Papel-moeda (yuan guanjin ou CGU) (*)			
500 CGU	1.130,00	-	158.200
250 CGU	565,00	-	79.100
100 CGU	226,00	-	31.640
50 CGU	113,00	-	15.820
20 CGU	45,20	-	6.328
10 CGU	22,60	-	3.164
5 CGU	11,30	-	1.582
1 CGU	2,26	-	316
20 cents (guanjin fen)	0,45	-	63
10 cents (guanjin fen)	0,23	-	32
Papel-moeda (Banco da China) (**)			
10 yuan	10,00	-	1.400
5 yuan	5,00	-	700
1 yuan	1,00	-	140
Moedas de prata 72%			
50 fen	0,50	10,00	70
Moedas de niquel			
20 fen	0,20	6,05	28
10 fen	0,10	4,50	14
5 fen	0,05	3,07	7
Moedas de cobre			
1 fen	0,01	6,70	1,4
½ fen	0,005	3,35	0,7

(*) à cotação de 3,34 yuan por dólar ou 2,26 yuan por CGU

(**) Muitas outras instituições bancárias nacionais ou locais emitiam papel-moeda nesse período.

Moedas da China (jan/1948)

Denominação	Valor em yuan *fabi*	Peso em gramas	Valor em ñ jan/1948
Papel-moeda (Banco Central da China, yuan guanjin ou CGU)			
10.000 CGU	200.000	-	200
5.000 CGU	100.000	-	100
2.500 CGU	50.000	-	50
2.000 CGU	40.000	-	40
1.000 CGU	20.000	-	20
500 CGU	10.000	-	10
100 CGU	2.000	-	2
Papel-moeda (Banco Central da China, yuan dongbei, p/ Nordeste)			
2.000 yuan	20.000	-	20
1.000 yuan	10.000	-	10
500 yuan	5.000	-	5
100 yuan	1.000	-	1
50 yuan	500	-	0,5
10 yuan	100	-	0,1
5 yuan	50	-	0,05
1 yuan	10	-	0,01
Papel-moeda (Banco Central da China, yuan fabi)			
10.000 yuan	10.000	-	10
5.000 yuan	5.000	-	5
2.500 yuan	2.500	-	2,5
2.000 yuan	2.000	-	2
1.000 yuan	1.000	-	1
500 yuan	500	-	0,5
400 yuan	400	-	0,4
200 yuan	200	-	0,2
100 yuan	100	-	0,1
50 yuan	50	-	0,05
10 yuan	10	-	0,01

Moedas da China (jan/1948)

Denominação	Valor em yuan *fabi*	Peso em gramas	Valor em ñ ago/1948
Papel-moeda (Banco Central da China, yuan guanjin ou CGU)			
250.000 CGU	5.000.000	-	250
50.000 CGU	1.000.000	-	50
25.000 CGU	500.000	-	25
10.000 CGU	200.000	-	10
5.000 CGU	100.000	-	5
2.500 CGU	50.000	-	2,5
2.000 CGU	40.000	-	2
Papel-moeda (Banco Central da China, yuan dongbei, p/ Nordeste)			
10.000 yuan	100.000	-	5
5.000 yuan	50.000	-	2,5
2.000 yuan	20.000	-	1
Cheques ao portador (Banco da China)			
180 milhões de yuan	180.000.000	-	9.000
60 milhões de yuan	60.000.000	-	3.000
10 milhões de yuan	10.000.000	-	500
5 milhões de yuan	5.000.000	-	250
1 milhão de yuan	1.000.000	-	50
500 mil yuan	500.000	-	25
100 mil yuan	100.000	-	5
50 mil yuan	50.000	-	2,5
40 mil yuan	40.000	-	2
30 mil yuan	30.000	-	1,5
20 mil yuan	20.000	-	1
1 mil yuan	1.000	-	0,05

Poder aquisitivo aproximado do yuan de ouro ou yuan *jin* (1948-1949)

Ano	**ñ**
ago/1948 (19-31)	89
set/1948	79
out/1948	39
nov/1948	5,55
dez/1948	4,64
jan/1949	1,17
fev/1949	0,183
mar/1949	0,038
abr/1949	0,00048800
mai/1949	0,00000632
jun/1949	0,00000052
jul/1949 (1-2)	0,0000003

Moedas da China (final de abril/1949)

Denominação	Valor em yuan *jin*	Peso em gramas	Valor em ñ final de abril/1949
Papel-moeda (Banco Central da China)			
5 milhões de yuan	5.000.000	-	750
1 milhão de yuan	1.000.000	-	150
500 mil yuan	500.000	-	75
100 mil yuan	100.000	-	15
50 mil yuan	50.000	-	7,5
10 mil yuan	10.000	-	1,5
5 mil yuan	5.000	-	0,75
1 mil yuan	1.000	-	0,15
500 yuan	500	-	0,075
100 yuan	100	-	0,015
Moeda de prata 88% (antiga)			
1 yuan	1.000.000	26,70	150

Moedas da China (julho/1949)

Denominação	Valor em yuan *yin*	Peso em gramas	Valor em ñ julho/1949
Papel-moeda (Banco Central da China)			
100 yuan	100,00	-	15.000
10 yuan	10,00	-	1.500
5 yuan	5,00	-	750
1 yuan	1,00	-	150
50 cents	0,50	-	75
20 cents	0,20	-	30
10 cents	0,10	-	15
5 cents	0,05	-	7,5
1 cent	0,01	-	1,5
Moeda de prata 88% (antiga)			
1 yuan	1,00	26,70	150

O yuan renminbi ("moeda popular")

Em 1º de dezembro de 1948, a partir da fusão de três dos seus bancos regionais – Banco do Norte da China, Banco Beihai (Shandong) e Banco Camponês do Noroeste –, os revolucionários comunistas fundaram o Banco Popular da China na cidade de Shijiazhuang, na província de Hebei, centro econômico da região por eles controlada no norte da China, que imediatamente começou a emitir o *yuan renminbi*, "yuan moeda popular". A rigor, *renminbi* é o nome da moeda corrente (em inglês, *currency*) e *yuan* o de sua unidade, dividida em 10 *jiao* e 100 *fen*. Com o avanço da revolução, os demais bancos regionais foram transformados em sucursais e suas moedas retiradas e substituídas.

Em 22 de janeiro de 1949, com a tomada de Pequim e Tianjin pelos comunistas, o "*yuan* de ouro" foi convertido à taxa de câmbio de 8 para 1 *renminbi* (cerca de 3 ñ), com uma taxa preferencial de 3 para 1 para valores de até 500 "*yuans* de ouro" (uns 150 ñ) nas mãos de trabalhadores, estudantes e pobres. Em 26 de janeiro, a taxa normal passou a 10 para 1, com um período de conversão de 10 dias. Comerciantes com grandes quantias em *yuans* de ouro foram autorizados a usá-los para comprar mercadorias em território inimigo, para impulsionar a inflação no território do Kuomintang.

Em 18 de abril de 1949, com o poder aquisitivo do *renminbi* em cerca de 1,2 ñ, a divisão de Tianjin do Banco Popular publicou as seguintes taxas de conversão para o *yuan renminbi* das demais moedas de bancos comunistas:

Banco	Região	yuans locais por yuan *renminbi*
Banco de Hebei do Sul (Southern Hopeh)	Shanxi-Hebei-Shandong-Henan	100
Banco de Shanxi-Chahar-Hebei (Shansi-Chahar-Hopeh)	Shanxi-Chahar-Hebei	1.000
Banco Camponês do Noroeste	Shanxi-Suiyuan	2.000
Banco Beihai (Pei-hai)	Shandong	100
Banco de Jinan (Chinan)	Shandong	100
Companhia de Comércio de Shaanxi-Gansu-Ningxia	Shaanxi-Gansu-Ningxia	2.000
Banco do Nordeste (Tung Pei)	Nordeste (Manchúria)	200
Banco da Grande Muralha (Chang Chung)	Hebei-Rehe-Liaoning	200
Banco da Província de Jehol (Rehe)	Hebei-Rehe-Liaoning	1.000
Banco de Rehher Sheeng	Hebei-Rehe-Liaoning	5.000
Banco da China Central	Jiangsu e Anhui	100
Banco Camponês da Planície Central (Chung Chou)	Henan	3

A disparidade entre a inflação do *renminbi*, da ordem de 45% ao mês, e a do *yuan* de ouro, de 1.000% ao mês ou mais, fez com que em 5 de junho, após a tomada de Xangai, fosse aberto um novo período de conversão de uma semana, à taxa de 100.000 por *renminbi* (cerca de 0,4 ñ). Foram convertidos 36 trilhões de *yuans* de ouro, 53% do total emitido até então. Os preços médios subiram em média 2,7 vezes entre 30 de maio e 9 de junho no mercado de Xangai (de 660 para 1.800 *yuan renminbi* no caso do *yuan* de prata), mas isso foi seguido de violenta repressão. O mercado foi cercado, os especuladores presos, seu ouro e prata confiscados. O comércio privado de metais preciosos e moedas estrangeiras foi proibido, passando a ser centralizado no Banco Popular da China.

A unificação das moedas das regiões centrais foi completada em 1º de outubro de 1949, com a proclamação da República Popular da China. Em 15 de junho de 1950, foram retiradas as moedas do extremo sul, em janeiro de 1951 no Nordeste, em abril na Mongólia e em novembro no Xinjiang. O Tibete continuou com moeda própria até 1959.

Nos quinze meses de dezembro de 1948 a março de 1950, os preços em *renminbi* se multiplicaram por cerca de 250, com inflação média superior a 40% ao mês. Daí em diante, se estabilizaram quase completamente. Isto foi obtido com uma combinação de aumento de impostos a partir dos últimos meses de 1949, redução de gastos de estatais e órgãos públicos, de modo a reduzir o déficit de 40% para 10% das despesas, e obrigatoriedade de estes depositarem seus fundos em bancos públicos, de modo a diminuir a velocidade de circulação e aumentar o controle central sobre seus gastos. Ao mesmo tempo, foram emitidos títulos de dívida que diminuiram a necessidade de emissão de moeda, estimulado o aumento da produção e regulados os preços das mercadorias mais importantes por meio das vendas de estoques das companhias estatais de comércio, que controlavam cerca de 35 por cento do abastecimento de Xangai em 1950 e 1951. Os preços permaneceram praticamente estáveis até o início da abertura para o "socialismo de mercado", em 1979.

O sistema de taxas de câmbio era complicado, porque não só se usavam taxas múltiplas conforme a finalidade, como as taxas aplicadas a diferentes moedas estrangeiras eram independentes entre si. A taxa oficial de câmbio era em 1950 de 9.500 *yuan* antigo por rublo, ajustada depois para 8.000. No comércio internacional, entretanto, a taxa efetiva foi inicialmente de 6.754 *yuans* antigos por rublo e 5.000 a partir de 1953. Em relação aos Estados Unidos, a taxa oficial era de 4.200 por dólar em março de 1950, 3.220 em setembro desse ano e 2.230 em maio de 1951.

Em 1955, um *novo yuan* substituiu o antigo à razão de 10 mil para 1. Essa continua a ser até hoje a moeda da China, exceto em Hong Kong e Macau. O câmbio passou a 0,50 *yuan* por rublo em 1960. Em janeiro de 1961, com a alteração do valor oficial do rublo em ouro, para 2,22 yuan por rublo, 0,1667 a partir de 1959 e 1,667 a partir de 1961. O câmbio com o dólar passou a 2,4618 em março de 1955, taxa que permaneceu constante até dezembro de 1971.

A palavra *yuan* foi originalmente escrita com o mesmo logograma 圓 (ainda usado em Taiwan, mas modernizado na China para 圆 a partir de 1956) e o mesmo significado de *en (iene)* em japonês e *won* em coreano. Hoje também se usa para representá-lo o símbolo internacional ¥, originalmente usado para o *iene* japonês. Também se usa em contextos internacionais RMB¥ para o *yuan*, para distingui-lo do *iene* (JP¥). Depois da II Guerra Mundial, os japoneses e chineses passaram a usar para representar a moeda corrente diferentes formas simplificadas do logograma original: 円 em japonês e 元 em chinês.

República Popular da China (desde 1949)

O pensamento do Partido Comunista Chinês caminhou num rumo diferente do soviético, por se tratar de uma revolução num país não industrializado, vítima do imperialismo, com base em camponeses e não em operários e contra a vontade de Stálin, que, descrente da viabilidade do socialismo na China, ainda em 1948 pressionava Mao a se unir a Chiang Kai-shek.

O maoísmo contrariou a ortodoxia marxista-leninista segundo a qual a construção do socialismo exigia condições materiais apropriadas, a saber uma indústria capitalista avançada, para afirmar o primado da vontade revolucionária, da ideologia e da luta de classes. Essa abordagem deu à revolução chinesa independência e originalidade em relação à experiência soviética, mas o desprezo pelas realidades econômicas e tecnológicas resultou em erros catastróficos no plano quinquenal de 1958-1963, anunciado como "Grande Salto para a Frente". Juntamente com um processo de coletivização acelerada das áreas rurais em comunas de milhares ou dezenas de milhares de pessoas, o regime chinês retirou lavradores do trabalho agrícola para grandes obras de irrigação e fabricação de ferro fundido, cimento, fertilizantes e ferramentas agrícolas nas áreas rurais, o que, combinado a desastres climáticos naturais, resultou em desperdícios e escassez.

Durante esse período, a China rompeu politicamente com a União Soviética pela tendência à burocratização tecnocrática incompatível com o ímpeto revolucionário do movimento maoísta e pela política de "coexistência pacífica" de Nikita Kruchev, que implicava na redução do apoio soviético aos movimentos comunistas no "terceiro mundo". Na área industrial, a retirada de técnicos soviéticos e o fim de programas de cooperação científica contribuíram para as dificuldades econômicas, numa época em que a maioria dos países capitalistas se recusava a reconhecer o regime chinês e ter com ele relações comerciais ou culturais.

As consequências foram provavelmente exageradas tanto pela propaganda anticomunista dos Estados Unidos, que estimou 38 milhões de mortos, quanto pelas críticas do governo pós-maoísta de Deng Xiaoping, que falou de 16,5 milhões. Viajantes da época testemunharam racionamento e problemas de abastecimento, mas não mortes em massa. Os camponeses continuaram a apoiar Mao, sua memória coletiva não registra o período como uma tragédia e os censos posteriores não mostram uma grande queda de população nas faixas de idade correspondentes às crianças pequenas do período[5]. Pesquisas mais sóbrias e independentes estimam as mortes devidas a doenças ligadas à má nutrição em talvez 4 milhões a 5 milhões, o que se deu após uma queda muito maior da mortalidade e melhora dos padrões de vida no campo com a reforma agrária dos primeiros anos da revolução.

Entretanto, o impacto da crise, principalmente nas cidades, foi suficiente para permitir a Liu Shaoqi e Deng Xiaoping tomarem os cargos de presidente e secretário-geral, deixando a Mao a presidência do Partido e o comando do Exército, para banir os excessos

5 Em contraste, na fome do Norte da China de 1876-1879, causada por longa seca e que teria matado 9 milhões a 13 milhões (20 milhões segundo alguns), viajantes contemporâneos descreveram a mortandade, que deixou claros vazios demográficos. O despovoamento de parte da província de Shaanxi permitiu que em 1935 os comunistas fizessem sua base na região e a vizinha Shanxi só em 1953 recuperou a população anterior à crise.

ideológicos e recolocar o país no rumo de reformas moderadas. Mao, sua esposa Jiang Qing, Zhou Enlai, Lin Biao e seus aliados reagiram em 1966 com a campanha da "Revolução Cultural", durante a qual a Guarda Vermelha maoísta quis transformar a vida e a educação segundo os pensamentos de Mao. Muitos intelectuais e políticos proeminentes, incluindo Liu e Deng, foram acusados de tentar restaurar o capitalismo e expurgados. Preso em 1967 ainda como Presidente, Liu foi expulso do partido em 1968 e morreu na prisão em 1969, enquanto Deng foi afastado e confinado no interior como simples trabalhador industrial até 1974.

Paradoxalmente, foi durante esses anos de radicalização ideológica e justamente no mandato do republicano anticomunista Richard Nixon que os Estados Unidos, que até então se recusavam a reconhecer o regime de Pequim e sustentavam a ficção da "República da China" em Taiwan como governo legítimo de todo o país, decidiram aproximar-se de Mao e firmar com ele uma aliança informal contra a União Soviética, selada na visita de Nixon em 1972. O general Lin Biao, descontente com a aproximação urdida por Zhou Enlai, morreu ao tentar fugir para a União Soviética após uma tentativa de golpe fracassada, segundo a versão oficial. Doente, Zhou Enlai abriu caminho para o retorno de Deng à cúpula em 1974 após uma "autocrítica". Com a morte de Zhou em janeiro de 1976, a ala radical liderada por Jiang Qing convenceu Mao a demitir Deng, mas, antes que desse início a uma nova Revolução Cultural, a morte de Mao, em setembro, possibilitou o afastamento da chamada "gangue dos quatro" e a ascensão de Deng ao poder.

Mesmo com o caos político e econômico dos anos do "Grande Salto para a Frente" e da "Revolução Cultural", a China teve um desenvolvimento notável de 1949 a 1976. A expectativa de vida aumentou de 35 anos para 65, a produção agrícola cresceu 169,6%, a produtividade por hectare 145,9% e a população 77,7%, com um crescimento da produção anual de alimentos per capita de 204 para 328 quilos. O analfabetismo caiu de 80% para 30% e a China adquiriu autossuficiência e independência econômica e tecnológica tanto da União Soviética quanto do Ocidente, passando a produzir seus próprios bens de capital e seus próprios veículos e armas, inclusive a bomba atômica em 1964 e a bomba de hidrogênio em 1967. De 1952 a 1976, o PIB multiplicou-se por 4, crescendo a uma média de 6% ao ano (um aumento de 2,4 vezes na renda per capita, considerado o crescimento de 64% da população) e a indústria 11,2% ao ano, aumentando sua participação de 36% para 72%.

Juntamente com o fim do isolamento internacional pelos entendimentos com os Estados Unidos, isso criava as bases para um grande crescimento industrial pelo caminho trilhado pelo Japão, Coreia do Sul e Taiwan nos anos 1950. Sem romper completamente com a herança de Mao, mas afirmando que ela continha "7 partes boas e 3 ruins", Deng criou cinco Zonas Econômicas Especiais (das quais a mais importante foi Shenzhen, junto à então colônia britânica de Hong Kong) para a instalação de investimentos estrangeiros em exportação de bens de consumo. Ao mesmo tempo, abriu caminho para a formação de empresas privadas nacionais na indústria e nos serviços e para a aquisição de terras por camponeses e dissolveu as comunas maoístas. Isto resultou em um crescimento rápido da produção agrícola durante cinco anos, mas foi seguido de queda da produção per capita, além de acabar com a educação e saúde gratuitas no campo e gerar êxodo rural e desemprego.

A indústria e os serviços, por outro lado, cresceram de maneira extraordinária, permitindo a formação de uma grande classe média urbana à custa de deterioração ambiental, maior desigualdade e insegurança social, embora a pobreza infantil tenha sido limitada pela política de "filho único", imposta em 1979, ano em que os Estados Unidos reconheceram formalmente o governo de Pequim e romperam relações formais com Taipé. De 1976 à aposentadoria política de Deng em 1990, o PIB mais que triplicou, a uma média de 9% ao ano. Um "socialismo de mercado" substituiu o planejamento central e o sistema de câmbio múltiplo deu lugar a uma taxa simples em 1979.

A sociedade e os setores estratégicos da economia continuaram, porém, controlados pelo Partido Comunista Chinês. Em 1989 uma tentativa de emular as revoltas do bloco soviético foi reprimida e convenceu as autoridades chinesas da necessidade de combinar repressão com crescimento acelerado para garantir a estabilidade política. Em 1997, com o fim do arrendamento por 99 anos dos territórios continentais de Hong Kong, os chineses exigiram a devolução da colônia, que se tornou uma Região Administrativa Especial, com sua moeda própria, governo eleito e economia capitalista. Em 1999, o mesmo se deu com a colônia portuguesa de Macau.

Os governos de Jiang Zemin (secretário-geral do Partido desde

1989 e presidente em 1993-2003) e Hu Jintao (p. 2003-2013) mantiveram esse rumo. As estatísticas do crescimento econômico – que indicam um crescimento médio de 10,2% ao ano de 1990 a 2013 – e sua sustentabilidade foram postas em dúvida várias vezes por economistas ocidentais desde os anos 1990, mas a transformação física e social das cidades e a presença crescente das mercadorias e do capital estatal e privado chinês no quotidiano ocidental atestam a realidade da transformação da China em superpotência econômica comparável aos Estados Unidos ou à União Europeia em produção, ainda que não em renda per capita ou padrão de consumo. Foi a mais importante mudança na geopolítica e na economia mundial desde o colapso do bloco soviético.

A Xi Jinping, que chegou ao poder em 2013, coube lidar com uma nova realidade. A crise financeira euro-americana de 2008 tornou impossível aos Estados Unidos sustentar um déficit comercial tão grande quanto o das décadas anteriores e forçou a China a reformular o modelo de crescimento de modo a depender menos das exportações e mais do mercado interno. Os limites da simples industrialização e adoção de técnicas estrangeiras foram atingidos e o desenvolvimento passou a exigir a inovação nativa. O aumento dos salários reais tornou as exportações de produtos simples menos competitivas em comparação às de países mais pobres, exigindo o desenvolvimento de indústrias mais sofisticadas e produtos de maior valor agregado. O crescimento do papel geopolítico, os investimentos externos e a dependência crescente das importações significam que a simples capacidade de resistir a ataques externos, estabelecida desde a era maoísta, não é mais suficiente. Assim, passou a ser meta nacional desenvolver um poderio militar capaz de intervir no exterior, o que exige maiores gastos militares.

Tudo isso implicou uma queda gradual do ritmo de crescimento para algo da ordem de 6% ao ano, criou desemprego em setores exportadores menos competitivos e a ameaça de uma crise financeira, contida pela intervenção do Estado no setor bancário e nas bolsas. Também exige maior atenção ao bem-estar social e à questão ambiental, talvez também alguma abertura política, para compensar a insatisfação pela queda do ritmo de crescimento. A administração dessa transição interna e a articulação de alianças econômicas e estratégicas externas, tais como a Organização para Cooperação de Xangai, o BRICS, a rede de transportes chamada "Nova Rota da

Seda" e o Banco Asiático de Investimento em Infraestrutura, devem definir o sucesso da consolidação da China como superpotência nas próximas décadas, em parte facilitada pela virada nacionalista dos Estados Unidos e seu desinteresse por acordos comerciais e militares no governo de Donald Trump.

A projeção internacional da China também se reflete no papel crescente de sua moeda, a oitava mais usada internacionalmente em 2013 e a quinta em 2015, depois do dólar, euro, libra e iene (o dólar de Hong Kong, sob controle chinês desde 1997, é a nona mais utilizada). Em 2016, tornou-se também uma das cinco moedas a constituir a cesta na qual se baseiam os Direitos Especiais de Saque do FMI, agora composta de dólar (41,73%), euro (30,93%), *yuan* (10,92%), iene (8,33%) e libra (8,09%). Entretanto, a sujeição a controles cambiais e as restrições ao investimento de estrangeiros em títulos chineses impedem que exerça um papel financeiro proporcional ao tamanho da economia chinesa.

O problema do poder aquisitivo na China

Sempre há uma margem de subjetividade na comparação de poder aquisitivo e custo de vida entre duas sociedades distantes no tempo ou no espaço, com diferentes padrões de consumo. É preciso postular qual padrão de consumo deve ser tomado como base e se diferentes cestas de consumo podem ser consideradas equivalentes, mesmo se as mercadorias não são as mesmas ou são consumidas de maneira diferente. Nesta obra, o propósito não vai além de oferecer uma noção de valor, e isso em geral não exige um questionamento detalhado destes métodos. Diferenças de método raramente chegam a resultados que diferem por mais do que um fator de dois.

No caso da China moderna, a questão se torna, porém, especialmente complicada. Além de ter padrões e hábitos de consumo muito diferentes dos Estados Unidos, geralmente usados como base de comparação em estudos de paridade de poder aquisitivo, tem outras peculiaridades históricas.

Numa típica economia socialista, serviços e produtos essenciais à vida e à produção têm preços administrados em função de seu papel no planejamento econômico e social que não necessariamente refletem seus custos reais. Avaliados pela taxa de câmbio com economias capitalistas e deste ponto de vista, podem parecer extremamente baratos. Por outro lado, produtos supérfluos, ou mesmo produtos básicos em quantidades além das racionadas podem ser muito caros, encontrados apenas no mercado negro ou acessíveis apenas a quem dispõe de moedas especiais (tais como certificados de câmbio) ou autorizações especiais. Isso significa que a comparação de preços tendo como base os de uma economia capitalista pode ter resultados drasticamente diferentes, dependendo da cesta de consumo e dos preços considerados.

A China teve de 1949 a 1979 uma economia fundamentalmente socialista. Décadas depois, ainda é uma economia mista em muitos aspectos, mas sem dúvida o papel do mercado se tornou muito maior. Quando se compara o poder aquisitivo de sua moeda ao longo do tempo ou com países que nunca deixaram de ser essencialmente capitalistas, estão sendo comparadas realidades não só quantitativa, como qualitativamente diferentes, e diferentes critérios resultam em números drasticamente díspares, às vezes por um fator maior do que quatro.

O primeiro estudo do gênero, de autoria de Irving Kravis, da Universidade da Pensilvânia, foi publicado em 1980 e baseou-se em dados de 1975, quando a taxa de câmbio era de 1,86 *yuan* por dólar. O autor constatou que, usando-se como base da comparação uma cesta chinesa, a paridade de poder aquisitivo era 0,23 *yuan* por dólar, mas com uma cesta estadunidense, era 0,94 a 0,96 (por exemplo, chineses consumiam cem vezes menos leite, mas três vezes mais grãos); Em suas conclusões, optou por uma média geométrica entre os dois cálculos de 0,46 a 0,47. Dado que o poder aquisitivo do dólar em 1975 era de 33,65 ñ pelos nossos critérios, isso significa que o valor "real" do *renminbi* seria 146 ñ pelo primeiro critério, 35 ñ pelo segundo e 72 ñ pelo terceiro.

O pesquisador chinês Ruoen Ren trabalhou em 1997 com dados de 1986, quando a taxa de câmbio era de 3,45 yuans por dólar e o poder aquisitivo da moeda estadunidense 16,90 ñ; chegou a 0,5895 *yuans* por dólar com base em cesta chinesa e 1,5091 com cesta estadunidense, ficando com uma média geométrica de 0,9432. O britânico Angus Maddison, em um estudo do crescimento do PIB a longo prazo, usou 0,7926 para a mesma data. A OCDE estima 1,4390. Sempre se tratando da situação em 1986, o FMI, nos cálculos publicados até 2006, usava 0,9601, mas em 2007 reviu para 1,0445, em 2008 para 1,7354 e em 2019 estava usando 1,44. Assim, o poder aquisitivo do *yuan* em 1986 pode variar de 11,7 ñ (critério do FMI em 2019) a 28,7 ñ (primeiro critério de Ren).

Questões políticas e comerciais podem pesar nessas escolhas. Para o industrial ocidental prejudicado pela concorrência de produtos *Made in China*, superestimar o poder aquisitivo do *yuan* pode ser um meio de argumentar que os chineses praticam concorrência desleal ao subvalorizar artificialmente sua moeda no câmbio para reivindicar sobretaxas ou outras medidas protecionistas. Investidores em fábricas na China e importadores de produtos chineses, podem, pelo contrário, querer subestimar o valor do *yuan* para argumentar que a taxa de câmbio é razoável. Além disso, a estimativa pode ter consequências políticas: uma estimativa alta multiplica o PIB, a renda per capita e o peso do país no mundo e pode ser tanto motivo de orgulho para os chineses quanto de alarme ou descrença para os ocidentais. Pode não ser por acaso que o FMI reviu seu cálculo e assim reduziu o PIB chinês em 45% quando este, pelo critério anterior, estava prestes a ultrapassar o dos Estados Unidos.

Não é que um cálculo esteja correto e os demais necessariamente errados. Os números mais altos provavelmente refletem melhor a experiência de um chinês tradicional pobre (maioria pelo menos até 2010, quanto a população urbana superou a rural) e se encadeiam de maneira mais lógica com os índices da China pré-revolucionária, quando essa era a realidade de todo o país. Os mais baixos refletem a realidade de um estrangeiro na China urbana, talvez também da classe média emergente e ocidentalizada, e são mais razoáveis para se avaliar as relações atuais da China com o mundo. Optamos por indicar dois cálculos: um baseado na avaliação mais alta de Irving Kravis (1) e outra na avaliação do FMI em 2019 (2).

Poder aquisitivo e câmbio do renminbi yuan de 1948 a 1952

mês	ñ (1)	ñ (2)	US$ /元
dez/1948	4,87	0,546	
jan/1949	3,18	0,357	
fev/1949	1,97	0,221	
mar/1949	1,49	0,167	
abr/1949	1,18	0,132	
mai/1949	0,606	0,0680	
jun/1949	0,563	0,0631	
jul/1949	0,348	0,0390	
ago/1949	0,178	0,0200	
set/1949	0,171	0,0192	
out/1949	0,140	0,0157	
nov/1949	0,0527	0,00591	
dez/1949	0,0392	0,00440	21.000
jan/1950	0,0340	0,00381	23.548
fev/1950	0,0229	0,00257	29.679
mar/1950	0,0192	0,00215	40.887
abr/1950	0,0227	0,00255	39.583
mai/1950	0,0256	0,00287	37.500
jun/1950	0,0254	0,00285	37.500
jul/1950	0,0240	0,00269	36.290
ago/1950	0,0231	0,00259	35.194
set/1950	0,0231	0,00259	32.573
out/1950	0,0220	0,00247	32.200
nov/1950	0,0211	0,00237	32.200
dez/1950	0,0209	0,00234	32.200
jan/1951	0,0205	0,00230	32.200
fev/1951	0,0204	0,00229	32.200
mar/1951	0,0202	0,00227	32.200
abr/1951	0,0199	0,00223	32.200
mai/1951	0,0196	0,00220	29.326
jun/1951	0,0196	0,00220	22.300
jul/1951	0,0193	0,00216	22.300
ago/1951	0,0189	0,00212	22.300
set/1951	0,0183	0,00205	22.300
out/1951	0,0181	0,00203	22.300
nov/1951	0,0179	0,00201	22.300
dez/1951	0,0178	0,00200	22.300
jan/1952	0,0179	0,00201	22.300
fev/1952	0,0179	0,00201	22.300
mar/1952	0,0180	0,00202	22.300

Obs.: baseado no índice geral de preços de Tianjin com base em Kravis, 1980 (1) e FMI, 2019 (2)

Poder aquisitivo e câmbio do renminbi yuan de 1950 a 2016

Ano	ñ (1)	ñ (2)	US$ /元
1950 (*)	0,0201	0,00225	32.200
1951 (*)	0,0178	0,00200	26.185
1952 (*)	0,0174	0,00195	22.300
1953 (*)	0,0165	0,00185	22.300
1954 (*)	0,0163	0,00183	22.300
1955	162,45	18,22	2,42
1956	162,58	18,23	2,46
1957	158,47	17,77	2,46
1958	160,25	17,97	2,46
1959	159,73	17,91	2,46
1960	155,77	17,47	2,46
1961	134,11	15,04	2,46
1962	131,47	14,74	2,46
1963	139,69	15,67	2,46
1964	145,09	16,27	2,46
1965	146,92	16,48	2,46
1966	148,79	16,69	2,46
1967	149,64	16,78	2,46
1968	149,64	16,78	2,46
1969	148,16	16,62	2,46
1970	148,16	16,62	2,46
1971	148,37	16,64	2,46
1972	148,16	16,62	2,25
1973	147,95	16,59	1,99
1974	146,92	16,48	1,96
1975	146,30	16,41	1,86
1976	145,90	16,36	1,94
1977	142,15	15,94	1,86
1978	141,19	15,84	1,68
1979	138,58	15,54	1,56
1980	128,89	14,46	1,50
1981	125,89	14,09	1,70
1982	123,51	14,29	1,89
1983	121,69	14,20	1,98
1984	118,34	13,50	2,32
1985	108,27	12,19	2,94
1986	101,66	11,74	3,45
1987	94,75	10,96	3,72
1988	79,75	9,69	3,72
1989	67,59	8,85	3,77
1990	65,55	8,19	4,78
1991	63,40	7,74	5,32
1992	59,58	7,11	5,51
1993	51,95	6,14	5,76
1994	41,86	5,08	8,62
1995	35,75	4,45	8,35
1996	33,01	4,11	8,31
1997	32,11	4,05	8,29
1998	32,37	4,06	8,28
1999	32,83	4,07	8,28
2000	32,70	3,94	8,28
2001	32,46	3,89	8,28
2002	32,71	3,83	8,28
2003	32,33	3,73	8,28
2004	31,12	3,47	8,28
2005	30,57	3,31	8,19
2006	30,12	3,21	7,97
2007	28,75	2,95	7,61
2008	27,15	2,79	6,95
2009	27,34	2,74	6,83
2010	26,46	2,57	6,77
2011	25,10	2,36	6,46
2012	24,45	2,29	6,31
2013	23,83	2,25	6,20
2014	23,36	2,25	6,14
2015	23,03	2,23	6,23
2016	22,58	2,22	6,64
2017	22,23	2,17	6,48
2018	21,78	2,14	6,85
2019	21,29	2,09	6,96

(*) renminbi yuan antigo, substituído pelo novo renminbi em 1955 à razão de 10.000 por 1

Obs.: com base em Kravis, 1980 (1) e FMI, 2019 (2)

Moedas da China (1950)

Denominação	Valor em yuan	Peso em gramas	Valor em ñ 1950 (1)	Valor em ñ 1950 (2)
Papel-moeda				
50.000 yuan	50.000	-	1.200	130
10.000 yuan	10.000	-	240	26
5.000 yuan	5.000	-	120	13
1.000 yuan	1.000	-	24	2,6
500 yuan	500	-	12	1,3
200 yuan	200	-	4,8	0,52
100 yuan	100	-	2,4	0,26
50 yuan	50	-	1,2	0,13
20 yuan	20	-	0,48	0,052
10 yuan	10	-	0,24	0,026
5 yuan	5	-	0,12	0,013
1 yuan	1	-	0,024	0,0026

Moedas da China (1967)

Denominação	Valor em yuan	Peso em gramas	Valor em ñ 1967 (1)	Valor em ñ 1967 (2)
Papel-moeda				
10 yuan	10,00	-	1.500	160
5 yuan	5,00	-	750	80
3 yuan	3,00	-	450	48
2 yuan	2,00	-	300	32
1 yuan	1,00	-	150	16
5 jiao	0,50	-	75	8
2 jiao	0,20	-	30	3,2
1 jiao	0,10	-	15	1,6
5 fen	0,05	-	7,5	0,8
2 fen	0,02	-	3	0,32
1 fen	0,01	-	1,5	0,16
Moedas de alumínio				
5 fen	0,05	1,60	7,5	0,8
2 fen	0,02	1,08	3	0,32
1 fen	0,01	0,67	1,5	0,16

Moedas da China (1981)

Denominação	Valor em yuan	Peso em gramas	Valor em ñ 1981 (1)	Valor em ñ 1981 (2)
Papel-moeda				
10 yuan	10,00		1.250	140
5 yuan	5,00		625	70
3 yuan	3,00		375	42
2 yuan	2,00	-	250	28
1 yuan	1,00	-	125	14
5 jiao	0,50	-	63	7
2 jiao	0,20		25	2,8
1 jiao	0,10		13	1,4
5 fen	0,05	-	6	0,7
2 fen	0,02		2,5	0,28
1 fen	0,01		1,25	0,14
Moedas de cuproníquel				
1 yuan	1,00	9,30	125	14
Moedas de latão				
5 jiao	0,50	6,02	63	7
2 jiao	0,20	4,18	25	2,8
1 jiao	0,10	2,60	13	1,4
Moedas de alumínio				
5 fen	0,05	1,60	6	0,7
2 fen	0,02	1,08	2,5	0,28
1 fen	0,01	0,67	1,25	0,14

Moedas da China (2015)

Denominação	Valor em yuan	Peso em gramas	Valor em ñ 2015 (1)	Valor em ñ 2015 (2)
Papel-moeda				
100 yuan	100,00	-	2.000	200
50 yuan	50,00	-	1.000	100
10 yuan	10,00	-	200	20
5 yuan	5,00	-	100	10
2 yuan	2,00		40	4
1 yuan	1,00	-	20	2
5 jiao	0,50	-	10	1
2 jiao	0,20		4	0,4
1 jiao	0,10		2	0,2
Moedas de aço revestido de níquel				
1 yuan	1,00	6,10	20	2
Moedas de aço revestido de latão				
5 jiao	0,50	3,80	10	1
Moedas de aço inoxidável				
1 jiao	0,10	3,22	2	0,2
Moedas de alumínio				
1 fen	0,01	0,67	0,2	0,02

Taiwan

Em Taiwan, que foi parte do império japonês de 1895 até o fim da II Guerra Mundial, o iene emitido pelo banco colonial japonês foi renomeado *yuan* quando a ilha foi devolvida à China. Inflacionado, foi substituído em junho de 1949 por um "novo *yuan*" à razão de 40 mil para um, com taxa de câmbio de 5 novos *yuans* por dólar. Essa moeda continuou a ser usada em Taiwan, quando o governo nacionalista ali se refugiou em dezembro, após a vitória comunista no continente. Valia, então, um terço do *yuan* de prata, última moeda do regime do Kuomintang no continente. Com o respaldo de reservas de ouro trazidas do continente, o câmbio oficial foi revisto em janeiro de 1950 para 280 novos *yuans* por "tael de mercado" (31,25 gramas) de ouro, ou 7,96 por dólar (cerca de 45 ñ).

A moeda de Taiwan foi chamada oficialmente em chinês de *xintaibi yuan*, "yuan moeda nova de Taiwan", e conhecida nos mercados de câmbio como "novo dólar de Taiwan", dividido em 10 *jiao* (*chiao*, na transliteração mais comum em Taiwan) ou 100 *fen*. É representada localmente pelos símbolos 元 ou 圓 e internacionalmente como NT$.

Quando da fuga para Taiwan, o governo de Harry Truman culpou a corrupção e incompetência do Kuomintang pela derrota, suspendeu a ajuda ao seu governo e não se interessou pelo destino de seus remanescentes, mas em junho de 1950 o início da Guerra da Coreia mudou o clima político e a frota dos Estados Unidos assumiu a proteção da ilha. Entretanto, a fuga de ouro para Hong Kong, devido à sua valorização com a guerra, obrigou à suspensão da conversibilidade da moeda e levou o câmbio para 10 a 12 *yuans* por dólar. Permaneceu próximo desses valores durante os anos 1950 e desvalorizou-se durante os anos 1960 para cerca de 40 por dólar.

O ditatorial governo do Kuomintang em Taiwan continuou a se considerar a "República da China" e ter como moeda oficial o *yuan* de prata, embora existisse apenas em teoria como equivalente a três *yuans* de Taiwan. O antigo parlamento da China, com deputados das províncias do continente, continuou a se reunir em Taipé sem novas eleições, e o governo provincial de Taiwan continuou a existir ao lado do governo "nacional", inicialmente na mesma cidade e a partir de 1956 em Zhongxing, no interior da ilha.

Os Estados Unidos e o Ocidente continuaram a reconhecer Taipé como o governo legítimo da China e lhe garantir assento na ONU e no Conselho de Segurança até 1971, quando Richard Nixon decidiu fazer de Mao um aliado contra a União Soviética. Para isso, apoiou a substituição do governo nacionalista pelo comunista na ONU e em outras organizações internacionais. Jimmy Carter reconheceu oficialmente a República Popular da China em janeiro de 1979, e Taiwan passou a ser referida em documentos oficiais dos Estados Unidos e organizações como a ONU e o FMI como "província chinesa de Taiwan" ou "Taipé chinesa", embora continuasse sob a proteção militar estadunidense.

Em 1975, com a morte de Chiang Kai-shek, substituído pelo filho Chiang Ching-kuo, iniciou-se uma abertura no regime de Taipé. Em 1986, permitiu-se a organização de um partido de oposição; no ano seguinte, suspendeu-se a lei marcial e permitiu-se a cidadãos de Taiwan visitarem parentes no continente. Com a morte de Chiang Ching-kuo em 1988, o governo passou pela primeira vez a um nativo de Taiwan, Lee Teng-hui, que forçou o velho legislativo vindo do continente a renunciar, unificou na prática os governos "nacional" e provincial e aboliu as restrições ao uso das línguas nativas.

Em 1996, Taiwan teve pela primeira vez uma eleição presidencial democrática, com a vitória de Lee Teng-hui. Em 2000, porém, o Kuomintang e seus aliados da "Coalizão Azul", defensores da identidade chinesa da ilha e de sua associação econômica com o continente, foram derrotados pela primeira vez. Elegeu-se a "Coalizão Verde", aliança de partidos liberais favoráveis à transformação de Taiwan em nação independente da China. Essa aspiração não é consensual: foi vetada pela China, que insiste na reunificação, e desaconselhada pelos Estados Unidos, que não desejam provocar o governo de Pequim. Houve reformas políticas – inclusive a transformação do *yuan* de Taiwan em moeda oficial do país, com o esquecimento do "*yuan* de prata" –, mas o destino da ilha a longo prazo continuou indefinido. Em 2008-2016, o país voltou a ser governado por um presidente do Kuomintang e em seguida retornou um governo liberal, reeleito em 2020.

Poder aquisitivo e câmbio do yuan / novo dólar de Taiwan, 1980-2017

Ano	valor em ñ	US$ / NT$
1980	0,88	36,02
1981	0,80	36,85
1982	0,80	39,12
1983	0,78	40,07
1984	0,77	39,65
1985	0,76	39,90
1986	0,73	37,89
1987	0,72	31,90
1988	0,71	28,64
1989	0,69	26,42
1990	0,64	26,89
1991	0,62	26,82
1992	0,60	25,16
1993	0,58	26,39
1994	0,56	26,46
1995	0,55	26,50
1996	0,53	27,47
1997	0,52	28,79
1998	0,50	33,54
1999	0,50	32,32

Ano	valor em ñ	US$ / NT$
2000	0,50	31,27
2001	0,51	33,82
2002	0,51	34,54
2003	0,51	34,40
2004	0,51	33,38
2005	0,52	32,15
2006	0,52	32,51
2007	0,52	32,85
2008	0,54	31,54
2009	0,53	33,03
2010	0,54	31,49
2011	0,55	29,39
2012	0,55	29,55
2013	0,54	29,68
2014	0,54	30,31
2015	0,52	31,74
2016	0,51	32,22
2017	0,52	29,65
2018	0,53	30,58
2019	0,52	29,93

Moedas de Taiwan (1980)

Denominação	Valor em yuan	Peso em gramas	Valor em ñ 1980
Papel-moeda			
1.000 yuan	1.000	-	900
500 yuan	500	-	450
100 yuan	100	-	90
50 yuan	50	-	45
10 yuan	10		9
5 yuan	5		4,5
Moedas de cuproníquel			
5 yuan	5	9,5	4,5
Moedas de cuproníquel-zinco			
1 yuan	1	5,93	0,9
Moedas de latão			
5 chiao	0,5	3,4	0,45
Moedas de alumínio			
1 chiao	0,1	1,1	0,09

Moedas de Taiwan (2015)

Denominação	Valor em yuan	Peso em gramas	Valor em ñ 1980
Papel-moeda			
2.000 yuan	2.000	-	1.000
1.000 yuan	1.000	-	500
500 yuan	500	-	250
200 yuan	200	-	100
100 yuan	100	-	50
Moedas de bronze-alumínio			
50 yuan	50	10	25
Moeda bimetálica, núcleo cuproníquel, coroa bronze-alumínio			
20 yuan	20	8,5	10
Moedas de cuproníquel			
10 yuan	10	7,5	5
5 yuan	5	4,4	2,5
Moedas de bronze-alumínio			
1 yuan	1	3,8	0,5
Moedas de latão			
½ yuan	0,5	3	0,25

Tibete

Até 1570, os meios de troca usados no Tibete incluíam ouro em pó, lingotes de prata chineses, lenços cerimoniais chamados *khatas*, tijolos de chá comprimido, nozes de areca, tabaco e cauris para as pequenas.

Multas eram fixadas em quantidades de ouro em pó ou em peças medidas em *srang*, equivalente ao *liang* chinês (37,3 gramas), dividido em oito *zho* (4,66 gramas) *sho* em inglês, ou 64 *se ba* (0,58 grama), *sewa* em inglês. Pequenos crimes eram multados em dois ou três *zho*, enquanto os mais graves (assassinato em grupo, por exemplo), podiam custar 15 a 80 *srang*, conforme as circunstâncias. Para efeito legal, segundo códigos de leis do século XIV, um *se ba* equivalia a um *khal* (11,3 a 13,6 kg) de cevada (cerca de 150 ñ) e um *srang* de ouro em pó a oito iaques de dois ou três anos (cerca de 9.600 ñ).

Os lingotes de prata maiores, equivalentes a 60-70 rúpias (cerca de 20 *liangs* de prata chineses ou 750 gramas), eram chamados *rta rmig ma*, "cascos de cavalos", por sua forma de ferradura; os médios (12-14 rúpias), *gyag rmig ma*, "cascos de iaque" e os menores (2-3 rúpias) *ra rmig ma*, "cascos de cabra".

As primeiras moedas cunhadas a circularem no Tibete foram as *tanka*s do vizinho Nepal, imitação das moedas do Sultanato de Délhi, por volta de 1570. Originalmente com 10,6 gramas de prata pura, foram degradadas até conter cerca de 50% de prata. Depois de 1640, o Nepal passou a cunhar *mohars*, com 5,4 gramas de prata quase pura, mas essas moedas, que tinham o mesmo conteúdo de prata pura das antigas *tanka*s, continuaram a ser chamadas no Tibete de *tangkas*.

O tipo de tijolo de chá mais comum, cerca de 22 libras ou dez quilos de chá de terceira qualidade (35% folhas), era chamado *brgyad pa* (oitavo) porque inicialmente valia 8 *tangka*. No início do século XX, os ingleses o avaliavam a 2/3 de penny por libra-peso (cerca de 15 pence ou 60 ñ por um tijolo).

Na primeira metade do século XVII, também foram usados no Tibete lingotes de ouro denominados em *se ba* ou *sewas* (19 a 32, mais comumente 24, equivalente a 14 gramas) e peças menores chamadas *gser tam* ou *sertam* (2 *se ba* ou 1,17 grama).

Depois de 1720, o Nepal passou a cunhar emissões específicas para uso no Tibete, trocadas pelos tibetanos por igual peso em prata. Em meados do século XVIII, porém, esse fluxo foi interrompido devido ao descontentamento dos tibetanos com a queda do teor de prata nas moedas da dinastia Malla. A dinastia nepalesa Shah tentou retomar esse comércio em 1768 com moedas de prata pura, mas queria que elas fossem trocadas pelas moedas antigas à razão de 1 para 2. Descontentes com os termos de troca, os tibetanos passaram a cunhar suas próprias moedas, mas *tangkas* nepalesas, inteiras ou cortadas em frações de 2/3, ½ e 1/3, continuaram a circular no país até os anos 1920.

As primeiras cunhagens no Tibete foram feitas pelos chineses de 1792 a 1836. Depois, os tibetanos assumiram a gestão da moeda e passaram a cunhá-la. O *srang*, equivalente ao *liang* de prata ou tael chinês (37,3 gramas de prata), passou a ser dividido em dez *zho*, agora equivalente ao *qian* ou maz chinês (1/10 liang ou 3,7 gramas de prata) e 100 *skars* (correspondente a um *fen* ou condorim chinês). A *tangka*, que continuou a ser cunhada, equivalia a 1½ sho ou 15 *skars*.

Até 1836, foram cunhadas moedas de ½ sho, ½ *tangka* e *tangka* de prata e moedas de ½ *skar* e *skar* de cobre. Entre 1909 e 1921, emitiram-se moedas de cobre de 1/8 *sho*, ¼ *sho* ou 2½ *skar*, 5 *skar*, 7 ½ *skar*, 1 *sho* e 3 *sho*; moedas de prata de 5 *sho* (reduzidas a 10,3 gramas) e um *srang* (reduzida a 18,5 gramas) e moedas de ouro de 20 *srang* (11,04 gramas). Para o comércio exterior, foram também cunhadas moedas de uma rúpia (equivalente a 3 *tangkas* ou 4½ *sho*), ½ rúpia e ¼ rúpia. Papel-moeda em notas de 5, 10, 15, 25 e 50 *tam* ou *tam srang* (equivalente à moeda *srang*) começou a ser impresso em 1913.

Ainda que inflacionadas, as moedas tibetanas continuaram a ser cunhadas até a anexação do Tibete pela China em 1953 e circularam até 1959, quando foram substituídas pelo *yuan* chinês.

Hong Kong

A ilha de Hong Kong – corruptela inglesa do nome cantonês *Heunggong*, em mandarim *Xianggang* – serviu como base aos britânicos durante a Primeira Guerra do Ópio (1839-1842). Com a vitória do Reino Unido, a China foi forçada a ceder a ilha, que se tornou colônia britânica. Hong Kong tornou-se um importante entreposto comercial entre China e Europa e atraiu imigrantes dos dois continentes.

Nesse período, circulavam na colônia moedas chinesas, pesos espanhóis e mexicanos e rúpias indianas. Em 1845, os pesos espanhóis e mexicanos de 8 reais foram fixados no valor legal de 4 xelins e 2 pence (50 pence), mas o governo colonial não conseguiu fazer as moedas britânicas serem aceitas na circulação geral.

Em 1860, ao fim da Segunda Guerra do Ópio, os britânicos obtiveram também a cessão como arrendamento perpétuo da península que chamaram Kowloon (cantonês *Gaulung*, mandarim *Jiulong*), em frente à ilha. Em 1865, com a fundação do Hong Kong Shanghai Bank Corporation (depois HSBC), com um capital inicial de 5 milhões de dólares (ou melhor, pesos, chamados *yuan* em mandarim e *yun* em cantonês), a colônia de Hong Kong começou a tornar-se o maior centro financeiro da Ásia. Por essa época, os britânicos desistiram de impor sua moeda à colônia (como já haviam desistido no Canadá em 1858). Em 1863 começaram a emitir "dólares" para Hong Kong, e três anos depois criaram ali uma Casa da Moeda.

Entretanto, essas moedas não foram bem aceitas pelo povo da colônia, e a operação foi encerrada em 1868. As máquinas foram vendidas para o Japão, onde o ex-diretor da Casa da Moeda de Hong Kong, Thomas Kinder, orientou o planejamento e cunhagem das primeiras moedas de ienes em estilo ocidental.

Por outro lado, as cédulas emitidas pelos bancos coloniais britânicos, HSBC, Chartered Bank (que após a fusão de 1969 com o Standard Bank se tornou Standard Chartered) e Mercantile Bank (que foi adquirido pelo HSBC em 1959 e cessou de emitir notas em 1974), denominadas em dólares, começaram a circular em Hong Kong e em toda a Ásia com ampla aceitação entre comerciantes, apesar de não serem aceitas para impostos e outros pagamentos devidos ao governo de Hong Kong. Outros bancos menores, sempre de capital britânico, chegaram a emitir notas: National Bank of China (1892-1911) e Oriental Bank Corp. (1866-1883).

Em 1873, a crise do bimetalismo na Europa deflagrou a queda do valor da prata em relação ao ouro em todo o mundo. Os pesos-dólares de prata, por não ter respaldo em ouro, desvalorizaram-se em relação às moedas ocidentais, que adotaram o padrão ouro.

Em 1888, ante o crescimento e enriquecimento da elite chinesa e sua pretensão de morar nas mesmas áreas de elite nas quais viviam os britânicos, estes formalizaram a segregação vigente desde o início da colônia, na forma de leis raciais que estabeleceram bairros separados.

A Associação dos Corretores da Bolsa foi fundada em 1891. Em 1898, como parte de uma pilhagem conjunta de potências ocidentais à China, o Reino Unido obteve o arrendamento por 99 anos de ilhas e territórios continentais bem mais amplos em volta da ilha original, ao sul do rio Shenzhen, chamados "Novos Territórios".

Em 1895, pela escassez de pesos mexicanos, novas moedas de prata de dólar foram cunhadas em Calcutá e Bombaim, para uso em Hong Kong e nos Estabelecimentos dos Estreitos (futura Malásia). Em 1906, estes emitiram seu próprio dólar e o fixaram no valor de 2 xelins e 4 pence (28 pence), enquanto o dólar de Hong Kong continuou a se desvalorizar, acompanhando o *yuan* chinês.

Em 1935, quando a China abandonou o padrão prata, Hong Kong a acompanhou e seu dólar passou a flutuar entre 15,36 e 16,45 por libra. Surgiu então o dólar de Hong Kong (*gong yun* em cantonês, *gangyuan* em mandarim) como moeda distinta, formalizada junto à emissão de notas de um dólar pelo governo colonial. Em 1937, a moeda de curso legal foi unificada e, em 1939, o dólar de Hong Kong foi colocado em uma paridade fixa de HK $ 16 por libra, ou 15 pence por dólar.

Em 1941, dias depois de atacar Pearl Harbor e iniciar a guerra com os Estados Unidos, os japoneses, que haviam invadido a China desde 1937, tomaram a colônia britânica, que se tornou na prática uma colônia japonesa. O iene militar japonês foi introduzido à taxa de câmbio de um iene por dois dólares, alterada em agosto de 1942 para um iene por quatro dólares. Em junho de 1943, o iene tornou-se a única moeda legal. Com a rendição do Japão aos Estados Unidos em agosto de 1945, os britânicos reassumiram a administração e restauraram o dólar de Hong Kong, com taxas de 100 ienes por dólar e 16 dólares por libra.

A partir de maio de 1946, o novo governo trabalhista do Império Britânico aboliu as leis de segregação racial e introduziu um certo grau de autonomia interna para combater a reivindicação de Chiang Kai-shek de obter a devolução da colônia: criou-se um conselho municipal formado por uma metade de chineses e uma metade de europeus.

A vitória da revolução comunista chinesa em 1949 não trouxe mudanças políticas para Hong Kong. Para a República Popular da China, que não era então reconhecida pelas nações ocidentais, a permanência da colônia como centro comercial e financeiro servia de brecha útil para seu próprio comércio e finanças. Na década de 1950, com uma rápida industrialização, impulsionada pelas exportações de têxteis, indústrias de manufatura e reexportação de produtos para a China, Hong Kong tornou-se, ao lado de Taiwan, Coreia do Sul e Cingapura, um dos primeiros "tigres asiáticos".

Em 1967, quando a libra esterlina foi desvalorizada, a paridade do dólar de Hong Kong foi aumentada de 15 pence para 16,5 pence (14,5455 dólares por libra). Em 1972, passou a se vincular ao dólar dos Estados Unidos a uma taxa de HK$ 5,65 = US$ 1, revisada para HK$ 5,085 = US$ 1 em 1973. Entre 1974 e 1983, com a instabilidade financeira decorrente do primeiro choque do petróleo, passou a flutuar livremente até que, em 17 de outubro de 1983, voltou a se fixar em HK$ 7,80 = US$ 1, por meio de um sistema de caixa de compensação.

Desde o início dos anos 1980, os chineses deixavam claro que não aceitariam a renovação do arrendamento de 1898 e exigiriam a colônia de volta quando terminasse. Em 1984, uma declaração conjunta sino-britânica marcou a transferência da soberania e responsabilidades militares e diplomáticas à China para 1º de julho de 1997. Hong Kong preservaria sua autonomia como região administrativa especial e poderia manter sua moeda, economia de livre mercado, direito britânico e representação própria em organizações internacionais como a OMC e OMS.

A transferência da soberania foi uma das causas da crise financeira asiática de 1997 e 1998, pois as dúvidas dos financistas internacionais acerca de a China respeitar o acordo e Hong Kong continuar a ser um centro financeiro levaram a uma fuga generalizada de investimentos da Ásia. Os efeitos na própria Hong Kong foram, porém, limitados, dadas suas vastas reservas de divisas – entre as maiores do mundo – e a disposição do governo de usá-las para estabilizar sua moeda.

A moeda de Hong Kong tem a peculiaridade de ser a única no século XXI emitida por bancos de direito privado – embora, ao lado dos tradicionais HSBC e Standard Chartered, também a sucursal de Hong Kong do estatal Banco da China tenha ganhado o direito de emiti-la desde 1994. Cada banco pode emitir dólares de Hong Kong nos mesmos valores dos depósitos em dólares dos Estados Unidos de que disponha, à taxa de câmbio corrente. A partir de 18 de maio de 2005, a taxa rígida de 7,80 por dólar estadunidense foi substituída por uma banda de 7,75 a 7,85, para proporcionar mais flexibilidade na fixação do juro básico e no combate aos ataques especulativos.

Em 2014, uma tentativa chinesa de reformas educacionais causou protestos e deflagrou a chamada "Revolução dos Guarda-chuvas", com conotações separatistas. O movimento foi, porém, reprimido, não houve maiores reformas políticas e o governo chinês reforçou seu controle da mídia e educação. Os protestos foram retomados de forma mais agressiva em 2019, desta vez com reivindicações abertamente separatistas e busca explícita de apoio da direita europeia e estadunidense pelos manifestantes.

Moedas de Hong Kong, 1865

Denominação	Valor em HK$	Peso em gramas	Valor em ñ 1865
Papel-moeda (bancos privados)			
500 dólares	500,00	-	150.000
100 dólares	100,00	-	30.000
50 dólares	50,00	-	15.000
25 dólares	25,00	-	7.500
10 dólares	10,00	-	3.000
5 dólares	5,00	-	1.500
1 dólar	1,00	-	300
Moedas de prata 90%			
1 dólar	1,00	26,9568	300
½ dólar	0,50	13,4780	150
Moedas de prata 80%			
20 cents	0,20	5,4308	60
10 cents	0,10	2,7154	30
5 cents	0,05	1,3577	15
Moedas de bronze			
cent	0,01	7,53	3
mil	0,001	0,98	0,3

Moedas de Hong Kong, 1900

Denominação	Valor em HK$	Peso em gramas	Valor em ñ 1900
Papel-moeda (bancos privados)			
500 dólares	500,00	-	100.000
100 dólares	100,00	-	20.000
50 dólares	50,00	-	10.000
10 dólares	10,00	-	2.000
5 dólares	5,00	-	1.000
1 dólar	1,00	-	200
Moedas de prata 90%			
trade dollar	1,00	26,9568	200
Moedas de prata 80%			
50 cents	0,50	13,5769	100
20 cents	0,20	5,4308	40
10 cents	0,10	2,7154	20
5 cents	0,05	1,3577	10
Moedas de bronze			
cent	0,01	7,53	2

Moedas de Hong Kong, 1937

Denominação	Valor em HK$	Peso em gramas	Valor em ñ 1937
Papel-moeda (bancos privados)			
500 dólares	500,00	-	70.000
100 dólares	100,00	-	14.000
50 dólares	50,00	-	7.000
10 dólares	10,00	-	1.400
5 dólares	5,00	-	700
1 dólar	1,00	-	140
Papel-moeda (governo de Hong Kong)			
1 dólar	1,00	-	140
Moedas de níquel			
10 cents	0,10	4,60	14
5 cents	0,05	2,60	7
Moedas de bronze			
cent	0,01	3,94	1,4

Moedas de Hong Kong, 1948

Denominação	Valor em HK$	Peso em gramas	Valor em ñ 1948
Papel-moeda (bancos privados)			
500 dólares	500,00	-	10.000
100 dólares	100,00	-	2.000
50 dólares	50,00	-	1.000
10 dólares	10,00	-	200
5 dólares	5,00	-	100
Papel-moeda (governo de Hong Kong)			
1 dólar	1,00	-	20
10 cents	0,10	-	2
5 cents	0,05	-	1
1 cent	0,01	-	0,2
Moedas de alpaca dourada			
10 cents	0,10	4,46	2
5 cents	0,05	2,59	1

Moedas de Hong Kong, 1965

Denominação	Valor em HK$	Peso em gramas	Valor em ñ 1965
Papel-moeda (bancos privados)			
500 dólares	500,00	-	7.500
100 dólares	100,00	-	1.500
50 dólares	50,00	-	750
10 dólares	10,00	-	150
5 dólares	5,00	-	75
Moedas de cuproníquel			
1 dólar	1,00	11,70	15
50 cents	0,50	5,85	7,5
Moedas de alpaca dourada			
10 cents	0,10	4,46	1,5
5 cents	0,05	2,59	0,75

Moedas de Hong Kong, 1982

Denominação	Valor em HK$	Peso em gramas	Valor em ñ 1982
Papel-moeda (bancos privados)			
1.000 dólares	1.000,00	-	4.000
500 dólares	500,00	-	2.000
100 dólares	100,00	-	400
50 dólares	50,00	-	200
10 dólares	10,00	-	40
5 dólares	5,00	-	20
Moedas de cuproníquel			
5 dólares	5,00	13,40	20
2 dólares	2,00	8,40	8
1 dólar	1,00	7,10	4
Moedas de alpaca dourada			
50 cents	0,50	4,90	2
20 cents	0,20	2,60	1
10 cents	0,10	2,00	0,4
5 cents	0,05	2,59	0,2

Moedas de Hong Kong, 2015

Denominação	Valor em HK$	Peso em gramas	Valor em ñ 2015
Papel-moeda (bancos privados)			
1.000 dólares	1.000,00	-	1.400
500 dólares	500,00	-	700
150 dólares (comemorativa)	150,00		210
100 dólares	100,00	-	140
50 dólares	50,00	-	70
20 dólares	20,00	-	28
Papel-moeda (governo de Hong Kong)			
10 dólares	10,00	-	14
Moeda bimetálica, núcleo de alpaca dourada e coroa de cuproníquel			
10 dólares	10,00	-	14
Moedas de cuproníquel			
5 dólares	5,00	13,40	7
2 dólares	2,00	8,40	2,8
1 dólar	1,00	7,10	1,4
Moedas de alpaca dourada			
50 cents	0,50	4,92	0,7
20 cents	0,20	2,60	0,28
Moedas de aço revestido de latão			
10 cents	0,10	1,84	0,14

Poder aquisitivo e câmbio do dólar de Hong Kong, 1980-2019

Ano	ñ	US$/HK$	Ano	ñ	US$/HK$	Ano	ñ	US$/HK$
1960	16,7304	5,7143	1980	5,2145	4,9761	2000	1,4477	7,7912
1961	16,3924	5,7143	1981	4,7349	5,5893	2001	1,4832	7,7988
1962	16,0997	5,7143	1982	4,3929	6,0699	2002	1,5236	7,7989
1963	15,9478	5,7143	1983	4,2235	7,2652	2003	1,6205	7,7868
1964	15,5089	5,7143	1984	3,8405	7,8180	2004	1,6718	7,7880
1965	15,0934	5,7143	1985	3,6215	7,7908	2005	1,6695	7,7773
1966	14,9393	5,7143	1986	3,5232	7,8033	2006	1,6863	7,7678
1967	14,0056	5,7432	1987	3,1825	7,7983	2007	1,6134	7,8014
1968	14,0056	6,0606	1988	2,9001	7,8060	2008	1,6222	7,7868
1969	13,1818	6,0606	1989	2,5587	7,7999	2009	1,5974	7,7518
1970	12,4495	6,0606	1990	2,3259	7,7898	2010	1,5876	7,7692
1971	11,9743	5,9804	1991	2,1374	7,7712	2011	1,5151	7,7840
1972	10,9694	5,6414	1992	1,9332	7,7406	2012	1,4658	7,7564
1973	9,2273	5,1465	1993	1,7734	7,7356	2013	1,4434	7,7560
1974	8,1770	5,0316	1994	1,6592	7,7284	2014	1,4187	7,7541
1975	8,0469	4,9352	1995	1,5864	7,7358	2015	1,3729	7,7518
1976	7,7306	4,9047	1996	1,4765	7,7343	2016	1,3456	7,7623
1977	7,3762	4,6620	1997	1,3965	7,7421	2017	1,3040	7,8134
1978	6,8352	4,6837	1998	1,3730	7,7453	2018	1,2647	7,8338
1979	5,9208	5,0027	1999	1,4143	7,7575	2019	1,2289	7,7881

Nomes da moeda e frações

Item	cantonês		Mandarim		inglês
	nome formal	nome informal	nome formal	nome informal	
sistema monetário	gong yun	gong baih	gangyuan	gangbi	Hong Kong dollar
unidade	yun	man	yuan	wen	dollar
décimo	hou	gok	hao	jiao	dime
centésimo	sin	fan	xian	fen	cent

Coreia

Na Coreia, surgiram reinos de cultura influenciada pela chinesa: Gojoseon no norte, por volta do século VII a.C., e Jin no sul, no século III a.C. Foram sucedidos pelos reinos de Goguryeo, Baekje e Silla do século I a.C., chamados em coreano *Samhan* ("três reinos"). *Han*, "reino", deu origem ao nome pelo qual o país é hoje chamado na Coreia do Sul, *Daehan*, "Grande reino".

No século VI, Silla sobrepujou seus vizinhos e unificou a maior parte da península. Parte de Gogyryeo permaneceu, porém, independente sob o governo de um de seus generais, que fundou o reino de Balhae. No final do século IX, Silla perdeu a hegemonia e a península voltou a se dividir, mas veio a ser reunificada em 918 pela dinastia Goryeo ou Koryo (forma abreviada de Goguryeo), da qual vem o nome pelo qual o país é hoje conhecido no exterior. Durante esse período, moedas chinesas, grãos e tecidos foram usados como meio de troca.

As primeiras moedas metálicas coreanas, geralmente feitas de ferro (raramente de bronze) e semelhantes às chinesas, são conhecidas como *Konwon chungbo*, "tesouro pesado da era Konwon" e costumam ser atribuídas à dinastia Goryeo, que as teria emitido em 996. Outros julgam, porém, que elas foram fundidas por Balhae antes de seu desaparecimento em 926. Suas inscrições são semelhantes às das moedas do imperador chinês Su Zong (r. 758-762), da dinastia Tang, e têm 24 mm de diâmetro e 6,5 gramas de peso. No período 998-1009, foi produzida outra moeda, desta vez baseada nas chinesas do reinado de Gaozu (r. 618-626).

O rei coreano Sukjong (r.1095-1105), em 1102, fez fundir moedas de cobre chamadas *haedong t'ongbo*, "tesouro circulante do leste do mar", e peças de prata chamadas *hwalgu* ou *unbyong*, com o formato de vasos semelhante ao da península coreana e peso de um *kun* (cerca de 600 gramas). Em 1331, durante o reinado de Ch'unghyewang, peças de liga de prata e cobre em forma de garrafa com cerca de 450 gramas foram introduzidas como forma de dinheiro, com valor equivalente a cem peças de linho. No reinado de Kongminwang (r. 1352-1374) outra peça de prata padronizada foi emitida, mas nada se sabe sobre sua aparência.

Em 1392, o último rei Goryeo foi deposto por um general, fundador da dinastia Joseon ou Chosun, que governou o país até 1895. "Chosun" é hoje o nome dado ao país na Coreia do Norte. Os caracteres chineses usados para escrever "Chosun" podem ser lidos como "manhã serena", o que originou o apelido de "país da manhã serena" dado ao país no Ocidente.

Essa dinastia emitiu papel-moeda no ano de 1401, durante o reinado de T'aejong, imitando cédulas chinesas de 1287. Moedas de bronze voltaram a ser lançadas em 1423, pelo rei Sejong, com a inscrição *Chosun tong bo* "tesouro circulante de Chosun", padronizadas em 150 moedas para um *kun* de prata (4 gramas de prata por moeda, portanto). Em 1464, o rei Sejo introduziu uma forma mais incomum de dinheiro, a *p'ye chon*, "moeda flecha", com uma forma de ponta de flecha, destinada a ser usada como dinheiro em tempos de paz e flecha em tempos de guerra. Tinha 55 mm de comprimento com uma haste de mais 52 mm, a lâmina se assemelhava a uma folha de salgueiro e na haste estava inscrito *p'albang t'onghwa,* "dinheiro universal nas oito direções", com valor de quatro unidades de papel-moeda.

Nenhuma dessas iniciativas teve, porém, prosseguimento. A Coreia só teve um sistema monetário nacional continuado a partir do terceiro ano (1625) do reinado do Rei Ingo. Inicialmente a inscrição das moedas, semelhantes às chinesas e redondas com um furo quadrado no centro, era *Chosun tong bo*, mas a partir de 1633 passaram a ter a inscrição *sang pyeong tong bo,* "tesouro circulante sempre exato". Em 1651, foram promulgadas leis para impor seu uso e proibir as vendas por peças de pano e foram estabelecidas lojas para vender vinho e comida por dinheiro. Desta vez, seu uso "pegou"; essas moedas continuaram a ser fundidas por diferentes unidades civis e militares do governo até 1891. A unidade monetária, chamada *mun* e equivalente ao *wen* chinês ou ao *mon* japonês, era fundida como moeda de 26-27 mm de diâmetro e 4,5 gramas. A partir de

1679 foram fundidas também moedas de 2 *mun* (8-9 gramas, 31-32 mm, depois 6,75 gramas, 27-29 mm) e a partir de 1883, moedas de 5 *mun* (31-33 mm), quando 400 *mun* equivaliam a um tael (37,5 gramas) de prata. Em 1867 foram também fundidas moedas de 100 *mun*, com 40,6 mm e 25,1 gramas.

Em 1882, foram fundidas moedas de prata com valores de 1, 2 e 3 *jeon*, unidade equivalente a 1/10 tael ou 3,75 gramas, mas foram rapidamente entesouradas pelas classes superiores.

Em 1888, a Coreia começou a cunhar moedas em estilo ocidental, com máquinas importadas da Alemanha. O novo sistema monetário foi baseado no *won* (na época grafado em caracteres latinos como *warn*), moeda de prata de 29,96 gramas a 90%, equivalente ao iene japonês ou ao *yuan* chinês, ambos derivados do peso de prata de 8 *reales* mexicano e espanhol e representado pelo mesmo logograma. Inicialmente, o *won* valia 1.000 *mun*. Foram cunhadas também moedas de cobre de tipo ocidental de 5 *mun* (3,25 g) e 10 mun (6,5 g).

Em 1892, o tradicional mun deixou de ser produzido e o sistema monetário passou a ser constituído do *won* (agora grafado *whan*), divido em 5 *yang* (tradução coreana do chinês *liang* ou tael) e 500 *bun* (tradução coreana do chinês *fen*, grafado *fun*). O *bun* era uma peça de latão de 3,5 gramas e havia também moedas de 5 *bun* (17,2 g), ¼ *yang* ou 25 *bun* (cuproníquel), 1 *yang* (5,2 g de prata) e 1 *won* (26,2 g).

Em 1895, como resultado da guerra russo-japonesa, a Coreia tornou-se independente da China e seu soberano assumiu o título de imperador. Em 1901, com uma terceira reforma, o nome da moeda passou a ser grafado *won* em caracteres latinos e ser dividido em 100 *jeon* (*chon*, na grafia em caracteres latinos usada na época) e em 1906 adotou o padrão-ouro. Houve moedas de bronze de ½ *jeon* e 1 *jeon*, moeda de cuproníquel de 5 *jeon*, moedas de prata a 80% de 10, 20 e 50 *jeon* e moedas de ouro de 5, 10 e 20 *won*, com pesos de 0,835 grama de ouro a 90% por *won*, o equivalente a meio dólar estadunidense ou a um iene japonês.

Em 1910, a Coreia foi invadida e anexada pelo Japão, e nela passou a circular o dinheiro japonês até o fim da II Guerra Mundial. A ocupação do país pela União Soviética e Estados Unidos determinou sua divisão em Coreia do Norte e Coreia do Sul.

Coreia do Sul

Na Coreia do Sul, o *won*, de valor inicial igual ao iene e dividido em 100 *jeon*, começou a circular em 1945. Também foi afetado pela inflação e substituído à razão de 100 para 1 em 1953, com a moeda agora grafada *hwan* na inscrição em caracteres latinos. Em 1962, foi novamente substituída à razão de 10 para 1 e retomou a grafia *won*, com símbolo ₩.

Poder aquisitivo do won da Coreia do Sul, 1980-2019

Ano	ñ	US$ / ₩	Ano	ñ	US$ / ₩
1980	0,04532	607,43	2000	0,01301	1.130,96
1981	0,03906	681,03	2001	0,01265	1.290,99
1982	0,03737	731,08	2002	0,01219	1.251,09
1983	0,03583	775,75	2003	0,01178	1.191,61
1984	0,03420	805,98	2004	0,01136	1.145,32
1985	0,03268	870,02	2005	0,01121	1.024,12
1986	0,03142	881,45	2006	0,01129	954,79
1987	0,02938	822,57	2007	0,01087	929,26
1988	0,02719	731,47	2008	0,01077	1.102,05
1989	0,02547	671,46	2009	0,01020	1.276,93
1990	0,02261	707,76	2010	0,00989	1.156,06
1991	0,02072	733,35	2011	0,00968	1.108,29
1992	0,01911	780,65	2012	0,00958	1.126,47
1993	0,01793	802,67	2013	0,00951	1.094,85
1994	0,01650	803,45	2014	0,00952	1.052,96
1995	0,01536	771,27	2015	0,00926	1.131,16
1996	0,01452	804,45	2016	0,00904	1.160,27
1997	0,01396	951,29	2017	0,00883	1.065,64
1998	0,01328	1.401,44	2018	0,00883	1.111,72
1999	0,01328	1.188,82	2019	0,00886	1.155,46

Moedas da Coreia do Sul (1982)

Denominação	Valor em won	Peso em gramas	Valor em ñ 1982
Papel-moeda			
10.000 won	10.000	-	400
5.000 won	5.000	-	200
1.000 won	1.000	-	40
500 won	500	-	20
Moedas de cuproníquel			
500 won	500	7,70	20
100 won	100	5,42	4
Moedas de cuproníquel-zinco			
50 won	50	4,00	2
Moedas de latão			
10 won	10	4,06	0,4
5 won	5	2,95	0,2
Moedas de alumínio			
1 won	1	0,73	0,04

Moedas da Coreia do Sul (2012)

Denominação	Valor em won	Peso em gramas	Valor em ñ 1982
Papel-moeda			
50.000 won	50.000		500
10.000 won	10.000	-	100
5.000 won	5.000	-	50
1.000 won	1.000	-	10
Moedas de cuproníquel			
500 won	500	7,70	5
100 won	100	5,42	1
Moedas de cuproníquel-zinco			
50 won	50	4,00	0,5
Moedas de aço revestido de latão			
10 won	5	1,22	0,1
Moedas de latão			
5 won	5	2,95	0,05
Moedas de alumínio			
1 won	1	0,73	0,01

Coreia do Norte

Na Coreia do Norte, o iene foi substituído em 1947 pelo *won*, inicialmente de valor de câmbio igual ao rublo soviético e subdividido em 100 *jeon*. A inflação levou à substituição da moeda por um novo won em 1959, à razão de 100 para 1. Até 2002, existiram ao lado do papel-moeda convencional os "certificados de câmbio" em *won*, usados apenas por visitantes estrangeiros em duas variedades: vermelho para os que vinham de países socialistas e azul para os de países capitalistas. As moedas também eram diferenciadas: sem estrelas para cidadãos do país, mas marcadas com uma estrela para visitantes de países socialistas e com duas estrelas para visitantes de países capitalistas.

Em 1994-1998, a Coreia do Norte passou por um período de escassez aguda e fome, resultado da combinação de uma série de secas e enchentes com o colapso da União Soviética, que pela perda de condições favoráveis de comércio obrigou o país a reduzir em 75% as importações de petróleo e paralisou várias indústrias. A longa crise desorganizou o rígido sistema de planejamento econômico, enfraqueceu o controle do Estado sobre a economia e promoveu o crescimento de uma economia informal teoricamente ilegal e a multiplicação dos mercados paralelos, conhecidos como *jangmadang*. Cuba passou por dificuldades análogas nos mesmos anos, mas as consequências na Coreia do Norte parecem ter sido muito mais severas: segundo o governo dos Estados Unidos, ocorreram ali 500 mil a 600 mil mortes por desnutrição nesse período.

Em 2000, foi abandonada a paridade fixa de 2,16 *won* por dólar (número, ao que se dizia, baseado na data de nascimento de Kim Jong-il, 16 de fevereiro) e a taxa de câmbio disparou em função da inflação acumulada.

Em 30 de novembro de 2009, ocorreu uma reforma monetária de surpresa e os cidadãos tiveram uma semana para trocar até 100 mil *won* à razão de 100 para 1, período durante o qual todo o comércio ficou fechado. A operação teria visado restaurar o controle estatal sobre a economia e combater os *jangmadang*, mas não teve sucesso, devido à incapacidade do Estado de suprir a demanda e substituir os mercados paralelos. O limite de conversão foi depois aumentado para 150.000 *won* antigos em dinheiro e 300.000 em depósitos, depois para um milhão, com a exigência de explicações e investigação para valores maiores. Em março de 2010 o então líder

Kim Jong-il reconheceu o fracasso e pediu desculpas à população pelos transtornos, e o responsável, Pak Nam-gi, diretor de planejamento e finanças do partido, foi executado. O poder aquisitivo do novo *won* caiu rapidamente para um patamar inferior ao do antigo, mas parece ter-se estabilizado a partir de 2011.

Uma nova moeda paralela para turistas, virtual e usada apenas em cartões de débito, foi introduzida em 2012, com câmbio fixo de 130 *won* por euro, mas é aceita apenas em lojas de hotéis internacionais e grandes lojas estatais.

Os salários formais recebidos nos anos 2010 por trabalhadores norte-coreanos são tipicamente de 5 mil a 10 mil *won* mensais, o que compra um ou dois quilos de arroz no mercado paralelo. Esses salários são vistos como simbólicos e a maioria dos trabalhadores depende de rações entregues pelo Estado aos empregados, cujo valor de mercado é muito maior que o do salário, ou de oportunidades na economia informal. É comum que os maridos tenham um emprego formal em uma estatal e a esposa complemente a renda vendendo produtos e serviços na economia informal.

Em 2012, os refugiados concordavam que a renda de sobrevivência para uma família de três ou quatro – cereais, legumes, roupas chinesas de segunda mão e combustível para o inverno – era de 50 mil *won*. A renda efetiva dos trabalhadores nas cidades seria de 100.000 *won* por família. Uma loja de esquina proporcionava mais de 300.000 *won* e donos de oficinas chegavam a 1,5 milhão a 2 milhões. A situação econômica e a disponibilidade de produtos básicos parecem ter melhorado nos anos seguintes, apesar das sanções ocidentais e, em 2017, a eleição de um presidente pacifista na Coreia do Sul proporcionou uma redução da tensão política e militar entre os dois governos.

Taxa de câmbio do dólar em won norte coreano (Pyongyang)

Data	Câmbio oficial (won/dólar)	Câmbio paralelo (won/dólar)	preço do arroz, mercado paralelo (won/kg)
Ago/2009	140,00	3.600	2.300
Nov/2009	140,00	3.845	2.200
15/dez/2009	135,00	35	44
31/dez/2009	110,00	134	55
Jan/2010	98,325	215	210
Fev/2010	101,300	470	500

Mar/2010	101,760	600	200
Jun/2010	104,920	900	550
Set/2010	99,455	1.300	900
Dez/2010	101,060	2.000	1.100
Jun/2011	101,100	2.700	1.900
Dez/2011	101,100	5.100	4.200
Dez/2012	100,205	7.800	6.400
Dez/2013	98,510	8.400	4.000
Dez/2014	103,870	8.000	4.500
Dez/2015	107,985	8.640	5.400
Dez/2016	111,290	8.060	5.400
Dez/2017	104,950	8.000	4.800
Dez/2018	106,840	8.500	5.000
Dez/2019	107,690	8.320	4.260

Fonte: Daily NK: Market Trends e https://treasury.un.org/operationalrates/OperationalRates.php

Moedas da Coreia do Norte (2012)

Denominação	Valor em won	Peso em gramas	Valor em ñ 2012 (1)	Valor em ñ 2012 (2)
Papel-moeda				
5.000 won	5.000,00	-	250	35
2.000 won	2.000,00	-	100	14
1.000 won	1.000,00	-	50	7
500 won	500,00	-	25	3,5
200 won	200,00	-	10	1,4
100 won	100,00	-	5	0,7
50 won	50,00	-	2,5	0,35
10 won	10,00	-	0,5	0,07
5 won	5,00	-	0,25	0,035
Moedas de alumínio				
1 won	1,00	1,8	0,05	0,007
50 jeon	0,50	1,5	0,025	0,035
10 jeon	0,10	1,0	0,005	0,007
5 jeon	0,05	1,0	0,0025	0,0035
1 jeon	0,01	0,8	0,0005	0,00007

(1) poder aquisitivo baseado na estimativa do mínimo de subsistência para família de 3 ou 4 como 50 mil won

(2) poder aquisitivo estimado com base no preço do arroz no mercado paralelo

Anam e Vietnã

A história do Vietnã começa com o reino de Van Lang, que governou o norte do atual Vietnã e parte do sul da China de cerca de 700 a.C. até 257 a.C., quando foi conquistado por um vizinho que chamou o reino unificado de Au Lac. Em 207 a.C., Au Lac foi, por sua vez, conquistado por um reino fundado no sul da China pelo general chinês Zhao Tuo quando o império Qing desmoronou, que foi chamado Nanyue em chinês e Nam Viet em vietnamita. Quando a dinastia Han reunificou a China, Nam Viet aceitou submeter-se como vassalo, mas foi derrotado em 111 a.C., após uma rebelião de seu primeiro-ministro. Seu reino foi anexado ao Império da China, do qual foi parte por mais de mil anos (até 938 d.C.). Durante esse período, o país usou moedas chinesas.

Dai Viet ou Annam

Em 939, o general Ngo Quyen proclamou a independência do país. Cinco anos depois, porém, ele morreu e seguiu-se uma guerra civil entre doze caudilhos. Saiu vitorioso o fundador da dinastia Dinh, que durou de 968 a 981, deu ao país o nome de Dai Viet e fundiu as primeiras moedas vietnamitas. Redondas e com um furo quadrado como as *wen* chinesas, e com o mesmo tamanho e peso teórico de 1/10 tael ou perto de 4 gramas em cobre (unidade de peso chamada maz em português, *qian* em chinês e *tien* em vietnamita), eram chamadas *van* ou *dong* ("cobre") na língua nacional. Continuaram a ser emitidas até o século XX. Em 1397, também chegou a circular no país papel-moeda de estilo chinês, em notas de 10, 30, 60, 120, 180, 300 e 600 *van*.

Em 1407, o país (chamado Dai Ngu durante o reinado de Ho Quy Ly, 1400-1407) voltou ao domínio dos chineses, que o chamaram Jiaozhi. Em 1428, uma rebelião permitiu ao país recuperar a independência de fato sob o governo da dinastia Lê, embora continuasse formalmente a prestar vassalagem à China e lhe pagar tributo. O nome de Dai Viet voltou a ser usado, mas o país ficou mais conhecido com o nome chinês de Annan ("sul pacificado"), Annam em vietnamita. Em 1471, conquistou o reino de Champa, atual Vietnã central, e no século XVIII estendeu-se ao sul ao tomar ao Camboja o delta do Mekong e estabelecer o atual território do país.

Em 1435, padronizaram-se as fieiras de moedas em dois tamanhos: *tien*, fieira curta de 60 *van* (usadas para pagar o imposto) e *quan*, fieira longa de 600, que continuaram a ser usadas até o início do século XX. Anteriormente (desde 1230), as fieiras para pagar o imposto haviam sido de 70 para camponeses e 60 para moradores das cidades, temporariamente reduzidos para 50 moedas no início da dinastia Lê.

A partir do século XVI, foram fundidas moedas de ferro, chumbo e zinco. Houve várias tentativas de tirá-las de circulação, mas a partir de 1740, devido à escassez de cobre, as de zinco passaram a ser fundidas regularmente com o peso de 6 *phan* ou 2,28 gramas. Inicialmente, eram aceitas pelo mesmo valor que as de cobre, mas ao longo do século XIX se desvalorizaram. Uma moeda de cobre ou *dong*, encontrada em circulação apenas perto da capital (Phu Xuan, hoje chamada Hué), passou a valer 1,2 de zinco (*van* ou *kem*) no reinado de Gia Long (r. 1802-20) e 3 no reinado de Minh Mang (r. 1820-1841).

No reinado de Canh Hung (r. 1740-1787), foram fundidas moedas de 60 *van* ou um *tien*, com peso de 25-30 gramas. Com seu sucessor Quang Trung (r. 1788-92) foram produzidas moedas de 10 *van* e com Gia Long, moedas de 6, 7 e 10 *van*.

Assim como na China, lingotes de ouro e prata de tamanhos variados foram usados em transações de maior valor. Seus pesos eram medidos em *mach* ou *phan* (0,38 grama), *tien* ou maz (3,8 gramas) e *lang* ou tael (38 gramas). De 1802 a 1847, foram fundidas barras de prata retangulares de 1, 2, 4 e 5 *tien* e 1, 5, 10, 20, 30, 40, 50 e 100 *lang* e barras de ouro dos mesmos pesos (sendo a relação de valor entre ouro e prata de 14 a 17 para 1). As barras de prata de 10 *lang* existem também numa forma curva, conhecida como "barra banana".

Em 1848, no início do reinado de Tu Duc (r. 1848-83), estipulou-se que uma moeda de "cobre" (na verdade latão, com 40% de zinco) de 9 *phan* (3,42 gramas) valia 3 moedas de zinco, e uma de 6 phan (2,28 gramas), 2 moedas. Em 1858, essas proporções passaram a 4 e 3, respectivamente, e em 1868 para 6 e 4.

Em 1861, foram fundidas moedas de cobre grandes chamadas *dong sao* ("bilhete de cobre"), nos valores de 10, 20, 30, 40, 50 e 60 van de zinco, com peso de 0,57 grama por van. Em 1870, houve uma segunda emissão de *dong sao*, mas com peso não mais proporcional ao valor.

Em 1870, as moedas de "cobre" passaram a ser feitas de 50% de zinco, mas foi mantida a relação de valor. Em 1872, moedas de "cobre" de 7 *phan* valiam 6 moedas de zinco e em 1879, moedas de "cobre"de 6 *phan* passaram a valer oficialmente 6 moedas de zinco. Assim, a relação de valor entre zinco e cobre cresceu gradualmente de 1:2,67 em 1848 para 1:11 em 1879. No mercado, a relação chegou a uma moeda de cobre para 10 de zinco (1:19 em termos de metais); em 1882, uma fieira de 60 moedas de cobre ou 600 de zinco valia no mercado pouco mais que 15 cents de dólar e um dólar 4 mil moedas de zinco. O imposto era então pago com 604 moedas de zinco, incluindo um acréscimo de 4 pelo custo do transporte.

De 1841 a 1907, foram também fundidas moedas circulares de ouro e prata, algumas com furos no centro, como as *van* tradicionais. Tanto as de prata quanto as de ouro existiram nos pesos de ½ *tien* e 1, 1½, 2, 2½, 3, 4, 5, 6, 7, 8, 9 tien e 1 *lang*. Uma série de valores inteiros atribuiu a cada uma das moedas uma virtude confuciana: bondade (1 *tien*), gratidão (2), gentileza (3), respeito (4), justiça (5), obediência (6), benevolência (7), submissão (8), humanidade (9) e fidelidade (1 *lang*). Uma moeda de 7,2 *tien*, igual em peso ao antigo peso mexicano, foi proposta para pagar uma indenização imposta pela França, mas foi recusada pelos franceses devido ao teor de prata inferior (80%, ante 90,3% do peso mexicano).

De 1848 a 1883, fundiram-se barras de prata a 80% de 0,5, 0,7, 1, 1,5, 2, 2,5 e 3 *quan*, com o peso teórico de 4,94 gramas (1,33 *tien*) por *quan* e real de 5,3 gramas. Um *quan* equivalia oficialmente a 100 *dong* ou 600 *van*, um *lang* de prata a 4.500 *van* e um peso a 3.240 *van*.

Indochina Francesa

Em 1858, os franceses atacaram o Vietnã e iniciaram sua conquista, completada em 1886. No entanto, o imperador nativo continuou a reinar nominalmente sobre a região central, governada como protetorado de Annam, enquanto o norte passou ao governo direto francês como protetorado de Tonquim e o sul como a colônia francesa da Cochinchina.

Em 1885, os franceses adotaram a piastra (*piastre de commerce* em francês, *dong bac,* literalmente "cobre de prata" em vietnamita) como moeda de toda a Indochina, incluindo Camboja (onde se usavam francos), Laos (onde circulavam *liangs* de prata de padrão chinês) e Vietnã. Inicialmente continha 27,215 gramas de prata a 90% (equivalente em prata a 5,443 francos), reduzidas a 27 gramas em 1895 (5,40 francos) e 20 gramas em 1931. A partir de 1885, foram cunhadas moedas de bronze de 1 cêntimo e moedas de prata de 10, 20 e 50 cêntimos e de uma piastra.

Em 1887, foi acrescentada uma moeda de bronze furada de 1 *sapeca* (francês *sapèque*, vietnamita *dong*), equivalente a 1/5 cêntimo, substituta do *dong* nativo, que foi cunhada até 1902. Com a desvalorização da prata em relação ao ouro no final do século XIX, o câmbio da piastra caiu para 4,16 francos em 1890, 2,71 em 1895, 2,57 em 1900, 2,21 em 1902 e 2,50 em 1914, mas isso teve pouco efeito em seu poder aquisitivo interno.

As *sapecas*, geralmente reunidas em fieiras de 50 unidades, continuaram a circular por décadas, mas seu valor em relação à piastra flutuou. Em 1934, uma piastra valia 325 *sapecas* e um camponês vietnamita ganhava 5 cêntimos ou 16 sapecas por dia.

Com a I Guerra Mundial, o franco sofreu inflação e abandonou o padrão-ouro, enquanto o conteúdo em prata da piastra ficou inalterado. Com isso, a piastra se revalorizou em relação ao franco. Em 1920, chegou a 16,5 francos-papel. Tentou-se fixá-la por um ano em 4 francos-ouro (anteriores à guerra), mas voltou a flutuar em função do valor da prata de 1921 a 1930. De 27 francos em 1926, caiu para 12,8 francos em 1927 e 10 em 1929 ao ser fixada nesse valor, equivalente a 655 miligramas de ouro a 90% desde a restauração do padrão-ouro na França em 1928. A crise dos anos 1930 voltou, porém, a abalar o franco, e a partir de 1936 os preços subiram também localmente. Moedas de cuproníquel de 5 cêntimos foram acrescentadas ao sistema em 1923 e moedas de bronze de ½ cêntimo em 1935.

Em 1941, a Indochina Francesa foi ocupada pelo Japão, que administrou a região em nome da França de Vichy até março de 1945. A piastra foi vinculada ao iene (0,976 piastra por iene) e em 1942 foi introduzida uma moeda de zinco de ¼ de cêntimo. As moedas de prata deixaram de ser cunhadas e foram substituídas por níquel.

Nos últimos meses da II Guerra Mundial, o Japão declarou independentes os três países da Indochina. A tentativa da França de restaurar o domínio colonial deflagrou a Primeira Guerra da Indochina, que terminou com a derrota dos franceses.

Vietnã

Ao fim da II Guerra Mundial, Ho Chi Minh declarou a independência do país com o nome de *Viet Nam*, usado na literatura nacional desde o século XVI para se referir ao conjunto do país, mesmo quando esteve dividido em reinos rivais. Já em 1804, o imperador Gia Long pedira ao imperador chinês, seu suserano nominal, a mudança do nome oficial de *An Nam* para *Viet Nam*, mas em 1839 voltou a mudá-lo para *Dai Nam*.

Em 1946, o governo socialista rebelde de Ho Chi Minh, instalado no norte do país, introduziu sua própria moeda, com o nome tradicional de *dong*, para substituir a piastra francesa com o mesmo valor. Devido à inflação, ela foi substituída duas vezes: uma em 1951, à razão de 100 para 1 e outra em 1958, de mil para um.

A França lutou para manter o domínio colonial no sul, com um governo fantoche liderado por Bao Dai, o último imperador do Anam. Seu governo emitiu, a partir de 1953, cédulas denominadas tanto em piastras quando em *dongs*. A França sofreu, porém, uma derrota decisiva na batalha de Dien Bien Phu (1954) e foi forçada a se retirar. Os Estados Unidos assumiram o patrocínio do Vietnã do Sul independente, transformado em república em 1955, e sua moeda também passou a denominar-se unicamente *dong*.

Em 1973, os Estados Unidos, por sua vez, se deram por vencidos, e em 1975 o Vietnã do Sul foi totalmente tomado pela guerrilha comunista. O *dong* do sul foi convertido inicialmente em "dong da libertação" à razão de 500 para 1. Em 1978, as duas moedas foram unificadas, sendo o novo *dong* equivalente a um *dong* do Norte ou 0,8 *dong* do sul. Em 1985, outro novo *dong* foi introduzido, substituindo o anterior à razão de 10 para 1. O *dong* (símbolo ₫) se dividia originalmente em 100 *xu* e 10 *hao*, mas devido à inflação os submúltiplos não são mais usados.

Uma peculiaridade do sistema monetário foi a emissão de "cheques de portador" ou "cheques de liquidação do banco estadual" no período 1992-2002, em denominações de 100.000 a 5.000.000 de *dongs* (500 ñ a 25.000 ñ). Surgiram para apoiar a necessidade de grandes transações de dinheiro no período de abertura aos investimentos estrangeiros e empresas capitalistas quando o sistema bancário ainda não estava preparado para transações eletrônicas. Para evitar a falsificação, estas notas tinham muitos recursos de proteção, seus desenhos eram alterados a cada cinco a seis meses e tinhaam datas de validade de cinco ou seis meses após a data de emissão. Com a atualização do sistema bancário, essas notas se tornaram desnecessárias e foram suprimidas.

Poder aquisitivo e câmbio do dong vietnamita, 1980-2019

Ano	ñ	US$ / ₫
1980(*)	*8,979*	*n/d*
1981(*)	*6,781*	*n/d*
1982 (*)	*3,459*	*n/d*
1983 (*)	*2,325*	*10,02*
1984 (*)	*1,405*	*n/d*
1985	7,289	*n/d*
1986	1,253	22,74
1987	0,2950	78,29
1988	0,0718	606,52
1989	0,0305	4.463,95
1990	0,0210	6.482,80
1991	0,0122	10.037,03
1992	0,0091	11.202,19
1993	0,0078	10.640,96
1994	0,0066	10.965,67
1995	0,0056	11.038,25
1996	0,0051	11.032,58
1997	0,0048	11.683,33
1998	0,0044	13.268,00
1999	0,0041	13.943,17
2000	0,00390	14.167,75
2001	0,00385	14.725,17
2002	0,00367	15.279,50
2003	0,00344	15.509,58
2004	0,00290	15.746,00
2005	0,00266	15.858,92
2006	0,00246	15.994,25
2007	0,00221	16.105,13
2008	0,00184	16.302,25
2009	0,00170	17.065,08
2010	0,00151	18.612,92
2011	0,00123	20.509,75
2012	0,00111	20.828,00
2013	0,00107	20.933,42
2014	0,00104	21.148,00
2015	0,00104	21.697,57
2016	0,00103	21.935,00
2017	0,00099	22.699,00
2018	0,00096	23.195,00
2019	0,00093	23.186,88

(*) moeda antiga, trocada pela nova em 1985 à razão de 10:1

Moedas do Vietnã (1982)

Denominação	Valor em dong	Peso em gramas	Valor em ñ 1982
Papel-moeda			
100 dong	100	-	300
50 dong	50	-	150
30 dong	30	-	90
20 dong	20	-	60
10 dong	10	-	30
5 dong	5	-	15
2 dong	2	-	6
1 dong	1	-	3
5 hao	0,5	-	1,5

Moedas do Vietnã (2015)

Denominação	Valor em dong	Peso em gramas	Valor em ñ 2011
Papel-moeda			
500.000 dong	500.000	-	500
200.000 dong	200.000	-	200
100.000 dong	100.000	-	100
50.000 dong	50.000	-	50
20.000 dong	20.000	-	20
10.000 dong	10.000	-	10
5.000 dong	5.000	-	5
2.000 dong	2.000	-	2
1.000 dong	1.000	-	1
500 dong	500	-	0,5
200 dong	200	-	0,2
Moedas de liga de cobre-alumínio-níquel			
5.000 dong	5.000	7,7	5
Moedas de aço revestido de latão			
2.000 dong	2.000	5,1	2
1.000 dong	1.000	3,8	1
Moedas de aço revestido de níquel			
500 dong	500	4,5	0,5
200 dong	200	3,2	0,2

Japão

Eras Nara e Heian

No seu início, a civilização japonesa tomou a China como modelo em muitos aspectos, inclusive dinheiro. O país importou e usou moedas chinesas desde a dinastia Han, a partir de 221 a.C.

Datadas de 687 e descobertas em uma escavação arqueológica em Asuka em 1999, as primeiras moedas japonesas conhecidas, chamadas *fuhonsen* (literalmente "moedas 'base da riqueza'", segundo seus caracteres) foram cópias da *kai yuan tong bao,* a moeda criada pela dinastia Tang em 621 d.C. Até o final do século XX, pensava-se que as moedas japonesas mais antigas eram as *wadokaichin,* fundidas a partir de 708 por ordem da imperatriz Gemmei e que tinham as mesmas especificações das moedas chinesas, com diâmetro de 24 mm e peso de 3 a 5 gramas. Também eram chamadas *kochosen,* "moedas da corte imperial". Continuaram a ser regularmente emitidas até 958. Conhecem-se dessa época doze tipos de moedas japonesas de cobre, dois de prata e um de ouro. As moedas de prata originalmente valiam quatro moedas de cobre, depois dez. As moedas de ouro valiam dez de prata.

Conta-se que uma moeda *kochosen* da primeira emissão teve um poder de compra de cerca de dois quilos de arroz (50 ñ) por moeda, mas em meados do século X não comprava mais do que dez a vinte gramas (0,25 a 0,5 ñ). Numa das mais curiosas tentativas de combater a inflação da história, em 958 o *tenno* (imperador) solicitou a 80 monges budistas que rezassem pelas novas moedas durante sete dias. Não teve sucesso e suas moedas perderam aceitação.

Períodos Kamakura, Muromachi e Tensho

Com o declínio do governo imperial japonês e a ascensão dos conflitos internos, o Japão deixou de cunhar moedas próprias. Voltou a importar moedas da China em troca de ouro ou saqueá-las através da pirataria, situação que perdurou durante todo o xogunato Kamakura (1185-1333). Arroz e seda foram também usados como dinheiro e medida de valor.

A unidade mais importante era o *koku* ou *goku*, cuja dimensão variou conforme a época e a região. No período Nara (710-794), equivalia a 77,9 litros, no período Heian (794-1185) a 120 litros, mas no período feudal geralmente se supõe que equivalia, como na era Tokugawa, a 278,18 litros ou 187,5 quilos de arroz em casca. Isso dá 150 quilos de arroz integral ou 136,5 kg de arroz polido[6], supostamente equivalentes a um ano de consumo de um homem e à produção de um *tan* (991,7 metros quadrados) de terra fértil. Em 1891, o *koku* foi redefinido em relação ao sistema métrico decimal como 180,39 litros de arroz integral (igualmente 150 quilos). Em termos de poder aquisitivo, um *koku* do período feudal equivale a uns 4.000 ñ. Um koku equivalia a 10 *to*, 100 *sho* ou 1.000 *go*.

Uma aldeia da era Tokugawa somava 200 *koku* e em média 120 camponeses (24 famílias) e 12 comerciantes. Uma casa camponesa produzia 3 ou 4 *koku* (33 a 44 ñ diários), mas camponeses ricos podiam chegar a 20 ou 30 *koku* (220 a 330 ñ diários). Um senhor em média tinha condições de manter 22 homens em armas para cada mil *koku* (cada um custava, em média, 505 ñ por dia).

Na era Muromachi (1336-1573), com a recuperação da cultura e da economia, as moedas chinesas, conhecidas como *toraisen*, deixaram de ser suficientes e foram complementadas por moedas fundidas por clãs guerreiros e mercantis japoneses segundo o modelo chinês, chamadas *shichusen*. Moedas desgastadas ou danificadas se tornavam *bitasen* ("moedas ruins"), avaliadas de um quinto à metade do valor nominal. A unidade de valor, equivalente à moeda básica de boa qualidade, era o *mon*. Dez *mon* faziam um *hiki* e mil *mon* (uma fieira de moedas unidas por um cordão que passava por seus furos, como na China), um *kanmon*.

O salário diário médio de um carpinteiro girava em torno de 100 *mon*, o de um trabalhador semiespecializado entre 30 e 50 *mon* e o de um não especializado, 10 *mon*. O preço de um *sho* (1/100 de koku) de arroz girava em torno de nove moedas em Kyoto e seis ou sete nas províncias, de modo que o poder aquisitivo de um *mon* equivalia em Kyoto a 4 ñ e nas províncias, a cerca de 6 ñ. A mesma moeda na contemporânea China Ming (onde era chamada *wen*) valia em média 2,4 ñ.

---

6 Viabilizado pelo moinho d'água, o arroz polido (*hakumai*) começou a ser usado entre as eras Genroku e Kyoho (entre 1688 e 1735) e inicialmente apenas na corte e aristocracia. Antes só se usava o integral (*genmai*), que ainda representava pelo menos a metade do consumo na era Meiji.

Período		moedas por sho	Valor da moeda em ñ	Salários diários médios em ñ		
de	a	(média)	(média)	carpinteiros	Semi-especializados	não especializados
1240	1259	8,2	4,9	n/d	n/d	n/d
1260	1279	12,4	3,2	203	109	24
1280	1299	13,8	2,9	181	96	21
1300	1319	12,0	3,3	208	112	24
1320	1339	10,0	4,0	251	128	27
1340	1359	11,2	3,6	224	112	24
1360	1379	9,4	4,3	267	139	29
1380	1399	7,7	5,2	328	168	35
1400	1419	10,4	3,8	251	125	27
1420	1439	11,4	3,5	229	120	24
1440	1459	10,3	3,9	256	133	27
1460	1479	7,4	5,4	355	176	37
1480	1499	7,5	5,3	349	173	37
1500	1519	6,2	6,5	421	208	43
1520	1539	5,3	7,5	493	240	51
1540	1559	5,3	7,5	475	243	51
1560	1579	6,2	6,5	403	213	45
1580	1599	10,0	4,0	277	141	29

No turbulento final da era Muromachi, conhecido como período Sengoku (1467-1573), vários clãs guerreiros fundiram peças de prata medidas em múltiplos de *monme* (unidade de 3,756574 gramas[7], contendo 3,3 gramas de prata pura, equivalente à unidade de peso chinesa *qian*, em inglês *mace* e em português "maz"), incluindo barras de 100 *monme* e submúltiplos baseados no *bu* (1/10 *monme*, equivalente à unidade de peso chinesa *fan*, em inglês *candareen* e em português "condorim"). Um *monme* valia então aproximadamente 100 moedas (400 ñ).

Em 1432, os chineses começaram a importar espadas japonesas. O custo de uma *tachi* era cerca de 800-1,000 *mon* (2.800 a 3.500 ñ),

7 Redefinida na era Meiji como 3,75 gramas.

mas era vendida aos chineses por 10 *kanmon* (35.000 ñ), proporcionando uma importante fonte de renda para o governo do xógum. Entretanto, ao aumentar o número de espadas de 3 mil para quase 10 mil, os chineses reduziram o preço pago para 5 *kanmon* (17.500 ñ) e, quando os japoneses trouxeram cerca de 30 mil na sua missão de 1468, o preço caiu para 2.500 *mon*. Os japoneses passaram a baixar a qualidade, o que por sua vez levou os chineses a reduzir ainda mais o preço. Em 1483, cerca de 600 *mon* (3.200 ñ) eram pagos por espada, e em 1511, apenas 300 *mon* (1.940 ñ).

De registros do comércio com a China (dinastia Ming) pelo diplomata Sakugen Shuryo (1501-1579), sabe-se que 100 espadas *tachi* foram exportadas por 150 *kanmon*, a um preço unitário de aproximadamente 11.300 ñ, mas um par de *tachi* ornamentadas com dragões e bainhas laqueadas foi avaliado em 53.700 mon (202.600 ñ a unidade).

O clã Takeda, da região de Yamanashi, emitiu peças de ouro chamadas *koshukin*, usadas também como dinheiro. Com teor de ouro de 65% a 85%, foram fundidas em pesos conhecidos como *Ichiryo* ("um ryo", 15,04 gramas ou 4 *monme* de ouro puro), *Ichibu* ("um bu", 3,76 gramas), *Nisshu* ("dois shu", 1,88 grama) e *Isshu* ("um shu", 0,94 grama). No período *Tensho* (1573-1592), um *Ichiryo* comprava 4 *koku* de arroz (16.000 ñ) e valia 60 *monme* de prata.

Ryo foi originalmente a tradução japonesa para *liang*, o peso chinês de 37,8 gramas chamado "tael" em inglês e português adotado no período Kamakura (1185-1333) e equivalente a 10 *monme*. Entretanto, ao ser adotado como unidade monetária, fora gradualmente desvalorizado; no período Azuchi–Momoyama (1568–1600) havia se reduzido a 4 ou 4,3 *monme*. *Bu*, "fração", foi o nome dado a um quarto de *ryo* e *shu*, a 1/16 de *ryo*.

Ao unificar o Japão, o regente Toyotomi Hideyoshi (1585-1598) assumiu também o controle da maior parte do ouro e prata do país e centralizou a produção de moedas, que voltaram a ser emitidas pelo governo central. As maiores, chamadas *tensho hishi oban*, eram moedas de ouro de 10 *ryo* (160.000 ñ), com 165 gramas, o mesmo peso de uma bolsa de ouro em pó, com 17 x 10 centímetros e o valor indicado em tinta nanquim.

Período Edo ou Tokugawa

Após a morte de Hideyoshi, Tokugawa Ieyasu rebelou-se contra seu filho e sucessor, tomou o poder, recebeu do imperador o título de xogum em 1603 e oficializou em 1609 um sistema de moedas de cobre, prata e ouro intercambiáveis baseado nas peças de ouro criadas pelos Takeda e por Hideyoshi.

O *ryo* de ouro pesava 4,76 *monme* ou 17,88 gramas, 84,6% ouro e o restante prata, correspondente à liga de 4,4 monme de ouro e 0,82 monme de prata, menos a senhoriagem e perda de 0,46 monme (8,8%). Era fundido em uma moeda oblonga de 7 x 4 centímetros chamada *koban,* no qual eram estampados a denominação, a marca do moedeiro, o brasão imperial e depois pequenas estampas dos cambistas que conferiam seu peso e qualidade. *Koban* significava "pequena estampa", em contraste com *oban* de 10 *ryo*, "grande estampa", mas pelo formato a palavra também passou a significar "oval". Oficialmente um *ryo* de ouro valia 50 *monme* (188 gramas) de prata 80% e 4 mil *mon* de cobre ou latão (15 quilos) e teoricamente equivalia a 4 *koku* (600 kg) de arroz, mas, no mercado, as cotações relativas das moedas de ouro, prata e cobre flutuavam diariamente em torno dos números oficiais. O triplo sistema monetário tinha a seguinte estrutura:

Peças de ouro, contadas, predominantes no leste do Japão (inclusive Edo):

> Grandes: *koban* e *oban*, ovais
>
> Pequenas: *ichibuban* ou *bu* (1/4 *koban*) e *isshuban* ou *shu* (1/16 *koban*), quadradas; e *nibuban* ou 2 *bu* e *nisshuban* ou 2 *shu*, retangulares.

Peças de prata, medidas a peso, predominantes no oeste do Japão (inclusive Quioto e Osaka):

> Grandes: chamadas *chogin*, "prata comprida", lingote com o formato de um pepino achatado e com peso teórico de 43 *monme* ou 10 *ryo* de 4,3 *monme* (161,64 gramas), mas que variava na prática entre 30 e 60 *monme* (113 e 226 gramas).

Pequenas: chamadas *mameitagin*, "feijão de prata", tinham forma de feijão e peso teórico de 1 *monme*, variando na prática de 1 a 10 *monme* (mais frequentemente 5 a 8 gramas, cerca de 2 *monme*).

Minúsculas: chamadas *tsuyugin*, "orvalho de prata", tinham peso teórico de 1/10 *monme*.

Múltiplos: *kan* ou *kanme* ("mil", ou "mil olhos", 1.000 *monme* ou 3,78 kg de prata), *kin* (160 *monme* ou 604,8 gramas de prata, equivalente à unidade chinesa de peso *jin* chamada em inglês *catty* e em português "cate") e *hyakume* ("cem olhos", 100 *monme* ou 378 gramas de prata).

Peças de cobre, contadas, usadas em todo o país e fundidas tanto pelo governo central quanto por domínios vassalos:

Pequenas: o tradicional *mon*.

Fieiras: moedas de *mon*, quando amarradas em fieiras, ganhavam um pequeno ágio. Por exemplo, 96 moedas de *mon* em fieira (chamada *binsen*) eram aceitas por 100 *mon*.

Múltiplos: *kanmon* ("mil mon"), diferente do *kanme* e o *hiki*, igual a 10 *mon*.

Grandes pagamentos eram feitos com pacotes de moedas de ouro ou prata embrulhadas em papel, que eram selados e assinados por quem as empacotava e chamados *tsutsumi kin* (ouro) *ou* ***tsutsumi*** *gin* (prata). O pacote de prata mais comum era de 500 *monme* (144 mil ñ). Outro tipo de pacote comum continha 43 *monme* (12.384 ñ), peso teórico de um *chogin*, ou um múltiplo dessa quantia. Por volta de 1600, mercadores da região de Kansai e clãs do oeste começaram a emitir também recibos de prata chamados *hansatsu*, que circulavam como papel-moeda. Apesar da tentativa do xogunato de restringir a prática, ela continuou comum até o fim do período Edo.

Moedas japonesas, 1601-1687 (eras Keicho a Jokyo)

Denominação	composição	Valor em mon	Valor em ryo	Peso em gramas	Valor em ñ
Sistema do ouro					
ryo	moeda de conta	4.000	1	–	16.000
oban (=10 ryo)	ouro 84,29%, prata 15,71%	40.000	10	178,8	160.000
koban (= ryo)	ouro 84,29%, prata 15,71%	4.000	1	17,88	16.000
nibuban (=2 bu)	ouro 84,29%, prata 15,71%	2.000	½	8,94	8.000
ichibuban ou bu	ouro 84,29%, prata 15,71%	1.000	¼	4,47	4.000
nisshuban (=2 shu)	ouro 84,29%, prata 15,71%	500	1/8	2,24	2.000
isshuban ou shu	ouro 84,29%, prata 15,71%	250	1/16	1,12	1.000
Sistema da prata					
kan ou kanme	moeda de conta	80.000	20	3.756	320.000
hyakume	moeda de conta	8.000	2	376	32.000
monme ou momme	moeda de conta	80	1/50	3,76	320
chogin (*)	prata 80%	3.440	43/50	161,5	13.760
mameitagin (**)	prata 80%	800	1/5	37,6	3.200
mameitagin (**)	prata 80%	80	1/50	3,76	320
tsuyugin	prata 80%	8	1/500	0,38	32
Moedas de cobre					
kanmon	moeda de conta	1.000	¼	3.756	4.000
mon	cobre	1	1/4.000	3,76	4

(*) peso teórico de 43 monme, na prática variou de 30 a 60

(**) valores máximo e mínimo; o mais comum era 5 a 8 gramas (cerca de 2 monme)

Os samurais continuaram a receber seus proventos em *koku* de arroz e essa continuou a ser a medida da riqueza dos grandes senhores, os *daimyo*.

Categoria	**Especificação**	**renda em koku**	**renda em ñ**	**renda em ñ/dia**
Xógum		6.800.000	27.200.000.000	75.555.556
Daimyos	kunimochi ("senhores de província", máximo)	1.000.000	4.000.000.000	11.111.111
	kunimochi ("senhores de província", mínimo)	200.000	800.000.000	2.222.222
	joshu ("senhores de castelo", mínimo)	20.000	80.000.000	222.222
	ryushu ("senhores de domínio", mínimo)	10.000	40.000.000	111.111
Samurais do xógum	hatamoto com terra (máximo)	10.000	40.000.000	111.111
	hatamoto com terra (mínimo)	500	2.000.000	5.556
	hatamoto sem terra (mínimo)	100	400.000	1.111
	gokenin (máximo)	230	920.000	2.556
	gokenin (mínimo)	15	60.000	167
Samurais dos clãs	superiores (mínimo)	500	2.000.000	5.556
	ordinários ou hirazamurai (mínimo)	20	80.000	222
Samurais inferiores e semissamurais	baishin (vassalos com terras, máximo)	150	600.000	1.667
	baishin (vassalos com terras, mínimo)	4	16.000	44
	goshi ("samurais rurais" ou camponeses armados, máximo)	50	200.000	556
	goshi ("samurais rurais" ou camponeses armados, mínimo	5	20.000	56
	ashigaru (servidores plebeus, máximo)	12	48.000	133
	ashigaru (servidores plebeus, mínimo	3	12.000	33
Jizamurais	proprietários armados não submetidos aos daimyo (média)	50	200.000	556

Em 1636, em reação às atividades consideradas subversivas de missionários portugueses e espanhóis (que resultariam na rebelião Shimabara de 1637), o xogum Tokugawa Iemitsu os expulsou e fechou quase totalmente o Japão a contatos com estrangeiros. Foram mantidas relações comerciais severamente regulamentadas e limitadas com os holandeses, por meio do porto de Nagasaki, e com a China, por intermédio do reino então semi-independente de Ryukyu (vassalo do domínio japonês de Satsuma); e algo mais abertas com a Coreia, pelas ilhas Tsushima. Essa política de isolamento (*sakoku*) moldou a política e a cultura do Japão por mais de duzentos anos.

Quanto custava uma visita a Yoshiwara, o bairro das cortesãs e gueixas da Edo do século XVII? Os romances de Ihara Saikaku (1642-1693), testemunha dessa era, indicam que a visita a uma *tayu* (cortesã de primeira categoria, das quais nunca houve mais de 19 em Yoshiwara) custava inicialmente 37 *monme* (11.840 ñ), mas na era Jokyo (1684-1687) o preço subira a 58 *monme* (18.560 ñ) para a *tayu* e 18 *monme* (5.760 ñ) para a sua assistente. Manter uma grande cortesã por um ano custava 29 *kanme* (9.280.000 ñ, cerca de 25.800 ñ por dia).

O serviço de uma *koshi-joro* (cortesã de segunda categoria) custava iniciamente 25 *monme* (8.000 ñ), mas depois chegou a 0,75 *ryo* ou 3 *bu* (12.000 ñ). O preço das *tsubone-joro* (terceira categoria), alojadas no segundo andar, era de 20 *monme* (6.400 ñ) e as *hashi-joro* eram acessíveis por 10 *monme* (3.200 ñ). As *kirimise-joro*, prostitutas alojadas em barracões junto ao rio, custavam 100 *mon* (400 ñ).

O aluguel de um cavalo do centro de Edo a Yoshiwara (cerca de duas horas) custava 200 *mon* (800 ñ), mas um cliente que quisesse chegar em grande estilo alugaria um cavalo branco e dois lacaios por um total de 348 *mon* (1.392 ñ). Além disso, esperava-se de um cliente medianamente generoso gorjetas de 3 *monme* ao dono do *ageya* (bordel), duas à sua esposa, duas à *yarite* (cortesã aposentada que escoltava a jovem na ativa), meio *ryo* ao *wakaimono* (funcionário da casa de chá onde se dava o encontro), meio *ryo* à casa de chá na porta principal e um quarto àquela onde alugava um chapéu de palha para se "disfarçar". Ao todo, uma visita custava 10 *ryo* ou 160.000 ñ, dos quais a cortesã recebia menos de 10%.

Nesse período de paz imposta pelo xogunato, a espada do samurai deixara de ser uma arma de guerra efetiva para ser um símbolo de honra e status. Uma espada de boa qualidade custava 3 *ryo* (48.000 ñ) e, se produzida por certos artesãos famosos, muito mais:

Tsuda Sukehiro: 7,5 *ryo* (120.000 ñ)

Inoue Shinkai: 11,25 *ryo* (180.000 ñ)

Yoshimichi: 5,25 *ryo* (84.000 ñ)

Tadatsuna: 5,25 *ryo* (84.000 ñ)

Kiyomaro: 10 *ryo* (160.000 ñ)

Suishinshi Masahide: 7,5 *ryo* (120.000 ñ)

Taikei Naotane (discípulo de Masahide): 5 *ryo* (80.000 ñ), mas dava um desconto de 50% a clientes do próprio domínio, Dewa.

A esses preços se acrescentava o do *tameshi-mei*, uma inscrição a ouro na espiga da espada para atestar que ela havia sido testada em cadáveres ou condenados à morte (por exemplo, "cinco corpos cortados pelo quadril"), que podia somar mais 10 *ryo* a seu preço.

Conta-se que em 1619 Tamiya Heibei Shigemasa, fundador da escola Tamiya-ryu de iaijutsu, encomendou uma lâmina de Hizen Tadayoshi por 100.000 *mon* (400.000 ñ). Para pagá-la, levou quatro anos. Renunciou a seu posto no relativamente modesto clã Ikeda e trocou de empregador por outros mais ricos duas ou três vezes até se tornar um servidor dos opulentos Owari-Tokugawa. Apenas daimyo e hatamoto podiam pagar por tais espadas individualizadas, chamadas *chumon-uchi*. As categorias inferiores de samurais se contentavam com *katana* produzidas em massa pelos aprendizes desses artesãos, chamadas *kazuuchi-mono*. Alguns outros preços desse período:

item	mon	ñ
hospedaria do governo do xógum (diária com refeições)	200	800
hospedaria privada de boa qualidade (diária)	100	400
"	70	280
hospedaria privada inferior (diária)	30	120
um litro de saquê	20	80
"	15	60
cruzar um rio em balsa	15	60
massagem	50	200

Da era Genroku à era Bunka (1718-1818)

Na era Genroku (a partir de 1695), a relação oficial passou a ser de 1 *ryo* para 60 *monme* e 4.000 *mon* e estas últimas tiveram o peso reduzido para 2,6 a 3 gramas. Moedas de cobre de 10 *mon* foram fundidas em 1707-09. A partir de 1695 e até o fim do xogunato em 1868, o *koban* sofreu alterações no teor de ouro e peso, assim como os *chogin* e *mameitagin* em seu teor de prata.

Por trás do aviltamento esteve a combinação do crescimento da economia com a redução do estoque de metais preciosos, devida ao fluxo destes para fora do país em troca de importações (seda e ginseng da Coreia, por exemplo). Como as peças com conteúdo aviltado não eram aceitas no comércio exterior, o governo tentou restaurar o teor original em 1711. Isso resultou, porém, em contração da disponibilidade de moeda, deflação, estagnação econômica, falências em massa e empobrecimento de samurais e camponeses.

Em 1736, o Japão retornou à política de aviltamento. Como o regime Tokugawa isolara o país do resto do mundo, essa redução do conteúdo em metal das moedas não significou sua desvalorização na mesma proporção no que se referia a produtos nacionais. As importações encareceram, mas era do interesse do xogunato reduzi-las ao mínimo.

Era	ano	Koban			Monme			Relação	Relação	Relação
		peso (gramas)	% ouro	ouro contido (gramas)	peso (gramas)	% prata	prata contida (gramas)	oficial koban/ monme	oficial koban/ mon	implícita ouro/ prata
Keicho	1601	17,88	84,29%	15,07	3,76	80,0%	3,005	50	4.000	9,8
Genroku	1695	17,88	84,29%	15,07	3,76	64,0%	2,404	60	4.000	9,4
Hoei	1706	9,39	84,29%	7,92	3,76	50,0%	1,878	60	4.000	14,1
Hoei	1710	9,39	84,29%	7,92	3,76	40,0%	1,503	60	4.000	11,2
Hoei	1711	9,39	84,29%	7,92	3,76	32,0%	1,202	60	4.000	8,9
Shotoku	1714	17,88	84,29%	15,07	3,76	80,0%	3,005	60	4.000	11,8
Kyoho	1716	17,88	84,29%	15,07	3,76	80,0%	3,005	60	4.000	11,8
Genbun	1736	13,15	65,71%	8,64	3,76	46,0%	1,728	60	4.000	11,5
Bunsei	1820	13,15	56,41%	7,42	3,76	36,0%	1,352	60	6.500	10,2
Tenpo	1837	11,27	56,77%	6,40	3,76	26,0%	0,977	60	6.500	8,4
Ansei	1859	9,02	56,77%	5,12	3,76	13,0%	0,488	60	6.500	5,0
Manen	1860	3,31	56,77%	1,88	3,76	13,0%	0,488	60	6.500	14,9
Meiji (*)	1868	6,01	25,88%	1,56	3,76	13,0%	0,488	60	10.000	16,0
Meiji (*)	1871	6,01	18,33%	1,10	3,76	13,0%	0,488	60	10.000	22,1
Meiji (yen)	1871	1,67	90,00%	1,50	3,76	90,0%	3,381	7,18	10.000	16,2

(*) não emitiu koban, mas sim uma moeda de 2 bu, com 3 gramas de ouro 22,3%; os números correspondem a duas dessas moedas

Em 1739, devido à escassez e alta dos preços do cobre pelo esgotamento das minas, o governo autorizou a fundição em ferro de moedas *mon* (embora algumas continuassem a ser feitas em cobre). Em 1769-1770 (era Meiwa, 1764-1771), devido à grande quantidade de moedas de ferro a entrar no mercado, a relação de mercado do *ryo* para o *mon* subiu de 4.000 para algo entre 5.000 e 6.000 até o fim do século XVIII, quando se estabilizou em 6.500.

Em 1765, foram emitidas moedas de prata retangulares com peso fixo de 5 *monme* e, em 1772, moedas de prata com denominações semelhantes às antigas moedas de ouro de menor tamanho, chamadas *nisshugin* ("prata de dois shu" ou um quarto de *ryo*), com 10,19 gramas de prata a 97,8% em contraste com o *nisshukin* ("ouro de dois shu"), mas valor oficial e cotações continuaram a acompanhar o sistema do ouro e não o da prata. O termo *nisshuban* ("estampa de dois shu") refere-se à denominação como fração do *ryo* e aplica-se a ambas as moedas. Em 1768 começaram a ser emitidas moedas de latão (originalmente 68% cobre, 24% zinco e 8% chumbo) de 4 *mon*, que continuaram a ser produzidas até o fim do xogunato.

No final deste período, surgiram as gueixas, mulheres que atuavam como artistas e animadoras de reuniões, enquanto as cortesãs de luxo – *oiran* e *tayu* – saíam de moda, sem chegar a desaparecer. Foi costume cada gueixa ter um patrono ou protetor que era também seu amante, mas elas não se prostituíam com seus clientes e sim os entretinham com canções, dança, poesia e jogos. O tempo de seu serviço era medido com palitos de incenso chamados *ohana* ("flor"). Em Yoshiwara, uma jornada do meio-dia às 22 horas consumia sete palitos e a taxa era de 1 *ryo* 3 *bu* (7.350 ñ, 1 *bu* ou 1.050 ñ por palito), divididos entre o *kemban* (escritório de registro e supervisão das gueixas, criado em 1779) e a gueixa, a qual recebia 2 *bu* e 2 *shu* (2.625 ñ, ou 375 ñ por palito), mais uma gorjeta de 2 *shu* a 1 *bu* (525 a 1.050 ñ). Além de usarem quimonos e penteados sóbrios e padronizados, as gueixas eram contratadas em grupos de três chamados *kumi*, para desencorajar intimidades excessivas com os convidados, de modo que o custo de uma reunião com gueixas era da ordem de 6 ryo (25.200 ñ).

Moedas japonesas (1740-1760)

Denominação	composição	Valor em mon	Valor em ryo	Peso em gramas	Valor em ñ (1740-1760)
Sistema do ouro					
ryo	moeda de conta	4.200	1,00	–	4.200
oban	ouro 67,6%, prata 32,4%	54.600	13,00	165,38	54.600
koban (= ryo)	ouro 65,7%, prata 34,3%	4.200	1,00	13,13	4.200
ichibuban, ichibukin ou bu	ouro 65,7%, prata 34,3%	1.050	0,25	3,25	1.050
Sistema da prata					
kan ou kanme	moeda de conta	60.000	14,29	3.756	60.000
hyakume	moeda de conta	6.000	1,43	376	6.000
monme	moeda de conta	60	0,01	3,76	60
chogin (*)	prata 46%	2.580	0,61	161,5	2.580
mameitagin (**)	prata 46%	600	0,14	37,6	600
mameitagin (**)	prata 46%	60	0,014	3,76	60
Sistema do cobre					
kanmon	moeda de conta	1.000	0,24	–	1.000
mon	cobre	1	0,00024	2,2	1,0
mon	ferro	1	0,00024	3,0	1,0

(*) peso teórico de 43 monme, na prática variou de 30 a 60

(**) valores máximo e mínimo; o mais comum era 5 a 8 gramas (cerca de 2 monme)

Abaixo, listam-se alguns preços para Kyoto, em 1745-54. Neste período, o poder aquisitivo de um *monme* era de uns 71 ñ, o do *ryo* 4.324 ñ (cerca de um *koku* de arroz integral) e o do *mon*, 1,0 ñ.

Produto	unidade	monme	ñ
carne	kg	1,34	95
ovo	unidade	0,06	4,2
soja	kg	0,40	28
arroz	kg	0,40	28
cevada	kg	0,20	14
trigo sarraceno	kg	0,16	11
peixe	kg	0,58	41
óleo comestível	litro	1,51	107
saquê	litro	0,52	37
sabão	kg	0,75	53
tecido	m	1,55	109

Preços no Japão do século XVIII

Item	preço	ñ
xícara de água negra (para escurecer os dentes)	1 mon	1
copo d'água fresca	4 mon	4
casa de banho, adulto	8 mon	8
casa de banho, criança	6 mon	6
sushi, simples (uma peça)	8 mon	8
soba simples (uma tigela)	16 mon	16
yokan (gelatina de feijão azuki), barra	70 mon	70
daifuku (doce japonês de arroz e feijão azuki), peça	4 mon	4
dose de saquê (180 ml)	30 mon	30
xícara de amazake (saquê doce com gengibre)	8 mon	8
tempura soba (uma tigela)	32 mon	32
ovo cozido	20 mon	20
leque dobrável de qualidade	36 mon	36
leque dobrável simples	18 mon	18
sandálias de palha (par)	25 mon	25
tamancos (par)	50 mon	50
100 velas	200 mon	200
corte de cabelo	28 mon	28
massagem *anma*	50 mon	50
soroban (ábaco)	1,8 monme	108
gravura ukiyo-e, barata	2 monme	120
"	3 monme	180
sombrinha de papel oleado	300 mon	300
sombrinha "olho de cobra"	800 mon	800
viagem de palanquim de Nihonbashi a Yoshiara (~5km)	200 mon	200
noite com prostituta em estalagem de Kansai	300 mon	300
"	500 mon	500
gravura ukiyo-e, boa qualidade	20 monme	1.200
viagem Osaka-Nagasaki de barco (14-20 dias)	75 monme	4.500
livro ilustrado de vários volumes (*Soga Monogatari*)	90 monme	5.400
noite com prostituta cara em estalagem de posta perto de Edo	1 bu	1.050
custo de enviar uma criança à *terakoya* (escola do templo) por um ano	1.000 monme	1.000

camarote (sajiki) em teatro kabuki	2 bu	2.100
assento na plateia (kiriotoshi) em teatro kabuki	164 mon	164
assento na plateia, peça em promoção	64 mon	64
custo de um traje *kamishimo* formal, incluindo *hakama* (calças), *haori* (jaqueta) e *kosode* (camisão)	1 ryo	4.200
encomendar uma pintura de artista conhecido	1 ryo	4.200
encomendar um biombo de artista conhecido	10 ryo	42.000
"	6 ryo	25.200
gravura importada da Europa	4 ryo	16.800
custo de uma primeira visita a um bordel de Yoshiwara, inclusive gorjetas	10 ryo	42.000
um mês em Yoshiwara	200 ryo	840.000
cavalo	25 ryo	105.000
espada	25 ryo	105.000
habitação de 67 m² em Edo	360 ryo	1.512.000

Salários no Japão do século XVIII

Item	**custo anual**	**ñ**	**ñ/dia**
criada	3 ryo	12.600	35
"	2 ryo	8.400	23
trabalhador	6 ryo	25.200	70
hatamoto (samurai a serviço do xogunato, 1711)	483 ryo	2.028.600	5.635
limite legal de salário de ator kabuki, 1794	500 ryo	2.100.000	5.833
ator de kabuki Ichikawa Danjuro I (1660-1704)	800 ryo	3.360.000	9.333
ator de kabuki Yoshizawa Ayame I (1663-1729)	1.000 ryo	4.200.000	11.667

Era Bunsei (1818-1830)

Na era Bunsei (1818-1830), a relação oficial passou a ser de 1 *ryo* para 60 *monme* e 6.500 *mon*. Moedas *isshukin,* quadradas, foram fundidas com 1,39 grama e 12,3% de ouro, e *nibukin*, retangulares, com 6,52 grama a 56,3%, além de *nisshukin* com 7,53 gramas de prata a 97,8%. O latão das moedas de 4 *mon* passou a ser feito com 75% cobre, 15% zinco e 10% chumbo, liga de cor avermelhada que deu a essas moedas o apelido de *aka sen* (dinheiro vermelho).

Moedas japonesas, era Bunsei (1818-1830)

Denominação	composição	Valor em mon	Valor em ryo	Peso em gramas	Valor em ñ (1818-1830)
Sistema do ouro					
ryo	moeda de conta	6.600	1,00	–	4.224
oban	ouro 67,6%, prata 32,4%	99.000	15,00	165,38	63.360
koban (= ryo)	ouro 56,4%, prata 43,6%	6.600	1,00	13,13	4.224
nibuban ou nibukin (=2 bu)	ouro 56,4%, prata 43,6%	3.300	0,50	6,52	2.112
ichibuban, ichibukin ou bu	ouro 56,4%, prata 43,6%	1.650	0,25	3,27	1.056
nishuban ou nishukin (=2 shu)	ouro 29,8%, prata 70,2%	825	0,13	1,62	528
nisshugin (=2 shu)	prata 97,8%	825	0,13	7,53	528
isshuban, isshukin ou shu	ouro 12,3%, prata 87,7%	412,5	0,06	1,39	264
isshugin (=1 shu)	prata 98,9%	412,5	0,06	2,63	264
Sistema da prata					
kan ou kanme	moeda de conta	110.000	16,67	3.756	70.400
hyakume	moeda de conta	11.000	1,67	376	7.040
monme	moeda de conta	110	0,017	3,76	70
chogin (*)	prata 36%	4.730	0,72	161,5	3.027
mameitagin (**)	prata 36%	1.100	0,17	37,6	704
mameitagin (**)	prata 36%	110	0,017	3,76	70
Sistema do cobre					
kanmon	moeda de conta	1.000	0,15	–	640
4 mon	latão	4	0,0006	5,2	2,6
1 mon	ferro	1	0,00015	3,0	0,6

(*) peso teórico de 43 monme, na prática variou de 30 a 60

(**) valores máximo e mínimo; o mais comum era 5 a 8 gramas (cerca de 2 monme)

Preços de assentos em teatro kabuki (1803)

Item	preço	ñ
Camarote (sajiki)	35 monme	2.275
"	25 monme	1.625
Plateia (kiriotoshi), frente	132 mon	82
", atrás	100 mon	62
Lugar de pé, para cenas avulsas	16 mon	10

Da era Tenpo à era Kaei (1830-1854)

Na era Tenpo (1830-1844), para cobrir déficits fiscais, o governo japonês emitiu moedas de 5 *ryo* chamadas *goryoban* (33,75 gramas, 84,2% ouro, 89 x 51 mm) e moedas oblongas de cobre, furadas, de 100 *mon* (20 gramas). Moedas *nisshukin,* retangulares, foram fundidas com 1,62 grama a 29,8% de ouro. *Isshugin* com 2,63 gramas de prata a 98,9% e *ichibugin* ("um *bu* de prata") com 8,66 gramas a 99,1% de prata igualmente acompanhavam as cotações e o sistema do ouro.

Moedas japonesas, era Tenpo (1830-1843)

Denominação	composição	Valor em mon	Valor em ryo	Peso em gramas	Valor em ñ (1830-1843))
Sistema do ouro					
ryo		6.600	1,00	–	3.498
oban	ouro 67,6%, prata 32,4%	132.000	20,00	165,38	69.960
goryoban (=5 ryo)	ouro 84,2%, prata 15,8%	33.000	5,00	33,75	17.490
koban (= ryo)	ouro 56,8%, prata 43,2%	6.600	1,00	11,25	3.498
ichibuban, ichibukin ou bu	ouro 56,8%, prata 43,2%	1.650	0,25	2,80	875
ichibugin (=1 bu)	prata 99,1%	1.650	0,25	8,66	875
nibuban ou nibukin (=2 bu)	ouro 49%, prata 51%	3.300	0,50	6,56	1.749
nishuban ou nishukin (=2 shu)	ouro 29,8%, prata 70,2%	825	0,13	1,62	437
isshugin (=1 shu) (até 1832)	ouro 12,3%, prata 87,7%	413	0,06	1,39	219
isshugin (=1 shu) (até 1837)	prata 96,8%	413	0,06	1,89	219

Sistema da prata					
kan ou kanme	moeda de conta	110.000	16,67	3.756	58.300
hyakume	moeda de conta	11.000	1,67	376	5.830
monme	moeda de conta	110	0,017	3,76	58
chogin (*)	prata 26%	4.730	0,72	161,5	2.507
mameitagin (**)	prata 26%	1.100	0,17	37,6	583
mameitagin (**)	prata 26%	110	0,017	3,76	58
Sistema do cobre					
kanmon	moeda de conta	1.000	0,15	–	530
100 mon	cobre	100	0,015	20,7	53
4 mon	latão	4	0,0006	5,2	2
1 mon	cobre	1	0,00015	2,2	0,5
mon	ferro	1	0,00015	3,0	0,5

(*) peso teórico de 43 *monme*, na prática variou de 30 a 60

(**) valores máximo e mínimo; o mais comum era 5 a 8 gramas (cerca de 2 *monme*)

Era Ansei e abertura dos portos (1854-1860)

A política de isolamento funcionou por mais de 200 anos, mas as dificuldades cresceram com o aumento da pressão do comércio e tecnologia ocidentais no século XIX, que culminaram, na era chamada Ansei, com a abertura imposta pela armada estadunidense em 1853-1854, sob o comando do Comodoro Matthew Perry. Em 1858, pelos chamados Tratados Ansei com os Estados Unidos, Reino Unido, Rússia, Países Baixos e França, o Japão concordou em abrir seus portos ao comércio internacional a partir de 3 de junho de 1859.

Isso provocaria um enorme abalo na sociedade japonesa, a começar pelo sistema monetário. Esses acordos foram extremamente desiguais e uma de suas disposições era que toda moeda estrangeira fosse aceita como moeda corrente no Japão pelo valor correspondente ao seu peso em metal. Isso não teria sido aceito por nenhuma nação europeia, não estava de acordo com os princípios internacionais e ignorava em favor dos estrangeiros o fato que as proporções entre os preços dos metais no Japão eram muito diferentes do que se dava na Europa. Na economia fechada do Japão, a relação de preços entre a prata e o ouro caíra para 1:5, mas no exterior era

1: 15. Assim que os portos se abrissem, seria iniciada uma corrida às moedas de ouro japonesas trocadas por pesos mexicanos, para enorme lucro de comerciantes de fora.

Em 2 de junho de 1859, véspera da abertura dos portos, o xogunato emitiu uma *nisshugin* cujo conteúdo em prata valia mais de três vezes seu valor nominal: 13,62 gramas de prata a 84,5%, metade de um peso ou dólar. Era uma tentativa de evitar a fuga de ouro aumentando o volume da moeda de prata para fixar uma taxa de câmbio de 4 dólares/pesos por *koban*. O resultado foi, porém, uma alta de 200% nos preços, que inibiu a exportação não só de ouro como de seda e outros produtos japoneses, criando problemas tanto para os comerciantes nacionais quanto os estrangeiros. Os mercadores de Yokohama suspenderam atividades em protesto, Estados Unidos e Reino Unido exigiram a retirada da moeda e o próprio governo teve dificuldades em produzi-la por falta de prata.

Em 8 de agosto, o xogunato voltou atrás, retirou a *nisshugin* e anunciou que o dólar seria trocado por três *ichibugin*, como exigiam os diplomatas estrangeiros, ou seja, a uma taxa de câmbio de 4/3 pesos por *koban*. Para suprir a demanda, ordenou que moedas mexicanas de prata de um peso ou 8 *reales,* de peso ligeiramente maior que o do dólar estadunidense, fossem contramarcadas com a inscrição *aratame sanbu sadame* "fixada no valor de três bu", ou seja, fixada em relação ao sistema do ouro. Tais moedas, também chamadas *sanbugin* ("prata de três bu"), foram, porém, rejeitadas pelos comerciantes japoneses, não acostumados a moedas estrangeiras. Na ânsia por conseguir ouro barato, os comerciantes estrangeiros compraram grandes quantidades de *ichibugin*, alterando a taxa de câmbio de 3 para 2,41 por dólar ou 1,66 pesos por *koban*. Estima-se que, de 1859 ao início de 1860, 500.000 *ryo* em ouro foram comprados e exportados.

A liga das moedas de 4 *mon* passou a ser feita com 65% cobre, 15% zinco e 20% chumbo a partir de 1857.

Moedas japonesas, era Ansei (1854-1859)

Denominação	composição	Valor em mon	Valor em ryo	Peso em gramas	Valor em ñ (1854-1859)
Sistema do ouro					
ryo	moeda de conta	6.624	1,00	17,9	3.511
oban	ouro 67,4%, prata 32,6%	132.480	20,00	165,38	70.214
koban (= ryo)	ouro 56,8%, prata 43,2%	6.624	1,00	11,25	3.511
sanbugin (=3 bu=peso ou dólar)	prata 90,3%	4.968	0,75	27,06	2.633
nisshuban ou nisshukin (=2 shu)	ouro 29,8%, prata 70,2%	3.312	0,50	5,62	1.755
ichibuban, ichibukin ou bu	ouro 56,8%, prata 43,2%	1.656	0,25	2,8	878
ichibugin (=1 bu)	prata 87,3%	1.656	0,25	8,63	878
nibuban ou nibukin (=2 bu)	ouro 20,9%, prata 79,1%	828	0,13	1,62	439
nisshugin (=2 shu) (***)	prata 84,5%	828	0,13	13,62	439
isshugin (=1 shu)	prata 96,8%	414	0,06	1,89	219
Sistema da prata					
kan ou kanme	moeda de conta	96.000	14,49	3.756	50.880
hyakume	moeda de conta	9.600	1,45	376	5.088
monme	moeda de conta	96	0,014	3,76	51
chogin (*)	prata 13%	4.128	0,62	161,5	2.188
mameitagin (**)	prata 13%	960	0,14	37,6	509
mameitagin (**)	prata 13%	96	0,014	3,76	51
Sistema do cobre					
kanmon	moeda de conta	1.000	0,15	3.756	530
100 mon	cobre	100	0,015	20,7	53
4 mon	latão	4	0,0006	5,2	2
mon	ferro	1	0,00015	3,0	0,5

(*) peso teórico de 43 *monme*, na prática variou de 30 a 60

(**) valores máximo e mínimo; o mais comum era 5 a 8 gramas (cerca de 2 *monme*)

(***) circulou por apenas dois meses (ver texto)

Da era Manen à era Keio (1860-1868)

Em 1860, o governo da era Manen (1860-1861) diminuiu o teor de ouro do *koban* a 34,4% para ajustar a relação entre o ouro e a prata ao nível internacional. O conteúdo em ouro do *ryo* caiu de 5,11 para 1,89 grama, as moedas de ouro *nisshukin* tiveram 0,75 grama de ouro a 22,9%, *ichibukin* 0,82 grama a 57,4% e *nibukin* 3 gramas a 22,9%.

A partir de 1861, passou-se a fundir as moedas de 4 *mon* também em ferro e, em 1863, como moedas de 3,375 gramas de cobre. Em 1866, os vassalos foram autorizados a fundir moedas de 4 *mon* de ferro. A fundição dessas moedas em grandes quantidades para aliviar as dificuldades financeiras dos domínios feudais empobrecidos as inflacionou: seu valor caiu de 6,5 mil *mon* por *ryo* em 1860 para 8 mil em 1866 e 10 mil em 1868. No caso das moedas de cobre e latão, seu valor nominal tornou-se, menor que o do metal contido. Para evitar a exportação de moedas, a partir de 1865 o governo reconheceu seus novos valores baseados no valor dos metais.

Moedas japonesas, era Manen (1860-1861)

Denominação	composição	Valor em mon	Valor em ryo	Peso em gramas	Valor em ñ (1860)
Sistema do ouro					
ryo	moeda de conta	6.480	1,00	17,9	3.434
oban	ouro 34,4%, prata 65,6%	162.000	25,00	112,4	85.860
koban (= ryo)	ouro 56,8%, prata 43,2%	6.480	1,00	3,3	3.434
sanbugin (=3 bu=peso ou dólar)	prata 90,3%	4.860	0,75	27,06	2.576
nibuban ou nibukin (=2 bu)	ouro 22,9%, prata 77,1%	3.240	0,50	3,0	1.717
ichibuban, ichibukin ou bu	ouro 56,8%, prata 43,2%	1.620	0,25	0,83	859
ichibugin (=1 bu)	prata 87,3%	1.620	0,25	8,63	859
nisshuban ou nisshukin (=2 shu)	ouro 22,9%, prata 77,1%	810	0,13	0,75	429
isshugin (=1 shu)	prata 96,8%	405	0,06	1,89	215

Sistema da prata					
kan ou kanme	moeda de conta	90.000	13,89	3.756	47.700
hyakume	moeda de conta	9.000	1,39	376	4.770
monme	moeda de conta	90	0,014	3,76	48
chogin (*)	prata 13%	3.870	0,60	161,5	2.051
mameitagin (**)	prata 13%	900	0,139	37,6	477
mameitagin (**)	prata 13%	90	0,014	3,76	48
Sistema do cobre					
kanmon	moeda de conta	1.000	0,15	3.756	530
100 mon	cobre	100	0,015	20,7	53
4 mon	cobre	4	0,0006	3,4	2
4 mon	ferro	4	0,0006	5,2	2
mon	ferro	1	0,00015	2,6	0,5

(*) peso teórico de 43 *monme*, na prática variou de 30 a 60

(**) valores máximo e mínimo; o mais comum era 5 a 8 gramas (cerca de 2 *monme*)

Nesse período de falência financeira, conflitos políticos e concessões crescentes aos estrangeiros, evidenciou-se a fragilidade do xogunato e do sistema feudal liderados por Tokugawa Iemochi, um adolescente. A insatisfação do povo e de parte da casta samurai tomou a forma de xenofobia nos anos 1860 e recebeu apoio do imperador Komei, que começou a intervir na política. Em 1863, ordenou a "expulsão dos bárbaros". O imperador não tinha meios de fazê-la cumprir, mas a ordem foi usada para legitimar atentados a estrangeiros e a tentativa de expulsá-los nos domínios feudais de Satsuma e Choshu. As potências ocidentais – Reino Unido, Países Baixos, França e Estados Unidos – responderam com bombardeios em Kagoshima e Shimonoseki e forçaram os domínios rebeldes a abrir seus portos, reduzir tarifas e pagar indenizações. Constatada a impossibilidade de enfrentá-las naquele momento, os dissidentes passaram a concentrar-se em uma revolução política capaz de modernizar o país e restaurar sua soberania.

Em 1866, ao tentar submeter os domínios de Satsuma e Choshu, o obsoleto exército samurai do xogunato não conseguiu se impor aos rebeldes, cujas armas e organização eram mais modernas. Em setembro, morreu o xogum Iemochi, sucedido pelo tutor Yoshinobu. Este usou a morte do antecessor para obter um cessar-fogo, mas o prestígio do xogunato ficou seriamente abalado.

Em janeiro de 1867, morreu também o imperador Komei, sucedido pelo filho adolescente Mutsuhito, futuro imperador Meiji. Enquanto isso, Yoshinobu tentava modernizar seu governo e exército com ajuda de assessores franceses e ampliar alianças com a nomeação de daimyos de fora do clã Tokugawa para posições no Estado. Com a mediação do senhor do domínio de Tosa, Yoshinobu tentou um acordo, anunciado em novembro, pelo qual o xogum devolveria formalmente o poder ao imperador, mas conservaria o controle do governo; um Legislativo formado segundo o modelo britânico teria uma das casas controlada pelos daimyos. Os domínios de Satsuma e Choshu, insatisfeitos, tomaram o controle do palácio imperial, e, em janeiro de 1868, forçaram o jovem imperador a destituir definitivamente o xogum.

Yoshinobu se rebelou e atacou os golpistas a partir de Osaka, mas suas forças três vezes maiores foram repelidas pelas tropas modernizadas de Satsuma e Choshu. Ante os resultados dos primeiros confrontos, daimyos e membros da família imperial que ainda apoiavam o xogum mudaram de lado. Em fevereiro, o xogum fugiu para Edo, onde o embaixador francês lhe propôs um plano para deter o avanço das forças imperiais com ajuda ocidental, mas Yoshinobu o recusou. Em abril, ele e suas tropas se renderam. A marinha dos Tokugawa se recusou a capitular e, acompanhada por conselheiros militares franceses, retirou-se para Sendai, no Norte, onde tentou continuar a resistência ao lado de daimyos aliados e de um integrante da família imperial escolhido como imperador alternativo. Em outubro, ante a impossibilidade de defender Sendai, a frota retirou-se para Hokkaido, enquanto a família imperial se mudava para Edo, rebatizada Tóquio. Assim se iniciou formalmente a era Meiji. A última resistência dos Tokugawa foi derrotada em maio de 1869.

Era Meiji (1868-1911)

Formalmente, o novo governo, liderado pelas elites dos clãs Satsuma e Choshu, apresentou-se como a restauração da monarquia centralizada da era Heian, anterior à criação do xogunato no século XII. Na prática, tratava-se de um regime autoritário, vanguardista e radical, cujo programa consistia em modernizar o Japão num ritmo ainda mais rápido do que vinha sendo imposto de fora desde a abertura dos portos, porém sob controle nacional e com o objetivo de pôr o país à altura de competir militar e economicamente com as grandes potências imperialistas no prazo mais curto possível.

Cultura e sociedade foram arregimentadas por um nacionalismo extremo e sem precedentes. O budismo de origem continental, pacifista e universalista, foi relegado a segundo plano e, a partir de mitos antigos e tradições populares, criou-se um xintoísmo de Estado que cultuava o imperador como deus vivo descendente de Amaterasu e atribuía ao Japão e seu povo um lugar superior no mundo. Ao mesmo tempo, especialistas da Europa e América do Norte eram chamados para ajudar a modernizar Estado, exército, marinha e economia, e as mais avançadas tecnologias e métodos de organização ocidentais eram adotadas com entusiasmo em todos os aspectos, inclusive o monetário.

A proposta que resultaria na nova moeda japonesa foi composta em grande parte por sugestões do britânico Thomas Kinder, ex-diretor da Casa da Moeda de Hong Kong, e do seu compatriota John Robertson, representante do Oriental Bank, aceitas pelo ministro da Fazenda Okuma Shigenobu em reunião de julho de 1869. Foi então que começou a ser usada para se referir à moeda a palavra *en* – “redonda”, em japonês –, palavra originalmente escrita com o mesmo logograma 圓 e o mesmo significado de *yuan* em chinês e *won* em coreano, nos três casos em contraste com as peças de ouro e prata de diferentes formatos antes usadas no Japão, Coreia e China. A grafia *yen* em caracteres latinos e a tradução portuguesa “iene” se originam da transcrição criada por missionários portugueses no século XVI, a partir da pronúncia japonesa usual naquela época (ainda corrente em algumas regiões) e influenciaram a adoção do símbolo internacional ¥, depois também usado para o *yuan* chinês. Para distingui-los, também se usa em contextos internacionais JP¥ para o iene e RMB¥ para o *yuan*. Depois da II Guerra Mundial, japoneses e chineses passaram a usar na escrita corrente diferentes formas simplificadas do mesmo logograma: 円 em japonês e 元 em chinês.

Entre maio e novembro de 1870, Kinder e Robertson fizeram sugestões adicionais, inclusive substituir a moeda de 25 centésimos originalmente proposta (segundo o modelo mexicano e estadunidense) por uma de 20, mais usual na Indochina e Hong Kong. A cunhagem começou em janeiro de 1871 e o novo padrão monetário de modelo ocidental substituiu o tradicional.

Com conteúdo inicial de 1,67 grama de ouro a 90% (exatamente 1,5 grama de ouro puro) ou 26,96 gramas de prata a 90%, o iene foi considerado equivalente à última versão do desvalorizado *ryo* (6 gramas de ouro a 18,33%) ou a 10.000 *mon* e teve como submúltiplos o *sen* (1/100 iene), originalmente um sinônimo de *mon,* e o *rin* (1/1.000 iene), termo originalmente usado para 1/100 de *monme.* No terceiro trimestre de 1870, surgiram as primeiras moedas novas, 5, 10, 50 *sen* de prata e 2,5,10 e 20 ienes de ouro. O papel-moeda foi emitido pela primeira vez em 1872, com valores de 10 sen a 100 ienes.

Devido à falta de moedas de pequeno valor (as de menos de 5 *sen* só começaram a aparecer na primavera de 1873), as moedas de 1, 4 e 100 *mon* continuaram a circular. Seu valor, que já não correspondia ao nominal, foi fixado em *rin* a uma proporção de 16.000 mon por iene. Isso provavelmente fez do *mon* de ferro fundido a moeda de menor valor a circular antes das grandes inflações do século XX. Os primeiros selos japoneses, de 1871 e 1872, ainda tiveram preços fixados em *mon* – 48, 100, 200 e 500 *mon.*

moeda	peso teórico	1865		1867		1869		1871		
	g	ryo=6.600 mon		ryo=8.000 mon		ryo=10.000 mon		ryo=iene=16.000 mon		
		mon	ñ	mon	ñ	mon	ñ	mon	rin	ñ
100 mon cobre	20,66	100	44,0	80	18,4	96	8,5	128	8	7,8
4 mon latão	5,26	12	5,3	20	4,6	24	2,1	32	2	1,9
moeda de cobre (*)	3,76	6	2,6	15	3,5	16	1,4	24	1½	1,5
4 mon cobre	3,38	8	3,5	15	3,5	16	1,4	24	1½	1,5
1 mon cobre	2,63	4	1,8	10	2,3	12	1,1	16	1	1,0
4 mon ferro	5,26	4	1,8	2	0,5	2	0,18	2	1/8	0,12
1 mon ferro	2,63	1	0,4	1	0,2	1	0,09	1	1/16	0,06

(*) sem indicação de valor, à maneira das *mon* do século XVII e similares chinesas, usada no comércio com a Ásia

As moedas de ferro foram desmonetizadas no final de 1873 e a moeda de 100 *mon* de cobre em 1891. As demais moedas de cobre e latão em *mon* só foram oficialmente desmonetizadas em 1953, embora tenham desaparecido da circulação em meados da era Meiji.

Também em 1873 deu-se a abolição do sistema feudal, convertido em propriedade privada, e do sistema de taxação sobre a produção recolhida pelo senhor, cobrando-se em vez disso imposto sobre a terra, pago ao Estado. Os daimyo foram transformados em governadores de prefeituras do governo imperial, com títulos de nobreza ao estilo ocidental; os *hansatsu*, certificados de prata que circulavam localmente, foram substituídos por moeda nacional. Inicialmente, foram prometidos aos daimyo e samurai estipêndios do mesmo valor das rendas perdidas, mas isso se mostrou além das possibilidades do Tesouro, que os indenizou com títulos de dívida em montante equivalente a cinco anos do antigo rendimento com juro de 5% ao ano (ou seja, passaram a receber apenas 25% do rendimento anterior). Os privilégios de casta dos samurais foram abolidos e implantou-se um sistema de recrutamento militar aberto.

A intenção do governo japonês era adotar o padrão ouro. O iene de prata foi cunhado com a intenção de servir ao comércio com a China e outros países da Ásia cujos sistemas monetários ainda eram baseados nesse metal; para desencorajar seu uso interno, estabeleceu-se que 101 ienes de prata valeriam como 100 ienes de ouro em impostos e outros pagamentos devidos ao Estado. Entretanto, o papel-moeda que constituía a maior parte do meio circulante só era, na prática, conversível em moedas de prata. As emissões foram inflacionadas pelas despesas com as guerras movidas contra as rebeliões de samurais descontentes com as reformas, que se estenderam de 1874 a 1877. O governo não pôde impedir que o iene se desvalorizasse a partir do colapso do bimetalismo no Ocidente em 1873, e cessou de cunhar moedas de ouro pelo padrão original em 1880.

Em 1894-1895, graças às suas forças armadas modernizadas, o Japão travou e venceu com facilidade a Primeira Guerra Sino-Japonesa e obteve da China não só Taiwan como também uma indenização de 340 milhões de taéis ou 510 milhões de ienes – 6,4 vezes a receita anual do governo japonês –, que lhe permitiu formar reservas e estabilizar sua moeda. Em 1897, o padrão-ouro foi restabelecido, com o iene reduzido a 0,75 grama de ouro puro. Os ienes e trade dollars de prata (cunhados em 1875-1877) foram desmonetizados e tratados como lingotes para comércio com a China.

Esse desempenho militar impressionou as nações ocidentais o suficiente para deixarem de ver o Japão como país atrasado a ser explorado e respeitá-lo como uma potência imperialista rival. Nos anos seguintes, os invasores dos anos 1850 aceitaram renegociar os desiguais tratados de comércio impostos aos japoneses desde a abertura forçada dos portos, e, em 1902, o país assinou uma aliança de igual para igual com o Império Britânico.

Em 1904-1905, o Japão obteve uma vitória ainda mais notável contra a Rússia, pois foi a primeira vez que uma nação asiática derrotou uma grande potência europeia. Em consequência, pôde anexar a possessão russa de Port Arthur, na China (conhecida, durante o domínio japonês, como Kwantung), e depois a Coreia. Enquanto isso, a produção se mecanizava e os camponeses expulsos do campo se tornavam trabalhadores urbanos ou migravam para o Brasil e Estados Unidos. No final da era Meiji, a maior parte das exportações japonesas já eram industriais. Predominavam quatro grandes conglomerados empresariais: Sumitomo, Mitsui, Mitsubishi e Yasuda. Controlados por famílias poderosas e influentes junto ao governo Meiji e privilegiados por contratos para coleta de impostos, fornecimento às forças armadas e comércio exterior, eram conhecidos como *zaibatsu* ("camarilha/facção financeira" ou "truste"). A guerra russo-japonesa deu oportunidade ao surgimento de uma segunda geração de zaibatsu menores, tais como Nakajima e Furukawa.

O sistema de educação e governo baseado na religião de Estado não conseguiu, porém, evitar o despertar do movimento operário. Intelectuais e trabalhadores aderiram ao socialismo ou ao anarquismo e protestaram por melhores salários e condições de trabalho. O governo reagiu tanto com leis trabalhistas para limitar a jornada de trabalho e proibir o trabalho infantil quanto com repressão, incluindo a criação da polícia secreta Tokko em 1910.

No início do século XX, uma gueixa cobrava um iene (400 ñ), mais 12½ *sen* por hora (50 ñ), e uma aprendiz (*maiko* ou *o-shaku*), 20 *sen* (80 ñ) mais 10 *sen* por hora (40 ñ).

Moedas da era Meiji (1870-1880)

Denominação	Valor em ienes	Peso em gramas	Valor em ñ 1873
Papel-moeda			
100 ienes [1]	100,00		100.000
50 ienes [1]	50,00		50.000
20 ienes [2]	20,00	-	20.000
10 ienes [1 2]	10,00	-	10.000
5 ienes [1 2]	5,00	-	5.000
2 ienes [1 2]	2,00	-	2.000
iene [1 2]	1,00	-	1.000
50 sen [1]	0,50		500
20 sen [1]	0,20		200
10 sen [1]	0,10		100
Moedas de ouro (90%)			
20 ienes	20,00	33,33	20.000
10 ienes	10,00	16,67	10.000
5 ienes	5,00	8,33	5.000
2 ienes	2,00	3,33	2.000
Iene	1,00	1,67	1.000
Moedas de prata (90%)			
trade dollar (1875)	1,00	27,22	1.000
Iene	1,00	26,96	1.000
Moedas de prata (80%)			
50 sen	0,50	13,48	500
20 sen	0,25	5,39	200
10 sen	0,10	2,70	100
5 sen	0,05	1,35	50
Moedas de cobre			
2 sen	0,02	14,30	20
sen	0,01	7,13	10
1/2 sen	0,005	3,56	5
1 rin	0,001	0,91	1
Moedas antigas			
100 mon	0,008	20,7	8
4 mon (latão, 1768-1862)	0,002	5,2	2
moeda (cobre, tradicional)	0,0015	3,8	1,5
4 mon (cobre, 1863-1868)	0,0015	3,4	1,5
1 mon (cobre, 1636-1862)	0,001	2,6	1
4 mon (ferro, 1861-1868)	0,000125	5,2	0,125
1 mon (ferro, 1760-1868)	0,0000625	2,6	0,0625

1 Notas do Ministério da Fazenda (verticais, estilo chinês)

2 Notas do Banco do Japão (horizontais, estilo ocidental)

Preços em 1872-1875

Item	unidade	ienes	Unidade métrica	ñ
arroz	sho	0,040	Kg	28
banho público	un	0,007	un	7
cabeleireira para mulher	un	0,05	un	50
tamancos de senhora	par	0,80	Par	800
tamancos de criada	par	0,05	Par	50
sandálias para usar em casa	par	0,05	Par	50
dicionário inglês-japonês	un	2,500	un	2.500
tigela de macarrão soba	un	0,008	un	8
tigela de caldo de azuki	un	0,003	un	3
tatami	un	0,65	un	650
goza (esteira de palha)	un	0,16	un	160
papel	caderno 24 folhas	0,017	Caderno	17
ovo	un	0,015	un	15
"	un	0,005	un	5
chá (em casa de chá)	un	0,008	un	8
pão doce	un	0,005	un	5
criada	mês	1,000	Dia	33
carpinteiro	dia	0,25	Dia	250
salário de policial	mês	6,000	Dia	200
"	mês	7,000	Dia	233

Moedas da era Meiji (1897-1905)

Denominação	Valor em ienes	Peso em gramas	Valor em ñ 1900
Papel-moeda (Banco do Japão, conversíveis em prata)			
100 ienes	100,00	-	40.000
10 ienes	10,00	-	4.000
5 ienes	5,00	-	2.000
1 iene	1,00	-	400
Moedas de ouro (90%)			
20 ienes	20,00	16,67	8.000
10 ienes	10,00	8,33	4.000
5 ienes	5,00	4,17	2.000

Moedas de prata (90%)			
Iene	1,00	26,96	400
Moedas de prata (80%)			
50 sen	0,50	13,48	200
20 sen	0,25	5,39	80
10 sen	0,10	2,70	40
Moedas de cuproníquel			
5 sen	0,05	4,67	20
Moedas de bronze			
sen	0,01	7,13	4
5 rin	0,005	3,75	2

Preços em 1904

Item	unidade	ienes	Unidade métrica	ñ
banho público (1900)	un	0,025	un	10
cabeleireira para mulher	un	0,10	un	35
tamancos de senhora	par	3,80	par	1.311
tamancos de criada	par	0,22	par	76
sandálias para usar em casa	par	0,07	par	24
tatami	un	3,00	un	1.035
goza (esteira de palha)	un	0,50	un	173
papel (1900)	caderno de 24 folhas	0,03	un	12
ovo	un	0,035	un	12
"	"	0,03	un	10
chá (em casa de chá)	un	0,05	un	17
criada	mês	4,00	dia	46
carpinteiro	dia	1,00	un	345
campeonato de sumô no templo Eko-in	camarote (*), 10 dias (melhores lugares)	54,00	"	18.630
"	"	40,00	"	13.800

(*) espaço cercado para 4 pessoas

As guerras mundiais (1912-1945)

Em 1912, Meiji foi sucedido pelo filho Yoshihito, entronizado como imperador Taisho (r. 1912-1926), homem neurologicamente prejudicado por uma meningite cujas sequelas o deixaram praticamente incapacitado. Seu reinado foi uma era de mobilização popular, atividade partidária e debate político, que culminou com a universalização do voto masculino, antes reservado a proprietários, mas também com crescente repressão das esquerdas.

O Japão participou da I Guerra Mundial ao lado do Reino Unido e França, o que lhe custou relativamente pouco e lhe permitiu tomar posse de colônias alemãs no Pacífico e participar das conferências de paz. A instabilidade financeira internacional o obrigou a suspender a conversibilidade da moeda em ouro em 1917, como haviam feito quase todos os países a essa altura, mas o Japão teve um enorme crescimento das exportações ao substituir a Europa como fornecedor do mercado estadunidense em expansão, apesar de seus produtos ainda serem de qualidade inferior.

Em 1921, a incapacidade do pai levou o príncipe Hirohito a assumir como regente. Nesse período, o Japão começava a adaptar as novas técnicas de produção em massa desenvolvidas nos Estados Unidos, o taylorismo e o fordismo, com um toque nacional. Enquanto nos Estados Unidos a prioridade era economizar mão de obra, com maior tolerância para o desperdício de materiais e descarte de produtos defeituosos, no Japão a escassez de espaço e matérias-primas estimulou um sistema de produção ágil e flexível, com um mínimo de estoques e correção imediata de problemas de produção e qualidade. Essa versão japonesa da industrialização moderna viria a ser conhecida como "toyotismo" devido à contribuição importante do inventor e empresário japonês Sakichi Toyoda, que desenvolveu essas técnicas a partir de 1924 e em 1926 fundou a Toyota.

Também nesse ano, a morte de Taisho levou à entronização de Hirohito como imperador Showa (r. 1926-1989), cuja era foi marcada, no primeiro ano, por uma grave crise financeira, resultante de falências em massa causadas por uma recessão deflagrada pelo Grande Terremoto de Tóquio de 1923. Dezenas de bancos fecharam as portas e o setor financeiro veio a ser dominado pelos bancos dos *zaibatsu*, respaldados por extensos grupos industriais e comerciais.

Em janeiro de 1930, o governo japonês decidiu restaurar a conversibilidade do iene e voltaram a ser cunhadas moedas de ouro, mas isso se deu logo após a crise das bolsas dos Estados Unidos, seguida por crises financeiras e abandono do padrão-ouro pela Alemanha e Reino Unido. A conversibilidade ficou insustentável e foi definitivamente abandonada em dezembro de 1931.

Enquanto isso, a ultradireita nacionalista ganhava espaço na sociedade e nas Forças Armadas. Em setembro de 1931, militares radicalizados do exército japonês em Kwantung forjaram um atentado a uma ferrovia de propriedade japonesa no nordeste da China, atribuiram-no a chineses e o usaram como pretexto para invadir a região, criar um Estado fantoche chamado Manchukuo e chamar o imperador deposto da China, Pu Yi, para servir-lhes de figura de proa. Num clima de colapso do comércio internacional, a operação ilegal foi apresentada pelos simpatizantes como essencial para garantir matérias-primas à indústria e tirar o Japão da Grande Depressão e ganhou apoio popular.

O primeiro-ministro conservador Tsuyoshi Inukai, que se opôs ao golpe na Manchúria e tentou disciplinar os militares, foi assassinado em maio de 1932 por oficiais da Marinha, e o país se tornou uma ditadura liderada por militares, aristocratas e *zaibatsu* com a conivência do imperador. A lógica da invasão e domínio da Manchúria foi gradualmente expandida para um projeto de domínio japonês do continente conhecido como "Esfera de Coprosperidade da Grande Ásia Oriental".

Segundo *Memórias de uma Gueixa*, a protagonista Sayuri foi vendida por seus pais a uma casa de gueixas em 1929 por 75 ienes (10.425 ñ). Por volta de 1937, o *ohana* ou palito de incenso que media o tempo das gueixas durava uma hora, o *kemban* fixava seu valor em 3 ienes (450 ñ) e uma aprendiz de até 16 anos cobrava meio *ohana* por hora (225 ñ), mas gueixas populares podiam passar em várias festas e reuniões na mesma tarde (até vinte) e cobrar um *ohana* por cada passagem, mesmo ficando quinze minutos ou menos. Descontadas as taxas pagas ao *kamban*, às casas de chá, contador e camareiro, a geixa retinha pouco mais de metade de seus ganhos. Em 1940, o *ohana* custava 4 ienes (400 ñ), um quimono extravagante custava 1.500 ienes (150.000 ñ) e o *mizuage* de Sayuri (cerimônia na qual a aprendiz era iniciada como gueixa e sua virgindade vendida a seu patrono) foi vendido pelo preço recorde de 11.500 ienes (1.150.000 ñ).

Em 1936, o Japão assinou uma aliança com a Alemanha nazista contra a União Soviética. No ano seguinte invadiu a China e, ao ser condenado pela Liga das Nações, saiu da organização e aliou-se também à Itália fascista, que deixara a Liga ao ser condenada pela invasão da Etiópia, criando assim o chamado Eixo. Em 1940, os partidos tradicionais foram abolidos e impôs-se um partido único semifascista denominado Taisei Yokusankai, "Associação de Assistência ao Regime Imperial".

Apesar da rápida ocupação de Nanquim e dos massacres promovidos pelos japoneses, a resistência tanto dos chineses nacionalistas de Chiang Kai-shek, apoiado pelos Estados Unidos, quanto dos comunistas de Mao Zedong, ajudado pela União Soviética, se mostrou mais eficaz do que o regime japonês esperava. Para cortar o fornecimento de petróleo à resistência chinesa, os japoneses invadiram em setembro de 1940 a Indochina então francesa e os Estados Unidos reagiram com um embargo às vendas de metais e fechamento do canal do Panamá a navios japoneses, o que agravou a escassez de matérias-primas. O primeiro-ministro, general Hideki Tojo, recusou um entendimento com Washington, que teria exigido a paz com a China; em julho de 1941 os Estados Unidos cortaram também o fornecimento de petróleo, ainda mais vital para os japoneses. Entre a retirada da China e a guerra total, Tojo optou por atacar a marinha estadunidense em Pearl Harbor em dezembro e simultaneamente invadir o Sudeste Asiático, inclusive Indonésia, Malásia e Filipinas, para obter petróleo e matérias-primas.

Apesar dos êxitos iniciais, os rumos da guerra logo se voltaram contra o Japão. No início da guerra, a marinha japonesa era mais moderna que a estadunidense, e boa parte desta foi destruída no ataque inicial. Entretanto, a capacidade industrial, a população e os recursos naturais dos Estados Unidos lhes permitiram repor suas perdas e ampliar e modernizar suas forças com rapidez, enquanto o Japão tinha grande parte de seu exército imobilizado na guerra com a China, lutava com a escassez, precisava de tempo para organizar a exploração dos territórios recém-ocupados e não podia acompanhar o ritmo da produção aeronaval estadunidense. Seis meses após Pearl Harbor, o Japão perdeu seus principais porta-aviões na batalha de Midway e não conseguiu se recuperar.

O restante da guerra foi um recuo quase constante. No início de 1945, quando a derrota da Alemanha já era iminente, o imperador foi aconselhado a capitular pelo ex-primeiro-ministro Fumimaro Konoe, que dera início à guerra e agora temia que ela terminasse em revolução comunista.Hirohito, porém, foi convencido por outros conselheiros a esperar por uma vitória que o pusesse em melhores condições para negociar.

O golpe decisivo foi menos o bombardeio nuclear de Hiroshima no dia 6 que a invasão soviética do Manchukuo no dia 9. Foi no dia 10 que o imperador tomou a iniciativa de convocar o Supremo Conselho de Guerra, pois o Japão contava com a URSS como mediadora e se preparara para resistir a uma invasão dos Estados Unidos pelo sul (na expectativa de que sua resistência os convencesse a aceitar um acordo que permitisse a sobrevivência do regime) e não para lutar em duas frentes. Ante o receio da partilha do Japão e do comunismo, a rendição aos Estados Unidos, anunciada no dia 14, passou a ser a única esperança de salvar a casa imperial e a elite civil japonesa, que convenceram os militares a aceitá-la.

Moedas do período Taisho (1920)

Denominação	Valor em ienes	Peso em gramas	Valor em ñ 1920
Papel-moeda			
100 ienes	100,00	-	10.000
20 ienes	20,00	-	2.000
10 ienes	10,00	-	1.000
5 ienes	5,00	-	500
Moedas de prata (80%)			
50 sen	0,50	6,75	50
Moedas de prata (72%)			
20 sen	0,20	3,00	20
Moedas de cuproníquel			
10 sen	0,10	3,75	10
5 sen	0,05	2,63	5
Moedas de bronze			
sen	0,01	3,75	1
5 rin	0,005	2,1	0,5

Moedas da era Showa (1935)

Denominação	Valor em ienes	Peso em gramas	Valor em ñ 1935
Papel-moeda			
200 ienes	200,00	-	30.000
100 ienes	100,00	-	15.000
20 ienes	20,00	-	3.000
10 ienes	10,00	-	1.500
5 ienes	5,00	-	750
Moedas de prata (72%)			
50 sen	0,50	4,95	75
Moedas de níquel			
10 sen	0,10	4,00	15
5 sen	0,05	2,80	7,5
Moedas de bronze			
sen	0,01	3,75	1,5

Moedas da era Showa (1944)

Denominação	Valor em ienes	Peso em gramas	Valor em ñ 1944
Papel-moeda			
200 ienes	200,00	-	16.000
100 ienes	100,00	-	8.000
20 ienes	20,00	-	1.600
10 ienes	10,00	-	800
5 ienes	5,00	-	400
1 iene	1,00	-	80
50 sen (*)	0,50	-	40
10 sen	0,10	-	8
5 sen	0,05	-	4
Moedas de estanho-zinco			
10 sen	0,10	2,40	8
5 sen	0,05	1,95	4
sen	0,01	1,30	0,8

(*) emissão do governo imperial, as demais cédulas foram do Banco do Japão

Pós-guerra

Como esperavam os líderes civis japoneses, os Estados Unidos conduziram com tato a ocupação, dirigida pelo general Douglas McArthur. Conscientes do risco de uma revolução comunista e da proximidade dos soviéticos, impuseram o fim do regime militar autoritário, mas preservaram o imperador (embora o obrigassem a renunciar à sua "divindade") e a família imperial, bem como muitos dos líderes políticos e empresariais envolvidos em crimes de guerra. A administração civil, ao contrário do que se deu na Alemanha, permaneceu intacta e apenas foi supervisionada pelos militares estadunidenses.

Entretanto, a religião de Estado foi abolida e a Constituição da era Meiji, baseada naquela da Prússia do século XIX, foi substituída por um novo texto preparado pelos Estados Unidos. Os partidos ressurgiram e já em 1946 um novo governo foi democraticamente eleito. As terras da aristocracia, cerca de 38% das terras cultiváveis, foram desapropriadas e revendidas a preços baixos a três milhões de camponeses.

O governo da ocupação viu-se, porém, frente a um desastre econômico. Dois terços da capacidade industrial tinham sobrevivido aos bombardeios, mas viram-se paralisados pela falta de matérias-primas. A produção caiu a 20% do auge durante a guerra ou 30% daquela de 1934-1936, enquanto sete milhões de soldados e civis retornavam das colônias e territórios invadidos durante a guerra.

A escassez e a paralisação da economia criaram a ameaça de fome em massa. Esta foi combatida com racionamento, controle de preços e subsídios aos alimentos e indústrias prioritárias, cujo financiamento exigiu a impressão de papel-moeda em grandes quantidades e criou altas taxas de inflação, mais altas ainda no mercado negro, sem o qual a maioria dos japoneses não teria sobrevivido. Por exemplo, em outubro de 1945 o preço oficial de um *sho* de arroz (1,4 kg) era 0,53 iene, mas no mercado negro chegava a 70 ienes. Um *kan* de açúcar (600 gramas) deveria custar 3,75 ienes, mas era vendido a até 1.000 ienes. Um juiz de Tóquio chamado Yoshitada Yamaguchi, tão honesto que se submeteu rigorosamente ao racionamento e recusou violar a Lei de Controle de Alimentos e comprar no mercado negro, morreu de fome em outubro de 1947. O crime organizado (*Yakuza*), tolerado pelo governo e ocupação por ajudar a combater comunistas, controlou o mercado negro e graças a ele ganhou enorme poder e influência.

A disparidade entre preços oficiais e mercado negro distorceu as taxas de inflação, mas os preços se multiplicaram cerca de 100 vezes de 1944 a 1949 (ou 50, dependendo do índice), com taxas de 100% a mais de 200% ao ano. Em 1946, tentou-se controlar a inflação obrigando ao depósito de todas as notas existentes nos bancos sob pena de sua anulação e limitando a retirada a 500 ienes mensais (cerca de 3.000 ñ), mas o efeito foi temporário e arriscou desmoralizar a política do governo. Decidiu-se, então, tolerar a inflação galopante até a produção recuperar 60% do nível anterior à guerra antes de se aplicar um choque deflacionário que inevitavelmente provocaria uma recessão.

O projeto de desindustrializar parcialmente o país até fazê-lo regredir ao padrão de 1930-1934 foi abandonado a partir de 1947, quando a Guerra Fria deu prioridade a garantir a estabilidade política, a reindustrialização e o crescimento econômico para fazer do Japão um aliado capitalista e uma base do anticomunismo. A política de desmantelar os *zaibatsu* ("trustes") e promover a livre concorrência foi executada apenas em parte, e a maioria deles sobreviveu na configuração mais informal dos *keiretsu* ("sistemas") sem controle formal, não centralizados por uma *holding*, mas unidos por participações mútuas, rotação de pessoal e cooperação em finanças e tecnologia.

Inicialmente, a equipe de McArthur fixou uma taxa de câmbio militar de 15 ienes por dólar, aumentada para 50 em março de 1947, o que estava muito aquém de refletir a inflação real. Com a mudança de política, sua equipe, da qual dependia a autorização para qualquer exportação ou importação, passou a decidir uma diferente taxa de câmbio entre o iene e o dólar para cada mercadoria. Taxas de câmbio para exportação foram em geral mais depreciadas do que as adotadas para as importações, de modo a favorecer a recuperação da indústria. Para citar alguns exemplos, em janeiro de 1949 madeira era importada a uma taxa de câmbio de 77 ienes por dólar e lã a 120, enquanto rádios eram exportados a 550 ienes por dólar e porcelana a 600.

Taxas de câmbio médias (ienes por dólar)

Ano	Exportação	Importação
1946	21,9	13,3
1947	58,5	38,5
1948	328,8	88,1
1949	333,2	314,4
1950	363,4	357,4

Em 1949, os Estados Unidos decidiram que chegara o momento de conter a inflação, estabilizar a economia, zerar o déficit público, retirar os subsídios, implantar um novo sistema de impostos (baseado em impostos de renda pessoal e empresarial) e unificar a taxa de câmbio em 360 ienes por dólar. A recessão resultante do ajuste durou, porém, menos do que se temia, pois foi interrompida em 1950 pelo início da Guerra da Coreia. O Pentágono usou o Japão como uma base de abastecimento de bens militares e civis e gerou um novo boom de exportações. Durante esse período, em 1952, os Estados Unidos encerraram a ocupação e devolveram a soberania ao Japão, exceto pelas ilhas Bonin e Ryukyu, bases de armas nucleares que continuaram a controlar até 1972.

A inflação retornou em menor grau e a estabilidade dos preços só foi alcançada quando a guerra acabou, em 1953. Nesse ano, as frações de iene foram desmonetizadas. Daí em diante o Japão passou a perseguir o aumento de produtividade para recuperar a competitividade perdida com a inflação de 1949-1953 (pois o câmbio permanecia fixo em 360 ienes por dólar) e reprimir a resistência operária. Conseguiu um crescimento acelerado do PIB, da ordem de 10% ao ano, que transformou sua economia e sociedade. Por volta de 1970, superou a Alemanha Ocidental e se tornou a segunda maior economia capitalista, ao passo que os movimentos de esquerda haviam perdido popularidade.

Em 1971, o colapso do sistema de Bretton Woods deu ao Japão uma inesperada vantagem competitiva. As flutuações imprevisíveis do câmbio, das taxas de juros e dos preços de insumos importados – principalmente o petróleo, a partir do primeiro choque, de 1973 – criaram um clima de incerteza e a necessidade frequente de alterações rápidas de planos e produtos para dar conta das variações bruscas da economia do próprio país e de seus fornecedores e clientes externos. Nesse ambiente, o "toyotismo" desenvolvido desde os anos 1920 mostrou-se especialmente competitivo ante a rigidez dos sistemas de produção da América do Norte e Europa. O Japão abalou a hegemonia de fabricantes tradicionais de bens de consumo duráveis e outros países tiveram de imitá-lo.

Juntamente com a automação e robotização da produção e a transferência de operações de mão de obra mais intensiva para países de salários mais baixos no Sudeste Asiático, isso permitiu ao país manter um ritmo de crescimento menor que o dos anos 1950 e 1960, mas ainda alto pelos padrões de uma economia industrializada madura. O iene valorizou-se fortemente em relação ao dólar, o PIB japonês chegou a equivaler a mais de 70% do estadunidense. Em meio à crescente presença de automóveis e eletrônicos japoneses, sushi bars, mangás e animes, surgiu nos Estados Unidos certa ansiedade em relação ao risco de serem ultrapassados pelo Japão em produção e tecnologia. Isso se refletiu na ficção científica *cyberpunk* dos anos 1980, na qual o mundo do futuro próximo foi frequentemente descrito como dominado por transnacionais japonesas, como no filme *Blade Runner*, de Ridley Scott, e na *Trilogia Sprawl*, de William Gibson.

Entretanto, o choque de Volcker no início dos anos 1980 restaurou a hegemonia internacional do dólar e atraiu capitais que puseram os Estados Unidos de novo à frente na corrida tecnológica, enquanto o Japão se enredava numa bolha especulativa que levou às nuvens os preços de ações e imóveis. No auge, em 1989, a soma das propriedades em Tóquio valia 7,7 trilhões de ienes (600 bilhões de ñ), mais que o dobro das terras de todos os Estados Unidos. O metro quadrado de bairros como Ginza e Marunouchi chegou a valer 30 milhões de ienes (2,3 milhões de ñ). Essa bolha estourou no início de 1992, levando a uma crise financeira da qual o Japão, até hoje, não se recuperou totalmente.

À recessão criada pelo fim da bolha somaram-se os efeitos do envelhecimento da população e a tradição de manter um elevado grau de poupança (pela falta de previdência social) e evitar férias prolongadas (pela pressão social por uma alta produtividade, criada nos anos de recuperação) para manter o consumo baixo e provocar um longo período de deflação, que desestimulou o investimento de risco em favor da poupança e adiou indefinidamente a retomada do crescimento. Ao mesmo tempo, as técnicas japonesas que haviam sido inovadoras nos anos 1970 haviam se universalizado, e desde os anos 1980 outros países asiáticos concorriam com o Japão em tecnologia, com custos de mão de obra mais baixos, principalmente Coreia do Sul e Taiwan.

Outro golpe no crescimento japonês foi o surgimento da China como grande potência industrial exportadora a partir de meados dos anos 1990, tomando do Japão grande parte do superávit comercial que até então tinha com os Estados Unidos. Com população e recursos naturais muito maiores, a China superou o Japão em PIB e exportações nos anos 2000 e tomou seu lugar como maior potência econômica da Ásia e principal credor e rival dos Estados Unidos no cenário mundial. Governos japoneses tentaram encerrar a estagnação com incentivos ao consumo e investimento privado. No governo de Shinzo Abe (a partir de 2012) houve tentativas de provocar inflação para desincentivar a poupança, com poucos resultados.

Moedas da era Showa (1955)

Denominação	Valor em ienes	Peso em gramas	Valor em ñ 1955
Papel-moeda			
1.000 ienes	1.000	-	400
500 ienes	500	-	200
100 ienes	100	-	40
50 ienes	50	-	20
Moedas de níquel			
50 ienes	50	5,5	20
Moedas de bronze			
10 ienes	10	4,5	4
Moedas de latão			
5 ienes	5	3,75	2
Moedas de alumínio			
1 iene	1	1,0	0,4

Moedas da era Showa (1965)

Denominação	Valor em ienes	Peso em gramas	Valor em ñ 1965
Papel-moeda			
10.000 ienes	10.000		2.800
5.000 ienes	5.000		1.400
1.000 ienes	1.000	-	280
500 ienes	500	-	140
Moedas de prata 92,5%			
1.000 ienes (*)	1.000	20	280
Moedas de prata 60%			
100 ienes	100	4,8	28
Moedas de níquel			
50 ienes	50	5,0	14
Moedas de bronze			
10 ienes	10	4,5	2,8
Moedas de latão			
5 ienes	5	3,75	1,4
Moedas de alumínio			
1 iene	1	1,0	0,3

(*) comemorativa das Olimpíadas de Tóquio de 1964

Moedas da era Heisei (1990)

Denominação	Valor em ienes	Peso em gramas	Valor em ñ 1990
Papel-moeda			
10.000 ienes	10.000		800
5.000 ienes	5.000		400
1.000 ienes	1.000	-	80
Moedas de cuproníquel			
500 ienes	500	13,0	40
100 ienes	100	4,8	8
50 ienes	50	4,0	4
Moedas de bronze			
10 ienes	10	4,5	0,8
Moedas de latão			
5 ienes	5	3,75	0,4
Moedas de alumínio			
1 iene	1	1,0	0,08

Moedas da era Heisei (2015)

Denominação	Valor em ienes	Peso em gramas	Valor em ñ 2015
Papel-moeda			
10.000 ienes	10.000	-	700
5.000 ienes	5.000	-	350
2.000 ienes	2.000	-	140
1.000 ienes	1.000	-	70
Moedas de latão de niquel			
500 ienes	500	7,0	35
Moedas de cuproníquel			
100 ienes	100	4,8	7
50 ienes	50	4,0	3,5
Moedas de bronze			
10 ienes	10	4,5	0,7
Moedas de latão			
5 ienes	5	3,75	0,35
Moedas de alumínio			
1 iene	1	1,0	0,07

Poder aquisitivo do mon, monme e ryo do século XVIII ao XIX

ano	Poder aquisitivo em ñ				relações médias entre moedas (*)		
	koku (**)	ryo	monme	mon	ryo/monme	monme/mon	ryo/mon
1710	4.090	3.309	56	1,65	59,4	33,7	2.000
1711	4.771	3.826	59	1,91	65,4	30,6	2.000
1713	6.043	2.767	40	1,38	69,4	28,8	2.000
1716	4.312	1.780	27	0,58	66,9	45,8	3.067
1726	n/d	5.192	87	1,30	60,0	66,7	4.000
1727	n/d	5.290	88	1,32	60,0	66,7	4.000
1728	n/d	5.316	89	1,33	60,0	66,7	4.000
1729	n/d	5.401	90	1,35	60,0	66,7	4.000
1730	n/d	5.600	93	1,40	60,0	66,7	4.000
1731	n/d	5.876	98	1,47	60,0	66,7	4.000
1732	n/d	5.020	84	1,26	60,0	66,7	4.000
1733	n/d	4.411	74	1,10	60,0	66,7	4.000
1738	n/d	3.861	64	0,97	60,0	66,7	4.000
1740	n/d	3.377	56	0,84	60,0	66,7	4.000
1741	4.877	3.264	54	0,91	60,7	58,9	3.573
1742	4.789	3.583	57	0,91	62,4	62,8	3.922
1743	5.035	3.853	63	0,94	61,6	66,6	4.106
1744	4.747	3.654	59	0,87	61,6	67,8	4.177
1745	4.727	3.842	62	0,92	61,9	67,5	4.180
1746	6.016	4.368	69	0,96	63,0	72,4	4.563
1747	5.291	4.318	65	0,88	66,1	74,4	4.922
1748	5.199	4.023	64	0,88	63,1	72,3	4.564
1749	4.826	3.971	66	0,90	60,3	72,8	4.394
1750	5.463	4.193	71	0,96	59,2	73,5	4.351
1751	5.905	4.720	79	1,07	59,8	73,5	4.394
1752	4.601	4.283	72	0,97	59,7	74,1	4.425
1753	4.440	4.964	83	1,13	59,8	73,1	4.377
1754	3.955	4.693	79	1,10	59,5	71,8	4.276
1755	4.748	3.909	65	0,95	60,4	68,2	4.118
1756	5.195	3.424	56	0,83	61,7	66,6	4.107
1757	5.155	3.896	63	0,92	61,6	69,0	4.247
1758	4.784	3.900	64	0,90	60,9	70,8	4.315
1759	4.673	3.909	64	0,89	61,3	71,8	4.400
1760	4.748	4.713	74	1,10	63,7	67,1	4.275
1761	n/d	n/d	n/d	n/d	62,3	66,4	4.141

1762	n/d	n/d	n/d	n/d	61,2	66,7	4.077
1763	n/d	n/d	n/d	n/d	63,0	64,9	4.087
1764	n/d	n/d	n/d	n/d	62,7	64,5	4.045
1765	n/d	n/d	n/d	n/d	63,5	63,6	4.036
1766	n/d	n/d	n/d	n/d	63,7	63,3	4.035
1767	n/d	n/d	n/d	n/d	63,6	64,5	4.102
1768	n/d	n/d	n/d	n/d	63,7	67,1	4.277
1769	n/d	n/d	n/d	n/d	63,5	74,1	4.702
1770	n/d	n/d	n/d	n/d	66,0	79,9	5.271
1771	n/d	n/d	n/d	n/d	67,9	79,1	5.371
1772	n/d	n/d	n/d	n/d	69,9	78,2	5.463
1773	n/d	n/d	n/d	n/d	64,7	82,0	5.304
1774	n/d	n/d	n/d	n/d	61,9	88,0	5.451
1775	n/d	n/d	n/d	n/d	60,2	88,2	5.305
1776	n/d	n/d	n/d	n/d	60,0	89,1	5.340
1777	n/d	n/d	n/d	n/d	59,3	96,2	5.699
1778	n/d	n/d	n/d	n/d	61,3	95,9	5.877
1779	n/d	n/d	n/d	n/d	61,5	99,3	6.108
1780	n/d	n/d	n/d	n/d	59,3	103,1	6.112

(*) média geométrica das cotações máximas e mínimas

(**) de arroz branco

ano	Poder aquisitivo em ñ				relações médias entre moedas (*)		
	koku (**)	ryo	monme	mon	ryo/monme	monme/mon	ryo/mon
1781	n/d	n/d	n/d	n/d	58,6	109,2	6.399
1782	n/d	n/d	n/d	n/d	59,4	101,0	6.000
1783	n/d	n/d	n/d	n/d	60,3	92,8	5.596
1784	n/d	n/d	n/d	n/d	59,1	98,7	5.832
1785	n/d	n/d	n/d	n/d	56,6	111,7	6.323
1786	n/d	n/d	n/d	n/d	54,9	105,7	5.808
1787	n/d	n/d	n/d	n/d	56,8	93,8	5.330
1788	n/d	n/d	n/d	n/d	55,7	104,2	5.797
1789	n/d	n/d	n/d	n/d	55,8	101,7	5.677
1790	n/d	n/d	n/d	n/d	55,8	106,2	5.929
1791	5.125	4.188	72	0,76	57,9	94,8	5.495
1792	5.195	3.293	56	0,61	58,4	93,1	5.439
1793	6.001	3.983	66	0,73	60,5	89,9	5.442
1794	5.258	4.346	72	0,76	60,6	94,4	5.720

1795	5.334	3.987	67	0,63	59,5	106,3	6.321
1796	5.618	3.910	64	0,66	61,1	96,3	5.884
1797	5.399	3.870	63	0,62	61,2	102,0	6.240
1798	5.983	4.349	70	0,68	62,1	102,6	6.370
1799	5.811	4.658	72	0,73	64,9	98,8	6.419
1800	6.164	4.253	67	0,66	63,2	101,7	6.427
1801	5.357	3.790	63	0,58	60,4	107,6	6.498
1802	5.785	4.624	73	0,70	63,2	104,5	6.606
1803	4.748	4.129	65	0,62	63,7	105,3	6.710
1804	4.946	5.254	82	0,78	64,0	104,9	6.717
1805	4.746	5.064	78	0,75	64,8	103,5	6.710
1806	4.733	4.746	72	0,71	66,3	101,2	6.702
1807	5.088	4.821	73	0,73	66,3	99,7	6.610
1808	5.384	4.296	65	0,65	66,2	100,5	6.652
1809	5.560	4.167	67	0,62	62,2	108,6	6.752
1810	5.000	4.738	76	0,69	62,6	109,5	6.854
1811	5.201	4.808	75	0,70	63,8	107,6	6.859
1812	4.946	4.825	75	0,70	64,0	108,2	6.927
1813	5.346	5.157	79	0,78	65,1	101,3	6.597
1814	6.377	5.103	79	0,76	64,8	103,9	6.736
1815	5.153	4.125	63	0,63	65,2	100,9	6.581
1816	5.588	4.850	74	0,71	65,7	103,6	6.810
1817	5.642	4.419	68	0,65	65,0	105,0	6.825
1818	4.752	4.203	67	0,62	62,7	108,8	6.825
1819	4.672	4.352	76	0,64	57,5	118,7	6.827
1820	4.694	4.888	83	0,72	58,8	114,9	6.755
1821	4.597	4.568	73	0,68	62,8	106,5	6.686
1822	4.916	4.398	70	0,66	63,0	105,8	6.664
1823	4.669	4.305	66	0,65	64,9	101,4	6.586
1824	4.683	3.964	63	0,60	63,3	104,6	6.619
1825	5.192	4.285	66	0,65	64,9	101,6	6.592
1826	5.322	3.926	61	0,60	64,7	101,7	6.585
1827	4.979	4.396	68	0,67	64,3	102,1	6.567
1828	5.643	4.471	70	0,68	64,2	102,3	6.567
1829	6.329	3.937	61	0,61	64,5	100,7	6.499
1830	5.843	4.204	65	0,64	64,5	101,5	6.550

(*) média geométrica das cotações máximas e mínimas

(**) de arroz branco

ano	Poder aquisitivo em ñ				relações médias entre moedas (*)		
	koku (**)	ryo	monme	mon	ryo/ monme	monme/ mon	ryo/mon
1831	6.382	4.140	66	0,63	62,9	103,9	6.535
1832	5.701	4.313	69	0,65	62,4	106,1	6.620
1833	6.667	4.006	64	0,61	62,6	104,1	6.519
1834	6.418	3.360	53	0,51	63,1	104,6	6.607
1835	5.602	3.948	63	0,60	62,5	105,9	6.625
1836	6.253	3.169	52	0,50	61,1	102,7	6.277
1837	6.807	2.305	38	0,37	60,4	103,9	6.277
1838	5.673	2.828	47	0,42	60,3	110,9	6.692
1839	5.186	2.810	47	0,41	60,4	112,9	6.817
1840	4.319	3.272	52	0,47	62,5	110,7	6.915
1841	5.315	4.190	67	0,61	62,7	109,2	6.853
1842	4.736	3.513	55	0,51	64,0	106,6	6.828
1843	6.747	5.356	82	0,82	65,1	99,9	6.500
1844	4.819	3.760	58	0,58	65,1	99,9	6.500
1845	4.703	3.305	51	0,51	64,7	100,4	6.500
1846	5.657	3.606	56	0,55	64,6	100,7	6.500
1847	5.598	3.746	58	0,58	64,2	101,2	6.500
1848	7.367	4.705	74	0,72	63,8	101,9	6.500
1849	6.392	3.945	62	0,61	64,0	101,6	6.500
1850	7.156	3.344	54	0,51	62,2	104,5	6.500
1851	7.307	3.447	55	0,53	63,0	103,1	6.500
1852	5.927	3.922	61	0,63	63,8	98,1	6.264
1853	6.782	4.114	63	0,66	65,0	96,6	6.274
1854	5.698	3.405	51	0,54	66,3	94,2	6.248
1855	4.803	3.695	53	0,56	69,8	94,1	6.564
1856	4.355	3.089	48	0,47	64,0	103,2	6.600
1857	5.927	3.913	55	0,59	70,7	94,3	6.664
1858	6.717	3.379	48	0,50	70,6	95,0	6.706
1859	7.498	3.816	53	0,56	71,4	94,6	6.756
1860	7.056	3.484	48	0,53	72,4	90,4	6.548
1861	7.271	2.422	33	0,36	73,6	90,8	6.680
1862	6.917	3.480	44	0,52	79,8	84,4	6.737
1863	6.649	2.947	37	0,44	78,7	85,2	6.706
1864	7.413	2.783	33	0,41	84,6	79,4	6.716
1865	13.114	2.959	33	0,44	90,5	73,6	6.662
1866	20.937	2.196	22	0,27	97,9	83,1	8.141
1867	19.292	1.933	22	0,23	89,4	92,8	8.297
1868	12.746	1.329	28	0,13	47,8	208,2	9.960
1869	12.130	889	19	0,08	47,8	223,8	10.705
1870	12.130	905	19	0,09	47,8	219,4	10.494
1871	7.608	974	20	0,06	47,8	334,7	16.000

(*) média geométrica das cotações máximas e mínimas

(**) de arroz branco

Poder aquisitivo do iene nos séculos XIX ao XXI

ano	ñ	¥/US$
1871	974	1,003
1872	989	0,990
1873	954	0,957
1874	711	0,984
1875	661	1,013
1876	925	1,055
1877	864	1,040
1878	676	1,089
1879	535	1,127
1880	336	1,104
1881	456	1,113
1882	569	1,095
1883	659	1,124
1884	696	1,124
1885	699	1,180
1886	747	1,268
1887	775	1,311
1888	751	1,347
1889	726	1,328
1890	634	1,218
1891	655	1,282
1892	658	1,432
1893	650	1,610
1894	612	1,969
1895	566	1,953
1896	513	1,896
1897	435	2,028
1898	408	2,036
1899	418	2,008

ano	ñ	¥/US$
1900	384	2,026
1901	393	2,023
1902	382	2,006
1903	358	2,008
1904	345	2,034
1905	326	2,024
1906	317	2,020
1907	292	2,019
1908	291	2,020
1909	298	2,014
1910	301	2,019
1911	274	2,020
1912	256	2,019
1913	250	2,025
1914	265	2,032
1915	275	2,047
1916	247	1,999
1917	193	1,978
1918	147	1,948
1919	120	1,973
1920	113	2,014
1921	129	2,082
1922	126	2,087
1923	124	2,049
1924	121	2,382
1925	121	2,451
1926	126	2,134
1927	132	2,109
1928	136	2,153
1929	139	2,171
1930	153	2,026
1931	171	2,046
1932	169	3,556
1933	163	3,964
1934	157	3,389
1935	151	3,500
1936	147	3,454
1937	132	3,471
1938	121	3,509
1939	113	3,849
1940	99,16	4,267
1941	98,01	4,267
1942	95,24	n/d
1943	90,15	n/d
1944	80,27	n/d
1945	23,60	15,00
1946	6,437	15,00
1947	2,023	50,00
1948	0,952	270,00
1949	0,821	360,00

ano	ñ	¥/US$
1950	0,686	361,05
1951	0,504	361,05
1952	0,472	361,05
1953	0,432	360,80
1954	0,407	360,80
1955	0,411	360,80
1956	0,409	360,80
1957	0,397	360,80
1958	0,399	360,80
1959	0,395	359,80
1960	0,380	359,60
1961	0,360	361,80
1962	0,337	359,60
1963	0,315	362,40
1964	0,302	358,80
1965	0,285	361,40
1966	0,270	362,90
1967	0,260	362,20
1968	0,246	358,15
1969	0,234	358,05
1970	0,217	357,95
1971	0,205	356,00
1972	0,196	303,00
1973	0,176	273,00
1974	0,141	293,00
1975	0,126	298,00
1976	0,115	298,00
1977	0,107	270,00
1978	0,103	211,00
1979	0,0994	220,00
1980	0,0902	228,00
1981	0,0881	222,00
1982	0,0882	250,00
1983	0,0878	239,00
1984	0,0862	239,00
1985	0,0847	240,00
1986	0,0841	170,00
1987	0,0826	146,00
1988	0,0814	129,00
1989	0,0792	139,00
1990	0,0754	146,00
1991	0,0735	136,00
1992	0,0719	128,00
1993	0,0712	112,00
1994	0,0706	103,00
1995	0,0707	95,00
1996	0,0700	110,00
1997	0,0697	121,00
1998	0,0694	130,89
1999	0,0695	113,96

ano	ñ	¥/US$
2000	0,0697	107,83
2001	0,0709	121,54
2002	0,0714	125,35
2003	0,0725	115,99
2004	0,0729	108,24
2005	0,0735	110,14
2006	0,0745	116,35
2007	0,0741	117,76
2008	0,0762	103,38
2009	0,0752	93,60
2010	0,0764	87,75
2011	0,0770	79,71
2012	0,0777	79,76
2013	0,0782	97,56
2014	0,0777	105,86
2015	0,0763	121,06
2016	0,0758	108,80
2017	0,0758	112,66
2018	0,0763	109,61
2019	0,0754	108,68

Obs: dadas as inconsistências entre os índices oficiais de inflação no período da ocupação estadunidense (1945-1952), marcado por prevalência de mercados paralelos e taxas de câmbio múltiplas, o valor do iene nesse período foi estimado por meio dos preços do arroz

Bibliografia

ALLEN, Robert C. [et al]. *Wages, prices, and living standards in China, Japan, and Europe, 1738-1925*. Junho/2005. Disponível em http://www.iisg.nl/hpw/papers/allen-et-al.pdf. Acesso em 24/1/2020.

BALL, Joseph. Did Mao Really Kill Millions in the Great Leap Forward?. *Monthly Review*. Sep 21, 2006. Disponível em https://monthlyreview.org/commentary/did-mao-really-kill-millions-in-the-great-leap-forward/. Acesso em 24/1/2020.

BASSINO, Jean-Pascal Bassino, MA, Debin. Japanese unskilled wages in international perspective, 1741-1913. *Research in Economic History*, 2005.

BASSINO, Jean-Pascal, FUKAO, Kyoji, TAKASHIMA, Masanori. *Rice price, grain wages of carpenters, and skill premium in Kyoto ca. 1260-1600*: a comparison with London, Florence, Istanbul, and Cairo". University of Durham, Collingwood College, 26-28 March 2010.

BJÖRK, Tove. The economic structure of Edo kabuki theatres - Ichikawa Danjūrō II as a Kyōhō period (1716–35) Manager. *Japonica Humboldtiana* 16, 2013.

BRUCE, Colin R. (editor). *Standard Catalog of World Coins, 11th Edition*. Iola: Krause, 1985.

CHINESE coins. *Primal Trek*, 2018. Disponível em http://primaltrek.com/chinesecoins.html. Acesso em 24/1/2020.

COBLE, Parks. *Chinese Capitalists in Japan's New Order*. The Occupied Lower Yangzi, 1937-1945. University of California Press, 2003.

CURRENCY . *The Samurai Archives: Samurai Wiki*. 2017. Disponível em https://wiki.samurai-archives.com/index.php?title=Currency. Acesso em 24/1/2020.

DE LA RIVE, Aila. *Money in the Land of the Rising Sun I*: The Copper Coins of Ancient Japan. MoneyMuseum, [201-?]

DE LA RIVE, Aila. *Money in the Land of the Rising Sun II*: Japan's road to the Yen. Money Museum, [201-?]

ENO, R. Eno. *The economy of early China*: the treatise on food and money. Indiana University, History G380 – class text readings – Spring 2010

GAMBLE, Sidney D. Daily wages of unskilled chinese laborers 1807-1902. *The Far Eastern Quarterly*, Vol. 3, No. 1 (Nov., 1943), pp. 41-73.

GOLDEN, Arthur. *Memoirs of a Geisha*. New York: Knopf, 1997.

GOTTSCHANG, Thomas R. *Currencies, identities, free banking, and growth in early twentieth century Manchuria*. College of the Holy Cross, Department of Economics Faculty Research Series, Working Paper No. 04-09. November 2004

GRAEBER, David. *Debt* : the first 5,000 years. New York: Melville, 2010.

GRUEN, Sarah. *The chinese monetary system: from ancient times to the early modern period.* December 15, 2004.

HANASHIRO, Roy S. *Thomas William Kinder and the japanese imperial mint, 1868-1875.* Leiden: Brill, 1999.

HISTORICAL events and currencies in use. *Bank of Japan Currency Museum.* 2017. Disponível em http://www.imes.boj.or.jp/cm/english/history/. Acesso em 24/1/2020.

KIM, Jinwung. *A History of Korea*: From "Land of the Morning Calm" to States in Conflict. Indiana University Press, 2012.

KOREAN coins: history of korean coinage. *Primal Trek.* 2017. Disponível em http://primaltrek.com/koreancoins.html. Acesso em 24/1/2020.

KRAUSE, Chester L. , MISHLER, Clifford Mishler. *Standard Catalog of World Coins.* Iola: Krause, 1985.

LANKOV, Andrei. North Korea redefines 'minimum' wage. *Asia Times*, 25 de abril de 2012. Disponível em http://www.atimes.com/atimes/Korea/ND25Dg03.html. Acesso em 24/1/2020.

LEE, Moonsil. *Dietary conditions and differential access to food resources among the various classes during the Han period.* University of Pittsburgh, 2004.

MARKET trends. *Daily NK.* 2017. Disponível em http://www.dailynk.com/english/market.php. Acesso em 24/1/2020.

MEDIEVAL chinese coins: the northern Sung dynasty. *Calgary Coin*, 2015. Disponível em http://www.calgarycoin.com/reference/china/china5.htm Acesso em 24/1/2020.

NUMISTA. Disponível em https://en.numista.com/. Acesso em 24/1/2020.

OHNO, Kenichi. *The Economic Development of Japan: The Path Traveled by Japan as a Developing Country.* Tokyo: GRIPS Development Forum, 2006.

PICK, Albert. *Standard Catalog of World Paper Money.* Fourth Edition, Volume 2. Iola: Krause, 1982.

QIN Cao. An introduction and identification guide to Chinese Qing-dynasty coins. Disponível em https://www.thecollectionmuseum.com/assets/downloads/An_introduction_and_identification_guide_to_Chinese_Qing_dynasty_coins.pdf . Acesso em 24/1/2020.

QUING period money.*ChinaKnowledge.de - An Encyclopaedia on Chinese History, Literature and Art.* 2016. Disponível em http://www.chinaknowledge.de/History/Terms/cash-qing.html. Acesso em 24/1/2020.

SANDROCK, John E. The Money of Communist China - Part III. The Currency

Collector´s PDFs. [200-?]. Disponível em http://www.thecurrencycollector.com/pdfs/The_Money_of_Communist_China_1927-1949_-Part_III.pdf. Acesso em 24/1/2020.

SCHEIDEL, Walter. *State revenue and expenditure in the Han and Roman empires*. Stanford University, abril de 2012.

SCHEIDEL, Walter. *The monetary systems of the Han and Roman empires*. Stanford Universiti, fevereiro/2008.

SEIGLE. Cecilia Segawa Seigle. *Yoshiwara:* The Glittering World of the Japanese Courtesan. University of Hawaii Press, 1993.

SESKO, Markus. Disponível em https://markussesko.files.wordpress.com/2015/05/samuraiincomeorigami.pdf. Acesso em 24/1/2020.

SESKO, Markus. *Japanese sword trade with Ming China*. Disponível em https://markussesko.com/2013/11/01/japanese-sword-trade-with-ming-china/. Acesso em 24/1/2020.

SESKO, Markus. *Legends and stories around the japanese sword*. BoD – Books on Demand, 2011

SOLIS, Jesus. *Japan's Black Market*: Yakuza, SCAP, and the Culture of the Yami'ichi. University of Colorado at Boulder. Spring 1-1-2012.

THIERRY, François. Currency types and their face values during the Tu Duc era: tradução de "Monnaies et circulation monetairé au Vietnam dans l'ère Tu Duc (1848-1883). *Revue Numismatique*. volume 154, 1999 .

TODA, Ed. *Annam and its minor currency*. Noronha & Sons, 1882. Disponível em http://art-hanoi.com/toda/. Acesso em 24/1/2020.

TSENG Ling, HAN lei. The circulation of money in the People's Republic of China. *JPRS*: 3317. 1 June 1960.

TWITCHETT, D. C. *Financial adminstration under the Tang dynasty*. Cambridge: 1963.

VAN LEEUWEN, Bas, PIRNGRUBER, Reinhard, VAN LEEUWEN-LI, Jieli. *The standard of living in ancient societies*: a comparison between the Han Empire, the Roman Empire, and Babylonia. CGEH working paper series. Utrecht, 2013. Disponível em http://www.cgeh.nl/sites/default/files/CGEHWP45_vanleeuwenetal_9.pdf. Acesso em 24/1/2020.

VOGEL, Hans Ulrich. *Marco Polo Was in China*: New Evidence from Currencies, Salts and Revenues. Leiden: Brill, 2013.

VON GLAHN, Richard. The origin of paper money in China. *The Origins of Value*: The Financial Innovations that Created Modern Capital Marketseed. New York: Oxford, 2005.

WHAT was the GDP, CPI, or Population of China Then?.Measuring Worth. Disponível em https://www.measuringworth.com/m/datasets/chinadata/. Acesso em 24/1/2020.

YOSHIKAWA, Hiroshi. *Macroeconomics and the Japanese Economy.* Oxford University Press, 1995.

YURU Wang. *Urban wholesale price change and economic growth in modern China.* Institute of Economics, Nankai University, [201-?]

Sul da Ásia

Índia

Civilização do Vale do Indo

Como a escrita da civilização do Vale do Indo (2600 a.C.–1900 a.C.) é escassa e nunca foi decifrada – sequer se sabe com certeza se a língua usada pertencia à família dravídica –, pouco se conhece sobre a economia desse período. Entretanto, uma vez que aquela civilização tinha um intenso comércio triangular com a Mesopotâmia dos sumérios e acadianos e com Dilmun (atual Barém), talvez os métodos fossem semelhantes.

Pesos para balanças encontrados em Harappa, Mohenjo-Daro e outras cidades dessa civilização, na forma de cubos de pedra, indicam uma unidade de peso de 13,7 gramas, equivalente a uma unidade para prata mais tarde chamada *suvarna* e definida como o peso de 128 *raktika* (semente de uma planta medicinal conhecida em português como "ervilha do rosário"). Se a prata era usada no Vale do Indo como na Mesopotâmia e tinha o mesmo poder aquisitivo, uma unidade indiana de prata valia então cerca de 3.000 ñ.

Índia Védica

O período védico (1750 a.C. – 600 a.C.), no qual foram compostos os Vedas, textos sagrados do hinduísmo, foi uma era de pastores e guerreiros árias seminômades até cerca de 1000 a.C., quando surgem reinos agrícolas e cidades. Nessa segunda fase, chamada período védico tardio ou "período épico", são ambientados os mitos do *Ramayana* e *Mahabharata*.

No período inicial, como na Grécia homérica, não existia dinheiro propriamente dito e o comércio tomava a forma de troca de presentes entre reis e chefes locais, com o boi (*gaus*) como unidade de valor. Também como no período helênico arcaico, os textos mais antigos não mencionam a prata, mas apenas cobre (*ayas*) e ouro (*hiranya*). Prata (*rajana*), assim como ferro (*syama ayas*, "cobre preto"), estanho e chumbo surgem no período tardio.

Ao lado de gado, cavalos, joias e trajes, O *Rigveda* (geralmente datado de 1500 a.C. – 1200 a.C.) menciona *hiranya pindas* ("pepitas de ouro") como peças trocadas como presentes, de forma aparentemente idêntica aos "talentos de ouro" dos poemas homéricos, mas não necessariamente com o mesmo peso e valor. Também se usa a expressão *mana hiranyaya*, "*mana* de ouros", com sentido de coletivo. Por *mana*, alguns intérpretes modernos entendem uma medida emprestada do sistema mesopotâmico de pesos e medidas (mina de 60 siclos ou 504 gramas) e outros um conjunto de ornamentos (par de braceletes, digamos).

Os vedas usam a palavra *niksha*, que mais tarde significou uma moeda ou medida de ouro, mas inicialmente significava "ornamento de pescoço" (colar ou pingente). Fundamentalistas hindus insistem em entender a palavra como moeda cunhada mesmo em tempos védicos, mas não há evidência arqueológica disso. As menções aparentes a moedas (*nishka, suvarna, shatamana*) nos épicos são provavelmente anacrônicas e acrescentadas em períodos posteriores. Embora possam se basear em acontecimentos dos séculos X a.C. ao VII a.C. (e datados pelo hinduísmo fundamentalista de milênios antes de Cristo), os textos hoje conhecidos do *Mahabharata* e *Ramayana* começaram a ser compostos no século IV a.C. e tomaram sua forma definitiva entre os séculos II d.C. e IV d.C.

Período dos Mahajanapadas (600 a.C. – 300 a.C.)

A era das chamadas *Mahajanapadas* ("grandes nações", pois existiam 16 grandes reinos e repúblicas) corresponde ao início da história escrita conhecida da Índia e o surgimento das primeiras moedas arqueologicamente atestadas.

A primeira cunhagem de modas na Índia parece ter sido realizada em Gandhara, no norte do atual Paquistão e Afeganistão, de onde se difundiu para outros reinos e repúblicas indianos. Esse reino foi conquistado pelos persas no final do reinado de Ciro, o Grande (558-530 a.C.) e permaneceu sob domínio aquemênida até cerca de 380 a.C. Como os persas conheciam o conceito de moeda cunhada desde a conquista da Lídia em 546 a.C. e a moeda local tinha o peso de aproximadamente dois *sigloi* lídios ou persas (ou de um shekel hebraico ou fenício) supõe-se que Gandhara recebeu deles o conceito de moeda, embora formato e marcas sejam muito diferentes.

As moedas mais antigas são pequenas barras de prata curvas com marcas de punção do símbolo de Gandhara nas duas pontas. São chamadas *shatamanas* ("cem partes") e têm de 29x16 mm a 48x9 mm (as mais estreitas parecem ser as mais antigas), com 10,8 a 11,8 gramas ou cerca de 100 *raktika*. Houve moedas fracionárias, côncavas e aproximadamente quadradas ou circulares, de ½, ¼ (*pada*), 1/8 (*shana*), 1/16 e 1/32 *shatamana*, com uma só marca. Muitas vezes essas moedas aparecem com marcas adicionais, provavelmente de banqueiros ou cambistas que atestaram seu peso e pureza.

Outros Estados indianos criaram moedas com características semelhantes, mas muitos preferiram o antigo padrão nativo de peso, *suvarna* (13,7 gramas) de 128 *raktika*, dividida em quatro *karshas* de 3,4 gramas ou 32 *raktikas*. Kuntala cunhou moedas de 2 e 1 *karshapana*; Vidarbha de ½ e 1/3 *karshapana*; Surashtra de ¼ *karshapana*, Kuru, Panchala e Shurasena de ½ *karshapana*.

Shakya (pátria de Gautama Buda) adotou o padrão *shatamana*, mas cunhou moedas de 5 *shanas* ou 5/8 de *shatamana*. Magadha cunhou inicialmente moedas de 25 *mashakas* ou meia *shatamana*, equivalentes ao *siglo* persa, mas passou a emitir moedas de um *karshapana* por volta de 420 a.C., provavelmente com a ascensão da dinastia Shisshunaga.

O gramático Panini, que viveu em Gandhara em meados do século IV a.C. (provavelmente após o domínio persa, mas antes da conquista de Alexandre), cita como moedas ou unidades de valor a *nishka*, a *shatamana*, a *suvarna* e a *karshapana*. Objetos avaliados em um, dois ou três *nishkas* eram chamados *naishkikam*, *dvi-naishkikam* e *tri-naishkikam;* um homem podia ser chamado *naiskha-shatika* (de 100 *nishkas*) ou *naiskha-sahasrika* (de 1.000 *nishkas*) conforme suas posses. Também se fala em objetos *shatamanan* (que valem um *shatamana*).

A *nishka* era um peso de ouro de 320 *raktika* ou 36 gramas (talvez um pingente de peso padronizado, como sugere o nome etimologicamente relacionado a "colar") e a *suvarna* de ouro (de peso diferente da de prata) era equivalente a ¼ de *niskha*, 80 *raktika* ou 8,6 gramas, aproximadamente um dárico persa de ouro, mas não foi encontrada em forma de moeda cunhada.

Denominação	Peso em raktika	Peso em gramas	Valor em ñ (*)	Valor em ñ (**)
Moedas de ouro				
nishka	320	34	18.000	64.000
suvarna (de ouro)	80	8,6	4.500	16.000
Pada-suvarna	20	2,15	1.125	4.000
masha (de ouro)	5	0,54	281	1.000
Moedas de prata (padrão shatamana)				
shatamana	100	11,5	450	1.600
5 shanas	62,5	7,1	280	1.000
Pada-shatamana	25	2,9	112,5	400
1/8 shatamana = shana	12,5	1,4	56,3	200
1/32 shatamana	3,125	0,35	14	50
Moedas de prata (padrão karshapana)				
suvarna (de prata)	128	13,7	576	2.048
½ suvarna	64	6,85	288	1.024
dharana=karsha	32	3,42	144	512
½ karsha	16	1,71	72	256
1/3 karsha	10,67	1,14	48	170
¼ karsha	8	0,855	36	128

(*) supõe que metais tinham poder aquisitivo similar ao que tinham no império persa do século V a.C.

(**) supõe que metais tinham poder aquisitivo similar ao que teriam no Império Maurya do século III a.C. (ver a seguir)

Império Maurya (322 a.C. – 185 a.C.)

Originário do reino de Magadha, com capital em Pataliputra, o império criado pela dinastia Maurya foi o primeiro a unificar a maior parte da Índia. Foi um período rico para a economia e a cultura indianas, marcado pela ascensão do budismo e por progressos tecnológicos, inclusive a invenção do aço de cadinho, da tinta nanquim, de hospitais públicos e dos algarismos mais tarde chamados "arábicos" por terem sido transmitidos pelos árabes para o Ocidente.

Kautiliya, primeiro-ministro de Chandragupta (r. 322-298 a.C.), o primeiro imperador Maurya, foi também um dos maiores pensadores de seu tempo. Sua obra mais importante é o *Arthashastra* ("Ciência da prosperidade"), um tratado de economia política, administração e estratégia militar, incluindo considerações sobre cunhagem de moeda e salários de funcionários.

As moedas maurya eram redondas, quadradas, ovais ou irregulares com 75% de prata (20% de cobre e 5% de um agente endurecedor). Pela primeira vez na Índia, foram cunhadas também moedas de cobre, geralmente quadradas. As moedas de prata eram denominadas em *karshapanas* ou simplesmente *panas* (*pana*, "moeda", significa etimologicamente "aposta" e "venda") e as de cobre em *mashakas* (1/16 *pana*).

Kautiliya não trata da cunhagem de moedas de ouro, mas as menciona ocasionalmente. Aparentemente existiam em seu tempo, mas eram cunhadas em caráter excepcional e talvez privado. A mais antiga moeda de ouro indiana conhecida da arqueologia é do século II a.C. e pesa 2,125 gramas.

Há poucas indicações sobre o poder aquisitivo das moedas do período maurya. Em uma passagem do *Arthashastra*, Kautiliya diz que um salário de 60 *panas* anuais podia ser substituído por um *adhaka* de grãos por dia. O tamanho de um *adhaka* pode ter variado conforme a época, o lugar e o uso, mas girou entre 2,4 e 3,72 kg e supunha-se o suficiente para alimentar uma família "ária" (de casta elevada) por um dia. Outras fontes indicam que uma junta de bois custava 24 *panas* e um escravo, 100 *panas*. Isto sugere um valor entre 250 e 500 ñ para a *pana* (arbitramos 384 ñ por ser próximo do ponto médio e simplificar as frações).

Mais tarde, moedas de cobre de 1/16 *karshapana* e 8,6 gramas foram conhecidas também como *panas* ou *karshapanas*, o que causa certas divergências na interpretação de textos. No *Arthashastra*, alguns intérpretes entendem moedas de cobre quando se citam multas e salários em *panas*, mas as ordens de grandeza indicam que se trata de moedas de prata.

A moeda de prata de um *masaka*, com peso de 0,2 grama, não é citada por Kautilya, mas encontrada pela arqueologia (possivelmente emitida depois de seu tempo); tinha 4 a 6 mm de diâmetro, enquanto o *astabhaga-pana*, de 0,43 grama, tinha 9,5 mm. Moedas assim diminutas continuaram a ser características dos estados hindus até o século XIX.

Denominação	Peso em raktika	Peso em gramas	Valor em ñ (*)
Moedas de ouro			
suvarna	80	8,6	16.000
suvarna-pada	20	2,15	4.000
Moedas de prata 75%			
pana ou karshapana	32	3,4	384
ardha-pana	16	1,7	192
pada-pana	8	0,86	96
astabhaga-pana	4	0,43	48
masaka	2	0,21	24
Moedas de cobre			
masa ou masaka	80	8,6	24
ardha-masa	40	4,3	12
kakani ou pada-masa	20	2,1	6
ardha-kakani ou astabhaga-masa	10	1,1	3

Isso implica uma relação de 12,5:1 entre os valores do ouro e da prata pura e de 53,33:1 entre prata pura e cobre. Também indica um poder aquisitivo da prata pura de 150 ñ por grama, várias vezes mais alto que o vigente na Grécia ou Roma da mesma época (ou na China de um período pouco posterior) e próximo do observado em regiões periféricas da civilização greco-romana, como o Egito, a Lusitânia e o Vale do Pó da época.

Alguns salários pagos pelo palácio ou pelo exército são citados por Kautilya. Há dúvidas sobre se representam salários realmente pagos ou apenas os salários ideais:

Funcionário	Salário (panas)	ñ/ano	ñ/dia
Mantrin (conselheiro, dos quais o imperador tinha três ou quatro)	48.000	18.432.000	51.200
Sumo-sacerdote (purohita)	48.000	18.432.000	51.200
Comandante-em-chefe (sainapati)	48.000	18.432.000	51.200
Príncipe herdeiro	48.000	18.432.000	51.200
Imperatriz (esposa principal) ou imperatriz-mãe	48.000	18.432.000	51.200
Chefe da Guarda ou Chefe dos Portões	24.000	9.216.000	25.600
Camareiro-mor (Dauvarika)	24.000	9.216.000	25.600
Supervisor do harém	24.000	9.216.000	25.600
Ministro da Fazenda (Samaharta)	24.000	9.216.000	25.600
Tesoureiro (Sannidhata)	24.000	9.216.000	25.600
Amatya (alto funcionário)	12.000	4.608.000	12.800
Príncipes e mães de príncipes	12.000	4.608.000	12.800
Prefeito da cidade	12.000	4.608.000	12.800
Comandante militar de província, fronteira ou cidade	12.000	4.608.000	12.800
Comandantes de infantaria, elefantes, bigas e cavalaria	8.000	3.072.000	8.533
Superintendentes de florestas	4.000	1.536.000	4.267
Subcomandantes militares	4.000	1.536.000	4.267
Aurigas, médicos, carpinteiros, treinadores de elefantes e cavalos	2.000	768.000	2.133
Astrólogos, bardos, poetas, cronistas, videntes	1.000	384.000	1.067
Espiões e agentes secretos de alto nível	1.000	384.000	1.067
Auriga real, por ritual	1.000	384.000	1.067
Professores e sábios, por ritual (máximo)	1.000	192.000	1.067
Professores e sábios, por ritual (mínimo)	500	192.000	533
Músicos e fabricantes de instrumentos	500	192.000	533
Contadores, escribas e similares	500	192.000	533
Agentes secretos, envenenadores, assassinos, mulheres disfarçadas de mendigas	500	192.000	533
Soldados especialistas	500	192.000	533
Atores e menestréis	250	96.000	267
Portadores de mensagens secretas	250	96.000	267
Artesãos e escultores	120	46.080	128
Criados, feitores, cuidadores de animais, guarda-costas	60	23.040	64
Lavrador (além de comida para a família)	15	5.760	16

Os *Jatakas* (textos do cânon budista, da mesma época) falam em 1½ *pana* por mês (576 ñ, 19 ñ por dia) para um trabalhador braçal. Menciona-se ainda que um enviado (alto funcionário a serviço do imperador) recebia um subsídio de 10 *panas* por cada *yojana* viajada e além de dez *yojanas*, recebia o dobro até um máximo de 100 *yojanas* (quando receberia, portanto, 1.900 *panas*). A extensão do *yojana* variou conforme a época e a região entre 8 e 16 km, mas a extensão mais usual é 13 km. Assim, o mensageiro recebia 295 ñ por quilômetro até uma distância de 130 km e o dobro disso por quilômetro adicional.

Indo-gregos e outros Estados indianos

Em 256 a.C., o sátrapa grego da Báctria, no atual Afeganistão, declarou-se independente do Império Selêucida com o título de Diódoto I, criando um reino que dominou boa parte da Ásia Central por mais de um século e cunhou moedas de prata segundo o padrão helenístico, de meio óbolo ao duplo decadracma. Também moedas de cuproníquel, as únicas desse tipo conhecidas na Antiguidade. Essa liga só voltaria a ser usada em moedas no século XIX.

Em 180 a.C., com a queda do Império Maurya, a Báctria invadiu o noroeste da Índia, o que resultou na fundação de vários reinos indo-gregos, de cultura sincrética, um dos quais durou até 10 d.C. Os reinos indo-gregos substituíram as moedas maurya marcadas da maneira tradicional e de prata a 75% por outras cunhadas à maneira grega e de prata pura, mas com pesos que não correspondiam nem ao padrão helenístico, nem ao indiano. Traziam inscrições gregas no anverso e indiana no reverso. Na metrologia indo-grega, o *tetradracma* provavelmente equivalia a 96 *raktikas* e o dracma a 24 *raktikas* de cerca de 0,1 grama, peso ligeiramente inferior à da unidade tradicional indiana, de modo que o tetradracma tinha 9,68 gramas, o dracma 2,42 gramas e o óbolo 0,4 grama. O dracma indo-grego tinha apenas 57,6% do peso do dracma helenístico e um conteúdo em prata pura quase igual ao da *karshapana* maurya. O rei Amyntas (95-90 a.C.) cunhou ainda duplos decadramas, com peso de 85 gramas e diâmetro de 65 mm.

Os indo-gregos cunharam também moedas quadradas de cobre com peso de meio *calco* (0,95 a 1,57 grama) a 16 *calcos* ou dois óbolos (40,63 gramas), o que embute uma relação de 50:1 entre o preço da prata e do cobre. A moeda de 8 *calcos* (18-20 gramas) valia um óbolo,

1/6 de dracma ou o equivalente a um *masaka* (2 *raktikas*) de prata e a de um *calco* equivalia a 1/48 dracma. Houve também moedas de 2, 3, 4 e 6 calcos. Além disso, conhece-se uma moeda de ouro de 0,71 grama, provavelmente equivalente à tetradracma.

Os sakas ou citas que conquistaram os reinos indo-gregos continuaram a cunhar moedas semelhantes e, no início, com os mesmos deuses gregos.

Outros reinos indianos resultantes da fragmentação do Império continuaram a usar moedas de prata e cobre baseadas nos padrões dos Maurya.

Império Kushana (30 d.C. – 375 d.C.)

Em 125 a.C., o reino grego da Báctria foi invadido e dominado pelo povo nômade de língua indo-europeia conhecido pelos chineses como Yuezhi. Uma das tribos que os lideravam era chamada Guishang. Dela veio o nome do Estado que os unificou e depois se expandiu para o noroeste da Índia, conquistando os indo-gregos e outros estados indianos para criar o chamado Império Kushana.

Os primeiros reinos Yuezhi, assim como os Sacas, emitiram moedas no estilo indo-grego, mas que foram degradadas até as dracmas e tetradracmas se tornarem moedas de cobre no século I d.C. No reinado de Vima Kadphises (90-100 d.C.), um novo padrão começou a ser cunhado, baseado em moedas de ouro de 8,04 gramas chamadas *dinara* (do *denarius aureus* romano) ou *suvarnas* e também moedas de dois dinaras e ¼ de dinara.

Ao lado dos dinaras, continuaram a ser produzidos tetradracmas de cobre de 17 gramas, didracmas de 8,5 gramas e dracmas de 4,2 gramas. Essas moedas passaram a ser cunhadas com legendas em kushano e língua indiana e com imagens de deuses kushanos e indianos.

A partir do imperador Huvishka (140-180 d.C.), as moedas de cobre passaram a ser cunhadas em tamanho único, que decresceu gradualmente de 12 até cerca de 2,3 gramas quando da desintegração do império, derrubado por seus vassalos kidaritas.

Os chamados sátrapas ocidentais, reis indo-citas que conquistaram parte da Índia ocidental e central e governaram (provavelmente como vassalos dos Kushanas) a partir de 35 d.C., cunharam moedas de estilo indo-grego (dracmas de prata), mas com inscrições em língua indiana e com o perfil do governante, até serem conquistados pelo Império Gupta.

Império Heftalita (408-670)

O Império Heftalita foi fundado pelos chamados "hunos brancos", uma confederação de povos indo-europeus, e dominou parte do antigo território Kushana e Ásia Central, com centro no norte do atual Afeganistão. Suas moedas foram "dracmas" de prata de 3,5 gramas e moedas de cobre de 7-8 gramas, cunhada em estilo semelhante ao das moedas guptas.

Império Gupta (320 d.C. -550 d.C.)

A Índia voltou a ser parcialmente reunificada pelo Império Gupta, que se expandiu a partir da região de Varendri, na atual Bangladesh, e voltou a estabelecer a capital em Pataliputra. Esse período é considerado como a "Idade de Ouro" do hinduísmo, embora os Guptas, assim como os Mauryas e Kushanas, protegessem também o budismo. São invenções desse período, entre outras, o jogo de chaturanga (que originou o xadrez) e o açúcar refinado.

As moedas de ouro dos guptas originalmente se baseavam no padrão kushana e eram dinaras inicialmente de 7,3 gramas de ouro puro, depois de 8 gramas de ouro com teor de 90%. A partir de Skandagupta (r. 455-467) passaram a ser cunhados *suvarnas* de 9,33 gramas, mas com 75%-80% de ouro, de forma que contiveram sempre a mesma quantidade de ouro puro, cerca de 7,3 gramas. As moedas de ouro também foram chamadas em textos da época de *kedaras* ou *kidaras*, nome derivado dos kidaritas, que continuaram a cunhagem kushana até serem conquistados pelos guptas.

As moedas de prata, baseadas nas últimas dracmas indo-citas, pesavam 2,07 a 2,33 gramas e eram chamadas *drammas* ou *rupakas*. Segundo uma inscrição do ano 447, 16 *rupakas* equivaliam a um dinara, o que indica uma relação surpreendentemente baixa, perto de 4:1, entre os preços do ouro e da prata.

Fontes da época indicam que 1.000 *rupakas* pagavam o salário de 30 mil trabalhadores e que o rendimento de 12 dinaras (com um provável juro de 1,25% ao mês) bastava para alimentar um monge.

No primeiro caso, tem-se 0,033 *rupaka* por dia como um nível de subsistência e no segundo, 0,08 *rupaka*. Isto sugere um poder aquisitivo em torno de 500 ñ para a *rupaka* (250 ñ por grama) e 8.000 ñ para a dinara (1.000 ñ por grama), bastante alto para esses pesos de metal – em relação ao Império Romano da mesma época, quatro vezes mais para prata e o dobro para o ouro.

As moedas de cobre variavam de 0,19 a 6,54 gramas. A partir do final do reinado de Chandragupta II, (r. 375-414), as moedas de menor valor passaram a ser de chumbo, de 1,12 a 5,82 gramas. O monge budista chinês Faxian, que esteve na Índia Gupta de 399 a 415, citou o uso de cauris (búzios) como principal moeda nos mercados. Não há informação direta sobre a relação de valor entre essas moedas e as de prata e ouro, mas supondo uma relação de 50:1 entre prata e cobre, as menores moedas de cobre deviam valer 1/512 *rupaka* (1 ñ) e as maiores, 1/16 *rupaka* (31 ñ).

Período clássico tardio (550-1500)

No período que se seguiu à desintegração do Império Gupta surgiram vários reinos. Alguns tiveram extensão territorial suficiente para serem chamados de "impérios" pelos historiadores, mas nenhum chegou a ter dimensões suficientes para governar a maior parte da Índia e todos viveram em luta com rivais à altura. Apesar desse fracionamento, foi em geral um período próspero e culturalmente rico, no qual os indianos foram pioneiros em importantes progressos na matemática, na tecelagem, na metalurgia e na medicina (inclusive a vacinação contra a varíola). O hinduísmo recuperou gradualmente a hegemonia que quase perdera para o budismo no período anterior.

Afeganistão

Apesar da invasão árabe em 642, a região de Kabul, no atual Afeganistão, continuou a ser governada pela dinastia hindu Shahi até o século X, quando foi derrubada pelos gaznávidas muçulmanos. A moeda característica dessa dinastia foi o *jital*, moeda de prata marcada por um touro e um cavaleiro. Originalmente com 4,2 gramas, conforme o padrão do *drahm* sassânida, foi reduzido depois para 3,4 gramas ou 32 *raktikas*, com 70% de prata.

Noroeste

Com capital em Kannauj, a dinastia hindu Pratihara governou o noroeste da Índia de meados do século VII a 1036. Sua vitória contra os exércitos árabes em 738 adiou a conquista muçulmana da Índia por séculos e sua desintegração no século XI originou os reinos Rajput do atual Rajastão, muitos dos quais sobreviveram até a colonização britânica. Suas moedas mais conhecidas são *drammas* de 0,8 grama (cerca de um *masha*, segundo as unidades de peso indianas).

Leste

Com várias capitais (inclusive Pataliputra) ao longo de sua história, a dinastia Pala dominou o leste da Índia dos anos 750 a 1095 e foi o último grande Estado budista do subcontinente. Em 1095, foi deposta pela dinastia hindu Sena, que governou até 1230.

Moedas metálicas parecem ter sido particularmente escassas nessa região, que usou cauris (pequenos búzios) como moedas em grande escala. Uma moeda chamada *purana*, *dharana* ou *dramma* valia 16 *panas* ou fieiras de 80 cauris, ou seja, 1.280 cauris. Não se sabe se a *purana* existia de fato em forma de moeda de prata (supostamente de 3,7 gramas, com frações de ½ e ¼) ou era apenas uma unidade de conta conveniente para cauris, pois não há exemplares arqueológicos conhecidos cunhados por essas dinastias.

Sudeste

A dinastia Chola, que coexistiu com os Guptas como um pequeno reino independente tâmil no extremo sudeste da Índia desde o século IV, expandiu seus domínios para proporções "imperiais" e governou o sudeste da Índia, o Sri Lanka e as Ilhas Maldivas do século IX a 1279, além de disputar a hegemonia naval do Índico oriental com a poderosa cidade-estado budista de Srivijaya em Sumatra, na atual Indonésia.

As moedas, chamadas kahavanus, pesavam 4,54 gramas e existiam em ouro, prata e cobre com o mesmo peso. Havia frações de ½ (*adakahavanu*), ¼ (*deaka*) e 1/8 (*aka*).

Sudoeste

O sudoeste da Índia, que permaneceu fracionado em pequenos Estados durante o período da hegemonia Gupta no Norte, teve seu primeiro império importante com a dinastia Chalukya. Com capital em Badami, durou de 543 a 753, quando foi deposta pelos Rashtrakuta. Estes, com capital em Manyakheta, se converteram ao jainismo e governaram até 982, quando foram depostos por uma dinastia vassala que se reivindicava descendente dos Chalukyas e durou até 1189.

Chalukyas e Rashtrakutas cunharam a partir de 597 delgadas moedas de ouro de 3,7 a 4,4 gramas (40 *raktikas*) e 38 mm de diâmetro, baseadas no denar sassânida, por sua vez baseado no *solidus* ou *nomisma* de Constantinopla, que eram chamadas *gadyana* nos registros oficiais, *hun* ou *honnu* ("moeda") na linguagem popular ou ainda *varaha*, nome do avatar de Vishnu em forma de javali que ilustra o anverso. Dividiam-se em *panas* de 1/10 de *gadyana* ou 0,4 grama, subdivididos em quartos de *pana* de 0,1 grama e até décimos de *pana* de 0,04 grama (a menor moeda de ouro do mundo, com 2 mm de diâmetro). As moedas de prata, menos comuns, eram *rupakas* ou *drammas* de 2,1 a 3,2 gramas (havia também de ½, ¼ e ¾ de *dramma*). As moedas de cobre eram chamadas *panas* ou *karshapanas*, ou ainda *kashu*, na linguagem popular.

Império Vijayanagara

Fundado no sul da Índia em 1336 com capital em Vijayanagara, surgiu da resistência hindu aos conquistadores muçulmanos e durou até 1646. Foi o último grande Estado hindu no subcontinente, antes que se estabelecesse a supremacia islâmica e depois a colonial. Foi conhecido pelos portugueses como "Bisnaga" ou "Bisnagar".

A unidade monetária de Vijayanagara era a *gadyana* ("peso"), *hon* ou *varaha* herdada dos chalukyas, com 3,4 gramas de ouro, mais tarde conhecida em inglês como *pagoda* por ter no reverso a imagem de um templo hindu. Era aproximadamente equivalente ao cruzado português, ao ducado veneziano ou ao florim florentino.

Domingos Paes, cronista português que esteve na capital em 1520-1522, tomou nota de que se comprava com a moeda que chamou de *fanão*: 3 galinhas, 6 a 8 perdizes, 1 a 2 lebres, 12 a 14 rolas, 10 romãs ou 3 cachos de uva; um porco custava 4 ou 5 fanãos. Isto indica um poder aquisitivo em torno de 300 ñ para o fanão ou *pana*. Como ele a equiparou a um vintém português, moeda de 1,79 grama de prata, equivalente a 0,17 grama de ouro ou um cruzado português, aparentemente referia-se a ½ *pana* e não ao *pana* propriamente dito, que seria 1/10 do *gadyana* ou 0,34 grama de ouro.

O *gadyana* ou *varaha*, que Paes chama *pardau* (de *partap* ou *pardap*, título do rei que cunhava as moedas, derivado do sânscrito *pratapa*) e avalia em 360 reais portugueses, teria, portanto, um poder aquisitivo de 6.000 ñ, ou cerca de 1.700 ñ por grama, o que é aproximadamente confirmado por outra passagem em que ele diz que um *pardau* comprava doze ovelhas na capital e quatorze a quinze "na serra". O preço usual para cavalos, segundo o mesmo cronista, era 12 a 15 por mil *pardaus*, ou 400 mil a 500 mil ñ por cabeça; cavalos de alta qualidade, importados da Pérsia, valiam 200 *pardaus* (1,2 milhão de ñ).

A receita do rei, segundo ele, era de 10 milhões de *pardaus* (60 bilhões de ñ) anuais, os homens da guarda recebiam 600 a mil *pardaus*. Os cerca de 200 "capitães" (senhores), vassalos, tinham renda de 15 mil a 800 mil *pardaus* e, na maioria dos casos, pagavam ao rei de um quarto a metade desse valor.

Moedas de Vijayanagar (cerca de 1520)

Denominação	Valor em gadyana	Peso em gramas	Valor em ñ
Moedas de ouro			
dodda gadyana	2	6,8	12.000
gadyana, varaha, hon ou pardau	1	3,4	6.000
pratapa	½	1,7	3.000
kati	¼	0,85	1.500
chinna	1/8	0,425	750
pana	1/10	0,34	600
½ pana	1/20	0,17	300
haga	1/40	0,085	150
bele	1/80	0,0425	75
Moedas de prata			
tara	1/160	0,28	38
½ tara	1/320	0,14	19
¼ tara	1/640	0,07	9
Moedas de cobre			
duggani	1/200	16	30
kani	1/400	8	15
ara kani, i, jital ou chital	1/800	4	7,5
kasu ou pana	1/1.600	2	3,75
ara kasu	1/3.200	1	1,75

Um *pana* valia 16 *taras*, cada uma de 2,5 *raktika* de prata ou cerca de 0,28 grama com 7 a 9 mm de diâmetro. A relação implícita de valor entre ouro e prata é 13:1 e entre prata e cobre, cerca de 70:1.

Sultanato de Délhi (1192– 1526)

O Califado Omíada conquistou o Vale do Indo (atual Paquistão) entre 712 e 720, mas as tentativas de estender as conquistas muçulmanas no subcontinente indiano foram detidas pelas dinastias Pratihara e Chalukya até o fim do século XII. Foi quando Mohammad Ghauri, que governava o leste da Pérsia, tomou Ghazni no atual Afeganistão e a usou como base para atacar o noroeste da Índia, conquistado com a vitória sobre Prithviraj Chauhan, rei hindu de Delhi, em 1192. Um dos seus comandantes chegou à atual Bangladesh e conquistou o império Sena.

Em 1206, com a morte de Ghauri, que não teve filhos, o império foi dividido entre seus escravos favoritos. Os domínios indianos couberam a Qutbul-Din Aibak, cujos sucessores, na qualidade de sultões de Delhi, estenderam suas conquistas ao centro-sul da Índia. No entanto, essa região se separou em 1347 com a fundação do sultanato de Bahmani.

Em 1490, Bahmani começou a se desintegrar. Chefes separatistas deram origem aos sultanatos de Bijapur, Golkonda, Ahmadnagar, Bidar e Berar, que se aliaram contra Vijayanagar até Ahmadnagar destrui-lo em 1629.

As moedas usadas nos domínios muçulmanos do Vale do Indo nos séculos VIII a XII seguiam o padrão árabe de dinares e *dirhams*, mas a conquista de Mohammad Ghauri introduziu na Índia muçulmana moedas de ouro e prata bem maiores, de cerca de 11 gramas. Esse peso, chamado *tola*, equivale a 96 *raktikas* de 0,112 grama e provavelmente deriva dos antigos tetradracmas indo-gregos que, entretanto, usavam como base um *raktika* menor e tinham 9,68 gramas.

Ghauri também trouxe de Ghazni uma moeda de liga de prata (17,5%) e cobre de 3,73 gramas derivada do jital shahi, conhecida como *dehliwala*. A partir de 1220, a escassez de prata devida à perda de contato com a Ásia Central e Gujarate levou a reduzir o conteúdo de prata para 0,25 grama (7,5%) e depois 0,18 grama (5%).

No Sultanato de Delhi, moedas de prata de um *tola*, cunhadas com inscrições muçulmanas, eram chamadas de *tanka*, palavra de origem sânscrita com o significado de "moeda cunhada" ou "peso de 4 *mashas*" (3,88 gramas, cerca de um dracma). Havia moedas de ½ *tanka* e o *tanka* era dividido em 48 *jitals* de 3,73 gramas. A moeda de cobre de 4,7 gramas, com valor de ¼ de *jital* (1/192 de *tanka*) era chamada *paika* e uma moeda com metade do seu peso, *adhva*. A relação de valores ouro/prata era 10:1 e prata/cobre, 82:1. No início do século XIV, o ouro valia aproximadamente 1.750 ñ por grama e a prata 175 ñ por grama.

Denominação	Valor em tanka	Peso em gramas	Valor em ñ (*)
Moedas de ouro			
Tola de ouro	9	11	17.280
Moedas de prata			
Tanka	1	11	1.920
½ tanka	½	5,5	960
Moedas de bolhão 5%			
Jital	1/48	3,7	20
Moedas de cobre			
paika	1/192	4,7	5
adhva	1/384	2,35	2,5

Esses valores foram estimados com base nos seguintes preços:

Mercadoria	jitals por maund de 25,11 kg	ñ/kg
trigo	7,5	11,9
cevada	4	6,4
arroz com casca	5	8,0
feijão da Índia	5	8,0
feijão-tepari	3	4,8
grão-de-bico	5	8,0
açúcar refinado	100	159
açúcar branco	60	96
açúcar mascavo	13,3	21
manteiga clarificada (gui) (*)	16,7	27
óleo de gergelim (*)	13,3	21
sal (*)	2	3,2

(*) preços de 1351-1388; os demais são de 1296-1316

Mercadoria (*)	tankas		ñ	
cavalo, 1ª classe	100	120	192.000	230.400
cavalo, 2ª classe	80	90	153.600	172.800
cavalo, 3ª classe	50	70	96.000	134.400
pônei indiano	10	25	19.200	48.000
boi	5		9.600	
vaca leiteira	3	4	5.760	7.680
vaca para carne	1,5	2	2.880	3.840
Búfala leiteira	10	12	19.200	23.040
Búfalo para carne	5	6	9.600	11.520
cabras e ovelhas	0,17	0,23	326	442
escrava doméstica	5	6	9.600	11.520
escrava concubina	20	30	38.400	57.600
escravo jovem e bonito	20	30	38.400	57.600
escravo qualificado	10	15	19.200	28.800
escravo comum	7	8	13.440	15.360

(*) preços de 1296-1316

As informações sobre salários são mais escassas, mas sabe-se que, em 1296-1316, um artesão ganhava 14,5 *tankas* por ano (27.840 ñ, 77 ñ por dia) e um empregado doméstico, 12 *tankas* (23.040 ñ, 64 ñ por dia). Um costureiro recebia 2 *jitals* (40 ñ) para costurar uma camisa ou manto. Seis *jitals* (120 ñ) compravam pão e carne suficientes para uma família de sete ou oito pessoas por um mês.

Os preços aumentaram no segundo quartel do século XIV e chegaram a dobrar. Na segunda metade do século, porém, a combinação de boas colheitas com escassez crescente de metais preciosos provocou uma tendência deflacionária que reverteu esse aumento. Moedas de ouro e prata foram progressivamente substituídas por moedas de cobre e bolhão, ao ponto de que a *tanka* se converteu em *tanka i siyah* (tanka preta), quase puro cobre.

Colônias portuguesas do Índico, século XVI

Em 1498, Vasco da Gama alcançou Calicute, no sul da Índia, em sua viagem pioneira. Dois anos depois, Pedro Álvares Cabral, ao seguir sua rota após passar pelo Brasil, fundou em Cochim (atual Kochi) a primeira feitoria portuguesa. Em 1502, em sua segunda viagem, Vasco da Gama se desentendeu com o rajá de Calicute, bombardeou sua cidade e fez uma aliança com o rajá rival de Cochim), onde recebeu território para construir um forte que se tornou a primeira sede dos domínios portugueses na Índia. Em 1505 foi designado o primeiro vice-rei português e em 1510, com a conquista de Goa (sede dos domínios portugueses a partir de 1530), a colônia se tornou oficialmente o Estado da Índia portuguesa.

Índia Portuguesa no século XVI

A partir da conquista das Índias, os reis portugueses cunharam moedas para essas possessões. No reinado de D. Manuel, a partir de 1510, Goa cunhou em ouro o cruzado de Goa ou *manuel* (3,2 gramas, 340 reais) e o *meio manuel* (1,63 grama, 170 reais), em prata a *esfera* (40 reais, com a esfera armilar) e a meia esfera (20 reais) e em cobre moedas chamadas *bazaruco* ou *leal* (15,7 gramas, dois reais), meio *leal* (1 real), *dinheiro* (5,6 gramas, 1/3 *leal*, 0,67 real) e *cepaica* ou *sapeca* (2,9 gramas, ¼ *leal*, ½ real). Vale notar que o poder aquisitivo dessas moedas na Índia era cerca de três vezes superior ao que tinham na metrópole.

Malaca cunhou em ouro o *católico* (9,46 gramas, 1.040 reais) e o meio católico (520 reais), em prata o *malaquês* (17,45 gramas, 180 reais) e o meio malaquês (90 reais), em calaim (estanho) *bastardos* (inicialmente 46-56 gramas, depois 35-46, finalmente 10-12,5 gramas, 60 *reais*), quartos de bastardo (3,74 gramas, 15 reais), *soldos* (3,3 gramas, 6 reais), *dinheiros* (0,6 real) e *caixas* (0,3 real).

No reinado de D. João III foi cunhada em Lisboa, para uso na Índia, uma moeda chamada *São Tomé* (com a figura do santo no anverso, assim como as da metrópole tinham São Vicente), de 9,6 gramas de ouro 85,4% (20½ quilates), de 1.000 reais. Em Goa e Cochim, cunhou-se o *pardau* de ouro, de 3,43 gramas da mesma liga e 360 reais ou 6 *tangas* (moeda indiana).

Em prata 91,67%, Goa cunhou o *patacão* ou *São Tomé de prata*, de 27,1 grama e 360 reais, imitação portuguesa da peça de oito (*reales*) espanhola que mais tarde se chamaria peso e já começava a circular no Oriente. Em cobre, Goa fabricou *leais* ou *bazarucos* (7,7-9,1 gramas, agora 1,2 real), meios *bazarucos* (3,2-4,6 gramas), dinheiros e quartos de *bazarucos*. Cochim emitiu moedas de cobre de quatro *bazarucos* (18,9-20,9 gramas). Em calaim ou estanho, Malaca cunhou bastardos (9,3 gramas, 10 soldos ou 50 reais), soldos (3,4 gramas, 5 reais) e dinheiros (2,0 gramas, ½ real).

Com D. Sebastião, Goa fez moedas de prata chamadas *xerafim* ou *bastião* (300 reais) e meio bastião (150 reais) e moedas de cobre de dois *bazarucos*, um *bazaruco* (então 0,8 real), meio *bazaruco* e um real (3,0 gramas). Em Cochim, emitiram-se moedas de cobre de 4 *bazarucos* (20 gramas), 2 *bazarucos* (9,5-11 gramas) e um *bazaruco* (6-6,3 gramas). Em Malaca, cunharam-se em estanho bastardos, soldos, dinheiros e meios dinheiros ou caixas, com pesos de 1,7 a 11,6 gramas.

Os navegantes portugueses do século XVI registraram as seguintes moedas em circulação em suas feitorias no Índico e suas equivalências em reais portugueses. O poder aquisitivo foi estimado com base naquele dos metais em Vijayanagar nos anos 1520.

Moedas em uso nas feitorias portuguesas da Índia (século XVI)

Moeda	observação	reais		ñ
Baçaim (Vasai)				
Pardau (*gadyana* ou *varaha*)	ouro	300	360	5.477
Tanga (*tanka*)	prata	60		1.000
Fedea (*phadya*)	moeda nominal	15		250
Bengala				
Larim		51,01	60	922
Pone (80 cauris)		1,06	1,25	19
Caile (Kollam)				
Fanão (*pana)*	ouro baixo	22,50		375
Calicute (Kozhikode)				
Fanão		25,71		429
Cananor (Kannur)				
Fanão	ouro baixo	26,67	27,17	449
Chaul				
Bazaruco		3		50
Cochim (Kochi)				
Cruzado		390		6.500
Pardau		360		6.000
Xerafim (*ashrafi*)		300		5.000
Fanão (*pana*)		21,67		361
Coulão (Kollam)				
Raja	ouro baixo	40		667
Diu				
Pardau	ouro	360		6.000
Axiri	prata	101,92		1.699
Perogil		8,47		141
Fedea	moeda nominal	1,69		28
Goa e Batecala (Bhatkal)				
Madrafaxão de Cambaia (*tola*)		1.440		24.000
Cruzado		420		7.000
Xerafim de Adem		360		6.000
Pardau de ouro		360		6.000
Xerafim de Ormuz		300		5.000
Pardau		300		5.000
Tanga branca		115,20		1.920
Tanga de prata		72		1.200
Tanga		60		1.000
Barganim		28,80		480
Vintém		18		300
Leal		1,20		20
Negapatão (Nagapattinam)				
Pardau de fanões		288	293,88	4.849
Fanão ou Chocrão (*chakram*)	ouro baixo	28,80	29,39	485

A *tanga* é o nome português da *tanka* do Sultanato de Délhi, em versões com maior teor de prata ("tanga branca", de prata quase pura) ou mais degradadas, simplesmente "tanga", avaliada em 60 reais ou cerca de 5,4 gramas de prata (teor perto de 50%). O *pardau* é a moeda chamada de *gadyana* ou *varaha* pelos hindus e *pagoda* pelos ingleses e *fanão* é o *fanam* dos ingleses ou *pana* dos hindus, com valor maior ou menor conforme o teor local de ouro. *Xerafim* é o *ashrafi*, moeda de ouro persa. O *madrafaxão* de Cambaia (atual *Khambhat*) é a *tola* de ouro de 10 a 12 gramas semelhante à do Sultanato de Délhi, cunhada em Gujarat. O nome português é corruptela de Muzaffar Shah, primeiro sultão de Gujarat após sua separação de Délhi em 1407. Leal ou *bazaruco*, equivalente à *droqua* ou *ducará* (*dokra*) de Cambaia, é uma moeda de cobre de 15 ou 16 gramas, semelhante ao *duggani* de Vijayanagar e à *caxa* ou caixa (*kasu* na Índia, *cash* em inglês), cerca de um quarto de *bazaruco*.

Moedas de outras dependências portuguesas da região do Índico

Moeda	Observação	reais	ñ
Ceilão (Sri Lanka)			
Português	Ouro	4.500	75.000
Xerafim	Ouro	300	5.000
Fanão	ouro muito baixo	10	167
Malaca			
Cruzado de prata		360	6.000
Maldivas			
Pardau de ouro		360	6.000
Tanga de prata		72	1.200
Cota de cauris	12 mil cauris, 13,056 kg	n/d	n/d
Maluco (Molucas)			
Pardau		300	5.000
Tanga		60	1.000
Bazaruco		1,20	20
Caixa		0,30	5
Melinde			
Metical		360	6.000
Moçambique			
Cruzado		400	6.667
Ormuz			
Leque (100.000 dinares)		13.953,16	232.553
Xerafim de ouro		300	5.000
Pardau de çadis		279,07	4.651
Azar (1.000 dinares)		139,51	2.325
Tanga de prata		62,79 69,77	1.103
Çadi (100 dinares)		13,95	233
Faluz (10 dinares)		1,40	23
Dinar	moeda nominal	0,14	2
Sofala e Cuama			
Matical		467	7.783
Tanga		58,38	973
Sunda			
Cruzado de Malaca		360	6.000
Tanga		72	1.200
Caixa		0,60	10

Império do Grão-Mogol (1526-1757)

Em 1497, Babur, mongol muçulmano supostamente descendente de Tamerlão, foi expulso do seu trono pelo irmão em Fergana (atual Usbequistão) ao tomar Samarcanda. Não conseguiu recuperá-lo e perdeu Samarcanda. Herdou, porém, a liderança dos descendentes de Tamerlão e passou a chefiá-los no atual Afeganistão. Depois de fracassar em tentativas de reconquistar a Ásia Central, voltou-se contra o Sultanato de Délhi e conseguiu uma vitória definitiva em 1526, após a qual conquistou um território que se estendeu do atual Afeganistão a Bangladesh. O general rebelde Sher Shah derrotou e expulsou seu herdeiro Humayun, mas, após sua morte, seus herdeiros lutaram entre si, Humayun retornou do exílio e restaurou a dinastia de Babur. Seus sucessores expandiram o território, conquistaram os sultanatos do sul e dominaram quase toda a Índia, exceto o extremo sul e pequenos enclaves governados por rebeldes hindus, criando o Estado conhecido dos portugueses como Império do Grão-Mogol e dos ingleses como *Mughal Empire*.

A partir do reinado de Sher Shah (1540-1545), as moedas de prata de um *tola* que substituíram as desvalorizadas *tankas* do Sultanato de Délhi passaram a ser conhecidas como *rupiya* ou *rúpias*, do sânscrito *rupa*, "forma", nome também usado séculos antes, desde o período Maurya, para as moedas de prata hindus também conhecidas como *rupyarupas*, *rupakas* ou *drammas*, de peso bem menor. As moedas de ouro de um *tola* vieram a ser conhecidas como *mohur* ou *mohor*, do persa *muhr*, cognato do sânscrito *mudra*, "selo". Nesse período, a descoberta e exploração das Américas aumentava a oferta de metais preciosos e seus efeitos chegavam à Índia, reduzindo o poder aquisitivo da moeda e ampliando a circulação.

O sistema monetário com base na rúpia veio a ser usado no Afeganistão e na maior parte da Índia. Foi adotado pelos Marathas e pela maioria dos governantes hindus (exceto alguns reinos do sul, que continuaram a usar o padrão de Vijayanagar). O comércio no Oceano Índico, ampliado a partir do domínio britânico, o levou também à Indonésia, Birmânia, Ceilão, Catar, Dubai, Mascate e Omã, África Oriental,ilhas Maldivas e ilhas Maurício e Seychelles.

No reinado de Sher Shah, a rúpia se dividia em 24 *tankas* de bolhão e 48 peças de cobre de 21 gramas, chamadas *paisa*, do sânscrito *padamsa*, "quarta parte", ou *dam* (termo derivado de *dramma* ou dracma). Em

1582, a taxa oficial passou a 20 *tankas* e 40 *dams*. A taxa de mercado variou, porém, de 35 a 51 *dams* por rúpia. O *mohur* valia então 9 rúpias.

Com base apenas nos preços do trigo, o poder aquisitivo da rúpia foi estimado em 1,63 por libra britânica por volta de 1600 por Stephen Broadberry e Bishnupriya Gupta, o que significaria até 1.596 ñ. Optamos por um número algo mais baixo por levar em conta outros itens de custo de vida.

Denominação	Valor em rúpias	Peso em gramas	Valor em ñ
Moedas de ouro			
Mohur	9	11,03	8.640
Moedas de prata			
Rúpia	1	11,53	960
Moedas de bolhão 5%			
Tanka	1/20	11	48
Moedas de cobre			
dam ou paisa	1/40	21	24
nisfi	1/80	10,5	12
damra	1/160	5,3	6
damri	1/320	2,6	3

Segue uma lista de preços dos mercados de Lahore (então capital) em 1595:

Mercadoria	rúpias / maund (25,11 kg)	ñ/kg	Mercadoria	rúpias / maund (25,11 kg)	ñ/kg
trigo	0,30	11,5	manteiga clarificada (gui)	2,63	100,5
cevada	0,20	7,6	óleo	2,00	76,5
painço	0,20	7,6	leite	0,62	23,7
farinha de trigo fina	0,55	21,0	coalhada	0,45	17,2
farinha de trigo grossa	0,38	14,5	açúcar refinado	6,00	229,4
farinha de cevada	0,28	10,7	doces de açúcar	5,50	210,3
grão-de-bico	0,20	7,6	açúcar branco	3,20	122,3
lentilhas	0,30	11,5	açúcar mascavo	1,40	53,5
feijão-da-China	0,45	17,2	açafrão	400,00	15.292,7
feijão-da-Índia	0,40	15,3	cravo	60,00	2.293,9

feijão-tepari	0,30	11,5	cardamomo	52,00	1.988,1
feijão-fradinho	0,30	11,5	pimenta	17,00	649,9
linhaça	0,25	9,6	gengibre seco	4,00	152,9
cártamo	0,20	7,6	cominho	2,00	76,5
feno-grego	0,25	9,6	anis	2,00	76,5
ervilhas	0,15	5,7	canela	40,00	1.529,3
semente de mostarda	0,30	11,5	sal	0,40	15,3
arroz em casca (1ª qualidade)	2,75	105,1	limão ácido	6,00	229,4
arroz em casca (2ª qualidade)	2,50	95,6	suco de limão	5,00	191,2
arroz (1ª qualidade)	2,50	95,6	vinagre de vinho	5,00	191,2
arroz (2ª qualidade)	2,25	86,0	vinagre de açúcar	1,00	38,2
arroz (3ª qualidade)	2,00	76,5	mangas em conserva	2,00	76,5
arroz (4ª qualidade)	1,25	47,8	limões em conserva	2,00	76,5
arroz (5ª qualidade)	1,00	38,2	romãs (mínimo)	6,50	248,5
arroz (6ª qualidade)	0,50	19,1	romãs (máximo)	15,00	573,5
gergelim branco	0,50	19,1	uvas da Caxemira	2,70	103,2
gergelim preto	0,47	18,0	tâmaras da Ásia Central	10,00	382,3
espinafre	0,40	15,3	tâmaras indianas	4,00	152,9
menta	1,00	38,2	uvas passas	9,00	344,1
cebola	0,15	5,7	ameixas	8,00	305,9
alho	0,25	9,6	abricós secos	8,00	305,9
nabo	0,52	19,9	figos da Ásia Central	7,00	267,6
couve	1,00	38,2	figos indianos	1,00	38,2
cenoura	1,00	38,2	amêndoas descascadas	28,00	1.070,5
gengibre (verde)	2,50	95,6	amêndoas na casca	11,00	420,5
carne de carneiro	1,62	61,9	pinhões	8,00	305,9
carne de cabra	1,35	51,6	avelãs	2,50	95,6

Quanto a salários, existem as seguintes referências para 1575-1595:

Trabalhador	rúpias /mês	ñ/mês	ñ/dia
caieiro, 1ª classe	5,25	5.040	168
caieiro, 2ª classe	4,5	4.320	144
caieiro, 3ª classe	3,75	3.600	120
carpinteiro, 1ª classe	5,25	5.040	168
carpinteiro, 2ª classe	4,5	4.320	144
carpinteiro, 3ª classe	3	2.880	96
pedreiro, 1ª classe	2,63	2.525	84
pedreiro, 2ª classe	2,25	2.160	72
cortador de bambu	1,5	1.440	48
aguadeiro, 1ª classe	2,25	2.160	72
aguadeiro, 2ª classe	1,5	1.440	48
colmador	1,5	1.440	48
serrador	1,5	1.440	48
não especializado	1,5	1.440	48
soldados sob comandantes mongóis ou persas	25	24.000	800
soldados sob comandantes indianos	20	19.200	640
cavalariço árabe ou persa	1,58	1.517	51
cavalariço mujana ou turco	1,5	1.440	48
cavalariço indiano	1,13	1.085	36
cornaca (1ª classe)	3	2.880	96
cornaca (2ª classe)	2,63	2.525	84
cornaca (3ª classe)	2,25	2.160	72
assistente de cornaca (1ª classe)	2,25	2.160	72
assistente de cornaca (2ª classe)	1,88	1.805	60
assistente de cornaca (3ª classe)	1,5	1.440	48

No final do reinado de Akbar (1596-1605), adotou-se um novo sistema de moeda divisionária, que não foi continuado por seus sucessores:

Denominação	Valor em rúpias	Peso em gramas	Valor em ñ
Moedas de ouro			
Mohur	9	11,03	8.640
Moedas de prata			
Rúpia	1	11,53	960
Moedas de cobre			
Tanka	1/20	42	48
Dam, paisa ou nim tanka	1/40	21	24
4 tanki	1/50	16,4	19,2
2 tanki	1/100	8,4	9,6
Tanki	1/200	4,2	4,8

Ao longo do século XVII, o poder aquisitivo da prata tendeu a cair e os preços em rúpias a subir, provavelmente devido ao volume de metal trazido pelo comércio com outras partes do mundo. Além dos portugueses, estabelecidos na Índia desde 1500, chegaram os holandeses (a começar por Masulipattanam, atual Machilipatnam, em 1605), ingleses (Surat, 1612), dinamarqueses (Tranquebar, atual Tharangamabadi, em 1620) e franceses em 1668 (primeiro em Surat, depois Pondichéry).

Tomando por base o preço do trigo, pode-se estimar o poder aquisitivo médio da rúpia nas regiões centrais do Império (em torno de Agra) em 400 ñ em 1650, 300 ñ em 1700 e 200 ñ em 1750. Isso não se aplica necessariamente a toda a Índia. Na segunda metade do século XVII, em Bengala, 7½ *maunds* de arroz (que na região equivaliam a 37 kg) eram vendidos por uma rúpia, que também era o preço de 40 a 60 galinhas. Um porco custava ¾ de rúpia e uma vaca, duas rúpias, indicando um poder aquisitivo da ordem de 2.000 ñ para a rúpia.

A relação entre o ouro e a prata e entre o *mohur* e a rúpia aumentou para 10 em 1621, 12,5 em 1633, 13 em 1640, 14 em 1644-45, 16,4 em 1658 e 15 em 1664, proporção que se manteve estável até o terceiro quartel do século XIX.

O preço do cobre inicialmente caiu em relação à prata, de forma que no primeiro quartel do século XVII a relação de mercado foi de cerca de 100 paisas por rúpia, mas depois revalorizou-se, estabilizando-se em 64 paisas por rúpia.

Alguns dos grãos-mogóis do século XVII, principalmente Jahangir (1605-1628) e Shah Jahan (1628-1658) fundiram moedas de ouro enormes, de 100, 200 e até 1.000 *mohur*, consideradas por alguns as maiores moedas da história. Entretanto, essas moedas gigantes não eram feitas para circulação e sim para entesouramento, embora tivessem forma circular e as inscrições típicas de moedas. Eram, na prática, lingotes de ouro circulares, de 1,19 quilo e 96 mm de diâmetro, 2,275 quilos e 118 mm e 11,9 quilos e 210 mm, com poder aquisitivo aproximado de 360.000, 720.000 ñ e 3.600.000 ñ, respectivamente. As maiores moedas em circulação normal eram as de dois *mohurs*.

Em 1637, os salários de empregados da feitoria holandesa em Agra (capital) eram os seguintes:

trabalhador	rúpias /mês	ñ/mês	ñ/dia
lavador	5,0	2.000	67
cavalariço	4,5	1.800	60
ajudante do feitor-chefe	4,5	1.800	60
portador de archote	4,0	1.600	53
ajudante de feitor	3,5	1.400	47
carreteiro	3,5	1.400	47
porteiro	3,5	1.400	47
mensageiro	3,5	1.400	47
carregador de bagagem	2,5	1.000	33
jardineiro	2,0	800	27
escriba de cartas em persa	0,5	200	7
barbeiro	0,5	200	7

No reinado de Aurangzeb (r. 1658-1707), o Império do Grão-Mogol começou a desmoronar. Shivaji, líder do povo marata, rebelou-se para criar um Império Marata hindu no centro da Índia em 1674. Após cinco reinados breves e marcados por rebeliões e conflitos dinásticos, a desintegração se consumou no reinado de Muhammad Shah (r. 1719-1748). A invasão do persa Nader Shah em 1738-1740 e o saque de Délhi desmoralizaram o trono imperial e outros governadores ou nababos (*nawab*) se tornaram praticamente independentes (como o de Bengala) ou vassalos dos maratas (como o de Audh). O Sul ficou isolado pela rebelião marata e seu vice-rei (*nizam*) muçulmano Asif Jah (r. 1724-1748) criou um Estado virtualmente independente em Haiderabad.

A Companhia das Índias Orientais (1757-1857)

Nos anos 1740 e 1750, os britânicos da Companhia das Índias Orientais, que combatiam os franceses pela supremacia no comércio com a Índia, viram na decomposição do Império do Grão-Mogol uma oportunidade de passar do simples controle de feitorias e rotas comerciais para o domínio colonial. Em 1757, após uma vitória decisiva sobre o nababo de Bengala e seus aliados franceses, a Companhia britânica tomou Calcutá e reduziu o nababo a um seu fantoche.

Nos anos seguintes, a Companhia formou um grande exército com mercenários indianos, chamados cipaios (do hindi *shipahi*, "soldado"). Em 1798 conquistou o Ceilão e em 1799 derrotou o reino de Mysore (Maiçor, para os portugueses), passando a dominar o sul da Índia. Em 1803 derrotou os maratas, assumiu o controle do vale do Ganges até Delhi e transformou o próprio Grão-Mogol em uma figura decorativa controlada pela Companhia.

No século XVIII e início do XIX, havia dezenas de tipos de moedas em circulação na Índia. Uma lista oficial da presidência de Bombaim, de agosto de 1821, dá o peso, conteúdo de metal precioso e cotação em moeda britânica e rúpias de Bombaim de 99 padrões monetários que podiam ser encontrados na sua região: 57 variedades de rúpias, 3 de *mohurs* (rúpias de ouro), 25 de *pagodas* (*varaha* para os indianos, *pardaus* para os portugueses, usados no Sul da Índia), 2 de *fanans* de ouro (*panas* para os indianos, também Sul da Índia) e 2 de *kori* (moedas usadas na região de Kutch e em Porbandar), além de dez moedas europeias e persas em circulação no país.

Em Calcutá, capital da Companhia, circulavam dezenas de variedades de rúpias, além de moedas de cobre e cauris (búzios) cuja cotação não era fixa. A contabilidade era feita em uma moeda de conta, a "rúpia corrente", dividida em 16 *anás* (*annas*) correntes e 64 *paisa* (*pieces*) correntes. As rúpias cunhadas recebiam em relação a ela um ágio ou prêmio, a *batta*. Para a frustração da Companhia, os *shroffs* (do hindi *sarraf*, "cambista") indianos convertiam essas moedas de uma maneira que para os ingleses era arbitrária e ilógica. A moeda mais importante em Calcutá era a chamada *rúpia kuldar*, ali cunhada segundo o padrão *sicca* (do árabe *sikkah*, "cunho), herdado do Grão-Mogol, cujo prêmio era de 16% no primeiro ano de circulação, 13% no segundo e 11% a partir do terceiro, quando se tornava equivalente a uma mera rúpia *sonaut*. Moedas de outras regiões da Índia cunhadas segundo o padrão *sicca* tinham, porém, um prêmio de apenas 10%. A *rúpia kuldar* deveria valer 24,566 pence e a corrente 21,177 pelo conteúdo teórico em prata, mas eram cotadas a 30 e 24 pence, respectivamente; a *rúpia Surat* de Bombaim, praticamente igual à *kuldar*, a 27 pence.

Como se negociava com diferentes moedas conforme o distrito e mesmo o tipo de produto, os britânicos eram obrigados partilhar mais do seu lucro com os cambistas do que lhes parecia razoável. As relações convencionais entre as moedas mais importantes em Calcutá eram as seguintes:

Moeda	região	Peso (g)	prata pura (g)	Teor	valor em rúpias correntes
Rúpia Kuldar (1º ano)	Calcutá (física)	11,63	11,40	98,0%	1,1600
Rúpia Kuldar (2º ano)	Calcutá (física)	11,63	11,40	98,0%	1,1300
Rúpia Kuldar (3º ano em diante)	Calcutá (física)	11,63	11,40	98,0%	1,1100
Rúpia Sonaut ou Sunat	Farrukhabad	11,21	10,71	95,5%	1,1100
Rúpia Surat	Bombaim (atual Mumbai)	11,55	11,41	98,8%	1,1000
Rúpia Banaras	Varanasi	11,34	10,94	96,5%	1,0900
Rúpia Arcot	Madras	11,43	10,79	94,4%	1,0800
Rúpia Ely ou Hali	Malwa	11,31	10,46	92,5%	1,0625
Rúpia corrente	Calcutá (contábil)	–	9,83	–	1,0000

Não foi fácil para a Companhia, porém, enquadrar os *shroffs*. Em 1765, foi ignorada ao ordenar que todas as rúpias fossem recunhadas segundo o padrão *sicca* e fossem eliminados a *batta* e o desconto anual. O decreto foi repetido em 1768 e 1771 sem resultados. Em 1777, o governador-geral Warren Hastings decretou que as casas da moeda de Murshidabad, Daca e Patna fossem fechadas, centralizou a cunhagem em Calcutá e mais uma vez convocou uma recunhagem com uma senhoriagem de 2,5%, mas o povo, por suspeitar dos ingleses ou pelas dificuldades e riscos de enviar suas moedas de distritos distantes para a capital, não quis recunhá-las. A situação piorou porque, nas regiões distantes de Calcutá, camponeses que tinham de pagar o arrendamento de suas terras em rúpias *sicca* tiveram mais dificuldade para consegui-las, tendo de recorrer aos cambistas. Em 1778, Hastings ordenou que as moedas fossem dali em diante cunhadas com a data desse ano, 19º do Grão-mogol Shah Alam, para que os *shroffs* não pudessem descontá-las conforme a idade, mas deixou de suprimir a data da hégira (ano islâmico), o que tornou a providência inútil. Também tentou emitir moedas de cobre em 1781-1783 para substituir os cauris, sem sucesso.

Em 1792, o governador seguinte, Charles Cornwallis, reabriu as três casas da moeda fechadas pelo anterior para emitirem todas a mesma moeda do "19º ano" – que a partir de 1794 seria a única aceita no tesouro –, tornou gratuita a recunhagem da prata, eliminou a datação pela hégira e cuidou para que as moedas produzidas nas quatro casas fossem exatamente iguais em dimensões e aparência, de modo que os *shroffs* não pudessem distingui-las. Cornwallis também tratou de eliminar os cauris: em 1795-1796 retomou e ampliou a cunhagem de moedas de cobre e, além dos paisa de 1/64 de rúpia, cunhou também moedas de ½ paisa e ¼ de paisa (*chhidam*). Em 1807, os cauris deixaram de ser aceitos em pagamentos para o governo. Seu uso decaiu, mas em 1833 ainda circulavam em Bihar, embora a taxa de câmbio tivesse subido dos tradicionais 4 *kahans* (aproximadamente) por rúpia para 8 ou 9.

Em 1806, a Companhia definiu uma rúpia de 11,66 gramas de prata 91,67% (10,69 gramas de prata pura) como padrão para todas as suas possessões indianas, mas só começou a cunhá-la em Madras em 1818 e em Bombaim em 1824. Em 1835, a nova unidade monetária foi declarada a única moeda de curso legal na Índia, chamada de "Rúpia da Companhia"; em 1836 foi introduzida no Ceilão. Só então os *shroffs* foram derrotados em Bengala, embora moedas antigas ainda circulassem por muito tempo em outras partes dos domínios britânicos e os estados vassalos continuassem a emitir moedas próprias até 1948.

Em 1819, com mais uma vitória sobre os maratas, a Companhia anexou a região de Bombaim e grande parte da Índia Central. De 1843 a 1846 conquistou a maior parte do que é hoje o Paquistão, em 1852 a baixa Birmânia. Os rajás, marajás e nababos (entre outros títulos) que governavam as partes da Índia não diretamente conquistadas foram reduzidos a seus vassalos e a Companhia se arrogou o direito de anexar seus territórios quando não tivessem herdeiros naturais ou fossem considerados "incompetentes".

A Companhia impôs reformas radicais, revisando a coleta de tributos, a administração e os tribunais conforme os princípios britânicos e do capitalismo liberal, ignorando as leis votadas pelo próprio Parlamento britânico para que os costumes e tradições locais fossem respeitados. Também impôs o inglês como língua do governo, comércio e educação e promoveu a atividade de missionários protestantes. Sob seu domínio, rica tradição local de indústria têxtil foi desincentivada ou destruída para promover a venda de tecidos britânicos e a agricultura transformada para atender em primeiro lugar às necessidades britânicas de alimentos e matérias-primas industriais. A Índia era responsável por cerca de 24,5% da produção industrial mundial em 1750, mas esse índice caiu para 2,8% em

1880 e 1,4% em 1913. Em relação a 1600, os salários reais caíram 30% a 44% até 1789 e 50% a 75% até 1875.

Por séculos, os tecelões de Bengala haviam produzido alguns dos melhores tecidos do mundo, especialmente as musselinas finas, leves como se "tecidas de ar", produzidas em Daca. Diz uma tradição não comprovada que a Companhia cortou os polegares dos tecelões bengalis e quebrou seus teares, mas o que realmente destruiu a manufatura indiana de 1750 a 1810 foi a imposição de tarifas pelos britânicos e o aumento dos preços dos alimentos locais pela concorrência da agricultura de exportação, que aumentou o custo de vida dos tecelões indianos e os tornou internacionalmente menos competitivos. A partir de 1810, a inundação de tecidos grosseiros, mas cada vez mais baratos, produzidos pelas fábricas britânicas enquanto o preço dos alimentos continuava a subir fez os tecelões indianos perderem também o mercado interno. Enquanto em 1810 os fiandeiros e tecelões ainda eram 13% da população de Bihar, em 1901 eram apenas 1,3%.

A ampliação da agricultura de produtos não alimentares destinados aos mercados externos (ópio, algodão, anil etc.), o desaparecimento da manufatura como alternativa de sustento para as aldeias e a exportação sistemática dos excedentes alimentares deixaram muitas regiões do país com reservas insuficientes para fazer frente a anos de escassez. Combinado com a política mercantil liberal da Companhia, que mesmo nos anos de seca priorizava o atendimento dos contratos de exportação e permitia aos especuladores reter estoques à espera do melhor momento para lucrar com a venda, isso resultou em fomes devastadoras, como nunca houvera anteriormente na Índia – nos tempos pré-coloniais, os marajás mantinham grandes estoques e os distribuíam em tempo de escassez – e como nunca mais voltou a haver depois da independência. Morreram 10 milhões na fome de Bengala de 1769-1770, 11 milhões na fome Chalisa de 1783-1784, 11 milhões na fome Daji Bara de 1791-1792, 800 mil na fome de Agra de 1837-1838.

O desprezo da Companhia pelo bem-estar da população, pela cultura indiana e pelos valores das elites locais acabaram por enfurecer tanto hindus quanto muçulmanos e precipitar a revolta dos cipaios de 1857-1858, quando os próprios soldados indianos da Companhia se rebelaram e tentaram expulsá-la e a todos os colonos europeus da Índia em nome do último Grão-Mogol, Bahadur Shah II.

A Companhia das Índias Orientais dividiu seus territórios em três grandes presidências: Madras, estabelecida em 1640, Bombaim, criada em 1687 e Bengala, com capital em Calcutá, organizada em 1690. Até 1835, cada uma dessas presidências teve seu próprio sistema monetário.

Moedas em Bengala, 1790

Denominação	Valor em rúpias kuldar	Valor em rúpias correntes	Peso em gramas	Valor em ñ 1790
Moedas de conta				
rúpia corrente		1	-	165,52
aná corrente		1/16	-	10,34
paisa corrente		1/64	-	2,59
Moedas de ouro 99,6%				
mohur	16	18,56	12,36	3.072
½ mohur	8	9,28	6,18	1.536
1/8 mohur	2	2,32	1,55	384
Moedas de prata 98%				
rúpia kuldar (nova)	1	1,16	11,63	192
½ rúpia ou artharupiya	1/2	0,58	5,82	96
¼ rúpia ou pavala	1/4	0,29	2,91	48
1/8 rúpia ou beda	1/8	0,145	1,45	24
1/16 rúpia ou aná	1/16	0,0725	0,73	12
Moedas de cobre				
½ aná = 2 paisa	1/32		14,54	6
¼ aná = paisa (piece)	1/64		7,27	3
1/8 aná = ½ paisa	1/128		3,64	1,5
1/16 aná = chhiddam	1/256		1,81	0,75
Cauris e fieiras de cauris				
kahan (cahaun) =1.280		1/4	1.400,0	41,38
aná (anna) =320		1/16	350,0	10,34
pan (punn) =80		1/64	87,5	2,59
ganda (gunda) =4		1/1.280	4,4	0,129
kauri (cowrie) =1		1/5.120	1,1	0,032

(*) valor aproximaado: a cotação efetiva variava conforme o mercado

Bombaim (atual Mumbai) foi entregue pelos portugueses à Inglaterra em 1664, como parte do dote de Catarina de Bragança ao se casar com Carlos II. Em 1687 tornou-se sede de uma das presidências da Companhia, mas até 1824 suas moedas ainda eram contabilizadas em *reas*, ou seja, em réis portugueses.

Moedas em Bombaim

Denominação	Valor em réis	Valor em rúpias	Peso em gramas	Valor em ñ 1790
Moedas de conta				
aná ou 4 paisas	25	1/16	-	12
¼ paisa ou rea (real)	1	1/256	-	0,75
Moedas de ouro				
mohur	6.000	15	11,55	2.880
½ mohur	3.000	7½	5,78	1.440
1/3 mohur, paunchea ou panchia	2.000	5	3,85	975
¼ mohur	1.500	3¾	2,89	720
1/8 mohur	750	1,875	1,44	360
1/15 mohur	400	1	0,77	192
Moedas de prata 98,8%				
rúpia surat = 16 anás	400	1	11,55	192
½ rúpia ou artharupiya = 8 anás	200	½	5,78	96
¼ rúpia ou pavala = 4 anás	100	¼	2,89	48
1/5 rúpia	80	1/5	2,31	38
1/8 rúpia ou beda	50	1/8	1,44	24
Moedas de cobre				
2 paisas = phadya (fuddea) = fadia (port.)	8	1/32	12,95	6
1½ paisa = doreea	6	3/64	9,71	4,5
paisa = duggani (doogany) = faluz = copperoon	4	1/64	6,47	3
½ paisa = urdee	2	1/128	3,23	1,5

Kutch, Estado governado por marajás vassalos do sultanato do Gujarat e depois do Grão-Mogol, tornou-se vassalo da Companhia em 1819, mas manteve sua moeda peculiar, o *kori* (do sânscrito *kumari*, "filha"), um pequeno exemplo da variedade de sistemas monetários indianos.

Moedas do Kutch (4 kori = 1 rúpia de Calcutá; 3,765 kori = 1 rúpia da Companhia)

Denominação	Valor em kori	Peso em gramas	Valor em ñ 1790
Moedas de prata 60,75%			
kori	1	4,68	48
adhyo	½	2,34	24
payala	¼	1,17	12
Moedas de cobre			
dhinglo	1/16	12,0	3
dokda	1/24	8,0	2
trambiyo	1/48	4,0	1
babukiya	1/96	2,0	0,5

Na presidência de Madras cunhou-se até 1815, ao lado da rúpia, uma série baseada nos padrões usados por Estados hindus do Sul, cuja principal moeda era a *varaha*, chamada em inglês de *pagoda* e em português de *pardau*. A versão da Companhia era chamada *puli varaha* ou *star pagoda*, pela figura de uma estrela no reverso. De 1647 a 1688, 6 *kasu* valiam 1 *fanam* e 32 *fanam* 1 *pagoda*. De 1688 a 1802, 36 *fanam* valiam um *pagoda*. A *pagoda* valia 42 *fanam* (oficialmente) ou 44,625 *fanam* (para os nativos) de 1802 a 1817 e 45 *fanam* de 1817 a 1835. De 1802 a 1817, a *rúpia arcot* valia oficialmente 12 *fanam* e para os nativos, 12,75 *fanam*.

Moedas de Madras (1790)

Denominação	Valor em rúpias	Valor em caxas	Peso em gramas	Valor em ñ 1790
Moedas de ouro 98%				
mohur	15	14.400	11,66	2.880
Moedas de ouro 86,25% (antiga)				
varaha ou pagoda (pré-Companhia)	3,3	3.168	3,47	634
Moedas de ouro 80%				
puli varaha ou star pagoda da Companhia	3	2.880	3,41	576
Moedas de prata 94,4%				
rúpia arcot	1	960	11,43	192
½ rúpia	1/2	480	5,72	96

Moedas de prata 90%				
2 pana (fanams)	1/6	160	1,85	32
pana (fanam)	1/12	80	0,92	16
Moedas de cobre				
½ dub, dudu ou 10 cash = 1/96 rúpia	1/96	10	8,85	2
¼ dub, ½ dudu, 5 cash ou faluz	1/192	5	4,43	1
kasu (cash)	1/960	1	0,89	0,2

Moedas de Madras (1803)

Denominação	Valor em rúpias	Valor em caxas	Peso em gramas	Valor em ñ 1803
Moedas de ouro 98%				
mohur	15	15.300	11,66	2.880
Moedas de ouro 80%				
puli varaha ou star pagoda	3½	3.570	3,41	672
Moedas de prata 94,4%				
rúpia arcot	1	1.020	11,43	192
½ rúpia	1/2	510	5,72	96
¼ rúpia	1/4	255	2,86	48
Moedas de prata 90%				
2 pana (fanams)	1/6	160	1,85	30
pana (fanam)	1/12	80	0,92	15
Moedas de cobre				
dub = 20 cash = paisa = 1/48 rúpia	1/48	20	12,95	3,8
½ dub, dudu ou 10 cash = 1/96 rúpia	1/96	10	6,47	1,9
¼ dub, ½ dudu, 5 cash ou faluz	1/192	5	3,23	1
kasu (cash)	1/960	1	0,64	0,19

Moedas de Madras (1820)

Denominação	Valor em rúpias	Valor em caxas	Peso em gramas	Valor em ñ 1820
Moedas de ouro 91,67%				
mohur	15	15.360	11,66	2.880
Moedas de ouro 80%				
2 puli varaha ou star pagoda	7	7.200	5,97	1.350
puli varaha ou star pagoda	3½	3.600	2,97	675
Moedas de prata 91,67%				
rúpia da Companhia	1	1.024	11,66	192
½ rúpia	1/2	512	5,83	96
¼ rúpia	1/4	256	2,91	48
1/8 rúpia	1/8	128	1,46	24
Moedas de prata 90%				
½ pagoda	7/4	1.800	21,17	338
¼ pagoda	7/8	900	10,58	169
5 pana (fanams)	5/12	400	4,65	75
2 pana (fanams)	1/6	160	1,85	30
pana (fanam)	1/12	80	0,92	15
Moedas de cobre				
40 cash	1/24	40	19,43	7,50
dub = 20 cash = 1/48 rúpia	1/48	20	9,72	3,75
½ dub, dudu ou 10 cash = 1/96 rúpia	1/96	10	4,86	1,88
¼ dub, ½ dudu, 5 cash ou faluz	1/192	5	2,43	0,94
2½ cash	1/384	2,5	1,21	0,47

Travancore, Estado governado por marajás no extremo sul da Índia, tornou-se um protetorado da Companhia em 1795. Seu sistema monetário foi representativo dos Estados autônomos do Sul.

Moedas de Travancore

Denominação	Valor em caxas	Peso em gramas	Valor em ñ 1816
Moeda de conta			
rúpia de Travancore (*)	448	10,50	189
Moedas de ouro 81,77%			
varaha (*pagoda*)	1.792	3,30	756
Moedas de ouro 59%			
panam (*fanam*) (**)	128	0,37	54
½ panam	64	0,18	27
Moedas de prata 91,67%			
2 chakram	32	0,75	13,5
chakram (*chuckram*)	16	0,37	6,7
½ chakram	8	0,18	3,4
Moedas de cobre			
8 kasu	8	5,20	3,4
4 kasu	4	2,60	1,7
2 kasu	2	1,30	0,8
kasu (*cash*)	1	0,65	0,4

(*) a rúpia da Companhia foi cotada a 456 caxas (28 chakram, 8 kasu)

(**) em 1860, foi criada uma moeda de prata também chamada panam (fanam), de 1,50 g, com valor de 4 chakram ou 64 kasu.

Em 1835, a Companhia das Índias Orientais unificou o sistema monetário das três presidências:

Moedas da Índia Britânica (1835-1857)

Denominação	Valor em rúpias	Peso em gramas	Valor em ñ 1845
Moeda de conta			
crore	10.000.000	-	2.880.000.000
lakh	100.000	-	28.800.000
aná (anna) ou ekanni	1/16	-	18
Moedas de ouro 91,7%			
2 mohurs	30	23,32	8.640
mohur	15	11,66	4.320
Moedas de prata 91,7%			
rúpia da Companhia	1	11,66	288
½ rúpia ou artharupiya	½	5,83	144
¼ rúpia ou pavala	¼	2,92	72
2 anás ou beda	1/8	1,46	36

Moedas de cobre			
½ aná ou 2 paisas	1/32	12,96	9
¼ aná ou paisa (*piece*)	1/64	6,48	4,5
⅛ paisa	1/128	3,24	2,25
1/12 aná ou pai (*pie*)	1/192	2,16	1,5

Índia Portuguesa, séculos XVII a XX

De 1605 a 1663, Portugal perdeu a maior parte de suas colônias na Ásia para os Países Baixos, Ormuz para a Pérsia, Mascate para o Omã e ainda teve de ceder Bombaim aos ingleses em 1662 como parte do dote do casamento entre a princesa Catarina de Bragança e Carlos II de Inglaterra, preço da restauração da aliança entre os dois países. Em 1739 e 1740, perdeu Salsete, Baçaim e Chaul, na costa ocidental da Índia, para os maratas; em 1749, Meliapor, para os ingleses. Restaram Goa, Damão e Diu. Goa foi ampliada no século XVIII com as chamadas "Novas Conquistas", graças a um pequeno rajá que em 1764, ameaçado pelo marajá de Maiçor (Mysore), entregou suas terras a Portugal em troca de asilo e pensão e outro que cedeu terras em 1783-1788 em troca de ajuda contra um rival. Damão foi também ampliado em 1783 com o enclave de Nagar-Avéli, cedido pelos maratas a título de indenização pelos danos causados a uma fragata portuguesa. Ao longo dos infortúnios do século XVII, a moeda da Índia Portuguesa foi desvalorizada em relação à de Portugal e o "real fraco" local passou a valer no câmbio e em conteúdo de metal apenas 53% do "real forte" metropolitano.

Denominação	réis de Goa	réis de Portugal	Peso em gramas	Valor em ñ 1765
Moedas de ouro 85,4%				
São Tomé (12 xerafins)	3$600	1$920	4,78	1.440
São Tomé (8 xerafins)	2$400	1$280	3,19	960
São Tomé (4 xerafins)	1$200	$640	1,59	480
São Tomé (2 xerafins)	$600	$320	0,80	240
São Tomé (1 xerafim)	$300	$160	0,40	120
Moedas de prata 86%				
rúpia ou pardau dobrado	$600	$320	11,90	240
meia rúpia, pardau, xerafim ou 5 tangas	$300	$160	5,95	120

meio xerafim ou meio pardau	$150	$080	2,98	60
tanga	$060	$032	1,19	24
meia tanga	$030	$016	0,60	12
Moedas de cobre				
tanga	$060	$032	42,1	24
meia tanga	$030	$016	21,0	12
vintém	$020	$010 2/3	14,0	8
vis-duddi ou corém-vintém	$012	$006 2/5	8,0	4,8
dez réis	$010	$005 1/3	7,3	4
daduddu	$006	$003 1/5	3,9	2,4
2½ réis	$002½	$001 1/3	2,3	1
2 réis	$002	$001 1/15	1,2	0,8
Moedas de tutanaga (níquel, zinco e cobre)				
15 bazarucos	$012	$006 2/5	12,0	4,8
10 bazarucos	$008	$004 4/15	7,0	3,2
7½ bazarucos	$006	$003 1/5	13,6	2,4
5 bazarucos	$004	$002 2/15	4,0	1,6
3 bazarucos	$002 2/5	$001 7/25	5,6	0,96
2½ bazarucos	$002	$001 1/15	3,6	0,8
2 bazarucos	$001 3/5	$000 64/75	4,3	0,64
1 bazaruco	$000 4/5	$000 32/75	2,5	0,32

Em 1818, foi reformulada a cunhagem, com as seguintes denominações, que circularam em Goa até meados do século XIX:

Moedas de Goa, 1845

Denominação	réis de Goa	réis de Portugal	Peso em gramas	Valor em ñ 1845
Moedas de conta, uso geral				
larim	$100	$053 1/3	–	46
real de Goa	$001	$000533		0,46
duddu	$000 3/5	$000 8/25	–	0,27
Moedas de conta, Novas Conquistas (*)				
pagode saunoy	1$950	1$040	–	891
pagode nixany	1$800	$960	–	823
Moedas de ouro 99,9%				
veneziano ou cequim	3$750	2$000	3,49	1.714

Moedas de ouro 91,7%				
peça ou meia dobra	12$900	6$880	14,34	5.897
golmor (*gold mohur* da Índia Britânica)	9$900	5$280	11,66	4.526
meia peça	6$450	3$440	7,17	2.949
Moedas de ouro 85%				
São Tomé novo (originalmente 12 xerafins)	3$900	2$080	4,78	1.783
São Tomé velho (originalmente 5 xerafins)	1$950	1$040	2,80	891
Moedas de prata 90,3%				
pataca colunária (peso hispânico)	1$410	$752	27,06	645
½ pataca	$705	$376	13,53	322
Moedas de prata 92%				
rúpia xirina (de Bombaim)	$630	$336	11,66	288
½ rúpia xirina	$315	$168	5,83	144
¼ rúpia xirina	$157½	$084	2,92	72
Moedas de prata 86%				
rúpia ou pardau dobrado	$600	$320	10,71	274
meia rúpia, pardau, xerafim ou 5 tangas	$300	$160	5,33	137
meio xerafim ou meio pardau	$150	$080	2,64	69
tanga	$060	$032	1,07	27
Moedas de cobre				
tanga	$060	$032	36,75	27,4
meia tanga ou ortang	$030	$016	19,12	13,7
vintém	$020	$010 2/3	12,75	9,1
quarto de tanga ou rubo	$015	$008	9,56	6,9
vis-duddi ou corém-vintém	$012	$006 2/5	7,62	5,5
dá res (dez réis)	$010	$005 1/3	6,37	4,6
polém-vintém ou pondrá-duddu	$009	$004 4/5	6,00	4,1
pancho-dombdio	$007½	$004	4,78	3,4
dá duddu (10 duddu)	$006	$003 1/5	3,80	2,7
ord-vintém	$004½	$002 2/5	2,84	2,1
pancho-duddu (5 duddu), dadguini ou sabedará-duddu	$003	$001 3/5	1,15	1,4

(*) usada nas chamadas "Novas Conquistas" de Goa no pagamento de tributos tradicionais. Cada *pagode* se dividia em 2 *pratups*, 10 *damos*, 40 *pagós*, 160 *visvós* e 640 *camós*.

Moedas de Damão, 1845

Denominação	réis de Damão	Peso em gramas	Valor em ñ 1845
Moedas de prata 90,3%			
pataca colunária (peso hispânico)	1$525½	27,06	648
½ pataca	$762¾	13,53	324
Moedas de prata 92%			
rúpia de Bombaim	$678	11,55	288
½ rúpia de Bombaim	$339	5,78	144
quarto de rúpia de Bombaim	$169½	2,89	72
1/8 de rúpia de Bombaim	$084¾	1,44	36
Moedas de prata 88%			
rúpia de Baroche	$675	11,50	287
meia rúpia de Baroche	$337½	5,75	143
Moedas de cobre			
aná	$042 5/8	25,90	18
fadia	$021 3/16	12,95	9
dabu	$018	6,71	7,6
dirqui	$010 19/32	6,47	4,5
½ dabu ou suiray	$009	3,36	3,8
januadini = 4 aricás	$006	3,80	2,5
três aricás	$004½	2,84	1,9
pai	$003 17/32	2,16	1,5
duas aricás	$003	1,15	1,3
aricá	$001½	0,70	0,6

Obs.: um real de Damão = 0,929 real de Goa = 0,495 real português.

Moedas de Diu, 1845

Denominação	réis de Diu	Peso em gramas	Valor em ñ 1845
Moedas de prata 86%			
rúpia de Diu	$600	7,8	219
meia rúpia, xerafim ou pardau	$300	3,9	110
1/2 xerafim ou 1/2 pardau	$150	1,9	55
Moedas de cobre			
atiá, bazaruco ou pataca de cobre	$015	9,2	5,5
meia atiá	$007 1/2	4,9	2,7
1/4 de atiá ou daguini	$003 3/4	2,3	1,4
1/8 de atiá ou ducrá	$001 7/8	1,5	0,7

Obs.: um real de Diu = 0,8 real de Goa = 0,4267 real português. Uma rúpia de Diu valia 480 réis de Goa.

Em 1869, foi fechada a casa da moeda de Goa, que em pleno século XIX ainda cunhava moedas a martelo, e a partir de 1871 as moedas foram importadas de Portugal e a moeda divisionária simplificada. As moedas de cobre passaram a ser de 3, 5, 10 e 15 réis, 1/2 e 1 *tanga*.

Em 1880, uma convenção monetária igualou a rúpia de Goa à rúpia da Índia britânica, que nessa época equivalia a 20 pence ou 375 réis portugueses. O valor nominal da rúpia passou de 600 para 720 réis e o da *tanga* de 60 para 45 réis, sendo esta, portanto, equivalente à aná da Índia Britânica e a 1/16 de rúpia e não 1/10, como antes. O real da Índia Portuguesa, a partir de então não mais usado como denominação de moedas, ficou equivalente a 0,52 real português.

No ano seguinte, introduziram-se moedas de 1/12 de *tanga* (1/192 de rúpia, equivalente ao pai da Índia Britânica), 1/8 de *tanga* (1/128 de rúpia) e 1/4 de *tanga* (1/64 de rúpia, equivalente ao paisa) de cobre, bem como moedas de prata de 1/8, 1/4, 1/2 e 1 rúpia. O primeiro papel-moeda para a Índia portuguesa foi emitido pelo governo local em 1882 com as denominações de 10 e 20 rupias; em 1883 seguiram-se as notas de 5, 10, 20, 50, 100 e 500 rúpias.

O bronze substituiu o cobre em 1901. Em 1906, o Banco Nacional Ultramarino assumiu a emissão de papel-moeda, com notas de 5, 10, 20 e 50 rúpias. Em 1911, um ano após a queda da monarquia em Portugal, o mil-réis português foi substituído pelo escudo, desvalorizado em 10% relativamente à libra esterlina. A rúpia, então estabilizada em 16 pence, valia agora 33 centavos de escudo português.

Em 1917, foram adicionadas notas de 4 e 8 *tangas*, 1 e 2½ rúpias, emitidas até os anos 1920. Moedas de cuproníquel de 2 e 4 *tangas* foram introduzidas em 1934, seguidas por ¼, ½ e 1 rúpia em 1947.

A rúpia da Índia Portuguesa não acompanhou a brutal inflação da moeda portuguesa entre 1914 e 1926, mas permaneceu fixada à rúpia da Índia britânica, menos instável. Assim, de 33 centavos de escudo antes da I Guerra Mundial, passou a valer cerca de 6 escudos alguns anos depois da II Guerra Mundial. Notas de 100 e 500 rúpias foram emitidas a partir de 1945.

Moedas da Índia Portuguesa, 1951

Denominação	rúpias	Peso em gramas	Valor em ñ 1951
Papel-moeda			
500 rúpias			12.000
100 rúpias			2.400
50 rúpias			1.200
20 rúpias			480
10 rúpias			240
5 rúpias			120
Moedas de prata 50%			
rúpia	1	12	24
Moedas de cupro-níquel			
½ rúpia	1/2	5,6	12
¼ rúpia	1/4	3	6
Moedas de bronze			
1 tanga	1/16	6	1,5

Em 1951, as colônias portuguesas foram teoricamente anexadas à metrópole como "províncias ultramarinas", numa tentativa de escapar ao questionamento do colonialismo e tornar a união indissolúvel. Entretanto, em 1954, rebeldes locais expulsaram as forças policiais portuguesas de Nagar-Avéli e proclamaram sua integração à Índia independente. O território não foi formalmente anexado, porque a Índia ainda esperava poder negociar a incorporação pacífica de toda a colônia portuguesa; até 1961 foi teoricamente independente, mas administrado por uma junta local sob supervisão indiana.

Em 1958, como parte da integração de fachada entre colônia e metrópole, a rúpia foi substituída pelo escudo, à razão de uma rúpia por seis escudos. Foram cunhadas moedas de 10 e 30 centavos de bronze e de 60 centavos, 1, 3 e 6 escudos de cuproníquel, e impressas notas de 30, 60, 100, 300, 600 e 1.000 escudos.

Em dezembro de 1961 a Índia perdeu a paciência e invadiu as colônias, com a aprovação tácita dos Estados Unidos de John Kennedy. O ditador português António Salazar ordenou que as forças portuguesas resistissem até o último homem e destruíssem Goa, mas, para evitar um sacrifício inútil, o governador o desobedeceu e rendeu-se em dois dias. Furioso, Salazar rebaixou e expulsou os oficiais portugueses quando estes foram libertados do campo de prisioneiros indianos e exilou o ex-governador, que só pôde voltar a Portugal após a revolução de 1974.

O domínio Britânico ou British Raj (1857-1947)

O fracasso da Companhia Britânica das Índias Orientais em prevenir a revolta convenceu o governo britânico de que o enfoque empresarial não era adequado para se dirigir um país. A Companhia foi dissolvida e o Reino Unido assumiu o governo colonial direto da Índia. Essa gestão de políticos e funcionários públicos de carreira administrou com mais consciência das questões políticas envolvidas na administração de um império e mais tato em relação às religiões, tradições e elites nativas, pesquisando sobre religiões, castas, etnias e tradições para melhor compreendê-las – e também para saber jogá-las umas contra as outras e dividir para governar.

As elites receberam mais respeito e oportunidades no governo colonial. As massas, porém, continuaram, a ser tão exploradas quanto antes. Sintoma disso foi a continuação das grandes fomes. Consideradas apenas as áreas diretamente governadas pelos britânicos e não os domínios dos marajás e nababos (611 territórios, com 48% da área e 28% da população), estimaram-se dois milhões de mortos na fome do Aldo Doab de 1860-1861, um milhão na fome de Orissa de 1866, 1,5 milhão na fome do Rajputana de 1869, 5,5 milhões na fome do Sul da Índia de 1876-1878 (perturbação climática que também devastou o norte da China e o nordeste brasileiro), 5 milhões na fome indiana de 1896-1897, um milhão na fome de 1899-1900 e 3,5 milhões na fome de Bengala de 1943. Considerada toda a Índia, as estimativas chegam a 10,3 milhões de mortos em 1876-1878 e 19 milhões em 1891-1901. A modernização dos portos, ferrovias e comunicações da Índia pelo governo colonial pouco ajudou a combater a fome, pois, em vez de levar alimentos às regiões afetadas, essas vias serviram para facilitar as exportações e permitir aos preços de alimentos subirem até se ajustar aos padrões internacionais. Isso deprimiu ainda mais os salários reais e fez o poder aquisitivo da rúpia cair aproximadamente pela metade.

Enquanto isso, em 1876, a rainha Vitória era proclamada "imperatriz da Índia" por seu primeiro-ministro Benjamin Disraeli. Oficialmente, o ato visava a fortalecer a união entre metrópole e colônia. Na realidade, era uma questão de pura vaidade da soberana. Em 1871, o rei da Prússia, Guilherme I, se tornara imperador (*Kaiser*) da Alemanha e Vitória se sentia diminuída sem um título imperial que, ela esperava, a enalteceria ante os súditos e enfraqueceria o movimento republicano e democrático. Entretanto, marajás e nababos foram convocados a prestar vassalagem à nova imperatriz[8] em uma faustosa cerimônia em Délhi intitulada "*durbar* (corte) imperial" em 1º de janeiro de 1877, no auge de uma das piores fomes da história da Índia. A ocasião serviu, por outro lado, para o ativista Ganesh Vasudeo Joshi, líder da Pune Sarvajanik Sabha ("Congresso de Puna", cidade indiana), organização que defendia os direitos dos camponeses, lançar em meio a um polido discurso um desafio aos colonizadores: "que Sua Majestade conceda à Índia o mesmo status político e social do qual desfrutam seus súditos britânicos".

Sem sofrer alteração em peso ou teor, a "Rúpia da Companhia" foi renomeada "Rúpia do Governo" em 1862 e veio a circular não só na Índia e Ceilão, inclusive estados vassalos, mas também na ilha Maurício, Birmânia e grande parte da África Oriental.

Havia papel-moeda de bancos privados na Índia desde 1770, mas a partir de 1861 o governo colonial assumiu e monopolizou sua emissão. O Departamento de Moeda (*Currency Department*) do governo colonial emitiu inicialmente valores de 10 rúpias a 1.000 rúpias e, a partir de 1875, também 5 rúpias.

O papel-moeda era emitido por sete círculos monetários – Calcutá, Bombaim, Madras, Kanpur, Rangum, na atual Birmânia, e Lahore e Karachi no atual Paquistão – e não podia ser descontado fora de seu círculo, porque o governo colonial não queria que fossem usado para remessas entre regiões (o que o faria perder tarifas e comissões). Só entre 1903 e 1911 as notas de 5, 10, 50 e 100 rúpias foram "universalizadas", passando a poder ser descontadas em qualquer região da Índia Britânica. Para maior segurança, foi costume remeter notas cortadas pela metade, sendo a metade enviada por correio primeiro e a segunda somente depois que a primeira chegasse ao destino.

Com a desvalorização internacional da prata a partir da crise do padrão-ouro dos anos 1870, a rúpia anglo-indiana, que até então equivalia a quase 1/10 da libra esterlina ou 23,835 pence, começou a cair no mercado cambial: 23,27 pence em 1870, 21,625 em 1875, 19,956 em 1880, 18,254 em 1885, 18,09 em 1890 e 15 em 1893. Os preços internos não subiram na mesma proporção e do ponto de vista dos assalariados, o poder aquisitivo da rúpia não foi

8 Seu título em hindi veio a ser ***Kaisar-i-Hind***, "César da Índia" e não ***Badishah***, "Grande Rei", como os Grão-mogóis.

drasticamente afetado nesse período, mas, para pagar seus encargos e dívidas para com o Reino Unido, o governo colonial teve de remeter uma quantidade cada vez maior de rúpias e subir impostos, criando mais inquietação. Para evitar o agravamento do problema, em 26 de junho de 1893, o governo colonial decidiu estabilizar a rúpia no patamar de 16 pence ou 15 rúpias por libra, usando para isso suas reservas de ouro. Em 1899 a libra esterlina foi declarada moeda legal na Índia com essa paridade fixa. A rúpia adotou assim um padrão híbrido peculiar, pois a moeda e quase todo o meio circulante interno era de prata, mas o seu valor era garantido por ouro, com o qual era feito todo o comércio exterior.

Em 1900, o nacionalismo indiano começava a ganhar força, principalmente entre os hindus. O governo colonial prendeu alguns de seus líderes e atendeu a reivindicações dos muçulmanos dentro de uma política de "dividir para reinar". Criou cotas para muçulmanos nos órgãos legislativos e no serviço público e em 1905 dividiu a província de Bengala para criar uma região de maioria muçulmana e reduzir a influência do Congresso Nacional Indiano (CNI), que, fundado em 1885 pela elite hindu para promover reformas favoráveis aos nativos, tinha nessa província sua base mais importante. Os protestos continuados levaram o governo colonial a reverter a decisão em 1911, mas a capital da Índia Britânica foi em seguida transferida de Calcutá para Nova Délhi, onde o Congresso tinha menos poder de mobilização.

Em 1906, foi introduzida uma nova moeda de um aná (1/16 rúpia), de 3,9 gramas em cuproníquel. Em 1910, foi oficializado o padrão ouro, sem maiores consequências práticas. Em 1911, a entronização de George V levou a um curioso incidente. Nas moedas cunhadas na Índia, o rei-imperador usava a corrente da indiana Ordem do Elefante, mas o desenho malfeito fez o elefante se parecer a um porco. Isso enfureceu os muçulmanos e forçou o governo a uma nova cunhagem.

No início da I Guerra Mundial, a rúpia caiu de 16 pence para 15,4 em 1914 e 1915, mas depois se valorizou devido ao aumento do preço da prata no mercado internacional ante uma libra esterlina inflacionada pelas despesas de guerra. A rúpia retornou a 16 pence em 1916 e subiu para 16,5 em 1917, 17,7 na média de 1918 e 21 na média de 1919 (28 no final), atingindo um pico de 34,84 pence em 12 de fevereiro de 1920. A partir dessa data, o preço da prata voltou a cair e a rúpia flutuou em torno de 16 pence em 1921 a 1923. Em 1924 voltou a subir e em outubro atingiu 18 pence. O câmbio flutuou em torno desse valor até 1º de abril de 1927, quando foi fixado em 18 pence ou 13,33 por libra, paridade que permaneceu até 1966.

As moedas de ouro, cuja cunhagem fora suspensa nos anos 1870, foram retomadas em 1918, como moedas de 15 rúpias idênticas em peso à libra esterlina (7,98 gramas). Pela escassez e alta relativa do preço da prata, moedas de cuproníquel de 2 anás substituíram as equivalentes de prata de 1/8 de rúpia e moedas de 4 e 8 anás circularam ao lado daquelas de ¼ e ½ rúpia.

Em 1919, o governo colonial atendeu parcialmente à reivindicação de maior autonomia exigida tanto pelo CNI quanto pela Liga Muçulmana (criada em 1906) para recompensar a colaboração da Índia com o esforço de guerra britânico. Cargos politicamente menos críticos, tais como ministérios e secretarias ligadas à agricultura, saúde, educação e obras públicas, foram concedidos à elite nativa, permanecendo os britânicos no controle das finanças, justiça e polícia. O impacto positivo dessa medida foi, porém, anulado pela Lei Rowlatt, que investiu o governo com poderes de exceção para combater a agitação nacionalista, censurar a imprensa, deter ativistas sem julgamento e prender qualquer suspeito de "traição".

Em abril, um general britânico ordenou às suas tropas atirar contra uma manifestação de 15 mil pessoas, inclusive mulheres e crianças, que protestavam em Amritsar contra a prisão de líderes políticos. Centenas foram mortos e o general, afastado, foi recebido na Inglaterra como herói. O evento radicalizou muitas lideranças até então moderadas, ao convencê-las de que o Império só respeitava a opinião pública da metrópole e a independência era necessária.

Em 1920, Mohandas Gandhi convenceu outras lideranças a aderir à política de não cooperação, desobediência civil e resistência pacífica que chamou de *satyagraha*, "insistência na verdade". Pediu ao povo para deixar de comprar tecidos importados e usar roupas artesanalmente tecidas na Índia – gesto de importância tanto simbólica quanto econômica, pois a destruição da indústria têxtil fora um passo decisivo na colonização –, boicotar escolas e tribunais britânicos, renunciar a cargos no governo colonial e a títulos e honras britânicos e recusar-se a pagar impostos. Foi preso de 1922 a 1924, mas retornou para liderar um movimento de reformas, enquanto uma nova geração de políticos comprometidos com o ideal da independência, inclusive Jawaharlal Nehru, assumia o comando do CNI e surgiam partidos mais radicais.

Em 1929, o CNI, com amplo apoio popular, lançou um desafio formal ao governo colonial e promoveu uma campanha de *satyagraha* até a independência total. Um dos atos mais representativos foi a Marcha do Sal organizada por Gandhi em março de 1930, em protesto contra a taxação proibitiva imposta pelos britânicos à extração de sal na Índia para forçar a importação de sal britânico. Mais de cem mil indianos o acompanharam numa caminhada de 400 quilômetros até o litoral para coletar sal e milhões o imitaram. Os britânicos prenderam mais de 60 mil e camponeses começaram a se recusar a pagar impostos. O governo censurou a correspondência, pôs o CNI fora da lei, promoveu um massacre de centenas de manifestantes e o movimento chamou a atenção do mundo. Em 1931, para a fúria de Winston Churchill, os britânicos aceitaram libertar presos políticos não violentos, retirar processos, devolver propriedades confiscadas por falta de pagamento de impostos, desistir de taxar o sal e levantar a proibição do CNI em troca da suspensão da campanha.

A *satyagraha* não obteve maiores conquistas e em 1934 o CNI a abandonou como política, mas criou consciência e solidariedade com o ideal de independência. Em 1935, o governo britânico realizou uma reforma política e administrativa que dava autonomia às províncias e criava parlamentos provinciais, com a expectativa de fortalecer partidos colaboracionistas contra o CNI e dividi-lo em facções regionais, porém o CNI venceu as eleições de 1937 e continuou unido. Uma das consequências dessa reforma foi a criação de um banco central, o Banco de Reserva da Índia, que assumiu a emissão de papel-moeda antes feita diretamente pelo governo provincial.

Em 1939, o vice-rei da Índia declarou guerra ao Eixo como aliado do Reino Unido sem consultar o Parlamento eleito. Em protesto, o CNI renunciou a todos os seus cargos em governos provinciais e locais, e em 1942 iniciou uma campanha pela independência imediata liderada por Gandhi. Foram atacados postos de correio, ferrovias, telégrafos e postos policiais. Os britânicos, cujo governo era então liderado por Winston Churchill, reagiram com massacres de manifestantes, açoitamentos públicos e mais de 100 mil prisões, inclusive de Gandhi e de toda a liderança do

CNI, alguns dos quais (entre estes a esposa de Gandhi) morreram na cadeia. Enquanto passavam mais de três anos isolados de suas bases, a Liga Muçulmana apoiou a guerra, ganhou a boa-vontade de Londres e pôde espalhar sua propaganda política livremente, conquistando as regiões de maioria não hindu.

Durante a II Guerra Mundial, a rúpia sofreu forte inflação com as despesas militares do Império Britânico na Ásia. As moedas de *pie*, ½ *pice* e ¼ rúpia deixaram de ser cunhadas e a de um *pice* passou a ser furada. Nas moedas de ½ e 1 rúpia, a prata de 22 quilates foi substituída por 12 quilates (50%) e depois por níquel.

Terminada guerra, Churchill perdeu a eleição de julho de 1945 para os trabalhistas e no mês seguinte, os líderes do CNI foram libertados. Com exército e finanças esgotados, o novo governo de Londres era simpático à causa dos indianos e, sobretudo, não tinha condições de sustentar um conflito prolongado na Índia, cujos riscos foram evidenciados por um amplo motim da marinha indiana em fevereiro de 1946. Concordou em conceder a independência a curto prazo.

Nas eleições de 1946, o CNI ganhou mais de 90% dos votos nas regiões de maioria hindu e Jawaharlal Nehru tornou-se primeiro-ministro, enquanto a Liga Muçulmana, embora tivesse a maioria dos votos de sua comunidade, só conseguiu o governo de duas províncias, Sindh e Bengala. A percepção de que a independência era iminente e reduziria os muçulmanos a uma minoria levou a Liga a exigir a independência em separado das regiões de maioria muçulmana. A violência começou em agosto, com incitação do chefe muçulmano do governo eleito de Bengala contra os hindus em Calcutá, e foi revidada por hindus. Milhares de mortos e a falta de cooperação da Liga Muçulmana levaram o CNI a aceitar a divisão do país, apesar da oposição de Gandhi. Em agosto de 1947, tornaram-se independentes tanto o Domínio do Paquistão quanto o Domínio da Índia. Dos 390 milhões de habitantes da Índia antes da independência, 14,5 milhões foram transformados em refugiados ao serem forçados a migrar numa direção ou na outra, e até dois milhões foram massacrados. Em janeiro de 1948, Gandhi foi assassinado por um nacionalista hindu, que o culpava pela partição por apaziguar os muçulmanos.

Moedas do governo colonial indiano (1867)

Denominação	Valor em rúpias	Peso em gramas	Valor em ñ 1867
Moeda de conta			
crore	10.000.000	-	1.280.000.000
lakh	100.000	-	12.800.000
aná (anna) ou ekanni	1/16	-	8
Papel-moeda (notas do governo da Índia)			
1.000 rúpias	1.000	-	128.000
100 rúpias	100	-	12.800
50 rúpias	50	-	6.400
20 rúpias	20	-	2.560
10 rúpias	10	-	1.280
Moedas de ouro 91,7%			
1 mohur	15	11,66	1.920
10 rúpias	10	7,77	1.280
5 rúpias	5	3,89	640
Moedas de prata 91,7%			
rúpia do Governo	1	11,66	128
½ rúpia, artharupiya ou athanni	½	5,83	64
¼ rúpia, pavala ou chawanni	¼	2,92	32
2 anás, beda ou dawanni	1/8	1,46	16
Moedas de cobre			
½ aná, 2 paisas, paraka, adhanni ou taka	1/32	12,96	4
¼ aná ou paisa (piece)	1/64	6,48	2
½ paisa, kani ou dhela	1/128	3,24	1
1/12 aná, pai (pie) ou damari	1/192	2,16	0,67

Moedas do governo colonial indiano (1906)

Denominação	Valor em rúpias	Peso em gramas	Valor em ñ 1906
Moeda de conta			
Crore	10.000.000	-	960.000.000
Lakh	100.000	-	9.600.000
Papel-moeda (notas do governo da Índia)			
1.000 rúpias	1.000	-	96.000
100 rúpias	100	-	9.600

50 rúpias	50	-	4.800
20 rúpias	20	-	1.920
10 rúpias	10	-	960
5 rúpias	5	-	480
Moedas de prata 91,7%			
rúpia do Governo	1	11,66	96
½ rúpia, artharupiya ou athanni	½	5,83	48
¼ rúpia, pavala ou chawanni	¼	2,92	24
2 anás, beda ou dawanni	1/8	1,46	12
Moedas de cuproníquel			
aná (anna) ou ekanni	1/16	3,90	6
Moedas de bronze			
¼ aná ou paisa (piece)	1/64	4,83	1,5
½ paisa, kani ou dhela	1/128	2,41	0,75
1/12 aná, pai (pie) ou damari	1/192	1,62	0,5

Moedas do governo colonial indiano (1928)

Denominação	Valor em rúpias	Peso em gramas	Valor em ñ 1928
Moeda de conta			
Crore	10.000.000	-	640.000.000
Lakh	100.000	-	6.400.000
Papel-moeda (notas do governo da Índia)			
10.000 rúpias	10.000	-	640.000
1.000 rúpias	1.000	-	64.000
100 rúpias	100	-	6.400
50 rúpias	50	-	3.200
10 rúpias	10	-	640
5 rúpias	5	-	320
2 rúpias 8 anás	2,5	-	160
1 rúpia	1	-	64
Moedas de ouro 91,7%			
Soberano	13,33	7,98	640
Moedas de prata 91,7%			
rúpia do Governo	1	11,66	64
½ rúpia, artharupiya ou athanni	½	5,83	32
¼ rúpia, pavala ou chawanni	¼	2,92	16

Moedas de cuproníquel			
8 anás	½	7,77	32
4 anás	¼	6,50	16
2 anás	1/8	5,70	8
aná (anna) ou ekanni	1/16	3,90	4
Moedas de bronze			
¼ aná ou paisa (piece)	1/64	4,83	1
½ paisa, kani ou dhela	1/128	2,41	0,5
1/12 aná, pai (pie) ou damari	1/192	1,62	0,33

Moedas do governo colonial indiano (1944)

Denominação	Valor em rúpias	Peso em gramas	Valor em ñ 1944
Moeda de conta			
Crore	10.000.000	-	360.000.000
Lakh	100.000	-	3.600.000
Papel-moeda (notas do Banco Central)			
10.000 rúpias	10.000	-	360.000
1.000 rúpias	1.000	-	36.000
100 rúpias	100	-	3.600
20 rúpias	20	-	720
10 rúpias	10	-	360
5 rúpias	5	-	180
2 rúpias	2	-	72
Papel-moeda (notas do governo da Índia)			
1 rúpia	1	-	36
Moedas de prata 50%			
rúpia do Governo	1	11,66	36
½ rúpia, artharupiya ou athanni	½	5,83	18
¼ rúpia, pavala ou chawanni	¼	2,92	9
Moedas de alpaca dourada			
2 anás	1/8	5,74	4,5
aná (anna) ou ekanni	1/16	3,89	2,25
½ anna	1/32	2,92	1,13
Moedas de bronze			
paisa (piece) – moeda furada	1/64	2,0	0,56

Índia independente (1947-atualidade)

Após a independência, o governo de Nova Délhi priorizou a integração à Índia dos Estados governados por marajás e nababos. A tentativa destes de resistir à anexação e conseguir a independência em separado fracassou devido à falta de coesão entre eles e à falta de apoio dos súditos e do governo trabalhista britânico (embora Churchill e os conservadores os apoiassem). A maioria deles aceitou a integração pacificamente e a Índia invadiu Junagadh, cujo nababo tentou se unir ao Paquistão, e Haiderabad, que tentou forçar uma independência em separado.

Em 1948 os pequenos Estados foram fundidos entre si ou a entidades maiores. Em 1949 o poder dos marajás e nababos foi eliminado e seus territórios transformados em estados indianos republicanos. As propriedades de seus respectivos governos, num total de 770 milhões de rúpias, passaram ao governo indiano, juntamente com as ferrovias em seus territórios. Os 555 governantes e descendentes foram, porém, compensados com bolsas proporcionais à riqueza de seus territórios, em média equivalente a aproximadamente 8,5% da receita anual dos respectivos Estados.

Para 398 deles, variou de 192 (4.800 ñ) para o rajá de Katodia (cujo território se resumia a uma aldeia de 350 habitantes) a 50 mil rúpias (1,25 milhão de ñ); para 61, de 50 mil a 100 mil (2,5 milhões de ñ); para 91, de 100 mil a 200 mil (5 milhões de ñ); para cinco, de 200 mil a 1 milhão (25 milhões de ñ) e para seis mais de 1 milhão, sendo o maior o de Haiderabad: 4.285.714 rúpias (107 milhões de ñ), depois reduzidas para 2 milhões. O custo total para o governo indiano foi inicialmente de 60 milhões de rúpias anuais (1,5 bilhão de ñ), cerca de 2,3% das despesas totais e 22% do déficit público de 1948-1949. Essa renda concedida a ex-governantes que não mais desempenhavam nenhuma função pública originou o apelido de "marajás" dado a funcionários públicos de outros países que recebessem proventos polpudos para nada, ou quase nada.

Uma Assembleia Constituinte foi eleita em 1949 e redigiu uma nova Constituição que entrou em vigor em janeiro de 1950 e transformou a Índia numa república, cortando os laços com a monarquia britânica. Não foram, porém, cortados os laços monetários e financeiros, pois a rúpia continuou a pertencer à zona da libra esterlina, com paridade fixa com a moeda britânica e política monetária decidida, na prática, pelo Banco da Inglaterra.

Em outros aspectos, o governo de Nehru, primeiro-ministro de 1947 a 1964, foi independente. A economia de livre mercado deixada pelos colonizadores foi reorganizada em bases parcialmente socialistas, com isenção de impostos para camponeses, benefícios previdenciários para operários, ampliação da rede escolar, estatização de setores estratégicos (siderurgia, aviação, transporte marítimo, eletricidade, navegação, terras comunitárias), um sistema estrito de autorização, licenciamento e controle para as empresas privadas, mas sobretudo com o fim das crises de fome. A reindustrialização trouxe um crescimento econômico não tão espetacular quanto o do Japão ou, mais tarde, da China, mas veio a mostrar-se razoavelmente contínuo e sustentado. Além disso, foram tomadas medidas para melhorar a situação da casta dos dalits ou "párias", discriminados por milênios. Criou-se uma política de ação afirmativa pioneira, que incluía cotas nas universidades, depois imitada pelos Estados Unidos e outros paises, entre eles o Brasil.

Em 1956, a divisão territorial da Índia foi completamente reorganizada. Foram dissolvidos os estados criados quando da independência, baseados nas fronteiras das províncias coloniais e dos estados dos marajás e nababos e criados novos estados com base em critérios linguísticos.

Nehru liderou a formação de um bloco de nações não alinhadas aos Estados Unidos ou União Soviética que por isso veio a ser conhecido como "Terceiro Mundo". Como a maioria dessas nações (salvo a Iugoslávia) eram países asiáticos e africanos recém-libertados do colonialismo, o conceito de "Terceiro Mundo" foi, mais tarde, erradamente identificado com subdesenvolvimento.

As relações com o Paquistão permaneceram tensas devido à disputa pela Caxemira, Estado de maioria muçulmana governado por um marajá hindu que optou pela Índia e pediu seu apoio militar contra a invasão paquistanesa. A maior parte do território se tornou um estado da Índia, mas a maioria muçulmana da população permaneceu insatisfeita e o governo paquistanês estimulou sua rebeldia. As colônias francesas na Índia foram pacificamente anexadas em 1954, mas como os portugueses se negassem a negociar as suas, Nehru tomou Goa, Damão e Diu em 1961. Em 1962, a Índia foi derrotada em uma breve guerra com a China por territórios de fronteira, o que a levou a uma reaproximação dos Estados Unidos.

As moedas continuaram a ser cunhadas no padrão legado pelo governo colonial até 1957, quando a rúpia passou a ser dividida em 100 *naya paisas* (novas paisas), que em 1964 passaram a se chamar simplesmente paisas. Com a morte de Nehru em 1964, seu seguidor Lal Bahadur Shastri o sucedeu como primeiro-ministro, travou em 1965 uma guerra com o Paquistão pela Caxemira, que não mudou a situação, e morreu misteriosamente logo após assinar um acordo de paz – segundo alguns, envenenado pela CIA numa tentativa de bloquear o programa nuclear indiano.

Indira Gandhi, filha de Nehru (sem parentesco com Mohandas Gandhi), assumiu em 1966 a chefia do governo quando a Índia começava a sofrer com inflação crescente, estagnação do crescimento e desemprego, o que reduziu a maioria antes ampla do CNI no Parlamento. Acabou com o câmbio fixo com a libra esterlina e, para reduzir o déficit público, eliminou em 1971 as bolsas conferidas aos marajás e seus descendentes, embora elas tivessem sido reduzidas por sucessivas revisões e pela inflação (a 40 milhões de rúpias ou 350 milhões de ñ). Tomou mais medidas de caráter socializante, inclusive a estatização de bancos, promoveu uma modernização da agricultura (a chamada "Revolução Verde") que possibilitou o fim das importações de alimentos, reaproximou-se da União Soviética e testou em 1974 a primeira bomba atômica indiana. Interveio na guerra civil do Paquistão de 1971 para apoiar a separação do Paquistão Oriental e a criação de Bangladesh e em 1975 anexou o Sikkim, único dos estados governados por marajás que havia permanecido semi-independente. Ainda em 1975, a Índia lançou seu primeiro satélite, com ajuda soviética.

Acusações de corrupção e autoritarismo, inclusive com uma política de esterilização compulsória para conter o crescimento demográfico, levaram em 1977 à primeira derrota do CNI, socialista e laico, e à eleição de um governo liderado pelo partido Janata, conservador e religioso hindu. Este se dedicou, porém, mais a disputas internas do que a formular uma política alternativa coerente e Indira Gandhi voltou ao poder em 1980. Entretanto, um movimento separatista sikh surgiu no estado de Punjab; o governo o enfrentou com violência e a invasão de seu templo sagrado em Amritsar, e em 1984 a primeira-ministra foi assassinada por seus próprios guarda-costas sikhs, o que deflagrou um massacre de sikhs por hindus em Délhi e Punjab.

O CNI escolheu para liderá-lo Rajiv Gandhi, filho de Indira e neto de Nehru; a comoção pelo assassinato da mãe o ajudou a obter uma ampla maioria. Seu governo tendeu à reaproximação dos Estados Unidos, liberalização da economia e incentivo ao investimento estrangeiro, o que abriu caminho ao desenvolvimento do setor de software e telecomunicações. Isso pouco melhorou, porém, a situação das massas. Sua popularidade caiu e ele foi substituído como primeiro-ministro em 1989, passando o governo a ser liderado por uma coalizão de partidos.

Em 1991, Rajiv Gandhi foi assassinado por um atentado suicida de uma militante tâmil do Sri Lanka, em retaliação a seu apoio a esse governo na repressão e genocídio daquele povo durante seu governo. Desde então, governos de centro-esquerda formados pelo CNI e aliados e governos conservadores hindus liderados pelo Partido Janata se alternaram no governo. O país caminhou para maior liberalização econômica, teve um crescimento econômico significativo e mostrou-se capaz de conquistas tecnológicas expressivas, inclusive o primeiro teste termonuclear em 1998 e o lançamento com sucesso de sua primeira sonda interplanetária, que alcançou Marte em 2014. Entretanto, têm crescido tensões entre grupos religiosos, principalmente em governos conservadores liderados por fundamentalistas hindus como Narendra Modi, empossado primeiro-ministro em 2014. Hindus tradicionalistas tentam impor seus valores e suas leis a dalits e a indianos laicos e muçulmanos, gerando conflitos. Ao mesmo tempo que o país se moderniza e se abre a mais comércio com o Ocidente, sua cultura se torna mais fechada e excludente.

Apesar do conservadorismo religioso, o governo de Modi recebeu muitos aplausos da mídia liberal do Ocidente por promover privatizações, abertura a investimento estrangeiro na indústria bélica e ferrovias e reduzir direitos trabalhistas, gastos sociais com programas sociais, educação e saúde, além de abolir o imposto sobre a riqueza e reduzir os impostos pagos pelas empresas. Entretanto, mesmo essa mídia criticou a trapalhada monetária por ele provocada em 8 de novembro de 2016. Com o objetivo declarado de combater a corrupção, lavagem de dinheiro, falsificação de moeda e terrorismo, Modi anunciou às 20 horas a desmonetização das notas de 500 e 1.000 rúpias da série Mahatma Gandhi, emitidas desde 2000, a partir da meia-noite, que seria seguida da emissão de notas de 500 e 2.000

rúpias de uma nova série. Sua circulação foi imeditamente proibida e foi dado um prazo de 50 dias para a sua troca, após o qual a posse dessas notas estaria sujeita a multa.

A troca, inicialmente limitada a 4.000 rúpias (1.800 ñ), foi aumentada para 4.500 em 14 de novembro, reduzida para 2.000 no dia 17 e abruptamente suspensa no dia 25. Quase todos os portadores de notas foram obrigados fazer enormes filas para depositá-las nos bancos ou em caixas automáticos e sacar dinheiro em notas de 100, o que reduziu a circulação e a atividade econômica. Algumas dezenas de pessoas morreram enquanto esperavam nas filas por horas e outras por terem o dinheiro em notas antigas recusadas em hospitais; camponeses não puderam comprar sementes e fertilizantes para as plantações; produtos agrícolas foram desperdiçados por falta de dinheiro para comprá-los; a produção industrial caiu e muitos empregos foram perdidos. Estima-se que o país perdeu 0,5% a 1% do PIB (até 1,54 trilhão de rúpias ou 680 bilhões de ñ), e muitas pessoas não puderam trocar suas notas, inclusive soldados em serviço e pessoas doentes ou seus herdeiros.

Ao mesmo tempo, a expectativa de punir a corrupção, a lavagem de dinheiro e o crime organizado com a retirada de grandes quantidades de dinheiro ilícito de circulação parece ter sido frustrada. O governo esperava que uns 20% do 1,544 trilhão de rúpias em notas demonetizadas jamais retornasse, mas 1,528 trilhão ou 98,96% foram depositados. Evidentemente, quem possuía dinheiro ilegal conseguiu lavá-lo através de "laranjas", doações políticas ou outros meios, confiante de que a sobrecarregada receita federal jamais conseguiria rastrear todas as operações. A medida foi um fracasso oneroso para o governo e para o povo indiano.

Nos anos seguintes, às tensões políticas originadas do crescimento econômico com concentração de renda e inflação ascendente, somaram-se os conflitos étnico-religiosos alimentados pelo fundamentalismo hindu de Modi e seu partido. Perseguições a muçulmanos, às quais o governo e sua polícia fecham os olhos, tornaram-se cada vez mais frequentes.

Em agosto de 2019, o governo indiano retirou a autonomia do estado de Jamu e Caxemira, de maioria muçulmana, e o dividiu em dois territórios, Jamu (maioria hindu) e Caxemira e Ladakh (maioria muçulmana). Essa reorganização arbitrária aprofundou a resistência muçulmana ao domínio indiano na região, criando uma situação de revolta continuada. Em dezembro de 2019, o governo também aprovou uma nova lei de cidadania que estimulou refugiados não-muçulmanos de países vizinhos a obter a cidadania indiana e negou esse direito a refugiados muçulmanos, o que iniciou uma série de protestos de massa com participação não só de muçulmanos indianos, como também de cidadãos hindus e de outras minorias que defendem o Estado laico.

Moedas da República da Índia (1951)

Denominação	Valor em rúpias	Peso em gramas	Valor em ñ 1951
Moeda de conta			
Crore	10.000.000	-	240.000.000
Lakh	100.000	-	2.400.000
Papel-moeda (notas do Banco Central)			
10.000 rúpias	10.000	-	240.000
5.000 rúpias	5.000	-	120.000
1.000 rúpias	1.000	-	24.000
100 rúpias	100	-	2.400
10 rúpias	10	-	240
5 rúpias	5	-	120
2 rúpias	2	-	48
Papel-moeda (notas do governo da Índia)			
1 rúpia	1	-	24
Moedas de níquel			
Rúpia	1	11,70	24
½ rúpia, artharupiya ou athanni	½	5,78	12
¼ rúpia, pavala ou chawanni	¼	2,73	6
Moedas de cuproníquel			
2 anás	1/8	5,78	3
aná (anna) ou ekanni	1/16	3,80	1,5
½ anna	1/32	2,85	0,75
Moedas de bronze			
1 paisa (piece)	1/64	2,95	0,375

Moedas da República da Índia (1965)

Denominação	Valor em rúpias	Peso em gramas	Valor em ñ 1965
Moeda de conta			
Crore	10.000.000,00	-	160.000.000
Lakh	100.000,00	-	1.600.000
Papel-moeda (notas do banco central)			
10.000 rúpias	10.000,00	-	160.000
5.000 rúpias	5.000,00	-	80.000
1.000 rúpias	1.000,00	-	16.000
100 rúpias	100,00	-	1.600
10 rúpias	10,00	-	160
5 rúpias	5,00	-	80
2 rúpias	2,00	-	32
Papel-moeda (notas do governo da Índia)			
1 rúpia	1,00	-	16
Moedas de níquel			
Rúpia	1,00	10,00	16
50 paisa, ½ rúpia, artharupiya ou athanni	0,50	5,00	6
25 paisa, ¼ rúpia, pavala ou chawanni	0,25	2,55	4
Moedas de cuproníquel			
10 paisa	0,10	4,90	1,6
5 paisa	0,05	4,05	0,8
Moedas de alumínio			
3 paisa	0,03	1,20	0,48
2 paisa	0,02	1,00	0,32
1 paisa	0,01	0,75	0,16

Moedas da República da Índia (1980)

Denominação	Valor em rúpias	Peso em gramas	Valor em ñ 1980
Moeda de conta			
Crore	10.000.000,00	-	50.000.000
Lakh	100.000,00	-	500.000
Papel-moeda (notas do banco central)			
100 rúpias	100,00	-	500
50 rúpias	50,00	-	250
20 rúpias	20,00	-	100
10 rúpias	10,00	-	50
5 rúpias	5,00	-	25
2 rúpias	2,00	-	10
Papel-moeda (notas do governo da Índia)			
1 rúpia	1,00	-	5
Moedas de níquel			
Rúpia	1,00	8,00	5
50 paisa, ½ rúpia, artharupiya ou athanni	0,50	5,00	2,5
25 paisa, ¼ rúpia, pavala ou chawanni	0,25	2,50	1,25
Moedas de alumínio			
10 paisa	0,10	2,27	0,50
5 paisa	0,05	1,53	0,25
3 paisa	0,03	1,20	0,15
2 paisa	0,02	1,00	0,10
1 paisa	0,01	0,75	0,05

Moedas da República da Índia (2012)

Denominação	Valor em rúpias	Peso em gramas	Valor em ñ 2012
Moeda de conta			
Crore	10.000.000	-	5.000.000
Lakh	100.000	-	50.000
Papel-moeda (notas do banco central)			
2.000 rúpias (2016)	2.000		1.000
1.000 rúpias (*)	1.000		500
500 rúpias	500		250
200 rúpias	200		100
100 rúpias	100	-	50
50 rúpias	50	-	25
20 rúpias	20	-	10
10 rúpias	10	-	5
5 rúpias	5	-	3
2 rúpias	2	-	1
Papel-moeda (notas do governo da Índia)			
1 rúpia	1	-	0,5
Moeda bimetálica, núcleo de alpaca dourada e coroa de alpaca prateada			
20 rúpias, decagonal (2019)	20	8,54	10
Moeda bimetálica, núcleo de cuproníquel e coroa de bronze-alumínio			
10 rúpias	10	7,71	5
Moedas de alpaca dourada			
5 rúpias	5	6,00	2,5
Moedas de aço inoxidável			
2 rúpias	2	4,90	1,0
1 rúpia	1	3,76	0,5

(*) retirada de circulação em novembro de 2016, sendo depois emitida uma nota de 2.000 rúpias.

Ano	Valor da rúpia (ñ)	Câmbio da rúpia (US$/₹)
1800	209,30	
1801	233,37	
1802	180,11	
1803	159,66	
1804	106,30	
1805	149,00	
1806	161,88	
1807	186,73	
1808	222,52	
1809	258,42	
1810	210,55	
1811	202,70	
1812	189,11	
1813	178,64	
1814	198,29	
1815	236,24	
1816	225,47	
1817	207,18	
1818	208,12	
1819	218,87	
1820	191,28	
1821	215,78	
1822	245,26	
1823	243,95	
1824	190,09	
1825	206,53	
1826	228,38	
1827	261,43	
1828	286,62	
1829	276,53	
1830	304,46	
1831	404,16	
1832	347,89	
1833	291,52	
1834	330,15	
1835	349,07	
1836	382,63	
1837	331,94	
1838	269,64	
1839	304,46	
1840	371,80	
1841	360,15	
1842	353,50	
1843	362,14	
1844	308,75	
1845	296,89	
1846	305,06	
1847	319,81	
1848	287,69	
1849	273,41	

Ano	Valor da rúpia (ñ)	Câmbio da rúpia (US$/₹)
1850	301,56	
1851	282,56	
1852	322,39	
1853	311,79	
1854	255,41	
1855	235,58	
1856	258,93	
1857	240,51	
1858	246,64	
1859	222,36	
1860	190,80	
1861	183,74	
1862	186,01	
1863	148,04	
1864	113,29	
1865	113,03	
1866	112,29	
1867	124,02	
1868	139,19	
1869	134,98	2,07
1870	133,27	2,12
1871	162,59	2,13
1872	146,76	2,17
1873	141,30	2,21
1874	127,99	2,23
1875	145,37	2,28
1876	146,25	2,40
1877	113,21	2,37
1878	105,33	2,49
1879	115,03	2,47
1880	132,14	2,47
1881	146,02	2,48
1882	149,29	2,53
1883	147,97	2,52
1884	139,14	2,55
1885	140,74	2,70
1886	145,25	2,83
1887	141,89	2,92
1888	132,26	3,01
1889	124,67	2,98
1890	125,18	2,73
1891	123,10	2,95
1892	112,23	3,29
1893	113,39	3,39
1894	118,82	3,76
1895	120,73	3,62
1896	111,49	3,41
1897	93,20	3,21
1898	115,48	3,09
1899	130,05	3,07

Ano	Valor da rúpia (ñ)	Câmbio da rúpia (US$/₹)
1900	108,41	3,09
1901	108,88	3,08
1902	110,73	3,08
1903	115,64	3,07
1904	118,81	3,07
1905	106,64	3,07
1906	93,83	3,07
1907	99,69	3,08
1908	88,50	3,09
1909	96,37	3,07
1910	100,08	3,07
1911	104,08	3,07
1912	97,83	3,07
1913	91,95	3,08
1914	91,63	3,14
1915	86,45	3,27
1916	89,73	3,15
1917	87,91	3,05
1918	76,99	2,84
1919	55,48	2,58
1920	53,87	2,56
1921	54,66	3,75
1922	58,47	3,47
1923	64,41	3,21
1924	65,21	3,14
1925	62,25	2,75
1926	61,08	2,75
1927	63,16	2,75
1928	64,25	2,74
1929	66,72	2,74
1930	81,06	2,74
1931	93,26	3,21
1932	99,32	3,83
1933	106,21	3,20
1934	103,67	2,69
1935	98,19	2,68
1936	100,47	2,67
1937	98,56	2,67
1938	100,85	2,79
1939	95,31	3,01
1940	93,60	3,48
1941	82,60	3,31
1942	60,94	3,31
1943	34,60	3,32
1944	35,40	3,30
1945	35,31	3,30
1946	32,77	3,32
1947	27,82	3,31
1948	26,02	3,31
1949	25,26	3,58

Ano	Valor da rúpia (ñ)	Câmbio da rúpia (US$/₹)
1950	25,26	4,76
1951	24,32	4,76
1952	24,78	4,76
1953	24,09	4,76
1954	25,02	4,76
1955	26,41	4,76
1956	24,01	4,76
1957	22,85	4,76
1958	21,81	4,76
1959	20,85	4,76
1960	20,49	4,76
1961	19,25	4,76
1962	18,17	4,76
1963	17,46	4,76
1964	16,77	4,76
1965	15,72	4,76
1966	14,30	6,36
1967	13,36	7,50
1968	12,49	7,50
1969	11,90	7,50
1970	11,35	7,50
1971	11,17	7,49
1972	10,42	7,59
1973	9,012	7,74
1974	6,983	8,10
1975	6,510	8,38
1976	7,298	8,96
1977	6,721	8,74
1978	6,588	8,19
1979	6,251	8,13
1980	5,540	7,86
1981	5,023	8,66
1982	4,733	9,46
1983	4,383	10,10
1984	4,048	11,36
1985	3,754	12,37
1986	3,547	12,61
1987	3,183	12,96
1988	2,916	13,92
1989	2,670	16,23
1990	2,359	17,50
1991	2,081	22,74
1992	1,898	25,92
1993	1,721	30,49
1994	1,557	31,37
1995	1,421	32,43
1996	1,302	35,43
1997	1,223	36,31
1998	1,127	41,26
1999	1,076	43,06

Ano	Valor da rúpia (ñ)	Câmbio da rúpia (US$/₹)
2000	1,028	44,94
2001	1,004	47,19
2002	0,961	48,61
2003	0,926	46,58
2004	0,870	45,32
2005	0,833	44,10
2006	0,786	45,31
2007	0,733	41,35
2008	0,687	43,51
2009	0,636	48,41
2010	0,581	45,73
2011	0,548	46,67
2012	0,508	53,44
2013	0,480	58,60
2014	0,469	61,03
2015	0,460	64,15
2016	0,445	67,20
2017	0,427	63,85
2018	0,413	69,72
2019	0,396	71,28

Ceilão ou Sri Lanka

O primeiro reino conhecido no atual Sri Lanka foi Anuradhapura, que durou de 377 a.C. a 1017 d.C. e que parece ter produzido moedas desde 200 a.C., inicialmente na forma de peças de prata retangulares, depois circulares, chamadas *kahapanas* ou *puranas*. Por volta de 7 ou 8 d.C., começaram a ser produzidas peças de ouro. Em 1017, a maior parte do Sri Lanka foi conquistada pelo reino Chola (referido na seção sobre a Índia), até que em 1070 o principado de Ruhuna, no Sul, expulsou os cholas e unificou a ilha como reino de Polonnaruwa, que durou até 1212. Seguiram-se invasões vindas da Índia que resultaram na divisão da ilha entre sete reinos inimigos, que continuaram a cunhar os *kahavanus*, moedas de ouro de 4,54 gramas de origem chola.

Em 1517, os portugueses começaram a conquista das regiões costeiras do Ceilão, mas o reino de Kandy, no interior, permaneceu independente e em 1638 aliou-se aos holandeses para expulsar os portugueses.

Domínio neerlandês

Em 1660, os neerlandeses completaram a expulsão dos lusos, mas dominaram diretamente as áreas tomadas em vez de entregá-las a Kandy e taxaram mais pesadamente o seu povo, embora, ao contrário dos portugueses, não tentassem forçá-lo a converter-se ao cristianismo. Sob o domínio dos Países Baixos, a moeda do Ceilão era o *rijksdaalder*, dividido em 48 *stuivers* e 192 *duits*[9], com moedas divisionárias de 1/8 *duit*, ¼ *duit*, 1 e 2 *duits*. Também circulavam o *larim* (grampo de metal estampado nas pontas, de origem persa) com valor de 9½ *stuivers*, um *meio larim* de 4¾ *stuivers* e o *fanam* indiano, avaliado em 4 *stuivers*. A partir de 1785, a Companhia das Índias Orientais também emitiu papel-moeda para o Ceilão nos valores de 1, 2, 3, 4, 5, 10, 20, 50, 100, 200 e 500 *rijksdaalder*.

9 O nome duit vem do francês *d'huit*, "de oito", por serem necessários oito para fazer um stuiver

Moedas do Ceilão, 1785-1796

Denominação	Valor em stuivers	Peso em gramas	Valor em ñ
Moedas de ouro			
Ducado holandês	132	3,5	845
Pagoda	96	3,4	614
Fanam	4	0,2	26
Moedas de prata			
dukaton	80	32,80	512
peça de 8 mexicana	63	27,04	403
rijksdaalder	48	28,25	307
rúpia	30	11,66	192
Cobre			
meio larim	4¾	63,41	30,4
2 stuivers	2	5,83	12,8
Stuiver ou doedoe (dudu)	1	13,3	6,4
¼ stuiver	1/4	3,3	1,6
Moedas de estanho, chumbo ou tutanaga (liga de estanho, chumbo e cobre)			
duit ou boezeroeken	1/4	15,8	1,6
½ duit	1/8	7,9	0,8
¼ duit	1/16	3,9	0,4
1/8 duit	1/32	1,9	0,2

Colônia britânica

Em 1796, com a invasão da Holanda pelos franceses, os britânicos se apoderaram do Ceilão, formalmente cedido pela França em 1802. Em seguida, invadiram Kandy, que venceram e anexaram em 1815. Até 1825, os britânicos mantiveram o sistema monetário holandês (com o *rikjsdaalder* escrito como "rixdollar" e *stuiver* como "stiver"), mas depois substituíram pelo britânico e fizeram equivaler o "rixdollar" a 1 shilling e 6 pence e a libra a 13 1/3 "rixdollars".

Ceilão britânico (1796-1833)

Denominação	Valor em stivers	Valor em pence	Peso em gramas	Valor em ñ
Papel-moeda				
5 libras	3.200	1.200	-	12.800
2 libras	1.280	480	-	5.120
1 libra	640	240	-	2.560
5 rixdollars	240	90	-	960
2 rixdollars	96	36	-	384
Ouro 91,67%				
libra	640	240	7,98	2.560
½ libra	320	120	3,99	1.280
Prata				
peso mexicano (prata 90,28%)	138,67	52	27,04	555
96 stivers (prata 89,2%)	96	36	17,76	384
1 1/3 rixdollar (rúpia de Madras) = 16 fanam (prata 94,4%)	66,67	25	11,66	256
rúpia de Bombaim (prata 91,67%)	61,33	23	11,66	245
rixdollar = 48 stivers (prata 89,2%)	48	18	8,98	192
xelim britânico (prata 92,5%)	32	12	5,66	128
24 stivers (prata 89,2%)	24	9	4,99	96
1/3 rixdollar = 4 fanam (prata 94,4%)	16	6	2,86	64
fanam (prata 83,3%)	4	1½	0,73	16
Cobre				
1/24 rixdollar	2	¾	18,0	8
1/48 rixdollar = stiver	1	3/8	10,1	4
1/96 rixdollar = ½ stiver	½	3/16	9,6	2
1/144 rixdollar = dutch challie (VOC duit do século XVIII)	1/3	1/8	3,3	1,33
1/192 rixdollar = english challie = ¼ pice	¼	3/32	2,0	1
1/288 rixdollar = half duit	1/6	1/16	1,5	0,67

Obs.: supõe custo de vida semelhante ao da Índia do mesmo período

Em 1836, os britânicos adotaram a *rúpia indiana* como moeda oficial no Ceilão, mas a contabilidade continuou a ser feita em libras e shillings, à razão de 2 shillings por rúpia. Circulou então uma combinação de moedas da Índia (geralmente preferidas, por seu peso maior) com algumas moedas antigas do período holandês e moedas da metrópole, como o acréscimo de moedas de cobre de ¼ *farthing* (a menor cunhada no sistema britânico de libra, shillings e pence, com poder aquisitivo local de cerca de 0,5 ñ) e ½ farthing (1 ñ, equivalente ao *pie* indiano) e de uma moeda de 1½ pence de prata (equivalente à *aná* indiana, 1/16 de rúpia ou 6 ñ). Moedas de ouro, soberanos (libras) importadas do Reino Unido e da Austrália a partir de 1851, foram raras e negociadas com ágio.

Ceilão britânico (1836-1871)

Denominação	Valor em pence	Peso em gramas	Valor em ñ (c. 1851)
Papel-moeda			
5 libras	1.200	-	14.400
2 libras	480	-	5.760
1 libra	240	-	2.880
Ouro 91,67% (*)			
Libra esterlina	276	7,98	3.312
½ libra	138	3,99	1.656
Prata			
peso mexicano (90,28%)	50	27,04	600
meia-coroa (prata 92,5%)	30	14,14	360
rúpia (prata 91,67%)	24	11,66	288
2 xelins (prata 92,5%)	24	11,31	288
rixdollar (prata 89,2%)	18	8,98	216
½ rúpia (prata 91,67%)	12	5,83	144
1 xelim (prata 92,5%)	12	5,66	144
¼ rúpia (prata 91,67%)	6	2,92	72
sixpence (prata 92,5%)	6	2,83	72
1/8 rúpia (prata 91,67%)	3	1,46	36
fanam (prata 83,3%)	1½	0,73	18
three halfpence (prata 92,5%) = aná	1½	0,72	18
Cobre ou bronze			
penny	1	18,90	12
½ aná, 2 paisas = ½ fanam	¾	12,96	9
halfpenny	½	9,45	6,0
piece ou paisa = stiver	3/8	6,48	4,5
farthing	¼	4,73	3,0
½ paisa	3/16	3,24	2,3
pie ou pai	1/8	2,16	1,5
half farthing = dutch challie = duit	1/8	2,36	1,5
quarter farthing = half duit	1/16	1,18	0,75

(*) inclusive ágio de 15% em 1850

Obs.: supõe custo de vida semelhante ao da Índia do mesmo período

Em 1872, os britânicos impuseram uma reforma monetária no Ceilão com a divisão decimal da rúpia em 100 cents, com moedas de ¼, ½, 1 e 5 cents de cobre (esta última substituída em 1909 por uma moeda menor de cuproníquel) e 10, 25 e 50 cents de prata. A moeda de ¼ cent foi cunhada até 1904 e a de ½ cent até 1940.

Ceilão britânico (1872-1904)

Denominação	Valor em rúpias	Peso em gramas	Valor em ñ (c. 1898)
Papel-moeda			
1.000 rúpias [1, 2]	1.000	-	120.000
500 rúpias [2]	500	-	60.000
100 rúpias [2]	100	-	12.000
50 rúpias [2]	50	-	6.000
10 rúpias [1, 2]	10	-	1.200
5 rúpias [1, 2]	5	-	600
Ouro 91,67%			
libra esterlina	15,00	7,98	1.800
½ libra	7,50	3,99	900
Prata 91,67% (moedas indianas)			
rúpia	1,00	11,66	120
½ rúpia	0,50	5,83	60
¼ rúpia	0,25	2,92	30
1/8 rúpia	0,125	1,46	15
Prata 89,2% (moeda antiga)			
rixdollar	0,75	8,98	90
Prata 83,3% (moeda antiga)			
fanam	0,06	0,73	7,2
Prata 80% (moedas cingalesas)			
50 cents	0,50	5,83	60
25 cents	0,25	2,92	30
10 cents	0,10	1,17	12
Cobre			
5 cents	0,05	18,6	6
piece ou paisa = stiver (antiga)	0,0015	6,5	
1 cent	0,01	4,9	1,2
challie (antiga)	0,005	2,0-3,3	0,6
½ cent	0,005	2,5	0,6
½ challie (antiga)	0,0025	1,1-1,5	0,3
¼ cent	0,0025	1,2	0,3

1 papel-moeda do governo colonial do Ceilão

2 papel-moeda de bancos privados

Obs.: supõe custo de vida semelhante ao da Índia do mesmo período

Independência

Em 1948, o Reino Unido concedeu a independência ao Ceilão como domínio da Comunidade Britânica. Iniciou-se nos anos seguintes um conflito entre a elite cingalesa e a minoria tâmil – formada, em grande parte, por trabalhadores de propriedades rurais de cingaleses –, que explodiu em violência a partir de 1958 com a imposição do cingalês como única língua oficial. Concessões do governo e um acordo com a Índia para a repatriação de parte dos tâmeis de origem indiana amenizaram o problema nos anos seguintes.

Em 1972, durante o governo socialista de Sirimavo Bandaranaike, o Ceilão tornou-se uma república com o nome de Sri Lanka ("Ilha Venerável"). Seu governo, abalado pela crise do petróleo e a recusa do Ocidente a ajudá-lo financeiramente, foi derrotado nas eleições de 1977, o que deixou o Parlamento e a política mais polarizada entre cingaleses conservadores e separatistas tâmeis. Em 1979, atentados de separatistas tâmeis contra postos policiais deram pretexto a uma escalada autoritária do governo, enquanto crescia o apoio da minoria à organização guerrilheira dos Tigres Tâmeis, fudada em 1976. Em 1983, com conivência do governo, populares cingaleses massacraram milhares de tâmeis, fizeram 150 mil fugir do país e iniciaram uma guerra civil que custou cerca de 100 mil vidas até 2009. Foi quando o governo proclamou vitória, enquanto era acusado de crimes de guerra e genocídio em foros internacionais.

Moedas de Sri Lanka (1981)

Denominação	Valor em rúpias	Peso em gramas	Valor em ñ 1981
Papel-moeda			
1.000 rúpias	1.000,00	-	4.000
500 rúpias	500,00	-	2.000
100 rúpias	100,00	-	400
50 rúpias	50,00	-	200
20 rúpias	20,00	-	80
10 rúpias	10,00	-	40
5 rúpias	5,00	-	20
2 rúpias	2,00	-	8
Moedas de cuproníquel			
5 rúpias (comemorativa)	5,00	9,60	20
2 rúpias (comemorativa)	2,00	8,40	8
1 rúpia	1,00	7,10	4
50 cents	0,50	5,50	2
25 cents	0,25	3,24	1

Moedas de alumínio			
10 cents	0,10	1,27	0,4
5 cents	0,05	1,00	0,2
2 cents	0,02	0,76	0,08
1 cent	0,01	0,70	0,04

Moedas de Sri Lanka (2012)

Denominação	Valor em rúpias	Peso em gramas	Valor em ñ 2012
Papel-moeda			
5.000 rúpias	5.000,00	-	1.000
2.000 rúpias	2.000,00	-	400
1.000 rúpias	1.000,00	-	200
500 rúpias	500,00	-	100
100 rúpias	100,00	-	20
50 rúpias	50,00	-	10
20 rúpias	20,00	-	4
10 rúpias	10,00	-	2
Moedas de aço revestido de níquel			
10 rúpias (hendecágono)	10,00	8,36	2
2 rúpias	2,00	7,00	0,4
Moedas de aço revestido de latão			
5 rúpias	5,00	7,70	1
1 rúpia	1,00	3,65	0,2
Moedas de aço revestido de cobre			
50 cents	0,50	2,50	0,1
25 cents	0,25	1,68	0,05

Poder aquisitivo e câmbio da rúpia cingalesa, 1980-2019

Ano	ñ	US$ / ග	Ano	ñ	US$ / ග
1980	4,33	16,53	2000	0,601	77,01
1981	3,79	19,25	2001	0,530	89,38
1982	3,48	20,81	2002	0,485	95,66
1983	2,95	23,53	2003	0,461	96,52
1984	2,48	25,44	2004	0,422	101,19
1985	2,45	27,16	2005	0,381	100,5
1986	2,33	28,02	2006	0,344	103,91
1987	2,12	29,44	2007	0,298	110,62
1988	1,91	31,81	2008	0,261	108,33
1989	1,71	36,05	2009	0,241	114,94

1990	1,39	40,06	2010	0,224	113,06
1991	1,33	41,37	2011	0,214	110,57
1992	1,12	43,83	2012	0,194	127,6
1993	1,03	48,32	2013	0,183	129,07
1994	0,950	49,42	2014	0,179	130,56
1995	0,870	51,25	2015	0,179	135,86
1996	0,836	55,27	2016	0,170	145,58
1997	0,796	58,99	2017	0,157	181,51
1998	0,681	64,45	2018	0,151	182,95
1999	0,638	70,64	2019	0,144	181,34

Nepal

Precedida por duas dinastias lendárias, a dinastia nativa Kirati teria reinado de 800 a.C. a 300 d.C., mas a história escrita do Nepal começa com a dinastia Licchavi, que dominou o vale de Katmandu de 450 a 879 e cunhou moedas de cobre semelhantes às dos guptas, mas de maior tamanho (7,8 a 16,2 gramas), conhecidas como *manankas*.

Seguiu-se a dinastia Takhuri, de origem Rajput, cujos reis, por volta de 1200, começaram a adotar o título de *Malla* e a partir de 1482 dividiram o país em três reinos rivais, cercados por cerca de 50 reinos menores. Não houve cunhagem conhecida de moedas na região até 1545, quando foram cunhadas *tankas* segundo o padrão do Sultanato de Délhi e imitando suas inscrições árabes islâmicas (embora o Nepal continuasse hindu) e que igualmente foram inicialmente de cerca de 10,6 gramas de prata pura, mas tiveram seu conteúdo de prata gradualmente degradado. Havia também moedas de ¼ *tanka*, *paisas* de 0,25 grama (cerca de 1/40 *tanka*), *dams* de 0,04 a 0,15 grama (1/80) e *jawas* de 0,02 a 0,03 grama (1/320).

Em 1640, quando o teor de prata da *tanka* havia sido reduzido a cerca de 50%, uma reforma monetária a substituiu por uma moeda de prata a 95% chamada *mohar*, de 5,4 gramas (teoricamente, 5,6 gramas), ou seja, o mesmo conteúdo de prata pura numa moeda menor. Havia moedas de 2 *mohars*, ½ *mohar*, ¼ *mohar* (também chamado *suki*) de 1,35 grama, 1/8 *mohar*, 1/16 *mohar*, 1/32 *mohar*, 1/128 *mohar* ou *dam* de 0,042 grama e 1/512 *mohar* ou *jawa* de 0,01 grama. Esta última, cunhada no reinado de Jaya Prakash Malla em

Katmandu (1736 a 1746 e 1750 a 1768) costuma ser citada como a menor moeda de todos os tempos. Quadrada e de 4 mm de lado, era às vezes cortada em frações de ¼ *jawa*, com 0,025 grama e 2 mm.

Também foram cunhados *mohars* de ouro (conhecidos também como *asarfis*) e *jawas* e ¼ *jawas* de ouro. O teor de prata foi reduzido a 92,5% em 1728, 67% em 1735 e 50% em 1747, com o peso reduzido a 5,25 gramas. Como no período da *tanka*, não havia moedas de cobre no Nepal, fosse por escassez do metal na região, fosse pela instabilidade de sua cotação em relação à prata.

Se a prata valesse o mesmo que no centro do Império do Grão-Mogol, um *mohar*, equivalente a meia rúpia, deveria valer aproximadamente 96 ñ, mas o fato de a fração de 1/512 chegar a circular como moeda sugere um poder aquisitivo local maior, possivelmente 256 ñ para o *mohar*, 64 ñ para o *suki*, 2 ñ para o *dam* e 0,5 ñ para o *jawa*.

Em 1743, Prithvi Narayan Shah, ao subir ao trono de dum dos pequenos reinos, chamado Gurkha, planejou a unificação da região como forma de resistir aos britânicos que já dominavam a maior parte da Índia. Até 1768, o atual Nepal foi unificado sob a nova dinastia Shah ou Gurkha e, nos anos seguintes, expandiu-se sobre a Índia e o Tibete como uma poderosa força militar até ser derrotado em 1816 pelos ingleses. Estes o obrigaram a ceder parte das conquistas, mas reconheceram sua independência e ficaram impressionados com a combatividade dos gurkhas, que desde então têm sido regularmente recrutados como mercenários para o Império Britânico.

A partir de 1753, a dinastia Shah voltou a cunhar moedas de prata pura e ouro, de 2 *mohars*, *mohar*, ¼, 1/8,1/16, 1/32 e 1/128 (*dam*), além de medalhas comemorativas de duas rúpias de ouro (23,32 gramas, cerca de 4 *mohars* de ouro). No reinado de Girvan Yuddha Vikrana (1799-1816), houve também moedas de ¾, 1½ e 3 *mohars* de prata e 1½ *mohar* de ouro.

A partir de Surendra Vikrama (1847-1881) começaram a ser cunhadas moedas de cobre de 2 *paisas* (chamada *dak*), 1 *paisa*, ½ paisa e ¼ paisa ou *dam*. Inicialmente, a *paisa* valia 1/32 *mohar* de prata, mas caiu para cerca de 1/50 depois de 1880 e foi oficialmente fixada nesse valor em 1903. Ao lado dos *mohars* de ouro, cunharam-se também moedas de ouro de 1 *tola* (12,48 gramas ou 2,23 *mohars*) e ½ tola. Nos anos 1870, um escravo custava 200 a 300 *mohars* e uma escrava 300 a 400 *mohars*. No final do século XIX, um prisioneiro recebia 6 *paisas* por dia para subsistência na capital e 5 no interior, o que sugere um valor em torno de 4 ñ para a *paisa* e 1 ñ para o dam, 200 ñ para o *mohar* e preços de escravos de 40.000 a 80.000 ñ.

Em 1932, o Nepal passou a adotar como moeda a rúpia, com o valor de dois *mohares* e dividida em 100 *paisas*, cunhando moedas de ¼ *paisa* a 2 rúpias. Em 1945 passou a emitir também papel-moeda, adotando um sistema monetário moderno. Desde 1994, a rúpia nepalesa (símbolo रु ou Rs.) tem seu valor fixado em 1,6 por rúpia indiana. Em 2008, uma revolução depôs a monarquia e proclamou uma república federativa.

Moedas do Nepal (1980)

Denominação	Valor em rúpias	Peso em gramas	Valor em ñ 1980
Papel-moeda			
1.000 rúpias	1.000,00		3.600
500 rúpias	500,00		1.800
100 rúpias	100,00	-	360
50 rúpias	50,00	-	180
10 rúpias	10,00	-	36
5 rúpias	5,00	-	18
1 rúpia	1,00	-	3,6
Moedas de cuproníquel			
1 rúpia	1,00	7,50	3,6
50 paisa	0,50	4,50	1,8
25 paisa	0,25	3,00	0,9
Moedas de latão			
20 paisa (comemorativa)	0,20	3,00	0,72
Moedas de alumínio			
10 paisa (comemorativa)	0,10	1,50	0,36
5 paisa	0,05	1,14	0,18
2 paisa	0,02	0,90	0,072
1 paisa	0,01	0,70	0,036

Moedas do Nepal (2010)

Denominação	Valor em rúpias	Peso em gramas	Valor em ñ 2010
Papel-moeda			
1.000 rúpias	1.000,00	-	260
500 rúpias	500,00	-	130
100 rúpias	100,00	-	26
50 rúpias	50,00	-	13
20 rúpias	20,00	-	5,2
10 rúpias	10,00	-	2,6
Moedas de aço revestido de latão			
2 rúpias	5,00	5,00	0,52
1 rúpia	1,00	4,00	0,26

Poder aquisitivo e câmbio da rúpia nepalesa, 1980-2019

Ano	ñ	US$ / ₹
1980	5,501	12,00
1981	5,122	12,34
1982	4,968	13,24
1983	4,153	14,55
1984	3,839	16,46
1985	3,383	18,25
1986	2,984	21,23
1987	2,598	21,82
1988	2,304	23,29
1989	2,056	27,19
1990	1,816	29,37
1991	1,618	37,26
1992	1,357	42,72
1993	1,221	48,61
1994	1,159	49,40
1995	1,085	51,89
1996	0,992	56,69
1997	0,927	58,01
1998	0,885	65,98
1999	0,804	68,24

Ano	ñ	US$ / ₹
2000	0,760	71,09
2001	0,746	74,95
2002	0,712	77,88
2003	0,691	76,14
2004	0,659	73,67
2005	0,620	71,37
2006	0,580	72,76
2007	0,532	66,42
2008	0,513	69,76
2009	0,434	77,57
2010	0,376	73,26
2011	0,336	74,02
2012	0,316	85,20
2013	0,297	92,99
2014	0,274	97,55
2015	0,262	102,41
2016	0,249	107,46
2017	0,226	102,03
2018	0,214	112,23
2019	0,199	112,85

Birmânia ou Mianmar

As primeiras moedas na atual Birmânia aparecem entre 200 e 500 d.C. As cidades-estados Pyu, na atual região central do país, tinham como unidade monetária uma moeda de 11 gramas de prata (reduzida gradualmente a 9 gramas), dividida em frações de ½, ¼, 1/16 (0,46 a 0,59 grama) e perto de 1/96 (0,06 a 0,106 grama). Viajantes chineses citaram também moedas de ouro, das quais não há evidência arqueológica. Os Mon, mais ao sul, também cunharam moedas de prata, de 9-10 gramas e divididas até o centésimo. Na costa oeste, o reino de Chandra tinha moedas de 7 gramas, divididas em metades e quartos.

No século IX, a etnia hoje conhecida como birmanesa chegou ao país e criou o reino de Pagan, que dominou o centro-sul de 897 a 1297 e não cunhou moedas, mas usou ouro, prata e cobre ou *ganza* (liga de 50–80% cobre, 3 a 30% chumbo e 0–20% estanho) na forma de pelotas informes ou lingotes em forma de meia-lua, medidos por peso. A unidade de peso era o ***kyat*** de 16,33 gramas (às vezes aportuguesado como **quiate**), também conhecido como *tical* em inglês. 5 *kyats* faziam um *bo* e 100 kyats um *peit*, chamado *viss* em inglês. ¼ de kyat era um *mat*. O *kyat* de ouro valia 10 *kyats* de prata. Segundo os chineses, cauris também eram usados como moeda.

Alguns preços do período Pagan: uma cesta (20,86 kg) de arroz em casca custava ½ *kyat* de prata; um *peit* de leite de vaca, 1/10 *kyat*; um *peit* de mel, 1¼ *kyat*; mil nozes de bétel, ¾ *kyat*. Um *pe* (7.100 m^2) de terra perto da capital custava 20 *kyats*, a construção de um templo custou 44 mil *kyats* e a de um monastério, 30,6 mil. Um manuscrito completo do *Tripitaka* (cânon budista, com cerca de 1,75 milhão de palavras, pouco mais que o dobro da Bíblia protestante) custou 3 mil *kyats*. Isto sugere um valor em torno de 400 ñ para o *kyat* de prata.

Em 1297, o reino de Pagan fracionou-se em principados rivais até 1485, quando a dinastia Taungoo reunificou a Birmânia. Em seu auge (1580-1600) expandiu seu império para os atuais Tailândia e Laos. Durou até 1752 e continuou a usar metal em lingotes e moedas indianas e mexicanas no comércio, sem cunhar moedas próprias. O uso do ganza foi comum e os holandeses o comerciavam no século XVII por 9 a 12 *stuivers* (4,3 a 5,8 gramas de prata) por *peit*, uma proporção de 1:280 a 1:380 em relação à prata.

As pelotas de prata mais comuns eram chamadas *yowetni* ou “dinheiro florido”, devido ao característico padrão de cristalização superficial em forma de flores ou estrelas. Existiam em tamanhos variáveis, de 1 a 16 *kyats*. Outras são chamadas *tok* ou "dinheiro concha", pela formação de uma bolha no interior, ou "boca de porco" quando a bolha se rompia.

Durante o século XVII surgiram pesos de bronze artisticamente modelados como animais (elefante, leão, pato, galinha, garuda[10] etc.) que variavam de menos de 1/8 a 1.000 *kyats*, mais frequentemente 2 *kyats*, que são conhecidos como "pesos de ópio" no Ocidente, mas na verdade eram usados para todo tipo de mercadoria, inclusive lingotes de metal precioso.

Na costa oeste, o reino de Arakan cunhou moedas de 1 *tanka* (10 gramas), de ouro e prata, até ser conquistado pelos Konbaung, em 1785.

Em 1740, uma rebelião do povo Mon restaurou um reino independente no Sul, que em 1752 derrubou os Taungoo. Falhou, porém em conquistar o Norte, onde se formou um novo reino birmanês liderado pela dinastia Konbaung, que até 1759 derrotou os Mon e seus aliados ingleses e franceses e depois conquistou outros reinos vizinhos e definiu as atuais fronteiras do país. Este foi parcialmente conquistado pelos britânicos (a partir do Sul) em 1852 e totalmente anexado em 1885.

Os Konbaung fizeram uma primeira tentativa de cunhagem de moedas em 1797 (rúpia de 9,98 gramas, *mat* de 3,45 gramas e *pya* de cobre) que não teve continuidade, mas iniciaram uma cunhagem regular em 1852. As moedas cunhadas por essa dinastia, mesmo décadas depois, continuaram a ser datadas do ano da coroação do rei Mindon (1852).

Embora chamada *kyat*, a nova moeda tinha, na realidade, peso de uma rúpia anglo-indiana, de 11,66 gramas, com múltiplos e submúltiplos análogos às moedas indianas, que circulavam no Sul já anexado pelos britânicos.

10 Divindade alada de origem hindu, representada nesses pesos como figura humanoide com bico e asas.

Moedas birmanesas (1852-1888)

Denominação	Valor em kyats	Peso em gramas	Valor em ñ (*)
Ouro			
kyat (= mohur)	16	11,66	2.048
½ kyat	8	5,85	1.024
mat (*)	4	2,75	512
mu (*)	2	1,33	256
pe (*)	1	0,67	128
Prata			
n/d	1,4	16,23	179
kyat (=rúpia)	1	11,66	128
½ kyat	½	5,83	64
mat	¼	2,92	32
mu	1/8	1,46	16
pe (=aná)	1/16	0,73	8
Cobre			
2 pya	1/32	10,9	4
pya (= paisa)	1/64	6,1	2
½ pya	1/128	3,8	1
Chumbo			
¼ pya	1/256	12	0,5
1/8 pya	1/512	6	0,25

(*) O mat originalmente pesava 1/5 do kyat, o mu 1/10 e o pe 1/20; mas na cunhagem passaram a ¼, 1/8 e 1/16, respectivamente. Das moedas de ouro, o mat parece ter sido a única a ter circulação expressiva.

Em 1889, depois de anexar a Birmânia, os britânicos cancelaram a cunhagem de *kyats*, substituídos por rúpias anglo-indianas. Papel-moeda denominado em *kyat* circulou durante a ocupação japonesa apoiada por nacionalistas locais (1942-45).

A rúpia retornou com a reocupação britânica, mas em 1952, quatro anos depois da independência, a moeda nacional (originalmente com o mesmo valor da rúpia) voltou a ser o *kyat*, dividido em 100 *pya*. O país foi renomeado Mianmar por seu governo militar em 1989.

Em 1993, Myanmar começou a emitir certificados de câmbio (*Foreign Exchange Certificates -FEC*) em denominações de 1, 5, 10 e 20 FEC, trocados em uma relação de paridade com o dólar dos

Estados Unidos e avaliados separadamente do *kyat* regular. A conversão direta de moeda estrangeira em *kyats* era ilegal. Nesse período, a taxa oficial, era de 6 US$ /K, enquanto a taxa do mercado negro girava em torno de 60 US$ / K.

Em 1º de abril de 2012, o governo de Myanmar começou a permitir uma flutuação gerenciada do *kyat* – o que significou um salto da taxa de câmbio do dólar de 5,44 para 640 *kyats* – e legalizou o uso e o intercâmbio de moedas estrangeiras para atrair investimentos e enfraquecer o mercado paralelo. Em 20 de março de 2013, o governo anunciou a descontinuação e a retirada gradual das FEC.

Poder aquisitivo e câmbio do kyat, 1997-2019

Ano	ñ	US$ / K
1980	n/d	6,54
1981	n/d	7,22
1982	n/d	7,71
1983	n/d	7,96
1984	n/d	8,30
1985	n/d	8,47
1986	n/d	7,33
1987	n/d	6,65
1988	n/d	6,39
1989	n/d	6,70
1990	n/d	6,34
1991	n/d	6,28
1992	n/d	6,10
1993	n/d	6,16
1994	n/d	5,97
1995	n/d	5,67
1996	n/d	5,92
1997	0,3507	6,24
1998	0,2566	6,34
1999	0,2016	6,29

Ano	ñ	US$ / K
2000	0,1687	6,52
2001	0,1455	6,75
2002	0,1161	6,64
2003	0,0944	6,14
2004	0,0819	5,81
2005	0,0733	5,82
2006	0,0633	5,84
2007	0,0541	5,62
2008	0,0471	5,44
2009	0,0406	5,58
2010	0,0374	5,63
2011	0,0352	5,44
2012	0,0331	640,65
2013	0,0320	933,57
2014	0,0310	984,35
2015	0,0299	1.162,62
2016	0,0291	1.234,87
2017	0,0278	1.360,50
2018	0,0259	1.549,34
2019	0,0249	1.476,90

Moedas de Myanmar (2000)

Denominação	Valor em kyat	Peso em gramas	Valor em ñ 2000
Papel-moeda (FEC)			
20 FEC	130,40	-	26,08
10 FEC	65,20	-	13,04
5 FEC	32,60	-	6,52
1 FEC	6,52	-	1,30
Papel-moeda (kyat)			
10.000 kyat	10.000,00	-	2.000
5.000 kyat	5.000,00	-	1.000
1.000 kyat	1.000,00	-	200
500 kyat	500,00	-	100
200 kyat	200,00	-	40
100 kyat	100,00	-	20
50 kyat	50,00	-	10
20 kyat	20,00	-	4
10 kyat	10,00	-	2
5 kyat	5,00	-	1
1 kyat	1,00	-	0,2
50 pyas	0,50	-	0,1
Moedas de cuproníquel			
100 kyats	100,00	7,52	20
50 kyats	50,00	5,06	10
Moedas de latão			
10 kyat	10,00	4,45	2
5 kyat	5,00	2,73	1
Moedas de bronze			
1 kyat	1,00	2,95	0,2

Obs.: o dólar valia 435 kyats no mercado negro no final de 2000

Sião ou Tailândia

As primeiras moedas da atual Tailândia (e do Sudeste Asiático) foram cunhadas de 190 a 550 d.C. pelo reino de Funan, que incluía o atual Camboja e era de etnia Khmer. Seguiam o modelo indo-grego, com uma unidade com perto de 9,5 gramas de prata.

A Funan seguiu-se na região o reino Dvaravati, de etnia Mon, que durou do século VI ao XI e cujo nome está ligado à inscrição *sri dvaravati* ("a das muitas portas", relacionada à lendária cidade de Dvaraka na Índia) encontrada em suas moedas, igualmente baseadas num padrão com cerca de 9,5 gramas de prata.

Do século XI ao XIII, a maior parte da atual Tailândia esteve sob o domínio do Império Khmer, com centro em Angkor, no Camboja, que deu à região e ao povo o nome de Sião (de *syam*, sânscrito para "pele escura", com conotações pejorativas), com exceção do extremo sul, que pertencia aos domínios de Srivijaya, na ilha de Sumatra.

Em 1238, o país se emancipou como reino de Sukhothai, que durou até 1583 e marca o início do país como Estado da etnia Thai. Esse reino produziu pela primeira vez o característico *pod duang* ("dinheiro larva", em inglês chamado *bullet money*), cuja forma lembra aos tailandeses as *duang*, larvas de besouro do coco usadas como alimento. São pequenas barras de prata dobradas em forma de *croissant* e estampadas com marcas de reinado ou local de cunhagem, que se supõe derivar do dinheiro-bracelete (*kam lai*) usado no reino de Nanzhao, no Sudoeste da atual China. Inicialmente era produzido com o peso de 4 *bahts* (58 gramas) e depois de um *baht* (14,5 gramas), ½ *baht* e ¼ *baht*. Ao lado das peças de metal, eram usados os pequenos búzios chamados cauris.

O ***baht*** (às vezes aportuguesado como **bate**) foi chamado *tical* em inglês e português (do malaio *tikal*). Essas peças de prata continuaram a ser produzidas nos reinos de Ayutthaya (1350-1767), Thonburi (1767-1782) e Rattanakosin ou Bangkok (1782 em diante). O *baht* pesava então 15,4 gramas e seu poder aquisitivo era de 2.000 a 3.500 ñ, com base no preço de 0,3 a 0,5 *baht* por *hal* ou *picul* de 50 *chang* ou 60 kg de arroz em casca, de 1650 a 1850.

Dinheiro larva

unidade	Significado	valor em baht de prata	gramas	ñ (1650-1850)
ouro				
tamlung	relacionado ao tael ou *liang* chinês	64	61,6	128.000
2 baht		32	30,8	64.000
baht		16	15,4	32.000
mayon/ mayong		8	7,7	16.000
salung		4	3,85	8.000
fuang		2	1,925	4.000
sik	metade (do fuang)	1	0,963	2.000
sio/pai	quarto (do fuang)	½	0,481	1.000
prata				
chang	relacionado ao cate ou *jin* chinês	80	1.232	160.000
10 tamlung		40	616	80.000
5 tamlung		20	308	40.000
2½ tamlung		10	154	20.000
2 tamlung		8	123,2	16.000
4½ baht		4,5	69,3	9.000
tamlung	relacionado ao tael ou liang chinês	4	61,6	8.000
2½ baht		2,5	38,5	5.000
2 baht		2	30,8	4.000
1½ baht		1,5	23,1	3.000
baht		1	15,4	2.000
mayon/ mayong		½	7,7	1.000
salung		¼	3,85	500
fuang		1⁄8	1,925	250
sik	metade (do fuang)	1⁄16	0,963	125
sio/pai	quarto (do fuang)	1⁄32	0,481	63
att	oitavo (do fuang)	1⁄64	0,241	31
solos	16 avos (do fuang)	1⁄128	0,120	16
cauris				
bia	cauri (concha usada como dinheiro)	1⁄6400	-	0,31

O rei Rama III (r. 1821-1851) foi o primeiro a considerar a substituição do sistema tradicional por moedas achatadas à maneira indiana e ocidental, tanto por conveniência dos mercadores quanto para evitar a morte dos caramujos cauris (condenável pelo budismo estrito), mas foi Rama IV (r. 1851-1868) quem a implementou gradualmente, de início com moedas cunhadas a mão (240 por dia) até receber em 1858 uma máquina de cunhagem presenteada pela rainha britânica Vitória. Embora o país ainda fosse conhecido internacionalmente como Sião, essas moedas já tinham inscritas a expressão Pathet Thai, "Tailândia". As moedas-larvas continuaram a ser ocasionalmente produzidas até 1880 e só foram retiradas de circulação em outubro de 1904.

A partir de 1850, a integração do Sião ou Tailândia no mercado internacional pela exportação de arroz inflacionou os preços internos em *bahts*, cotados segundo o valor da prata no mercado internacional. Em 1857, o câmbio do *baht* foi fixado, em 0,6 dólar dos Estreitos ou 1,4 rúpias indianas. A libra esterlina valia 8 *bahts* antes de 1880, 10 na década de 1880 e 21,75 em 1902. Nos anos seguintes, o governo de Bangkok procurou revalorizar o *baht*, aumentando seu valor de câmbio quando a prata subia, mas deixando de acompanhá-la quando caía. Assim, a libra passou a 13 *bahts* em 1908, 12 *bahts* em 1919 e 11 *bahts* em 1923, mantendo-se então estável até a II Guerra Mundial, quando o *baht* foi vinculado ao iene japonês.

O preço médio do *picul* de arroz passou para 2 a 2,5 *bahts* depois de 1855 e 5 *bahts* em 1900. Pagava-se 15 a 32 *bahts* por um boi e 40-50 *bahts* por um búfalo em 1890, 30 por um boi em 1895, 64 em 1902 e 70-80 em 1905 (um búfalo valia então 70-120 *bahts*). Pode-se estimar o poder aquisitivo do *baht* em cerca de 480 ñ em 1860, 360 em 1875, 300 em 1890, 250 em 1895, 200 em 1900 e 180 em 1905, continuando a flutuar em torno desse valor até o início da II Guerra Mundial.

Em 1851, o governo emitiu notas para ⅛, ¼, ⅜, ½ e 1 *tical*, seguido de 3, 4, 6 e 10 *tamlung* (12, 16, 24 e 40 *baths* ou *ticals*) em 1853. Depois de 1857, notas de 20 e 40 *ticals* foram emitidas, tendo também os seus valores denominados em dólares dos Estreitos e rúpias. Notas sem data foram emitidas antes de 1868 para 5, 7, 8, 12 e 15 *tamlung* e um *chang* (20, 28, 32, 48, 60 e 80 *bahts* ou *ticals*, respectivamente). Notas de um *att* foram emitidas em 1874.

Moedas tailandesas (1858-1897)

unidade	valor em baht	gramas	ñ
ouro			
8 baht	8	7,7	2.880
4 baht	4	3,85	1.440
2 1/2 baht	2	1,925	900
prata			
4 baht	4	61,6	1.440
2 baht	2	30,8	720
baht	1	15,4	360
2 salung	$\frac{1}{2}$	7,7	180
salung	$\frac{1}{4}$	3,85	90
fuang	$\frac{1}{8}$	1,93	45
sik	$\frac{1}{16}$	0,96	23
estanho, cobre ou bronze			
sik	$\frac{1}{16}$		23
sio/pai	$\frac{1}{32}$		11
att	$\frac{1}{64}$		6
solos ou 1/2 att	$\frac{1}{128}$		3

Em 1892, o Tesouro emitiu notas de 1, 5, 10, 40, 80, 100, 400 e 800 *ticals* no texto em inglês ou *baht* no tailandês. A partir de 1902, passaram a ser emitidas notas de 5, 10, 20, 100, e 1000 *ticals* ou *bahts*. Em 1925, as notas passaram a ser emitidas também no valor de um baht (cuja cunhagem como moeda de prata fora suspensa) e sem texto em inglês. A tradicional divisão binária do *baht* continuou em uso até 1897, quando foi substituída pela divisão em 100 *satang*. A moeda de ¼ *baht* continuou, porém, a ser chamada de *salung* e modas de denominações antigas continuaram a ser cunhadas até 1905 (*fuang*, até 1910).

Moedas tailandesas (1897-1937)

unidade	gramas	ñ
prata		
baht (até 1918)	15	200
½ baht ou 2 salung	7,5	100
25 satang ou um salung	3,75	50
20 satang	3	40
cuproníquel		
20 satang		40
10 satang		20
5 satang		10
2½ satang		5
bronze		
satang		2
½ satang (1937)		1

Poder aquisitivo e câmbio do baht tailandês, 1980-2019

Ano	ñ	US$ / ฿
1980	2,367	20,48
1981	2,195	21,82
1982	2,128	23,00
1983	2,064	23,00
1984	2,028	23,64
1985	1,972	27,16
1986	1,958	26,30
1987	1,834	25,72
1988	1,717	25,29
1989	1,607	25,70
1990	1,486	25,59
1991	1,416	25,52
1992	1,353	25,40
1993	1,318	25,32
1994	1,252	25,15
1995	1,179	24,92
1996	1,116	25,34
1997	1,069	31,36
1998	0,985	41,36
1999	0,999	37,81
2000	0,975	40,11
2001	0,962	44,43
2002	0,939	42,96
2003	0,919	41,48
2004	0,883	40,22
2005	0,837	40,22
2006	0,800	37,88
2007	0,771	34,52
2008	0,747	33,31
2009	0,731	34,29
2010	0,700	31,69
2011	0,669	30,49
2012	0,658	31,08
2013	0,648	30,73
2014	0,645	32,48
2015	0,643	34,25
2016	0,625	35,30
2017	0,611	32,51
2018	0,606	32,28
2019	0,598	29,68

Moedas da Tailândia (1980)

Denominação	**Valor em baht**	**Peso em gramas**	**Valor em ñ 1980**
Papel-moeda			
500 baht	500,00	-	1.200
100 baht	100,00	-	240
20 baht	20,00	-	48
10 baht	10,00	-	24
5 baht	5,00	-	12
Moedas de níquel			
10 baht	10,00	15,00	24
Moedas de cobre revestido de cuproníquel			
5 baht	5,00	12,00	12

Moedas de cuproníquel			
2 baht	2,00	9,00	4,8
1 baht	1,00	7,00	2,4
Moedas de latão			
25 satangs	0,25	2,80	0,6

Moedas da Tailândia (2010)

Denominação	Valor em baht	Peso em gramas	Valor em ñ 2010
Papel-moeda			
1.000 baht	1.000,00	-	700
500 baht	500,00	-	350
100 baht	100,00	-	70
50 bath	50,00	-	35
20 baht	20,00	-	14
Moedas de cuproníquel (comemorativas)			
100 baht	100,00	25,00	70
50 baht	50,00	21,00	35
20 baht	20,00	15,00	14
Moedas bimetálicas, núcleo bronze-alumínio, coroa cuproníquel			
10 baht	10,00	8,50	7
Moedas de cobre revestido de cuproníquel			
5 baht	5,00	6,00	3,5
Moedas de bronze-alumínio			
2 baht	2,00	4,00	1,4
Moedas de aço revestido de níquel			
1 baht	1,00	3,00	0,7
Moedas de aço revestido de cobre			
50 satangs	0,50	2,4	0,35
25 satangs	0,25	1,9	0,18
Moedas de alumínio			
10 satangs	0,10	0,8	0,07
5 satangs	0,05	0,6	0,035
1 satang	0,01	0,5	0,007

Obs.: a Tailândia emite uma grande variedade de moedas comemorativas de prata e ouro e também notas comemorativas que, além dos valores convencionais, incluem 16 baht (2007), 60 baht (2006), 70 baht (2016), 80 baht (2012) e até 500.000 baht (2000). Esta última, com poder aquisitivo de 487.000 ñ no lançamento, foi a nota de maior valor emitida no mundo desde os anos 1950, com exceção das notas interbancárias dos EUA e Reino Unido.

Camboja

O Império Khmer, com centro no atual Camboja, governou a maior parte do Sudeste Asiático entre 802 e 1431, mas nunca teve uma moeda padronizada nem desempenhou um papel comercial importante. Zhou Daguan, chinês que visitou a capital Angkor em 1297, escreveu que eram usados arroz, grãos e moedas chinesas nas pequenas transações, tecido de cânhamo nas médias e ouro e prata nas grandes. O peso de metais era provavelmente medido em *tamlin* ou *lin*, unidade khmer de peso de aproximadamente 60 gramas da qual derivam o *tamlung* tailandês e o *tael* malaio. Segundo Zhou Daguan, um escravo jovem e forte valia 100 peças de tecido. Um búfalo podia ser trocado por 5 *lin* de prata ou 41 medidas de arroz em casca (possivelmente cestas de 60 litros ou 36 quilos) ou uma escrava (apesar de outra ter sido trocada por 20 medidas). Em muitos casos, embora as mercadorias fossem avaliadas em prata ou peças de tecido, o pagamento efetivo era feito em arroz.

De 1431 a 1594, o Camboja continuou a existir como nação independente, mas menor. Aparentemente, começou a cunhar moedas no início do século XVI, a partir do rei Kan (1499-1505, ou 1512-26). A arqueologia encontrou moedas de dois *fuang* (2,8 gramas), um *fuang* (1,4 grama), meio *fuang* (0,7 grama), ¼ *fuang* (0,35 grama) e 1/8 *fuang* (0,16 grama). Esses tipos se mantiveram até cerca de 1600, mas com o teor de prata progressivamente reduzido até se chegar a moedas apenas banhadas em prata.

Em 1594, a capital cambojana em Lovek foi tomada pelos tailandeses e o Camboja se tornou seu vassalo. No final do século XVII, perdeu território para o Vietnã, que ocupou o delta do Mekong (Cochinchina) e disputou o controle até 1841, quando o país ficou sob o controle conjunto dos dois vizinhos. Durante esse período, cunharam-se moedas de cobre chamadas *pe,* de até 1,4 grama.

Em 1861, os franceses ocuparam a Cochinchina, e em 1867 o rei do Camboja aceitou tornar-se seu protetorado. Até 1875, o país cunhou moedas segundo o modelo tailandês e cambojano tradicional. Como na Tailândia, a unidade era o *tical* ou *baht* (chamado *pada* no Camboja) de 15,4 gramas, dividido em 4 *salong*, 8 *fuang*, 32 *pe* e 64 *att*.

Em 1875, a França substituiu o *tical* pelo franco cambojano de 100 cêntimos, igual ao francês. Foram cunhadas moedas de bronze de 5 e 10 cêntimos e moedas de prata de 25 e 50 cêntimos e de 1,2 e 4 francos, que circulavam ao lado de *piastres* (pesos mexicanos) equivalentes a 5,37 francos.

Com a independência em 1953, a piastra foi substituída no Camboja pelo *riel*, inicialmente do mesmo valor e dividido em 10 *kak* e 100 *sen*. Assim como no Vietnã a piastra continuou a circular com o nome de *dong* (1946 no Norte e 1953 no Sul) e no Laos, de *kip* (1952).

A revolução comunista do Khmer Vermelho, durante a qual o país foi renomeado República Khmer, aboliu o dinheiro no país em 1975, mas o *riel* (símbolo ៛) foi reintroduzido com a invasão vietnamita de abril de 1980, a um câmbio inicial de 4 por dólar.

Poder aquisitivo e câmbio do riel cambojano, 1986-2019

Ano	ñ	US$ / ៛	Ano	ñ	US$ / ៛
1980	n/d	4,00	2000	0,01010	3.840,75
1981	n/d	4,00	2001	0,00994	3.916,33
1982	n/d	4,00	2002	0,00979	3.912,08
1983	n/d	4,00	2003	0,00962	3.973,33
1984	n/d	4,00	2004	0,00913	4.016,25
1985	n/d	4,00	2005	0,00858	4.092,50
1986	3,19	30,00	2006	0,00824	4.103,25
1987	0,557	123,00	2007	0,00763	4.056,17
1988	0,315	148,00	2008	0,00692	4.054,17
1989	0,263	268,00	2009	0,00663	4.139,33
1990	0,105	426,25	2010	0,00640	4.184,92
1991	0,0506	718,33	2011	0,00614	4.058,50
1992	0,0287	1.266,58	2012	0,00607	4.033,00
1993	0,0138	2.689,00	2013	0,00603	4.027,25
1994	0,0139	2.545,25	2014	0,00594	4.037,50
1995	0,0124	2.450,83	2015	0,00586	4.067,75
1996	0,0118	2.624,08	2016	0,00564	4.058,69
1997	0,0112	2.946,25	2017	0,00545	4.031,53
1998	0,0101	3.744,42	2018	0,00534	4.027,96
1999	0,00982	3.807,83	2019	0,00519	4.058,60

Moedas do Camboja (2012)

Denominação	Valor em riels	Peso em gramas	Valor em ñ 2012
Papel-moeda			
50.000 riels	50.000	-	300
20.000 riels	20.000	-	120
10.000 riels	10.000	-	60
5.000 riels	5.000	-	30
2.000 riels	2.000	-	12
1.000 riels	1.000	-	6
500 riels	500	-	3
100 riels	100	-	0,6
50 riels	50	-	0,3

Malásia e Indonésia

Os povos malaio-polinésios possuíam conhecimentos avançados de navegação desde o III milênio a.C., quando seus ancestrais partiram da atual Taiwan para ocupar a península e arquipélago malaios. Dali se espalharam pelo Índico e Pacífico, povoando Madagascar e as ilhas da Melanésia, Micronésia e Polinésia. Há evidências de comércio da região malaia com a China desde o século I a.C. Mas é só a partir do século II d.C. que se tem notícias de reinos na região, como o de Langkasuka no norte da atual Malásia, Tarumanagara em Java e Kutai na atual ilha de Bornéu. Essas sociedades foram influenciadas pela Índia e receberam dela o hinduísmo, o budismo e o sistema de escrita do sânscrito.

Reinos hindus e budistas

A primeira grande potência na região foi o império budista de Srivijaya. Foi fundado a partir de uma cidade-estado perto de Palembang, Sumatra, por volta do ano 500, e de 650 a 1377 se tornou hegemônica sobre outras cidades importantes para as rotas marítimas entre a China e a Índia. Suas frotas dominaram a maior parte de Sumatra e da península malaia e o oeste de Java. Cunhou moedas inicialmente de ouro, depois também de prata, caracterizadas pela flor de sândalo como símbolo e baseadas numa unidade chamada *mas* (2,4 a 2,5 gramas), dividida em 24 *krisnalas*, equivalentes aos raktikas indianos. O mas entrou mais tarde para o português como *maz* e para o inglês como *mace* e a palavra foi usada também para se referir a unidades de tamanho comparável usadas na China e Sudeste Asiático.

Foram cunhadas moedas de ouro de 1, ½, ¼ e 1/8, 1/16 e 1/32 *maz* e moedas de prata de 1, ½, ¼ e 1/8 *maz*. A relação de valor da prata para o ouro era de 1:12. Também há peças de ouro e prata baseadas no *liang* chinês, peso conhecido como *tahil* nas línguas malaias (do qual deriva o português e inglês *tael*). Se considerarmos o poder aquisitivo dos metais semelhante ao vigente na Índia, o *maz* de ouro valeria 3.600 ñ e o de prata 300 ñ.

O segundo grande império da região foi o hindu-budista Majapahit, que surgiu no leste de Java em 1293 a partir do reino precedente de Sighasari, derrotou Srivijaya em 1377 e durou até 1527. No auge, seus domínios incluíram a maior parte das atuais Malásia e Indonésia (salvo o reino de Sunda, no oeste de Java). Sua capital, também chamada Majapahit, ficava perto da atual Trowulan. Usou moedas de ouro e prata similares às de Srivijaya, mas também importou e adotou as moedas de cobre furadas chinesas *wen*, mais adequadas para as transações do varejo e chamadas em malaio de *kepeng*. Para poupar e guardar essas moedas, os malaios de Majapahit inventaram o *celengan*, um recipiente fechado de barro com fenda que geralmente tinha a forma de porco e deu origem ao conhecido cofre-porquinho do Ocidente.

Foi durante a decadência de Majapahit que o Islã se firmou no mundo malaio. Havia muçulmanos vivendo na região desde o século XI, em função de contatos comerciais com a Pérsia e a Índia; no século XIII, surgiu o sultanato de Samudera Pasai no extremo norte de Sumatra. No entanto, o primeiro Estado muçulmano importante foi o sultanato de Malaca, fundado pelo rei de Cingapura Parameswara (r. 1402-1414) em 1402, quatro anos após ter sido expulso de sua pátria pela invasão de Majapahit. Segundo cronistas nativos, ele teria se convertido ao Islã e adotado o nome de Iskandar Shah em 1409. Entretanto, fontes portuguesas e chinesas indicam que foi seu filho que, aos 72 anos (em 1416), se converteu e adotou o nome e título de Iskandar Shah para si mesmo e seu pai.

Sultanatos muçulmanos

A islamização partiu das elites para incorporar gradualmente as massas, expandiu-se com o crescimento dos novos sultanatos e a adesão de vassalos que se rebelaram contra Majapahit. Um deles, o sultanato de Demak, tornou o processo irreversível ao derrotar Sunda e Majapahit e dominar Java em 1527. Até o fim do século XVI, quase toda a Malásia e Indonésia (com exceção da ilha de Bali) converteu-se ao Islã. Nesse período, a região começava também a ser invadida pelos portugueses, que em 1511 tomaram Malaca e nas décadas seguintes se estabeleceram nas ilhas Molucas, Flores e Timor, da Indonésia Oriental.

Os sultanatos malaio-indonésios continuaram a cunhar o *maz* de ouro com o nome de *dinar*, com 2,4 gramas de ouro a 70% em Samudera Pasai, segundo o relato de Ma Huan, escriba do almirante chinês Zheng He. Também havia uma moeda de ouro de ½ *maz*, ¼ de *maz* ou dinar conhecida como *kupang*, de 0,6 grama, e o *maz* de prata com o nome de *derham* ou *real*.

O aspecto mais característico dos sistemas monetários dos sultanatos malaios foi, porém, o uso do estanho ou, mais exatamente, peltre (com até 17% de chumbo), chamado *calaim* pelos cronistas portugueses. Segundo Ma Huan, o dinar equivalia a 1.600 *pitis* de estanho. Pelo poder aquisitivo dos metais na Índia da época, o dinar ou *maz* de ouro deveria valer cerca de 2.880 ñ, o *kupang* 720 ñ, o *derham* 240 ñ e o *pitis* 1,8 ñ. Em Malaca, as primeiras moedas de estanho foram cunhadas no reinado do sultão Muzafar Shah (r. 1446-1456).

Nos anais da dinastia chinesa Ming em 1436, o cronista Fei Sin conta que em Malaca eram usados lingotes de estanho de 1,25 e 1,5 *cates* (em inglês *catty*, unidade de 604,79 gramas). Esses lingotes, decorados com motivos florais e chamados *tampang*, foram produzidos em vários formatos: redondo, retangular, poligonal, cone, cilindro ou "chapéu" (quadrado com uma "copa" também quadrada), variando de peso de 7,8 a 900 gramas. No século XVIII, o sultanato de Kedah produziu peculiares lingotes de estanho com a forma de um galo de briga (32 x 18 mm) pousado em uma cadeia de cinco ou seis anéis, com peso de 18,8 gramas.

Redondo, retangular, hexagonal ou octogonal, o *pitis* pesava inicialmente 2,5 a 4,5 gramas, havendo também meios *pitis* de 1,5 a 2,25 gramas. Substituíam ou complementavam as moedas chinesas *kepeng*, *keueh* ou *kue* e às vezes eram também fundidos em "árvores" das quais as moedas tinham de ser destacadas. Mais tarde, foram também produzidos com furos como as moedas chinesas, mas geralmente redondos e não quadrados. As verdadeiras moedas chinesas rarearam quando a dinastia Ming, após a era de Zheng He, se fechou ao comércio marítimo, mas circularam imitações em estanho produzidas por comerciantes chineses locais e conhecidas como *jokoh*.

No século XVI, as peças de oito (*reales*) espanholas e mexicanas começaram a circular em grande quantidade no Oriente, inclusive no arquipélago malaio. Em 1596, os holandeses constataram que uma peça de oito valia em Sumatra 8.500 *pitis* de estanho, que, assim como as moedas chinesas, no arquipélago malaio eram frequentemente reunidos em fieiras de 200 moedas, chamadas *ataks*. Cinco *ataks* amarrados pelas pontas formavam um feixe ou *peku* de 1.000 moedas. Dez *peku* reunidos numa bolsa formavam um *bungkus* de 10.000 moedas e dez *bungkus* faziam um *keti* de 100.000 moedas. "Um peku" se diz em indonésio *sapeku*. Dessa palavra deriva *sapeca*, um dos nomes pelo qual as moedas chinesas ficaram conhecidas em português (o outro é *caxa* ou *caixa*, derivado da pequena moeda indiana *kasu*), assim como o francês *sapèque*, com o mesmo significado.

Seis fieiras de *pitis* de estanho valiam uma fieira de moedas chinesas verdadeiras. Segundo o poder aquisitivo da prata na Índia de 1600, uma peça de oito valia 2.200 ñ, uma moeda chinesa 1,5 ñ e um *pitis*, 0,25 ñ. Um *atak* de *pitis* valia 50 ñ, um *peku* 250 ñ, um *bungkus* 2.500 ñ e um *keti*, 25.000 ñ.

Índias Neerlandesas

Durante o século XVII, os neerlandeses tomaram a maior parte da Indonésia (exceto Timor) aos portugueses e aos reinos e sultanatos nativos. Tentaram em 1601 cunhar suas próprias peças de oito reais (e também de 4, 2, 1 e ½ real), mas estas não tiveram aceitação entre os comerciantes locais. Assim, os holandeses tiveram de usar as peças espanholas e mexicanas, avaliadas em 64 *stuivers*, ao lado de sua própria moeda, o *gulden* (conhecida em português como florim) dividido em 20 *stuivers*, usado principalmente na contabilidade.

Também circularam, em escala menor, grandes moedas holandesas, como o *rijksdaalder* (50 *stuivers*) e o *dukaton* (60 *stuivers*) e moedas japonesas de ouro (*koban* e *ichibu*) e moedas chinesas, além dos *pitis*, cujo valor variava conforme as condições do mercado. No século XVII, os *pitis* flutuaram entre 4.200 e 14.000 por peça de oito, girando normalmente em torno de 10.000.

Em 1658, pela falta de moedas holandesas de *stuiver* e frações, a Companhia das Índias Orientais emitiu peças feitas de pedaços de fios de cobre dobrados, semelhantes aos *larins* de origem persa que já circulavam na região com o nome de *tang*, ao valor de quatro por *stuiver*. Deveriam ser estampados nas pontas para prevenir o cerceio, mas os fios grossos de cobre importados do Japão se mostraram duros demais para isso e em 1660 passaram a ser feitos de peltre (liga de estanho).

No final do século XVII, a Companhia das Índias Orientais começou a cunhar em Java rúpias semelhantes às indianas (com inscrições em árabe) e lhes deu um valor de 30 *stuivers*, embora seu valor em prata fosse equivalente ao do *gulden* de 20 *stuivers*. Em 1744 cunhou "ducados" de ouro com inscrições árabes e peso de 4,3 gramas (o *mithqal* islâmico) e avaliados em quatro rúpias ou 120 *stuivers*. Também houve "duplos ducados" e *mohurs* de 16 rúpias. Em 1753, o ducado holandês também começou a circular na colônia, com o mesmo valor de seis *guldens*.

Em 1724, os neerlandeses começaram a importar moedas de cobre (*duits*) para substituir os *tangs* e *picis*. Cunhadas em seis diferentes províncias dos Países Baixos – Holanda, Utrecht, Zelândia, Gelderland, Frísia Ocidental e Overijssel –, tinham diferentes pesos e escudos. A Companhia começou a cunhá-los também em Batávia (atual Jacarta) em 1726, com o dobro do valor que tinham na metrópole (ou seja, ¼ *stuiver*, em vez de 1/8), mas os *pitis* de estanho (*picis*, em indonésio, pronunciado "pitchis") continuaram a ser produzidos sob o domínio holandês até 1763. Eram feitos, na prática, de 20% de estanho e 80% de chumbo, e o valor, além de flutuar conforme as condições do mercado, variava em cada região conforme seu peso.

Em 1765, uma peça de oito (*ringgit* em indonésio) equivalia a 4 *cates* (2,42 quilos) de *picis*, 4.000 *picis* em Palembang (Sumatra), 8.000 em Sumenep (Madura) e 2.800 em Java Ocidental (na parte oriental da ilha, já circulava apenas o cobre). Nessa última região, centro do governo colonial, 12,5 pitis equivaliam a um *duit* (*peser*, em indonésio), 25 a 2 *duits* (*uang*), 50 *pitis* a 4 *duits* ou um *stuiver* (*kelip*) e 100 *pitis* a 8 *duits* ou dois *stuivers* (*ketip*).

Foram também cunhadas moedas de cobre de ½ *duit* (*kepeng*, em indonésio) e moedas de prata de ½ *gulden* (*ukon*), 1 *gulden* e 3 *guldens* (*dukaton*).

Em 1796, para suprir a necessidade de meio circulante, o governo colonial recorreu à manufatura de *bonks*, simples pedaços retangulares cortados de barras de cobre e estampados, com valor de ½ a 8 *stuivers*, a 23 gramas por *stuiver*.

Em 1800, a Companhia das Índias Orientais foi estatizada pelo governo revolucionário da República Batava. Em 1803, o *stuiver* passou a 19 gramas, e o *guilder* a ser dividido em 24 *stuivers* e 96 *duits*. A colônia foi temporariamente ocupada pelos britânicos durante as guerras napoleônicas, mas depois devolvida ao reino holandês restaurado. Foram postas em circulação moedas de prata de 1/16, 1/8 e ¼ de *gulden*. Esta última era chamada *tali* em indonésio, originalmente nome da peça de um real espanhol, enquanto a de dois reais se chamava *suku*. Foi também emitido papel-moeda em notas de 1, 5, 10, 25, 50, 100, 300, 600 e 1.000 *guldens*. Mesmo assim, as moedas chinesas ainda circulavam em Bali em meados do século XIX, com o valor de um *gulden* por *atak* (200 peças).

Em 1855, os Países Baixos decimalizaram sua moeda, inclusive a colonial. As cunhagens passaram a ser de moedas de cobre de ½ cent (*peser*), 1 cent (*sen*) e 2 ½ cents (*gobang*) e de moedas de prata de 5 cents (*kelip*), 10 cents (*ketip*) e 25 cents (*tali*).

Esses padrões permaneceram sem alterações até 1942, quando o Japão invadiu as possessões neerlandesas, aliou-se aos nacionalistas locais e passou a emitir notas em malaio-indonésio, denominadas em *roepiah* ("rúpia", em holandês), com o mesmo valor do antigo *gulden*. Quando o Japão se rendeu, os nacionalistas indonésios liderados por Sukarno proclamaram sua independência e assumiram a emissão de papel-moeda em *rupiah*.

Nesse momento, os britânicos já tinham tomado as ilhas Molucas, Nova Guiné e Bornéu, onde restauraram a administração holandesa e o *gulden* colonial. Os neerlandeses chegaram a recapturar Java e Sumatra, mas seguiu-se uma guerra com os nacionalistas, terminada em 1949 com o reconhecimento da independência da Indonésia.

Moedas das Índias Neerlandesas (século XVIII)

Denominação	Valor em picis de Java	Peso em gramas	Valor em ñ 1765
Moedas de ouro 98,6%			
ducado neerlandês	6.000	3,49	960
Moedas de ouro 79,2%			
ducado de Java (mithqal)	6.000	4,34	960
Moedas de prata 93,75%			
ducaton antigo	3.150	32,78	504
Moedas de prata 91,67%			
peso ou peça de oito (ringgit)	2.800	27,04	448
Moedas de prata 91,2%			
3 gulden ou ducaton novo	3.000	31,82	480
1 gulden	1.000	10,61	160
½ gulden (ukon)	500	5,30	80
Moedas de prata 86,8%			
Rijksdaalder	2.500	28,08	400
Moedas de prata 83,3%			
rúpia de Java	1.500	13,15	240
½ rúpia de Java	750	6,58	120
Moedas de cobre			
8 duits ou 2 stuiver (ketip) (*)	100	46,0	16
4 duits ou stuiver (kelip) (*)	50	23,0	8
2 duits (uang)	25	11,5	4
1 duit (peser)	12,5	5,8	2
½ duit (kepeng)	6,25	2,9	1
Moedas de chumbo (80%) e estanho (20%)			
picis (Java)	1	0,9	0,16
picis (Sumatra)	0,7	0,6	0,11
picis (Madura)	0,35	0,3	0,056

(*) na forma de *bonk*, pedaço irregular de cobre

Moedas das Índias Neerlandesas (1800-1854)

Denominação	Valor em duit	Peso em gramas	Valor em ñ 1820
Papel-moeda			
1.000 gulden	104.000	-	208.000
600 gulden	62.400		124.800
300 gulden	31.200	-	62.400
100 gulden	10.400	-	20.800
50 gulden	5.200	-	10.400
25 gulden	2.600	-	5.200
10 gulden	1.040	-	2.080
5 gulden	520	-	1.040
1 gulden	104	-	208
Moedas de ouro 83,3%			
rúpia de ouro de Java	1.920	15,76	3.840
½ rúpia de ouro	960	7,86	1.920
Moedas de ouro 98,6%			
ducado neerlandês	528	3,49	1.056
Moedas de prata 93,75%			
ducaton antigo	320	32,78	640
Moedas de prata 90,28%			
peso ou peça de oito (ringgit)	264	27,04	528
Moedas de prata 89,24%			
dólar dos EUA	240	26,96	480
Moedas de prata 86,8%			
rijksdaalder	192	28,08	384
Moedas de prata 98%			
rúpia sicca de Bengala	126	11,63	252
Moedas de prata 83,3%			
rúpia de prata de Java	120	13,15	240
½ rúpia	60	6,58	120
Moedas de prata 91,2%			
3 gulden ou ducaton novo	312	31,65	624
1 gulden	104	10,58	208
½ gulden (ukon)	52	5,29	104
¼ gulden (tali)	26	2,65	52
1/8 gulden	13	1,33	26
1/16 gulden	6,5	0,66	13

Moedas de prata 58%			
schelling	30	4,95	60
Moedas de cobre			
2½ stuiver ou *dubbeltje* (*)	10	38,60	20
1 stuiver (*)	4	15,44	8
½ stuiver	2	5,44	4
1 duit	1	2,77	2
½ duit	½	2,00	1
Moedas de estanho			
duit	1	5,74	2

(*) na forma de *bonk*, pedaço irregular de cobre

Moedas das Índias Neerlandesas (1854-1913)

Denominação	**Valor em gulden**	**Peso em gramas**	**Valor em ñ 1875**
Papel-moeda			
1.000 gulden	1.000,00	-	160.000
500 gulden	500,00	-	80.000
300 gulden	300,00	-	48.000
200 gulden	200,00	-	32.000
50 gulden	50,00	-	8.000
25 gulden	25,00	-	4.000
10 gulden	10,00	-	1.600
5 gulden	5,00	-	800
2½ gulden	2,50	-	400
Moedas de prata 72%			
½ gulden (ukon)	0,50	5,38	80
¼ gulden (tali)	0,25	3,18	40
1/10 gulden (ketip)	0,10	1,25	16
1/20 gulden (kelip, até 1855)	0,05	0,61	8
Moedas de cobre			
2½ cents (gobang)	0,025	12,50	4
1 cent (sen)	0,01	4,80	1,6
½ cent (peser)	0,005	2,30	0,8

Moedas das Índias Neerlandesas (1914-1942)

Denominação	Valor em gulden	Peso em gramas	Valor em ñ 1940
Papel-moeda			
1.000 gulden	1.000,00	-	140.000
500 gulden	500,00	-	70.000
200 gulden	200,00	-	28.000
100 gulden	100,00	-	14.000
50 gulden	50,00	-	7.000
25 gulden	25,00	-	3.500
10 gulden	10,00	-	1.400
5 gulden	5,00	-	700
Moedas de prata 72%			
½ gulden (ukon)	0,50	5,38	70
¼ gulden (tali)	0,25	3,18	35
1/10 gulden (ketip)	0,10	1,25	14
Moedas de cuproníquel			
5 cents (kelip, 1913-1922)	0,05	5,0	7
Moedas de cobre			
2½ cents (gobang)	0,025	12,50	3,5
1 cent (sen)	0,01	4,00	1,4
½ cent (peser)	0,005	2,30	0,7

Poder aquisitivo do gulden nas Índias Neerlandesas, 1800-1949

Ano	ñ
1800	
1801	225,01
1802	
1803	
1804	
1805	
1806	
1807	
1808	369,05
1809	
1810	
1811	202,00
1812	

Ano	ñ
1850	213,64
1851	192,64
1852	202,18
1853	217,47
1854	174,35
1855	166,20
1856	212,93
1857	137,40
1858	207,99
1859	176,64
1860	191,25
1861	191,84
1862	165,14

Ano	ñ
1900	236,04
1901	190,27
1902	205,42
1903	196,36
1904	219,16
1905	227,27
1906	214,39
1907	189,54
1908	179,82
1909	191,75
1910	191,75
1911	174,09
1912	151,05

1813		1863	146,33	1913	165,30
1814		1864	164,64	1914	170,46
1815	365,29	1865	139,97	1915	174,09
1816		1866	132,35	1916	161,49
1817		1867	182,60	1917	151,05
1818	427,45	1868	196,78	1918	118,01
1819	241,34	1869	185,64	1919	117,74
1820	204,12	1870	193,14	1920	64,00
1821	175,71	1871	187,13	1921	86,28
1822	196,06	1872	137,92	1922	99,18
1823	221,69	1873	139,84	1923	110,81
1824	236,31	1874	141,03	1924	120,32
1825	192,86	1875	158,48	1925	126,20
1826	192,86	1876	162,85	1926	126,53
1827	268,95	1877	156,24	1927	130,91
1828	263,42	1878	128,53	1928	133,39
1829	272,05	1879	146,40	1929	134,14
1830	265,66	1880	144,62	1930	137,52
1831	264,90	1881	146,40	1931	153,89
1832	236,18	1882	154,19	1932	183,87
1833	214,72	1883	170,06	1933	208,02
1834	196,45	1884	218,07	1934	226,25
1835	202,06	1885	235,80	1935	236,04
1836	214,75	1886	235,80	1936	244,24
1837	232,98	1887	246,35	1937	228,34
1838	237,57	1888	246,35	1938	223,17
1839	194,95	1889	246,35	1939	171,64
1840	199,59	1890	217,79	1940	213,45
1841	207,38	1891	213,55	1941	193,28
1842	188,27	1892	185,73	1942 (1)	135,25
1843	204,60	1893	213,55	1943 (1)	144,55
1844	177,61	1894	231,18	1944 (2)	96,76
1845	143,92	1895	257,47	1945 (2)	69,04
1846	175,14	1896	251,59	1946 (3)	39,95
1847	200,37	1897	179,67	1947 (3)	28,11
1848	227,86	1898	222,17	1948 (3)	21,68
1849	212,73	1899	235,80	1949 (3)	17,64

(1) Gulden emitido pela ocupação japonesa

(2) Rúpia emitida pela ocupação japonesa

(3) Rúpia emitida pelo governo revolucionário indonésio

Indonésia

O governo nacionalista instalado em partes de Java e Sumatra se uniu, na federação chamada "Estados Unidos da Indonésia", a Estados criados no restante do arquipélago pelos neerlandeses, que ainda retiveram a Nova Guiné Ocidental. O país já devastado pela guerra teve de assumir uma dívida para com os Países Baixos, que resultou em inflação galopante.

Em 1950, depois de abolir a federação e instituir um governo unitário, os nacionalistas decidiram reunificar também a moeda e reduzir o meio circulante pela metade. As pessoas tiveram de cortar todas as suas notas de 5 *guldens* ou mais ao meio, para trocar as metades esquerdas por novas notas e as metades direitas por títulos do governo com rendimento de 3% ao ano. Além disso, metade de todos os depósitos bancários de mais de 400 rúpias foram também convertidos em títulos do governo. A moeda foi reunificada como *rupiah*, emitida pelo Banco de Java com o valor do antigo *gulden;* as *rupiahs* nacionalistas, que tinham sido emitidas em vários lugares por grupos guerrilheiros, foram trocadas pelas novas a razões variáveis conforme a região, de 1,75 para 1 (em Aceh) até 125 para 1 (em Java).

Em 1951, o governo estatizou o Banco de Java (até então ainda sob controle holandês), tirou de circulação as moedas e notas de origem holandesa. A Indonésia passou por uma fase de inflação galopante a partir de 1959, quando o câmbio oficial chegou a 45 *rupiahs* por dólar. Para tentar contê-la, as notas de 500 e 1.000 rúpias foram desvalorizadas por decreto em 90%, ou seja, passaram a valer 50 e 100 rúpias. Isso não foi suficiente e a inflação continuou a se acumular.

Em 1961, os Países Baixos tentaram dar independência em separado à Nova Guiné Ocidental. A Indonésia não a aceitou e invadiu o território. Um acordo mediado pelos Estados Unidos transferiu a administração da região para a Indonésia, com o compromisso de esta realizar um plebiscito entre os nativos sobre sua anexação, supervisionado pela ONU, até 1969.

Sukarno mantinha o poder equilibrando-se entre a esquerda liderada pelo Partido Comunista da Indonésia, um dos maiores do mundo, com dois milhões de membros, e o Exército e os movimentos islâmicos ortodoxos, inclinados à direita. Em setembro de 1965, um grupo de oficiais aparentemente tentou um golpe de Estado. A rebelião foi rapidamente debelada pelo general Muhammad Suharto, que o atribuiu ao Partido Comunista e o usou como pretexto para deflagrar uma repressão em enorme escala. Cerca de um milhão de indonésios foram executados por suposta ligação com os comunistas e um milhão e meio foram presos. Rompido o equilíbrio, Sukarno ficou nas mãos de Suharto, que em março de 1967 se fez nomear presidente e pôs Sukarno em prisão domiciliar até a sua morte em 1970.

Na realidade, Suharto encenou o suposto golpe para tomar o poder, conforme denunciaram na época os comunistas e comprovou, anos depois, o historiador e cientista político irlandês Benedict Anderson. Há evidências de que a operação foi conduzida em cooperação com a CIA sob as ordens de Lyndon Johnson, cujo objetivo era destruir a influência comunista e abrir o país a investimentos das transnacionais dos Estados Unidos. O serviço secreto britânico (MI6) cooperou, plantando informações falsas sobre planos comunistas para assassinar cidadãos em Jacarta com ajuda da BBC.

No início da "Nova Ordem" proclamada por Suharto, em dezembro de 1965, quando o câmbio livre do dólar chegava a 10.000, uma nova rúpia substituiu a antiga, à razão de 1 para 1.000. A inflação continuou, e as novas notas, de 1 *sen* a 100 rúpias, rapidamente perderam o valor.

Em vez do plebiscito sobre a anexação da Nova Guiné Ocidental, em 1969 Suharto simplesmente convocou representantes dos distritos nomeados pelo governo indonésio e os fez votar unanimemente pela anexação, sem nenhuma supervisão internacional. A fraude foi aceita e a anexação reconhecida pela Assembleia-Geral da ONU, mas se iniciou uma guerrilha pela libertação da região, chamada Iriã Ocidental pelos indónesios e Papua Ocidental pelos nativos. O conflito causou cerca de 400 mil mortes até 2017.

Em 1975, quando Portugal concedeu independência à ex-colônia de Timor Ocidental, liderada pelo movimento de esquerda Fretilin, a Indonésia o invadiu com apoio dos Estados Unidos, Reino Unido e Austrália. Isto deu início a outra longa guerra de resistência, que causou mais de 100 mil mortes.

Em 1973, para melhor controlar os partidos de oposição legalmente admitidos, Suharto forçou sua fusão e redução a apenas dois: o Partido Unido do Desenvolvimento, formado pelos agrupamentos islâmicos, e o Partido Democrático Indonésio, resultante dos partidos laicos. Ambos tinham sua liderança controlada pelo governo e aceitavam um papel figurativo, enquanto o partido dos militares, chamado Partido dos Grupos Funcionais ou *Golkar* em indonésio, garantia mais de 60% dos votos e reelegia Suharto em 1978, 1983, 1988, 1993 e 1998.

Suharto promoveu a colonização de Papua e de outras ilhas por migrantes da superpovoada Java, o que criou conflitos entre colonos e nativos e estimulou outros movimentos separatistas, principalmente nas ilhas Molucas e em Aceh, ponta setentrional de Sumatra. Seu governo atraiu investimentos ocidentais para o país e acelerou o crescimento econômico, enquanto enriquecia a família de Suharto com negócios com estrangeiros e desvios de dinheiro público. A Transparência Internacional o classificou como o líder mais corrupto da História Moderna e estima que desviou de 15 bilhões a 35 bilhões de dólares durante seus 31 anos de poder.

Depois de um período de relativa estabilidade, a inflação voltou a disparar nos anos 1980 e 1990. Em 1996, o Partido Democrático Indonésio, liderado por Megawati Sukarnoputri, filha de Sukarno, quis afirmar-se independente. Suharto ordenou a seus títeres dentro do partido que a depusessem, e Megawati convocou o apoio de simpatizantes, que enfrentaram a polícia e ocuparam a sede do partido. Devido à realização de uma conferência internacional da ASEAN, Suharto adiou por um mês a repressão, tempo aproveitado por Megawati para falar ao povo. Terminada a conferência, polícia e exército invadiram a sede, mataram vários manifestantes e prenderam mais de duzentos.

Entretanto, em 1997 e 1998 a Indonésia foi um dos países mais abalados pela crise financeira da Ásia, iniciada em Hong Kong e Coreia do Sul, ao mesmo tempo que era atingida por uma seca. Para honrar seus pagamentos internacionais, o governo teve de recorrer ao FMI; isso exigiu cortes de gastos e subsídios, que implicaram em brusco aumento dos preços de combustíveis, alimentos e serviços públicos, inclusive educação. Os protestos aumentaram em março de 1998, quando Sukarno se fez reeleger pelo Congresso pela sétima vez. O próprio partido Golkar, dos militares, se dividiu e o ditador foi forçado a renunciar. Seu vice, Jusuf Habibie, viabilizou uma abertura política controlada, libertou presos políticos, permitiu uma eleição parlamentar relativamente livre e abriu mão de Timor Leste após um referendo supervisionado pela ONU.

Em outubro de 1999, o novo Parlamento elegeu Abdurrahman Wahid, líder de um partido islâmico conservador, como presidente, e Megawati, de centro-esquerda, como vice. Em 2001, sob pressão de acusações de corrupção e manifestações, Wahid renunciou.

Megawati assumiu o governo e, em 2004, possibilitou a eleição direta de seu correligionário Bambang Yudhoyono, reeleito em 2009. Em 2010, seu governo propôs voltar a cortar três zeros da rúpia, mas essa medida não foi efetivada. Em 2014, foi sucedido por Joko Widodo, ainda do mesmo partido, que foi reeleito em 2019.

Moedas da Indonésia (1954)

Denominação	Valor em rupiah	Peso em gramas	Valor em ñ 1954
Papel-moeda			
1.000 rupiah	1.000,00	-	8.000
500 rupiah	500,00	-	4.000
100 rupiah	100,00	-	800
50 rupiah	50,00	-	400
25 rupiah	25,00	-	200
10 rupiah	10,00	-	80
5 rupiah	5,00	-	40
2½ rupiah	2,50	-	20
1 rupiah	1,00	-	8
Moedas de cuproníquel			
50 sen	0,50	3,25	4
Moedas de alumínio			
25 sen	0,25	2,20	2
10 sen	0,10	1,70	0,80
5 sen	0,05	1,30	0,40
1 sen	0,01	0,75	0,08

Moedas da Indonésia (1965)

Denominação	Valor em rupiah	Peso em gramas	Valor em ñ 1965
Papel-moeda			
100 rupiah	100,00	-	300
50 rupiah	50,00	-	150
25 rupiah	25,00	-	75
10 rupiah	10,00	-	30
5 rupiah	5,00	-	15
2½ rupiah	2,50	-	7,5
1 rupiah	1,00	-	3
50 sen	0,50	-	1,5
25 sen	0,25	-	0,75
10 sen	0,10	-	0,3
5 sen	0,05	-	0,15
1 sen	0,01	-	0,03

Moedas da Indonésia (1971)

Denominação	Valor em rupiah	Peso em gramas	Valor em ñ 1971
Papel-moeda			
10.000 rupiah	10.000	-	3.000
5.000 rupiah	5.000	-	1.500
1.000 rupiah	1.000	-	300
500 rupiah	500	-	150
100 rupiah	100	-	30
50 rupiah	50	-	15
25 rupiah	25	-	7,5
10 rupiah	10	-	3,0
5 rupiah	5	-	1,5
2½ rupiah	2,5	-	0,8
1 rupiah	1	-	0,3
Moedas de cuproníquel			
50 rupiah	50	6,06	15,0
25 rupiah	25	3,52	7,5
10 rupiah	10	1,77	3,0
Moedas de alumínio			
5 rupiah	5	3,03	1,5
2 rupiah	2	2,29	0,6
1 rupiah	1	1,42	0,3

Moedas da Indonésia (1982)

Denominação	Valor em rupiah	Peso em gramas	Valor em ñ 1982
Papel-moeda			
10.000 rupiah	10.000	-	600
5.000 rupiah	5.000	-	300
1.000 rupiah	1.000	-	60
500 rupiah	500	-	30
100 rupiah	100	-	6
Moedas de cuproníquel			
100 rupiah	100	9,80	6
50 rupiah	50	6,06	3
25 rupiah	25	3,52	1,5
Moedas de alumínio			
10 rupiah	10	1,90	0,6
5 rupiah	5	1,38	0,3

Moedas da Indonésia (2014)

Denominação	Valor em rupiah	Peso em gramas	Valor em ñ 2014
Papel-moeda			
100.000 rupiah	100.000	-	200
50.000 rupiah	50.000	-	100
20.000 rupiah	20.000	-	40
10.000 rupiah	10.000	-	20
5.000 rupiah	5.000	-	10
2.000 rupiah	2.000	-	4
1.000 rupiah	1.000	-	2
Moedas de aço inoxidável			
1.000 rupiah	1.000	4,50	2
Moedas de alumínio			
500 rupiah	500	3,10	1
200 rupiah	200	2,38	0,4
100 rupiah	100	1,79	0,2
50 rupiah	50	1,36	0,1

Poder aquisitivo e câmbio da rúpia indonésia, 1950-2019

Ano	ñ	US$ / Rp
1950	15,06	7,08
1951	9,03	7,60
1952	8,56	9,44
1953	8,06	11,60
1954	7,58	12,52
1955	5,72	11,07
1956	5,00	11,84
1957	4,55	17,33
1958	3,13	29,55
1959	2,59	32,21
1960	2,10	37,52
1961	1,53	405,00
1962	0,552	136,50
1963	0,247	320,55
1964	0,116	788,35

Ano	ñ	US$ / Rp
2000	0,00683	8.421,78
2001	0,00602	10.260,85
2002	0,00564	9.311,19
2003	0,00534	8.577,13
2004	0,00489	8.938,85
2005	0,00427	9.704,74
2006	0,00376	9.159,32
2007	0,00333	9.141,00
2008	0,00289	9.698,96
2009	0,00268	10.389,94
2010	0,00249	9.090,43
2011	0,00229	8.770,43
2012	0,00222	9.386,63
2013	0,00212	10.461,24
2014	0,00203	11.865,21

1965	0,0287	2.683,00
1966	2,4546	36,00
1967	0,9263	103,40
1968	0,4125	269,00
1969	0,3532	318,20
1970	0,3127	333,70
1971	0,3011	373,50
1972	0,2822	415,00
1973	0,2153	415,00
1974	0,1530	415,00
1975	0,1284	415,00
1976	0,1072	415,00
1977	0,0966	415,00
1978	0,0894	442,05
1979	0,0743	623,06
1980	0,0643	626,99
1981	0,0618	631,76
1982	0,0599	661,42
1983	0,0503	909,26
1984	0,0460	1.025,94
1985	0,0440	1.110,58
1986	0,0436	1.282,56
1987	0,0378	1.643,85
1988	0,0347	1.685,70
1989	0,0313	1.770,06
1990	0,0284	1.842,81
1991	0,0262	1.950,32
1992	0,0245	2.029,92
1993	0,0226	2.087,10
1994	0,0209	2.160,75
1995	0,0189	2.248,61
1996	0,0171	2.342,30
1997	0,0152	2.909,38
1998	0,00865	10.013,62
1999	0,00749	7.855,15

2015	0,00196	13.389,41
2016	0,00190	13.308,33
2017	0,00182	13.357,30
2018	0,00176	14.321,00
2019	0,00170	13.690,40

Estabelecimentos dos Estreitos e Malásia

Em 1790, os ingleses começaram também a se estabelecer com o arrendamento da ilha de Penang. Em em 1824, com apoio dos sultões locais, que (com razão) os consideravam menos despóticos que os holandeses, obrigaram estes últimos a lhes ceder Malaca, Cingapura e o controle da península malaia e do norte de Bornéu, que mais tarde formariam a Malásia.

Apesar de a Malásia britânica (oficialmente "Estabelecimentos dos Estreitos") ser inicialmente administrada como parte da Índia, com a rúpia como moeda oficial, as peças de oito mexicanas e espanholas (equivalentes a cerca de 2,28 rúpias) continuavam a constituir a maior parte do meio circulante na região. Em 1867, quando a região foi administrativamente separada, essas peças foram oficializadas como moeda das possessões britânicas como "dólar dos Estreitos". Desde 1787, os britânicos cunhavam para Penang moedas de cobre de 1/10 de cent, ½ cent,1 cent (também chamado *pice*) e 2 cents de dólar, moedas de estanho de 1 cent (com 40 gramas, depois 30) e moedas de prata de 1/10, ¼ e ½ dólar.

Em 1832, moedas de cobre começaram a ser cunhadas pelos ingleses na Índia para as colônias e sultanatos malaios com denominações de 1 *keping* e 2 *keping*, equivalentes a 1/400 e 1/200 da peça de oito e aos *kepeng* e *peser* das Índias Holandesas. Em 1845, o governo colonial passou a cunhar moedas de cobre de ¼, ½ e 1 cent, seguidas em 1871 por moedas de prata de 5, 10 e 20 cents e depois 50 cents e um dólar.

Os sultanatos malaios continuaram, por algum tempo, a cunhar suas moedas tradicionais. Em Kedah, cunhava-se o *kupang* de ouro (0,6 grama), o real de prata (3,1 gramas) e o *trah* de estanho, 1.280 dos quais equivaliam a um dólar. Até 1850 ainda se encontravam os galos de estanho, avaliados a 5 cents e seus anéis (até seis) a um cent cada um.

Os demais sultanatos cunharam *pitis* de estanho, com valor de 4.000 por dólar e 10 por *keping*, até fins do século XIX, quando passaram a cunhar moedas denominadas em cents. Equivalente a 1/40 de cent, o *pitis* foi uma das moedas de menor valor a circular no mundo do século XIX. Trengganu cunhava também *kupang* (0,6 grama) e *maz* (2,4 gramas) de ouro.

Em 1893, os tradicionais *tampang* de estanho, que continuaram a ser fundidos pelo sultanato de Pahang até 1889, foram retirados de circulação. Nesse período, haviam sido padronizados em "chapéus" com pesos de 10,5 gramas (3 cm x 3 cm), equivalente a 1 cent, e de 42 gramas, equivalente a 4 cents.

Se o poder aquisitivo da prata era semelhante ao da Índia britânica, um dólar valeria 432 ñ, um cent 4 ñ, um *keping* 1 ñ, um *trah* 0,33 ñ e um *pitis* 0,1 ñ. Como outras moedas baseadas na prata, o dólar dos Estreitos desvalorizou-se no final do século XIX, até ser fixado em 1909 em 2 shillings e 4 pence, 1,75 rúpias indianas ou 8,57 por libra. Entre 1898 e 1906, começou-se a imprimir papel-moeda, inicialmente com valores de 1 a 100 dólares.

Em malaio, o dólar dos Estreitos (renomeado dólar malaio em 1939) era chamado *ringgit* ("serrilhado", pela borda com serrilha, não existente nas moedas orientais tradicionais, símbolo M$ até 1992, RM de 1993 em diante), o décimo era chamado *kupang* e o centésimo, *sen*. Esses nomes continuaram a ser usados após a independência da Malásia em 1953, e os nomes malaios se tornaram oficiais em 1975.

Cingapura, ao separar-se da Malásia em 1963 como cidade-estado independente, passou a nomear sua moeda "dólar de Cingapura". O sultanato de Brunei, que tem sua moeda administrada em Cingapura, usa o "dólar de Brunei", de idêntico valor.

Poder aquisitivo e câmbio do ringgit malaio, 1980-2019

Ano	ñ	US$/RM	Ano	ñ	US$/RM
1980	17,33	2,18	2000	8,46	3,80
1981	17,22	2,30	2001	8,65	3,80
1982	17,11	2,34	2002	8,32	3,80
1983	16,45	2,32	2003	8,05	3,80
1984	15,44	2,34	2004	7,55	3,80
1985	15,62	2,48	2005	7,17	3,79
1986	17,25	2,58	2006	6,93	3,67
1987	16,04	2,52	2007	6,52	3,44
1988	15,34	2,62	2008	6,01	3,34
1989	14,59	2,71	2009	6,28	3,52
1990	13,74	2,70	2010	6,03	3,22
1991	13,11	2,75	2011	5,67	3,06
1992	12,73	2,55	2012	5,63	3,09
1993	12,19	2,57	2013	5,63	3,15
1994	11,67	2,62	2014	5,55	3,27
1995	11,21	2,50	2015	5,58	3,91
1996	10,66	2,52	2016	5,46	4,15
1997	10,30	2,81	2017	5,25	4,06
1998	9,45	3,92	2018	5,24	4,13
1999	9,32	3,80	2019	5,16	4,09

Moedas da Malásia (1980)

Denominação	Valor em ringgit	Peso em gramas	Valor em ñ 1980
Papel-moeda			
1.000 ringgit	1.000,00	-	17.000
100 ringgit	100,00	-	1.700
50 ringgit	50,00	-	850
10 ringgit	10,00	-	170
5 ringgit	5,00	-	85
1 ringgit	1,00	-	17
Moedas de cuproníquel			
1 ringgit	1,00	17,00	17
50 sen	0,50	9,33	8,5
20 sen	0,20	5,65	3,4
10 sen	0,10	2,82	1,7
5 sen	0,05	1,41	0,85
Moedas de aço revestido de cobre			
1 sen	0,01	1,72	0,17

Moedas da Malásia (2014)

Denominação	Valor em ringgit	Peso em gramas	Valor em ñ 2014
Papel-moeda			
100 ringgit	100,00	-	560
50 ringgit	50,00	-	280
20 ringgit	20,00	-	112
10 ringgit	10,00	-	56
5 ringgit	5,00	-	28
1 ringgit	1,00	-	5,6
Moedas de cuproníquel-zinco			
1 ringgit (*)	1,00	17,00	5,6
Moedas de latão de níquel			
20 sen	0,20	4,18	1,12
Moedas de aço inoxidável			
10 sen	0,10	2,98	0,56
5 sen	0,05	1,72	0,28
Moedas de aço revestido de bronze			
1 sen (*)	0,01	2,98	0,056

(*) desmonetizadas, mas de curso legal até o valor de 2 ringgit. A partir de 2008, as somas passaram a ser legalmente arredondadas (para baixo) para múltiplos de 5 sen

Filipinas

No período pré-colonial, os reinos e sultanatos das Filipinas usaram como moeda um *maz* de ouro semelhante ao das outras ilhas malaias (2,4 gramas) e frações de até 1/8, geralmente na forma de contas de ouro estampadas conhecidas pelos espanhóis como *piloncitos* ("montinhos"). Circulavam também anéis de ouro.

A primeira moeda ocidental a circular nas ilhas foi o *testón* (tostão) espanhol de quatro reales, levado por Fernão de Magalhães ao aportar em 1521 e chamado pelos nativos de *salapi*. Com a fundação de Manila e a conquista do arquipélago por espanhóis, o sistema monetário espanhol passou a circular nas ilhas, acompanhando suas reformas e modificações até 1861, quando o peso (antiga peça de oito reales) foi decimalizado, passando a dividir-se em 100 centavos. Foram cunhadas moedas de cobre de 1 e 2 centavos, de prata, de 10, 20, 50 centavos e um peso (este de 25 gramas a 90%) e moedas de ouro de 1, 2 e 4 pesos (com peso de 1,6915 grama a 87,5%).

Em 1898, quando a Espanha foi derrotada pelos Estados Unidos, nacionalistas filipinos proclamaram a independência, mas foram subjugados pela invasão estadunidense em 1901. Os Estados Unidos mantiveram o peso como moeda, com valor de meio dólar, teoricamente 0,8359 grama de ouro a 90% (equivalente ao peso mexicano da época). Foram cunhadas moedas de bronze de ½ centavo e 1 centavo, moedas de cuproníquel de 5 centavos e moedas de prata de 10, 20, 50 centavos e um peso (de 26,96 gramas a 90%). A moeda foi mantida com a independência em 1949, mas peso e centavo passaram a se chamar oficialmente *piso* (símbolo ₱) e *sentimo* (nomes do idioma tagalog) em 1967.

Poder aquisitivo e câmbio do peso filipino, 1980-2019

Ano	ñ	US$ / ₱
1980	7,24	7,51
1981	6,51	7,90
1982	6,10	8,54
1983	5,37	11,11
1984	3,49	16,70
1985	2,95	18,61
1986	2,89	20,39
1987	2,64	20,57

Ano	ñ	US$ / ₱
2000	0,79	44,19
2001	0,75	50,99
2002	0,71	51,60
2003	0,69	54,20
2004	0,65	56,04
2005	0,61	55,09
2006	0,59	51,31
2007	0,56	46,15

1988	2,39	21,09
1989	2,17	21,74
1990	1,89	24,31
1991	1,62	27,48
1992	1,49	25,51
1993	1,39	27,12
1994	1,26	26,42
1995	1,17	25,71
1996	1,07	26,22
1997	1,01	29,47
1998	0,91	40,89
1999	0,84	39,09
2008	0,53	44,32
2009	0,51	47,68
2010	0,49	45,11
2011	0,46	43,31
2012	0,46	42,23
2013	0,45	42,45
2014	0,44	44,40
2015	0,44	45,50
2016	0,43	47,49
2017	0,42	50,84
2018	0,41	52,44
2019	0,40	50,70

Moedas das Filipinas (1980)

Denominação	**Valor em piso/pesos**	**Peso em gramas**	**Valor em ñ 1980**
Papel-moeda			
100 piso	100,00	-	700
50 piso	50,00	-	350
20 piso	20,00	-	140
10 piso	10,00	-	70
5 piso	5,00	-	35
2 piso	2,00	-	14
Moedas de prata 50% (comemorativas)			
25 piso	25,00	25,00	175
Moedas de níquel			
5 piso	5,00	22,00	35
Moedas de cuproníquel			
1 piso	1,00	9,50	7
25 sentimos	0,25	4,00	1,75
10 sentimos	0,10	2,00	0,7
Moedas de latão			
5 sentimos	0,05	2,50	0,35
Moedas de alumínio			
1 sentimo	0,01	1,22	0,07

Moedas das Filipinas (2013)

Denominação	Valor em piso/pesos	Peso em gramas	Valor em ñ 2013
Papel-moeda			
100.000 piso (*)	100.000,00	-	45.000
1.000 piso	1.000,00	-	450
500 piso	500,00	-	225
200 piso	200,00	-	90
100 piso	100,00	-	45
50 piso	50,00	-	23
20 piso	20,00	-	9,0
10 piso (**)	10,00	-	4,5
5 piso (**)	5,00	-	2,3
Moedas bimetálicas, núcleo bronze-alumíno, coroa cuproníquel			
10 piso	10,00	25,00	4,5
Moedas de latão de níquel			
5 piso	5,00	7,70	2,3
Moedas de aço revestido de níquel			
1 piso	1,00	5,35	0,45
Moedas de aço revestido de latão			
25 sentimos	0,25	3,60	0,11
Moedas de aço revestido de cobre			
10 sentimos	0,10	2,50	0,05
5 sentimos	0,05	1,90	0,023
1 sentimo	0,01	2,00	0,005

(*) nota comemorativa de 1998, considerada a de maior tamanho físico já emitida (215 x 360 mm), foi vendida na ocasião a colecionadores por 180.000 pesos (163.000 ñ).

(**) emissão antiga, retirada em julho de 2017

Bibliografia

ASMARAMAH, Rasanubari. Gold and tin coins of the Malay States. *Proceedings of the ICOMON meetings*. Madrid, Spain, 1999.

BANDELA, Prasanna Rao. *Coin splendour: a journey into the past.* New Delhi: Shakti Malik Abhinav, 2003.

BANKNOTES from Netherlands Indies". *Realbanknotes.com.* [201-?]. Disponível em https://www.realbanknotes.com/country/186-Netherlands-indies-page-1. Acesso em 24/1/2020.

BISWAS, Anirban. *Money and markets from pre-colonial to colonial India.* Delhi: Aakar Books, 2007.

BLUSSÉ, Léonard. *Persekutuan aneh:* pemukim Cina, wanita peranakan, dan Belanda di Batavia VOC. Yogyakarta: LKiS, 2004.

BOURGUINAT, Henri. Exchange rate and monetary policies in Indochina during the colonial period. *Dealing with multiple currencies in transitional economies:* the scope for regional cooperation in Cambodia, the Lao People's Democratic Republic, and Vietnam. Asian Development Bank, 2010.

BROADBERRY, Stephen, GUPTA, Bishnupriya. *India and the great divergence:* an anglo-indian comparison of GDP Per Capita, 1600-1871. 25 de junho de 2012.

CHAUDHURY, Sushil. *Trade, politics and society:* the indian milieu in the Early Modern Era. Oxford: Routledge, 2017.

COINS. *Banglapedia*. [201-?]. Disponivel em http://www.banglapedia.org/HT/C_0361.htm. Acesso em 24/1/2020.

COINS. *Vijayanagara Coins.* [201-?]. Disponível em http://web.archive.org/web/20070512205251/http://www.vijayanagaracoins.com/htm/coinage.htm. Acesso em 24/1/2020.

HAIDER, Najaf. *Prices and wages in India (1200-1800):* source material, historiography and new directions". New Delhi: Jawaharlal Nehru University, 2004.

INDIAN banknotes: British Indian government issues. *Mintage World.* May 17, 2016. Disponível em https://www.mintageworld.com/blog/indian-bank-notes-british-indian-government-issues/. Acesso em 24/1/2020.

INGRAM., James C. *Economic Change in Thailand, 1850-1970.* Stanford University Press, 1971.

INTERNATIONAL INSTITUTE OF SOCIAL HISTORY. Prices and Wages. *Internet Archive Wayback Machine.* [201-?]. Disponível em http://web.archive.org/web/20060101110058/http://www.iisg.nl/hpw/data.html. Acesso em 24/1/2020.

INTERNATIONAL INSTITUTE OF SOCIAL HISTORY. Towards a Global History of Prices and Wages. *Internet Archive Wayback Machine.* Utrecht, 19-21 August

2004. Disponível em http://web.archive.org/web/20060716052813/http://www.iisg.nl/hpw/globalhistory.php. Acesso em 24/1/2020.

JACKSON, Major R. P. *The Dominions, emblems, and coins of the South Indian dynasties.* London: Harrison, 1913.

JACOB, J. M. The ecology of Angkor: evidence from the Khmer inscriptions. *Nature and Man in South East Asia.* School of Oriental and African Studies, 1978.

KAUTILYA. *King, governance, and law in Ancient India:* Kautilya's Arthashastra. New York: Oxford Press, 2013.

KELLY, Patrick. *The universal cambist and commercial instructor*, Vol. II. Londres: Longman Rees, 1831.

KRAUSE, Chester L., MISHLER, Clifford. *Standard Catalog of World Coins.* Iola: Krause, 1985.

LIMA, José Joaquim Lopes de. *Ensaios sobre a statistica das possessões portuguezas na Africa occidental e oriental; na Asia occidental; na China, e na Oceania.* Lisboa: Imprensa Nacional, 1862.

MEMÓRIAS da Academia Real das Sciências de Lisboa. Volumes 1-2. Classe de Ciências Moraes, Politicas e Bellas Lettras. Lisboa, 1857

NUMISTA. Disponível em https://en.numista.com/. Acesso em 24/1/2020.

NUNES, Antonio. O livro dos pesos, medidas e moedas. *Coleção de monumentos inéditos para a historia das conquistas dos portugueses em África, Ásia e América.* Volume 4, Parte 1. Academia de Ciências de Lisboa, 1868.

PICK, Albert. *Standard catalog of world paper money.* Fourth edition, vol 2. Iola: Krause, 1982.

SCHAEFFER, Kurtis R. , KAPSTEIN, Matthew, TUTTLE, Gray. *Sources of Tibetan Tradition.* Columbia University Press, 2013.

SEWELL, Robert, PAES, Domingos, NUNES, Fernão. *A forgotten empire:* Vijayanagar; a contribution to the history of India. S. Londres: Sonnenschein, 1900.

SHATAMANAS and fractions from Gandhara: First coins of India (ca.600-500 BC). *Ancient Coins.* [201-?]. Disponível em http://www.ancientcoins.ca/gandhara/gandhara.htm. Acesso em 24/1/2020.

THE JAVA half-yearly almanac and directory for 1815. Batavia: Hubbard, 1815.

THOMAS, Maria. A short history of 150 years of paper currency in India. *Quartz India.* 11 de novembro de 2016. Disponível em https://qz.com/832111/the-rupees-long-journey-a--short-history-of-over-150-years-of-paper-currency-in-india/. Acesso em 24/1/2020.

VAN LEEUWEN, Bas. *Human capital and economic growth in India, Indonesia and Japan:* a quantitative analysis, 1890-2000. Utrecht: Box Press shop, 2007

VAN LEEUWEN, Bas. Wage differentials and economic growth in India, Indonesia, and Japan, 1800-2000. Towards a global history of prices and wages, 19-21 Aug. 2004.

África subsaariana

A África ao sul do Saara, a "Etiópia" dos gregos antigos, constitui-se hoje de 42 nações, fora as ilhas. Concentramo-nos em seis delas, cujas histórias monetárias pré-coloniais nos parecem mais interessantes: Mali, Gana, Nigéria, Angola, Moçambique e a Etiópia propriamente dita, após algumas breves considerações sobre a evolução do dinheiro na região como um todo.

Pseudodinheiros

Muitos povos tribais da África ao sul do Saara usaram desde a Pré-História várias formas de pseudodinheiro, meios de troca de escopo limitado a certas transações simbolicamente importantes dentro de uma mesma etnia – principalmente compra de gado, escravos e noivas (dote reverso) – frequentemente na forma de barras de forma especial, ferramentas, armas ou escudos de metal, dos quais demos alguns exemplos na primeira parte deste trabalho. Esses objetos não constituíam um verdadeiro dinheiro, pois não eram usados em transações rotineiras. No contato com outros povos, principalmente europeus, essas peças eventualmente se transformaram em moedas-mercadorias.

Moedas-mercadorias

Nas transações entre diferentes grupos étnicos africanos, ou entre estes e mercadores da África do Norte ou de outros continentes, foram importantes várias moedas-mercadorias – produtos que por sua disponibilidade, durabilidade, procura e aceitação ampla tendem a ser usados na maioria das transações e cumprem algumas das funções tradicionais da moeda: intermediário entre mercadorias, referencial das trocas e reserva de valor.

Entre os produtos que mais frequentemente desempenharam esse papel, podem-se destacar barras e lingotes de ferro, cobre, prata ou ouro (comuns também em outros continentes), pó de ouro, sal, cobertores, marfim, nozes de cola, contas, miçangas, manilhas de bronze e conchas de caracóis e caramujos. Destes, os mais importantes foram os cauris e manilhas, que merecem uma menção à parte.

Cauris

Cauris são conchas brancas do tamanho de uma amêndoa, inicialmente apenas as da espécie *Monetaria moneta* (ou *Cypraea moneta*) procedente das ilhas Maldivas e Laquedivas (sudoeste da Índia), que pesam 1,1 grama por unidade. Foram encontrados em escavações na cidade assíria de Kalhu (1400 a.C.) e na Ásia oriental e comprovadamente usados como dinheiro na China desde, pelo menos, 1000 a.C. A palavra chinesa para moeda, *bei*, significava originalmente "concha" e muitas das primeiras moedas chinesas eram imitações de cauris feitas de osso ou bronze. A palavra cauri (em inglês, *cowrie*) incorporou-se ao português desde as viagens de Vasco da Gama à Índia no século XVI e vem do sânscrito *kaparda*, através do mahrata *kavadi* e do hindi *kauri*. Foram usados no sul da China até o século XVI, e ainda circulavam nos anos 1830 na região de Bengala.

Na África, sabe-se do uso de cauris desde o império medieval africano de Gana no século XI. Foram provavelmente trazidos como lastro e artigo de comércio da Índia por comerciantes árabes, pelo Oceano Índico e por terra, a partir de Zanzibar, pelo Alto Congo, lago Tchade e Alto Níger. Foram usados pelos iorubás provavelmente a partir do século XV (talvez antes), em Kano a partir do reinado de Muhammed Sharafi (1703-1731); em Bornu, foram adotados em 1848. Chamados popularmente em português de búzios, são denominados em iorubá *owo;* em hauçá, *kudi*; em akan, *cedi;* e em suaíli, *simbi*. Entre os igbos, os cauris grandes foram chamados *mbudambu*, *nwefe* ou *okpokpo* e valiam metade ou um terço dos pequenos, chamados *ayola*.

O uso dos cauris num comércio africano em grande parte

impulsionado pelo tráfico de escravos deu origem a uma arrepiante crença popular no interior da África Ocidental, onde sua verdadeira origem não era conhecida. "*Os cauris são obtidos jogando-se seres humanos no mar. Os cauris se grudam aos seus corpos, os matam sugando todo o sangue e ficam grudados aos cadáveres, sendo então coletados. Alguns dos nossos irmãos e irmãs escravizados foram usados como vítimas para se obter esses cauris. Não sei onde fica esse mar, mas os mercadores hauçás que trazem os cauris sabem onde são obtidos e não contam a ninguém*", contaram informantes do povo Goemai, da Nigéria Central, a um antropólogo ainda em 1978.

A partir do século XVII, comerciantes neerlandeses passaram a trazer cauris diretamente da Índia para a África Ocidental, seguidos pelos britânicos. Isso não chegou a afetar significativamente seu valor, mas, a partir de 1860, os britânicos descobriram uma fonte de lucro mais fácil na importação maciça de cauris de Moçambique e Zanzibar da espécie *Monetaria annulus*, de Moçambique e das ilhas Zanzibar e Pemba, (costa oriental da África), maior e mais pesado (2,2 a 2,5 gramas) e de cor mais amarelada, mas bem aceito em muitos mercados da África Ocidental. Isso causou uma forte inflação: de 1850 a 1895, o valor das moedas europeias em cauris aumentou 800% em Lagos, 500% em Ajudá ou Ouidah, 420% em Acra e 250% em Sokoto. Entretanto, em muitas regiões eles continuaram a ser usados como moeda até o início do século XX, pelo menos.

Além dos cauris propriamente dito, o *njimbu* (*Olivella nana*), em português zimbo, colhido em Luanda, circulava no reino do Congo. O excesso de oferta criado pelos portugueses ao trazer outras espécies de zimbo das costas brasileiras o fez perder o valor a partir do século XVII.

Manilhas

As manilhas, chamadas em inglês *slave tokens* por seu uso no comércio de escravos, eram braceletes de cobre em forma de ferradura, com pontas voltadas uma para a outra em forma de losango. As mulheres as usavam em grande quantidade, para exibir a riqueza dos maridos. Alguns especulam que teriam sido introduzidos no comércio da África Ocidental pelos fenícios, outros que foram inventados por nativos com peças de cobre recuperadas de naufrágios de navios ocidentais, mas já eram usadas quando os primeiros navegantes portugueses ali chegaram.

O navegador português Duarte Pacheco Pereira, em suas viagens na década de 1490, pagou 12 a 15 manilhas de latão por um escravo e pagaria com menos manilhas se estas fossem de cobre puro. Em 1479, na Costa da Pimenta (atual Libéria), podia-se comprar uma escrava e seu filho por uma bacia de barbeiro e 3 ou 4 manilhas de latão. Em 1505, um escravo poderia ser comprado por 8 a 10 manilhas; uma presa de elefante, por uma manilha. Entre 1504 e 1507, os comerciantes portugueses importaram 287.813 manilhas de Portugal para a Guiné através da feitoria de São Jorge da Mina (atual Gana). Em 1522, em Benin, uma escrava de 16 anos custou 50 manilhas; então o rei de Portugal limitou o preço a 40 manilhas por escravo para conter a inflação.

As manilhas usadas pelos portugueses em 1524 tinham 103 mm de largura máxima, 12 mm de diâmetro na zona média e 22 mm nas pontas, pesavam 306 gramas (312 em 1513) e eram em 70% de cobre. Em 1548, eram de 160 por 100 arráteis (287 gramas), chamadas *tacoais*, no comércio de São Jorge da Mina, e de 190 a 200 por 100 arráteis (229 a 242 gramas) para o resto da costa da Guiné. Também se usaram urinóis de latão de 58 por 100 arráteis (791 gramas) e bacias de barbeiro de 25 por 100 arráteis (1,83 kg).

As manilhas destinadas a Mina, compradas a 10 réis em Flandres, valiam 120 réis na costa africana, o que corresponderia a cerca de 160 ñ a preços portugueses da época. Pelo mesmo critério, as manilhas da costa da Guiné valeriam cerca de 130 ñ, um urinol 450 ñ e uma bacia, 1.040 ñ, supondo que o valor fosse proporcional ao peso.

No século XVII, após a conquista da costa da Mina pelos neerlandeses, o peso médio das manilhas caiu para 150 gramas. No século XVIII, passaram a predominar as manilhas de origem francesa, chamadas *popo* (120 a 130 gramas) e as inglesas, ainda menores (60 a 100 gramas).

Muitos tipos diferentes de manilhas chegaram a circular, classificadas por formato, peso, decoração e composição da liga: *tacoais* (240 a 312 gramas, largura máxima de 105 mm), *mkoporo* (250 gramas, 98 mm), *onoudu* (160 a 225 gramas, 66 mm, 49% de chumbo, 29% de cobre, 15% de estanho), *atoni* (50% cobre, 33% chumbo, 11% antimônio, 4% estanho), *popo* (120 a 130 gramas, 83 mm), *nkobnkob* (72 mm, usada pelos Efik e Ibibio), *ejema* (usados pelos Bende), *peri-akulla* (usada em Bonny ou Ubani), *jaja* (usada em Opobo), *okpoho*, *okombo* e *abi* (60 a 100 gramas, 55 mm a 67 mm, 63% cobre,

30% chumbo, 3% antimônio, 2% estanho, usadas em Calabar). As manilhas *tacoais* e *popo* seguiam o modelo das manilhas originais portuguesas, com pontas de até 1,9 vezes a largura média, enquanto nas demais, principalmente *ejema* e *onoudu*, essa relação chegava a 3,8.

Moedas propriamente ditas

Moedas propriamente ditas são pedaços de metal ou outro material cujo valor é garantido ou atribuído por um selo ou estampa de um Estado, que os usa em seus pagamentos, os aceita em suas cobranças e lhes confere curso legal. Ao contrário das moedas-mercadorias, são aceitas por seu valor nominal, sem pesagem ou avaliação de teor e qualidade em cada transação, mas também estão sujeitas à manipulação de seu valor pelo Estado por razões fiscais ou políticas.

Inventadas no século VII a.C., tanto na Lídia quanto na China de maneira independente, e difundidas ao resto do mundo a partir desses dois centros, tais moedas não chegaram a ser usadas pelas primeiras grandes civilizações da Mesopotâmia, Síria, Egito e Índia e África Subsaariana. Começaram a chegar a esta última por meio do comércio com gregos, persas e romanos; o primeiro país ao sul do Saara a cunhá-las foi o reino de Aksum (nas atuais Etiópia e Eritreia), por volta de 270 d.C., cujas primeiras moedas tinham inscrições em grego e continuaram a ser cunhadas até o século VII. Já a Núbia parece nunca ter usado outra moeda além de metais e cereais (sorgo, principalmente).

Após a queda do Império Romano e a expansão do Islã pelo Oriente Médio e África do Norte, a maior parte do comércio exterior da África ao sul do Saara passou a ser intermediada por árabes ou outros povos convertidos ao Islã, tanto pelas rotas terrestres, através do Saara, quanto por rotas marítimas pelo Oceano Índico. Há também vestígios de contatos com a China (porcelana chinesa na costa oriental) e Índia (moedas indianas na Etiópia e palavras de origem indiana no suaíli), não necessariamente intermediados por árabes.

Muitos povos africanos, ou pelo menos seus líderes e comerciantes, se converteram ao Islã na margem sul do Saara e na costa oriental da África para melhor aproveitar esse intercâmbio, pois a conversão lhes permitia recorrer à lei islâmica no comércio e abria portas a alianças matrimoniais, entre outras, com os grandes centros muçulmanos. Além de lingotes de metal e cauris, os impérios africanos muçulmanos ou parcialmente muçulmanos de Ghana, Mali e Songhai usaram dinares de ouro e dirrãs de prata cunhados no Marrocos, que por seu intermédio chegaram também ao comércio com outras culturas, muçulmanas ou não, da África Ocidental.

O sultanato negro de Kilwa (Quíloa, para os portugueses), na atual Tanzânia, que na Idade Média chegou a controlar muitas ilhas e feitorias no Índico, cunhou moedas desde o século XI até a sua destruição pelos portugueses no início do século XVI. Mais ao norte, outro sultanato negro, Mogadishu, na atual Somália, também cunhou moedas próprias desde a Idade Média. A partir do século XVII, o sultanato de Omã, que desde a Idade Média era o principal intermediário entre a África Oriental e a Ásia, colonizou a ilha de Zanzibar e a partir dela estabeleceu um império comercial na costa oriental da África, usando sua própria moeda e rúpias da Índia.

Joseph Dupuis, diplomata britânico na África dos anos 1810-1820, fala de moedas de tipo marroquino cunhadas em Nikki, um pequeno reino no atual interior da República de Benin, mas não se conhece nenhum exemplo destas.

As moedas ocidentais apareceram em maior número na África a partir das navegações portuguesas do século XV e também pelo comércio transaariano a partir dos portos do Mediterrâneo. Até o século XVIII, a exploração da África pelos europeus se limitou à criação de feitorias e enclaves costeiros onde compravam escravos, ouro e marfim em troca de cavalos, tecidos, ferro e outros produtos europeus. Moedas europeias – principalmente pesos espanhóis e táleres austríacos da imperatriz Maria Teresa, como no Oriente Médio – eram também aceitas pelos africanos, mas não havia necessidade de cunhá-las localmente, embora em alguns casos (a partir da colônia portuguesa de Angola, em 1693) tenham sido feitas cunhagens especiais para as colônias. A Libéria, colônia criada em 1822 por uma organização privada estadunidense para abrigar negros libertados da escravidão e tornada independente em 1847, cunhou nesse ano moedas de cobre de 1 e 2 cents semelhantes às dos Estados Unidos, as primeiras moedas de tipo ocidental cunhadas na África.

Na segunda metade do século XIX, deu-se a ocupação efetiva da África pelas potências europeias, que tinham como um dos principais objetivos da colonização forçar os camponeses nativos a se integrar a uma economia monetizada como contribuintes e assalariados. Por exemplo: ao exigir o pagamento de impostos por cabeça em moeda, o Estado forçava os súditos a trabalhar para a agricultura de exportação e outros empreendimentos coloniais que os pagassem em dinheiro.

Em alguns casos, as grandes quantidades de moeda necessárias às colônias fizeram surgir o risco de o comércio levar essas moedas de volta à metrópole, assim causando inflação. Para manter o controle da circulação, foram criadas novas moedas, às vezes com o mesmo nome e valor das moedas metropolitanas, mas de circulação restrita às colônias. Em outros casos, as moedas foram separadas pelo aumento diferenciado de custos entre metrópole e colônia, permitindo que a desvalorização relativa da moeda metropolitana facilitasse suas exportações para as colônias.

Mali

Império Gana

De cerca de 400 d.C. até 1893, seis impérios com núcleo no atual Mali se sucederam na África Ocidental. O primeiro, fundado pelos soninke (mandês do noroeste) foi chamado Império Gana, nome do qual provêm os da República de Gana e possivelmente da Guiné (nome dado originalmente a toda a costa da África Ocidental e hoje a três nações nela localizadas), embora na realidade *Ghana*, "guerreiro", fosse o título de seu governante e o império propriamente dito se chamasse Awkar. Incluía o Sul da atual Mauritânia, o centro-sul do atual Mali e uma parte da Guiné. Existiu como potência dominante de 400 d.C. até cerca de 1230 e ainda existia como vassalo do Mali no século XIV.

A partir do século IX Gana recebeu influência muçulmana, mas a dinastia reinante não se converteu. A capital Kumbi Saleh, na atual Mauritânia, era constituída de dois núcleos a dez quilômetros um do outro. No primeiro, no qual residia o soberano, havia um bosque sagrado onde se praticavam os ritos soninke e apenas uma mesquita para os muçulmanos visitantes. No segundo, que era o centro comercial, quase toda a população era muçulmana das etnias diula e jahanka (mandês do ramo central) e havia doze mesquitas.

Al-Bakri, viajante da Andaluzia muçulmana que visitou o império no século XI, descreve, em obra de 1068, "dinares" sem estampa ou inscrição, o que indica terem sido pequenos lingotes de ouro e não verdadeiras moedas. Também menciona tarifas em dinares e *meticais*. Por exemplo, o rei cobrava um dinar de cada burro carregado de sal que entrava no reino e dois de cada um que saía; uma carga de cobre pagava uma tarifa de cinco *meticais* e uma de mercadorias, 10 *meticais*. Tratava-se de uma unidade de peso usada indiferentemente para medir ouro em forma de moedas marroquinas, lingotes ou pó. Existiu no comércio do Saara um *metical* forte de 4,86 gramas e um *metical* fraco de 3,88 gramas. Eram também usados cauris; a equivalência era, segundo Al-Bakri, de 1.150 cauris por metical clássico, de 4,66 gramas. Se os preços eram comparáveis aos da África do Norte da época, um *metical* forte valeria 1.200 ñ, um *metical* fraco 960 ñ e um cauri, cerca de 1 ñ.

Império Mali

O império conhecido como Mali foi fundado pelos mandinka ou mandinga (mandês do Centro), dominou Gana por volta de 1230, foi a potência dominante na região até 1464 e sobreviveu como vassalo do Songhai e depois como pequeno reino independente até 1670. A capital foi Niani, na atual Guiné, que também era o nome dado ao império em sua língua nativa.

Mali é "hipopótamo" em mandinga e pode ter sido o nome de uma de suas cidades ou a pronúncia fulani do nome do povo dominante, cujo ramo sudeste é chamado malinka. Sua importância levou os iorubás a dar o nome de malês a todos os africanos muçulmanos, inclusive os de seu próprio povo. Além dos territórios do antigo Império Gana, os mandingas dominaram o Senegal, Gâmbia, Guiné Bissau, todo o norte da atual Guiné, o leste do atual Mali e o noroeste de Burkina Faso.

Os governantes, que usavam o título de "Mansa", eram muçulmanos de uma vertente tolerante e quietista, e muitos dos súditos mantinham práticas e crenças pré-islâmicas. Do seu costume de carregar como talismã um pequeno pedaço de couro dobrado, com inscrições de trechos do Alcorão, pendurado ao pescoço, veio a noção de "bolsa de mandinga", imitada por povos não muçulmanos como patuás,bem como e a identificação de "mandinga" com feitiçaria.

Mercadores venezianos que atravessavam o Saara entre 1290 e 1352 conheceram o Mali, que respondia por metade da produção mundial de ouro da época e criou na Europa e Oriente Médio a fama de possuir imensas riquezas: um precursor medieval do Eldorado. Um famoso mapa catalão de 1375 ilustra o país com uma figura do imperador Mansa Musa (r. 1312-1337) segurando uma enorme pepita de ouro. Esse soberano impressionou à época pela peregrinação a Meca de 1324, com uma comitiva de até sessenta mil pessoas (outras fontes falam em 8 mil ou 15 mil) e milhares de burros e camelos, 80 dos quais carregados com sacos de ouro em pó de 3 quintais (135 kg), segundo uma versão, ou 100 carregando 100 arráteis (40,5 kg) cada um, segundo outra. Um cronista diz que à sua frente caminhavam 500 escravos, cada um com uma vara de ouro de 500 *meticais* (2 kg). Presenteou o sultão do Egito, onde ficou por três meses, com 40 mil dinares e o vizir com 10 mil. Comerciantes do Cairo cobraram até cinco dinares por capas e mantos que normalmente não valeriam um. Gastou e doou tanto que o valor do *metical* no Egito caiu de 25 dirrãs de prata para 20 por dois anos.

Na volta, o Mansa gastara tudo que levara e quase se perdeu ao atravessar o Sinai. Um terço da comitiva morreu ou foi sequestrada e escravizada por beduínos. No Cairo, o imperador teve de tomar dinheiro emprestado para voltar ao Mali, prometendo devolver 1.000 dinares para cada 300 emprestados. Mesmo assim, ofereceu 1.000 dinares a cada descendente de Maomé que quisesse acompanhá-lo de volta a seu país, e quatro o seguiram. Na volta, fundou em Timbuctu a Universidade Sankorê, a primeira ao sul do Saara (anterior à maioria das universidades europeias e mesmo às cartas-patente de Oxford e Cambridge), que chegou a ter 25 mil estudantes e se tornou a maior biblioteca da África desde os tempos de Alexandria, com mais de 700 mil manuscritos.

Em 2012, ao compor uma lista das "pessoas mais ricas de todos os tempos" o site *Celebrity Net Worth* colocou Mansu Musa em primeiro lugar, com uma fortuna equivalente a US$ 400 bilhões em moeda atual (3,25 trilhões de ñ). Esse número tem sido muito citado, mas o site não o justificou e soa grosseiramente exagerado. Ao preço do ouro de 2012, isso representaria 7.500 toneladas de ouro, 60% a 75% de todo o metal minerado no mundo até o tempo de Colombo. Significaria mais de 30 vezes o PIB do Mali moderno (hoje um dos países mais pobres do mundo) e talvez 18 vezes o PIB do Império Mali de seu tempo, se lhe atribuirmos 20 milhões de habitantes e uma renda per capita entre as mais altas da época. Mansa Musa foi mais rico que qualquer governante europeu de seu tempo e possivelmente rivalizou com o sultão do Egito, mas certamente não era tão rico e poderoso quanto seu contemporâneo Buyantu Khan e sucessores, cujo império sino-mongol era tecnologicamente mais avançado e pelo menos quatro vezes mais populoso.

Conforme a versão, o ouro carregado na peregrinação de Mansa Musa, presumivelmente uma pequena fração de seus recursos, teria somado 4 a 12 toneladas, o que representa 1 milhão a 3 milhões de *meticais*, US$ 50 milhões a US$ 150 milhões pelo preço do ouro em 2012 e 1 bilhão a 3 bilhões de ñ por seu poder aquisitivo no Egito do século XIV.

Já seu irmão e sucessor Mansa Sulayman (r. 1341-1360), que o cronista e diplomata marroquino Ibn Battuta conheceu em sua viagem de 1351, foi por este considerado um avarento miserável. Ao chegar a Niani, a hospitalidade do mansa limitou-se a três pães, um pedaço de peixe e um prato de coalhada. Após reclamar, o diplomata conseguiu uma casa e provisões para o resto de sua estada e escreveu como o escandalizava o fato de que escravas, servas e mesmo filhas do imperador saíssem exibindo o corpo de forma tão imprópria para muçulmanas. Continuava-se a usar o *metical* como unidade de peso de ouro, e a relação de troca em Timbuctu era de 1.500 cauris por *metical*. A preços do Egito da época, o *metical* valeria perto de 1.000 ñ e um cauri, 0,6 ñ.

Império Songai

O Império Songai, fundado pelo povo do mesmo nome, que fala uma língua do grupo nilossaariano, existiu de 1464 a 1591 com capital em Gaô, no atual Mali. Além dos domínios do Império Mali, incorporou a região desértica do norte do atual Mali, grande parte do Níger e Sokoto, na atual Nigéria. Seus soberanos, com o título de *askia*, foram muçulmanos de uma vertente mais purista e militante que os mandingas e se empenharam em converter os povos não islâmicos e combater as práticas sincréticas entre os muçulmanos.

Um dos *askia*, Muhammad Touré (r. 1493-1529), fez uma peregrinação a Meca, modesta em comparação à de Mansa Musa. Foi acompanhado por mil soldados e 500 cavaleiros e teria gastado 300 mil dinares, dos quais 100 mil para as despesas, 100 mil para caridade e 100 mil em compras. Além disso, ofereceu 100 mil dinares, 500 escravos e 100 camelos a um líder religioso descendente de Maomé para ir viver em Gaô, o que foi aceito.

Leo Africanus, marroquino depois convertido ao cristianismo que esteve em Timbuctu em 1510 quando adolescente, acompanhando o tio diplomata, descreve pepitas de ouro puro usadas como dinheiro e cauris importados da Pérsia, dos quais 400 equivaliam a um "ducado" de 4,05 gramas (seis desses ducados e dois terços equivaliam a uma onça romana, explicou ele). A preços do Império Otomano da época, o "ducado" ou *metical* valeria cerca de 960 ñ e o cauri, 2,4 ñ.

Essa pode ter sido uma valorização excepcional das conchas, pois no final do século XVI o *metical* de 4,5 gramas valia 3 mil cauris, relação que parece ter se mantido, aproximadamente, até o início do século XIX. Em 1590, a preços da Espanha da época, o *metical* valeria 660 ñ e o cauri, 0,22 ñ.

Impérios Bambara, Massina e Tukulor

Em 1591, o sultão marroquino Ahmad al-Mansur, contando com uma força de mercenários conhecidos como *ar-rumah* ou *arma*, arcabuzeiros mudéjares expulsos da Espanha ou marroquinos, derrotou os songai, cujo exército era muito maior, mas não dispunha de armas de fogo. Parte da elite songai se refugiou em Dendi, no atual Níger, onde governou um pequeno reino até a conquista francesa em 1901. Outros aceitaram o domínio dos *arma* e a estes se aliaram por meio de casamentos. Em 1593, Al-Mansur prendeu, executou ou exilou muitos dos estudiosos de Timbuktu, iniciando sua decadência como cidade universitária e centro intelectual. Isto foi também acompanhado de decadência econômica, pois o crescimento das navegações portuguesas pelo Atlântico reduziu a importância das rotas comerciais transaarianas.

Timbuktu, Djenê e Gaô ficaram sob domínio marroquino até 1612, quando o comandante dos *arma* depôs o paxá deixado em Timbuktu como governador e se proclamou paxá. O Marrocos fracassou na tentativa de reconquistar a cidade, mas o paxalato reconheceu a suserania marroquina até 1657. Os Arma continuaram a governar a cidade até serem conquistados pelo Império Massina em 1826. Durante a maior parte do século XVII, o paxalato coexistiu com os remanescentes dos impérios Mali e Songai e muitos outros Estados menores.

Em 1712, surgiu o Império Bamana ou Bambara, fundado pelo ramo mandê do mesmo nome e com capital em Ségou. Dominou a maior parte do Mali atual e seu dialeto se tornou a língua franca do país. Como os mandinga do Mali, praticavam um Islã sincrético.

Em 1818, um líder muçulmano da etnia fula ou fulani (*peul* em francês), chamado Seku Amadu, proclamou uma *jihad* contra os bambaras em nome de um Islã mais puro e conquistou Timbuktu e grande parte do Mali central, onde fundou sua capital Hamdullahi ("Graças a Alá") sem chegar a tomar Ségou. Seu Estado foi conhecido como Império Massina, nome da sua região central. Nos anos 1850, o *metical* de ouro valia 3.800 cauris em Timbuktu.

Em 1857, outro jihadista muçulmano, El Hadj Umar Tall, do povo tukulor (ramo fula, chamado em francês *toucouleur*), tentou expulsar os franceses da Guiné. Ao fracassar, voltou-se contra o que restava do Império Bambara e em 1861 o conquistou. No ano seguinte tomou e destruiu Hamdullahi e transferiu a capital para uma cidade próxima, Bandiagara, passando a dominar a maior parte do atual Mali.

Em 1876, um líder mandinka, Samori Touré, importou armas modernas da colônia britânica de Serra Leoa, conquistou a região mineira de Bouré, na atual fronteira entre Guiné e Mali, e em 1878 se proclamou *faama* (chefe militar) de um reino chamado Wassoulou, com capital em Bissandugu. Em 1881 tomou Kankan, centro do comércio de nozes de cola, e a partir dali conquistou rotas comerciais, estendendo seu domínio até as atuais Serra Leoa e Costa do Marfim. Em 1882, alarmado com a ameaça francesa, Samori pediu proteção aos britânicos, que recusaram, mas lhe venderam mais armas modernas. Em 1885 os franceses invadiram o Bouré; Samori reagiu, mas não conseguiu derrotá-los e foi forçado a recuar cada vez mais. Em 1891 os franceses tomaram Kankan e, no ano seguinte, Bissandugu. Samori se retirou para a Costa do Marfim, onde destruiu e conquistou o reino Kong; tentou se aliar aos Ashanti e continuar a luta, mas foi definitivamente derrotado em 1898 e exilado no Gabão. Após a conquista do Wassoulou, os franceses se voltaram contra os *toucouleur*, que derrotou e conquistou em 1893.

Sudão Francês

Em agosto de 1890, após conquistar parte significativa dos domínios de Samori, os franceses constituíram oficialmente a colônia do Sudão Francês, subordinada em 1895 ao governo-geral da África Ocidental Francesa (AOF). Em 1899, após a conquista da região central do atual Mali, a capital foi transferida de Kayes, perto da fronteira do Senegal, para Bamako. Nesta época, um *metical* de ouro valia 6.200 cauris em Jenne e perto do dobro em Timbuktu. Para retirar os cauris de circulação, os franceses os aceitaram no pagamento de impostos, mas não voltavam a usá-los. Chegaram a acumular mais de 20 milhões deles em Ségou.

Em 1901, foi criado em Dacar, Senegal, o Banco da África Ocidental (BAO), que em 1903 começou a emitir papel-moeda em francos para as colônias francesas na região, inclusive o Sudão. Até 1905, todo o atual território do Mali foi conquistado. A colônia passou a se chamar "Senegâmbia e Níger" em 1902 e "Alto Senegal e Níger" em 1904. O Níger foi dela desmembrado em 1912 e o Alto Volta em 1919. Em 1921, o restante voltou a se chamar Sudão Francês.

A colônia foi relativamente pouco rentável para os franceses, salvo como fonte de mão de obra e tributos. Nos anos 1920, um projeto ambicioso de irrigação e plantio de algodão em grande escala teve sucesso limitado pela resistência dos nativos, que se recusaram a ser transferidos e exigiram direitos sobre as terras que a administração colonial considerava sua propriedade. Em contrapartida, também recebeu menos investimentos franceses, notadamente em educação: em 1957, sua taxa de escolarização era de 8%, ante 20% no Senegal, Costa do Marfim e Daomé (atual Benim).

Durante a II Guerra Mundial, o governo colaboracionista do Marechal Pétain em Vichy, que governou a França derrotada e parcialmente ocupada pelos nazistas, manteve no primeiro momento o controle das colônias, mas em agosto de 1940 o governador colonial negro (guianês) do Tchade, Félix Éboué, aderiu ao apelo do general Charles de Gaulle por rebelião em nome da França Livre e foi seguido pelas demais colônias da África Equatorial. No mês seguinte, os britânicos enviaram uma força naval a Dacar para tentar desembarcar tropas e forçar o governador-geral da AOF a se juntar à rebelião, mas foram derrotados pela marinha de Vichy.

Só em novembro de 1942, quando a invasão aliada da África do

Norte possibilitou a De Gaulle instalar-se em Argel e os nazistas ocuparam toda a França, o governador-geral da AOF, após ter criado uma milícia fascista para apoiar o regime, decidiu mudar de lado, passando a fornecer produtos agrícolas para os aliados e convocar africanos para lutar a seu lado. Em junho de 1943 foi forçado a renunciar, e depois foi julgado e condenado por colaboracionismo e "indignidade nacional".

As tropas com as quais De Gaulle participou da II Guerra Mundial e da libertação da França após o desembarque na Normandia foram em 65% "fuzileiros do Senegal" que na realidade eram em grande parte bambaras do atual Mali. Quando o comando aliado, formado por estadunidenses e britânicos, exigiu que De Gaulle organizasse uma divisão "branca" se quisesse participar da libertação de Paris, o general francês precisou recorrer a voluntários espanhóis, norte-africanos e sírios.

No final de 1944, após a vitória, De Gaulle ordenou o "branqueamento" do exército francês. As tropas africanas, convocadas ou voluntárias, foram dispensadas com uma fração das pensões que lhe haviam sido prometidas e que foram pagas aos soldados brancos. Em novembro de 1944, soldados africanos que haviam sido prisioneiros do Eixo, dispensados e mantidos no campo de Thiaroye, perto de Dacar, se amotinaram pelo atraso das autoridades francesas em pagar até mesmo essas compensações reduzidas; a repressão deixou dezenas de mortos. Vários sobreviventes foram condenados a dez anos de prisão. Esse massacre contribuiu muito para o crescimento do movimento pela independência no Senegal e na África.

Outro fator foi o imperialismo cultural francês. Ao contrário da colonização britânica, que permitia às elites nativas estudar em escolas inglesas, mas ressaltava a identidade étnica e cultural dos povos dominados (até como estratégia para mantê-los divididos), a francesa se inspirava num ideal irreal de assimilação dos colonizados à cultura francesa sem que os franceses se dignassem a aprender sobre as culturas dos conquistados. Livros escolares que ensinavam às crianças sobre "nossos ancestrais, os gauleses" e sobre as façanhas dos reis franceses nas cruzadas eram impingidos às crianças africanas. Embora a França fosse oficialmente laica, missionários católicos eram protegidos e incentivados pelo governo colonial, enquanto clérigos islâmicos eram proibidos de pregar sua religião fora das etnias onde ela já estava arraigada. Em países como o Mali, de maioria muçulmana e com orgulho de sua história pré-colonial, isso soava especialmente insultuoso. A resistência anticolonial nesse país, nos anos 1950, começou em grande parte por protestos culturais e religiosos.

Ilustrativa dessa mentalidade foi a emissão pelo governo De Gaulle, em junho de 1945, de uma nota de 5.000 francos com o rosto de uma francesa dominando um sudanês, um asiático e um berbere, representação da "União Francesa" cuja criação foi formalmente incluída na nova Constituição de 1946, que deu cidadania teórica aos nativos das colônias. Pouco mudou a realidade da maioria, mas facilitou a nomeação de nativos para cargos públicos e abriu caminho à formação de assembleias, partidos e elites políticas locais. No então Sudão Francês, a União Sudanesa - Partido Democrata Africano, socialista, se tornaria o partido dominante, sob a liderança de Modibo Keita, um descendente da dinastia Keita que reinou sobre o Império do Mali do século XIII ao XVII.

Em dezembro de 1945, porém, a moeda da França teve de ser desvalorizada de 49,625 para 119,107 francos por dólar ante a inflação decorrente da guerra e reconstrução e foi separada daquelas das colônias, menos afetadas, de modo a facilitar as exportações da metrópole. Na África francesa, passou a circular o *franco CFA* ("Colônias Francesas da África"), com valor inicialmente de 1,70 franco francês (70 por dólar), reajustado em outubro de 1948 para 2 francos franceses (107 por dólar).

A derrota dos franceses em Dien Bien Phu que os fez perder o Vietnã em 1954, a humilhante retirada imposta pelos Estados Unidos a britânicos e franceses de Suez em 1957 e a brutal guerra da Argélia não bastaram para convencer os militares franceses de que o colonialismo era insustentável. Pelo contrário, em maio de 1958, uma junta militar formada na Argélia depôs o governo civil francês para impor De Gaulle, com a esperança de um governo militarizado disposto a conduzi-los à vitória.

De Gaulle julgou ser possível salvar o colonialismo por meio de reformas e promoveu um referendo nas colônias africanas sobre a transformação da União Francesa em uma Comunidade Francesa, formada pela França (incluída a Argélia) e as colônias transformadas em estados federados ou territórios. No primeiro momento, apenas a Guiné rejeitou a proposta e preferiu a independência total, concedida ao preço da retirada de toda a ajuda francesa. Dentro da nova estrutura, o Sudão Francês se tornou a República Sudanesa, um estado autônomo na Comunidade Francesa, e o franco CFA teve a sigla reinterpretada como "Comunidade Financeira Africana". Este não acompanhou a conversão de 100 por 1 do franco da metrópole e passou de 2 francos velhos a 2 cêntimos de franco novo em 1958.

República do Mali

Em janeiro de 1959, a República Sudanesa juntou-se ao Senegal para formar a Federação do Mali sob a presidência do sudanês Keita. As tensões com a França cresceram – inclusive pelo congelamento das parcas pensões dos veteranos africanos da II Guerra Mundial em 1959 e pela piora do conflito na Argélia – e em junho de 1960 a federação declarou independência total da França, mas as esperanças de que outros estados se juntassem a eles não se realizaram. Em agosto de 1960 a federação foi dissolvida e, em 22 de setembro, a República Sudanesa adotou-lhe o nome e se tornou República do Mali. Em 1961, em solidariedade com os rebeldes argelinos, o governo de Keita exigiu a retirada das tropas francesas do Mali e reconheceu o governo proclamado pelos independentistas.

Keita procurou reduzir a dependência da França e aproximar-se dos países socialistas, do movimento terceiro-mundista e da Guiné e Gana, com os quais tentou outra federação chamada União dos Estados Africanos de 1961 a 1963. Em 1962, rompeu com a instituição neocolonial do franco CFA para criar um *franco malinês*, mas a dívida externa e o isolamento político e econômico do país, sem acesso ao mar, obrigaram-no a aceitar um acordo com o FMI e uma desvalorização de 50% do franco malinês em 1967. Os problemas econômicos e a tentativa de Keita de promover uma "revolução cultural" inspirada na China para combater os adversários criaram um ambiente favorável para o golpe militar liderado pelo tenente Moussa Traoré em 19 de novembro de 1968, com apoio de comerciantes e da classe média da capital. Keita morreu na prisão em 1977, em circunstâncias obscuras, enquanto Traoré revertia as reformas socialistas e reaproximava o país do Ocidente.

Com apoio da França, cujo presidente De Gaulle o recebeu já em março de 1969, Traoré liquidou o movimento sindical e prendeu e executou oposicionistas. Governou até 1979 com uma junta militar e nesse ano se fez eleger presidente sem oposição. Em 1981, obteve apoio financeiro e técnico do FMI e da França – que absorvia 30% das exportações e fornecia 40% das importações do Mali – para reintegrar a União Monetária Ocidental Africana e retornar ao franco CFA, processo que se completaria em 1984 com a troca dos francos malineses por CFA à razão de 2 para 1. Mesmo assim, a dívida externa triplicou na década seguinte, enquanto a elite enriquecia às custas da maioria.

Traoré se reelegeu como candidato único em 1985, mas, com a queda do Muro de Berlim e o colapso do bloco soviético, as potências ocidentais deixaram de julgar rentável patrocinar ditaduras caras e incompetentes apenas para combater o comunismo. Em 1990, o presidente francês François Miterrand condicionou a continuação da ajuda francesa a reformas democráticas. Encorajados pela conjuntura internacional, manifestantes se levantaram contra Traoré nos primeiros meses de 1991. Cerca de trezentos foram mortos pela repressão até que, em março, um golpe militar liderado por Amadou Touré, comandante da guarda pessoal de Traoré, depôs e prendeu o ditador, acusado de corrupção e assassinatos em massa.

Em 1992, foi eleito o social-democrata Alpha Konaré, cujo governo reabilitou a reputação de Modibo Keita e lhe construiu um monumento, mas também comutou a pena de morte à qual fora condenado Traoré e acabou por anistiá-lo no final do segundo mandato, em 2002. Nesse período, em janeiro de 1994, o governo Miterrand acatou as críticas segundo as quais a cotação do franco CFA favorecia demais a importação de manufaturados pela elite urbana e prejudicava as exportações dos agricultores e permitiu sua desvalorização de 0,02 para 0,01 franco francês, de modo a aumentar a competitividade das economias africanas. Com a adoção do euro pela França em 1999, o franco CFA foi fixado como nova moeda, à razão de 655,957 por euro. O governo de Konaré lidou com a rebelião dos tuaregues do Norte, que em 1990 haviam se revoltado contra Traoré e reivindicado um Estado independente, que se chamaria Azawad. Um acordo de 1992 lhes conferiu autonomia na região de Kidal e mais oportunidades de integração, mas a revolta voltou a se manifestar de 1994 a 1996, quando outro acordo foi celebrado.

Em 2002, foi eleito Touré, que por sua vez reabilitou Traoré. No início de 2012, último ano do seu segundo mandato, nova revolta tuaregue explodiu no Norte. Ao depor o regime de Muamar Qaddafi na Líbia no ano anterior com apoio de rebeldes fundamentalistas, a intervenção da OTAN – principalmente Estados Unidos, França e Reino Unido – possibilitara que grande parte do arsenal líbio caísse nas mãos da Al-Qaeda e apoiasse outras forças militantes do norte da África. Em março de 2012, após o massacre de 80 soldados malineses, um golpe militar depôs Touré, acusado de incompetência na condução e abastecimento das forças armadas, e o ameaçou de julgamento por traição e corrupção. Entretanto, a Comunidade Econômica dos Estados da África Ocidental (CEDEAO) ameaçou a junta militar com um bloqueio econômico e a forçou a permitir que Touré se exilasse no Senegal e o presidente da Assembleia fosse empossado como presidente interino.

Enquanto isso, as forças dos tuaregues tomavam o Norte do país, inclusive Gaô e Timbuktu, e proclamavam uma "República do Azawad", mas sua vitória foi rapidamente sequestrada pela Al-Qaeda e o grupo Ansar Dine, que se apoderaram das principais cidades do Norte com o propósito de implantar um regime fundamentalista em todo o país. Onde se estabeleceram, trataram de impor sua versão da *sharia* e de destruir santuários sufis e grande parte da herança cultural do antigo Mali.

Em dezembro de 2012, os militares malineses, além de cometer execuções arbitrárias de tuaregues e árabes, voltaram a intervir para prender e destituir o primeiro-ministro, por este pedir tropas da ONU para lutar contra os insurgentes. Entretanto, em janeiro de 2013, os fundamentalistas tomaram Konna, uma cidade chave da região central. Ameaçados na própria capital, os militares pediram socorro e a França enviou 4 mil soldados, depois reforçados por 3 mil de países da África Ocidental. Em algumas semanas, as forças francesas retomaram as cidades invadidas pelos fundamentalistas. Os separatistas tuaregues assinaram um acordo de paz em junho de 2013. No mês seguinte houve nova eleição, e Ibrahim Keïta se tornou presidente ao fim do segundo turno, em agosto.

O conflito voltou a recrudescer em 2015. Milícias dogon e bambara se formaram com incentivo do governo para combater tanto os fundamentalistas islâmicos quanto os pastores fula ou fulani, com os quais a disputa por água e terra se intensificou devido à mudança climática. O caráter cada vez mais étnico desses conflitos começou a tornar-se um sério risco de desintegração do país.

Moedas do Mali em 1980 (franco malinês)

Denominação	Valor em francos malineses	Peso em gramas	Valor em ñ 1980
Papel-moeda			
10.000 francos	10.000		1.000
5.000 francos	5.000	–	500
1.000 francos	1.000	–	100
500 francos	500		50
Moedas de alpaca			
100 francos	100	8,0	10
50 francos	50	4,0	5
Moedas de alumínio			
25 francos	25	2,5	2,5
10 francos	10	1,5	1

Moedas do Mali em 1984 (franco CFA)

Denominação	Valor em francos CFA	Peso em gramas	Valor em ñ 1984
Papel-moeda			
10.000 francos	10.000		1.250
5.000 francos	5.000	–	625
1.000 francos	1.000	–	125
500 francos	500		62,5
Moedas de níquel			
100 francos	100	7,0	12,5
Moedas de cuproníquel			
50 francos	50	5,0	6,25
Moedas de bronze-alumínio			
25 francos	25	8,0	3,13
10 francos	10	4,0	1,25
5 francos	5	3,0	0,63
Moedas de aço inoxidável			
1 franco	1	1,65	0,13

Moedas do Mali em 2015 (franco CFA)

Denominação	**Valor em francos CFA**	**Peso em gramas**	**Valor em ñ 2015**
Papel-moeda			
10.000 francos	10.000	–	360
5.000 francos	5.000	–	180
2.000 francos	2.000	–	72
1.000 francos	1.000	–	36
500 francos	500	–	18
Moedas bimetálicas, núcleo de cuproníquel, coroa de latão			
500 francos	500	10,6	18
Moedas bimetálicas, núcleo de latão, coroa de cuproníquel			
200 francos	200	7,0	7,2
Moedas de aço revestido de níquel			
100 francos	100	6,7	3,6
50 francos	50	4,8	1,8
Moedas de bronze-alumínio			
25 francos	25	8,0	0,9
10 francos	10	4,0	0,36
5 francos	5	3,0	0,18

Poder aquisitivo e câmbio do franco malinês e CFA no Mali, 1980-2019

franco	**Ano**	**ñ**	**US$/CFA**
malinês	1980	0,100	422,56
	1981	0,091	543,46
	1982	0,077	657,21
	1983	0,071	762,13
franco CFA	1984	0,126	436,96
= 2 francos	1985	0,125	449,26
malineses	1986	0,125	346,31
	1987	0,125	300,54
	1988	0,124	297,85
	1989	0,123	319,01
	1990	0,115	272,26
	1991	0,118	282,11
	1992	0,120	264,69
	1993	0,116	283,16
	1994	0,0809	555,20
	1995	0,0705	499,15
	1996	0,0709	511,55
	1997	0,0694	583,67
	1998	0,0674	589,95
	1999	0,0655	615,70

franco	**Ano**	**ñ**	**US$/CFA**
CFA	2000	0,0652	711,98
	2001	0,0626	733,04
	2002	0,0600	696,99
	2003	0,0650	581,20
	2004	0,0624	528,28
	2005	0,0578	527,47
	2006	0,0555	522,89
	2007	0,0524	479,27
	2008	0,0498	447,81
	2009	0,0466	472,19
	2010	0,0445	495,28
	2011	0,0394	471,87
	2012	0,0377	510,53
	2013	0,0376	494,04
	2014	0,0375	494,41
	2015	0,0366	591,45
	2016	0,0359	593,01
	2017	0,0352	545,95
	2018	0,0346	570,80
	2019	0,0336	584,10

Gana

Os povos Akan e o Ashanti

O primeiro Estado a se organizar no território da atual Gana teria sido o reino dagomba, no norte, a partir do século XI, cercado de reinos mossi menores. Os povos de língua akan, envolvidos no comércio de ouro desde o século XI e supostamente vindos do norte por recusar a conversão ao Islã, criaram seu primeiro Estado, o reino de Bonoman, por volta de 1295, na região central. Ao chegarem os portugueses, por volta de 1470, havia dezenas de pequenos Estados akan, dos quais os mais importantes eram os fantes, do litoral. O interior, onde viviam os ashanti, cresceu em importância nos séculos seguintes, após culturas trazidas pelos portugueses da Ásia e América do Sul – como a banana e a mandioca – permitirem o crescimento da população na selva onde viviam. Os portugueses chamaram o litoral de "Costa da Mina" ou "Costa do Ouro" pela riqueza mineral e em 1482 construiram ali a importante feitoria do Castelo de São Jorge da Mina.

Os neerlandeses chegaram em 1598, criaram suas próprias feitorias e entre 1637 e 1642 tomaram as bases portuguesas para garantir o fornecimento de escravos para o Nordeste brasileiro conquistado aos portugueses. Nessa época, dois reinos fanti, Denkyira e Akwamu, cominavam a costa. No século XVII, suecos, dinamarqueses e alemães também criaram suas feitorias para comerciar ouro e escravos. Enquanto isso, o chefe Oti Akenten de um dos Estados akan do interior, o Ashanti (r. 1630-60), forçou os vizinhos a se tornarem seus aliados. No final do século XVII, Osei Tutu (morto em 1712 ou 1717) tornou-se *Asantehene* (rei de Ashanti) e transformou essa aliança em um grande reino com capital em Kumasi. Segundo a lenda, ele foi conduzido pelo sumo sacerdote Anokye, que para selar a união fez descer do céu até o colo do rei o Tamborete de Ouro, que se tornou o símbolo da nação. O estado teve um sistema eficaz de contabilidade e tributação e um banco estatal chamado "Grande Arca do Tesouro" no palácio real, onde o pó de ouro era depositado.

Os pesos de ouro akan, usados em Ashanti e no litoral, correspondiam a um complicado sistema de unidades, variando de *powa hu*

(0,018 grama) a *ta buru-sa* (1.560 gramas). A complexidade provém de terem combinado quatro séries de pesos, cada uma com múltiplos e submúltiplos. Por volta de 1400, os akan adotaram tanto a série de pesos malinesa para ouro baseada no *metical* de 4,4 gramas quanto a da prata, baseada no *wakia* (*uqiya* árabe) de 27 gramas; a partir de 1500 acrescentaram uma série portuguesa baseada na oitava de 3,586 gramas, peso de 7,172 gramas e onça de 28,688 gramas; e após 1650 uma série neerlandesa e britânica baseada na onça *troy* de 31,103 gramas.

Os pesos menores eram avaliados com ajuda de sementes, mas também usaram pesos de balança de cobre ou latão, chamados *mrammou* em Akan, de 1 a 200 gramas. Eram artisticamente trabalhados, com formas humanas (guerreiros, xamãs, caçadores ...), de animais (aves, crocodilos, antílopes ...), vegetais (amendoins, flores de dendê, cabaças ...), artefatos (tambores, sandálias, canhões ...) e muitos motivos ficcionais e geométricos. Cerca de três milhões desses pesos foram produzidos, 300 mil dos quais sobrevivem como objetos de arte em muitas coleções. A maioria dos homens aprendia a usar pesos e balanças em miniatura ainda na infância e possuía seu conjunto de pesos ou podia pedi-los emprestados a amigos. Os pesos podiam ser usados para cobranças: um homem podia enviar a um devedor, por exemplo, um peso de um *suru* para recordar-lhe que devia essa quantia em pó de ouro.

Há uma lista de mais de 850 nomes e pesos de unidades e variantes, mas muitas delas representam variações de pronúncia e grafia para um mesmo peso, ou variações regionais de pesos e equivalências em outras unidades. Vários constituem frações ou múltiplos de outras unidades: os sufixos *-fa* e *-suru* significam "meio"; os sufixos *-nu* e os adjetivos *mienu*, *mwa*, *mwio*, *nyo* e *nyon* significam "duplo"; o sufixo *-sa* e os adjetivos *miensa*, *nsa* e *san*, "triplo", o adjetivo *anan*, "quádruplo", *anum*, "quíntuplo"; *asia*, "sêxtuplo"; e *buru*, "décuplo". O prefixo *pere-* significa "mais que"; *sim-*, "menos que"; *onan-* "derretido"; *namfi-*, "intermediário"; *o-* e *e-*, marcam o singular; e *a-*, *n-* e *m-*, o plural. A partícula *ne* (às vezes *n'* ou *m'*, antes de vogal) significa "e" ou "mais".

Assim, por exemplo, *ntaku mienu* é "ntaku duplo", *ntaku anan* "ntaku quádruplo", *ntaku anum*, "ntaku quíntuplo", *borofofa* (ou *brofa*) é "meio borofa", *bodommofa* é "meio bodommo" e *ta buru-sa* é "30 ta". *Suanu ne suru* é "*sua* dupla mais *suru*", *tasuanu* é "ta mais *sua* quádrupla". Alguns nomes se referem a variações regionais: *bremanansuru* é "meio *nansua/anan* usado em Breman" e *takyimansua*, "*sua* usado em Takyiman".

Uma onça *troy* britânica (31,103 gramas) era considerada igual a 16 *ackies* (1,944 grama por *ackie*[11])), mas há bastante divergência entre as fontes sobre os pesos teóricos das demais unidades. Para o *ntaku*, do qual a maioria das demais unidades parece ser um múltiplo, diferentes fontes indicam de 192 por onça (0,162 grama) a 112 por onça (0,278 grama), 12 a 7 por *ackie*. Teoricamente, seria o peso de três sementes do arbusto jequiriti ou ervilha-do-rosário (*Abrus precatorius*, muito usadas como contas de colares e pulseiras, apesar de venenosas) e por esse critério deveria pesar 0,219 grama, 9 por *ackie*. Entretanto, o uso, conforme Timothy F. Garrard, em *Akan weights and the Gold Trade* (1980), indica um peso efetivo de 0,259 grama, ou 7,5 por *ackie*.

Os pesos próximos de 4, 8, 17,5, 35, 52,5 e 70 gramas (série do *metical*), de origem mais antiga, parecem ter sido os mais comuns e também os usados pelos akan em transações internas e na cobrança de multas. O nome do *agyiratwe*, equivalente a dois *ackie*, pode ser derivado do tupi (via português) aguaraquiá, ou erva-moura, cujas sementes lembram as do *ntaku* nativo, base do sistema de pesos. A *benda* parece ter sido originalmente equivalente a duas onças portuguesas (cerca de 57 gramas) e adaptada durante o século XVIII para duas onças neerlandesas ou britânicas (62,2 gramas).

Um metical (*mithqal*), no uso efetivo da região do início do século XIX, equivalia a 4,4 gramas ou um *nzwanza* e valia, em Ashanti (centro-sul da atual República de Gana), em 1817, 4.300 cauris (0,13 ñ por cauri), chamados *cedi* em Akan. A mesma quantidade de ouro valia então 3.400 a 3.500 cauris entre os hauçás, 3.800 no leste de Burkina Faso e noroeste da Nigéria (Sokoto), 4.000 em outras regiões de Burkina Faso, 4.200 em Dagomba (norte da atual Gana) e 4.500 no Daomé (atual Benim).

Em 1805-1809, nas feitorias dinamarquesas, 40 cauris equivaliam a uma *damba* e 40 *dambas* (1.600 cauris) equivaliam a uma "cabeça

---

11 Algumas fontes dão erradamente a palavra *ackie* como derivada do inglês *angel*, nome de uma moeda de ouro de 6,2 gramas e 80 pence do século XVII. Na realidade, *akee* é o nome nativo da árvore *Blighia sapida*, três sementes da qual pesam (teoricamente) um *ackie*. Os mercadores neerlandeses, entretanto, usavam um *engel* (anjo, angel) de 1/20 de onça, e, ao entrar em contato com a Costa do Ouro, chamaram o *ackie* local de *engel* por ter valor próximo ao dessa unidade.

pequena" ou 1/16 de onça de ouro (*ackie*), enquanto 50 *dambas* (2.000 cauris) valiam uma "cabeça grande", o que indica 3.600 cauris por *metical* (0,15 ñ por cauri). Após 1843, a relação era de 4.500 cauris por *ackie* ou cerca de 10.200 por *metical* (0,048 ñ por cauri). Nozes de cola eram outra moeda-mercadoria comum na região. Uma "cabeça", carga ou cesta de nozes de cola, com peso de 80 libras (36,3 kg) e 2.000 a 2.500 nozes, valia 6 a 20 xelins britânicos (288 a 960 ñ) conforme a época do ano.

O quadro aqui apresentado é uma tentativa de simplificação, que exclui variações dos mesmos nomes, bem como unidades cujo nome evidencia serem metade, múltiplo ou composição de outras.

Unidades ashanti/akan (1820)

Unidade	observação	ntaku	pence (*)		gramas	ñ (**)	
			1820	1870		1820	1870
Pesos de ouro							
ntansa, ntasa	48 meticais	816	6.528	5.875	211,500	26.112	23.500
ntanu, ntaanu	32 meticais	544	4.352	3.917	141,000	17.408	15.667
tasua, pereguan osua, ta atape, ta atakpi, ta atatue	20 meticais	340	2.720	2.448	88,125	10.880	9.792
peredwan, pereguan	16 meticais	272	2.176	1.958	70,500	8.704	7.834
benna, benda	2 onças troy	240	1.920	1.728	62,206	7.680	6.912
benna, benda (antiga)	2 onças port.	224	1.792	1.613	58,060	7.168	6.451
suasa, asuasa, ta	2 wakia	210	1.680	1.512	54,430	6.720	6.048
atakpi, nsanosa ne domma, bangbandea nyo	2/3 onça troy	80	640	576	20,735	2.560	2.304
sua, osua, sul, edeazue, eteasue, teasue, jua ne metawa	4 meticais	68	544	490	17,625	2.176	1.958
nansua, anan, onansua, dwoa, abanjua, jua, anla, alanye	½ onça troy	60	480	432	15,552	1.920	1.728
namfi, anamfi, gua, jua, dwa, dwowa, asia ne soa, n'dua	4 oitavas	56	448	403	14,515	1.792	1.613
bandya, bandea, asia, esia, esiaba, takimansua, edea, tea	3/8 onça troy	45	370	333	11,664	1.480	1.332
peresuru, assan, piresuro	1/3 onça port.?	38	304	274	9,331	1.216	1.094
suru	2 meticais	34	272	245	8,813	1.088	979
bremanansuru, nansuru, dwoasuru, juasuru, simale, simbari	¼ onça troy	30	240	216	7,776	960	864

telanye, tranye, tara, tra, namfisuru, nsano, nnomanu	2 oitavas	28	224	202	7,257	896	806
nsano, nsan	4/3 de metical	22,67	181	158	5,875	725	634
bodommo	1/6 onça port.?	19	152	137	4,925	608	547
nzwanza ou nsoansa	metical	17	136	122	4,406	544	490
agyiratwe	1/8 onça troy	15	120	108	3,888	480	432
borofo, domma	oitava	14	112	101	3,629	448	403
fiaso	1/8 wakia	13	104	94	3,369	416	374
soa ou sowa	2/3 de metical	11,33	91	79	2,938	363	317
ake, acke, ackie, agyratwefa	1/16 onça troy	7,5	60	54	1,944	240	216
(n)taku		1	8	7	0,259	32	29
(n)kokoa, eteku, ba, asamankamu		2/3	5	5	0,173	21	19
sempowa		1/2	4	4	0,130	16	14
damma, pikini		1/3	2,7	2,4	0,086	11	10
(k)pesewa, pesa, nwene		1/6	1,3	1,2	0,043	5,3	4,8
powa ou nwenefa		1/12	0,7	0,6	0,022	2,7	2,4
Cauris							
cabeça de cauris (grande, 2.000 cauris)		56	72	24	2.800	288	96
cabeça de cauris (pequena, 1.600 cauris)		45	60	19	2.240	240	77
damba (40 cauris)		1,12	1,5	0,48	56	6	1,9
cedi (unidade)		0,028	0,033	0,012	1,4	0,15	0,048

(*) relação efetiva antes de 1843, parece supor pureza de 94% para o ouro. O valor das unidades de ouro em pence caiu 10% após 1843

(**) a preços britânicos do século XIX, antes de 1843

Conquista e colonização britânica

De 1796 a 1818, o Reino Unido emitiu uma moeda para o comércio com a Costa do Ouro equivalente à meia-coroa britânica, chamada *ackey* – nome de um dos pesos de ouro usados pelos akan – e subdividida em 8 *takoe* (do *ntaku* nativo), cada um deles igual a $3\frac{3}{4}$ pence e 1 libra.

Entre 1807 e 1814, o Ashanti fez várias tentativas de conquistar a costa, que ameaçaram os fortes europeus e os pequenos estados dos fante do litoral. Os fante remanescentes se aliaram aos britânicos, atacados em 1821 pelo Ashanti numa tentativa de expulsá-los do país. Os combates duraram até 1831, quando um acordo estabeleceu uma fronteira.

Em 1844 foi criado um protetorado britânico formal sobre os fante e, em 1850, os britânicos compraram as fortalezas dinamarquesas na Costa do Ouro e criaram um governo separado da Serra Leoa. Uma segunda guerra anglo-ashanti foi travada em 1863-1864 sem mudar o status quo. Entretanto, em 1872 os britânicos compraram dos Países Baixos o forte de Elmina (antigo Castelo de São Jorge da Mina dos portugueses), passaram a controlar toda a costa e privaram o Ashanti das receitas do comércio exterior, mantido por acordo com os neerlandeses. Em 1873 o reino realizou mais uma tentativa de conquista do litoral. No ano seguinte, os britânicos o invadiram com ajuda de tropas africanas e, desta vez, tomaram e incendiaram Kumasi, sua capital, obrigando o Ashanti a desistir de conquistar a costa e abrir seu comércio aos britânicos.

Em 1896, após novos atritos com o Ashanti, iniciou-se a quarta guerra anglo-ashanti. Kumasi foi invadida, o rei capturado e exilado nas ilhas Seychelles e um representante britânico foi imposto em seu lugar. Este, porém, cometeu o erro de exigir sentar no tamborete de ouro sagrado ashanti, em nome da rainha Vitória, ao chegar a Kumasi em 1900, o que provocou a revolta dos súditos de Kumasi. O administrador e suas tropas ficararam por dois meses sitiados em uma paliçada de madeira até a chegada de reforços lhes permitir a retirada para Acra. Seguiu-se outra guerra e a anexação definitiva do Ashanti à colônia britânica, mas o tamborete permaneceu escondido até 1921, quando foi acidentalmente descoberto por operários que tentaram roubar seus adornos de ouro. Os britânicos impediram que eles fossem condenados à morte, mas prometeram não mais interferir com o tamborete, que foi retirado do esconderijo e voltou a ser parte dos rituais ashanti.

O uso de ouro em pó ainda era corrente entre os ashanti quando da conquista, mas os britânicos trataram de eliminar as moedas estrangeiras e nativas e exigir as suas próprias na coleta de impostos, de modo a forçar os nativos a trabalhar para pagá-los e obter a receita da senhoriagem. De 1886 a 1911, a África Ocidental britânica teve um aumento significativo na circulação da moeda britânica, chegando a superar a circulação das moedas nas próprias Ilhas Britânicas. A fim de evitar os riscos da circulação sem controle de moeda entre as colônias e a metrópole, criou-se uma Caixa de Compensação da

África Ocidental para emitir papel-moeda de circulação restrita às quatro colônias britânicas da região – Gâmbia, Serra Leoa, Costa do Ouro e Nigéria – e a *libra da África Ocidental Britânica* substituiu a libra esterlina nessas colônias a partir de 1913.

A mineração de ouro continuou a ser importante durante o período colonial. A ela se somaram a extração de madeira e o cultivo de café e cacau para fazer dessa uma das colônias mais prósperas da África e possibilitar a criação de um sistema educacional e de uma infraestrutura de água, energia e comunicações superior à de seus vizinhos. Ao fim da II Guerra Mundial, a Costa do Ouro era o território mais rico e educado da África Ocidental – e também aquele com mais consciência nacional. Entretanto, o governo trabalhista britânico de Clement Attlee, que concedeu independência à Índia, não cogitava fazer o mesmo em relação às colônias africanas, ainda vistas como fonte de matérias-primas necessárias à recuperação da metrópole. Aceitou, em 1946, a criação de um Legislativo parcialmente eleito com poderes limitados, o que era mais do que qualquer outra colônia africana tinha na época, mas um movimento pacífico liderado por seis intelectuais reivindicou o autogoverno e a substituição dos chefes tribais no Legislativo por pessoas instruídas.

Em 1948, uma manifestação de veteranos ganeses da II Guerra Mundial por aumentos nas pensões foi reprimida com violência pela polícia, resultando em três mortos e mais de sessenta feridos. A população se revoltou e saqueou lojas de europeus e sírios em Acra, Kumasi e outras cidades. Os intelectuais que haviam feito oposição ao governo colonial foram presos e um deles, Kwame Nkrumah, rompeu com essa organização reformista de elite para criar, em 1949, um movimento popular e lutar por autonomia imediata.

Nkrumah iniciou uma campanha de greves e resistência não violenta ao governo colonial. Em 1950, foi preso, o que o tornou um herói aos olhos de seus liderados e facilitou a seu partido conquistar 34 das 38 cadeiras disputadas na eleição de 1951. Nkrumah, eleito mesmo na prisão, foi libertado e aceitou formar com os britânicos um governo que gradualmente evoluiu para um sistema parlamentar. O respaldo popular nas cidades lhe permitiu impor mudanças e a aceleração do processo de independência aos representantes dos conselhos tribais tradicionais, que detinham metade da Assembleia. Em 1952 Nkrumah se tornou primeiro-ministro e em 1954 obteve o controle do governo, salvo diplomacia e defesa, e a substituição dos conselheiros tradicionais por deputados eleitos. Partidos de Ashanti e do Norte se opuseram à independência sob um governo centralizado e reivindicaram uma federação, mas suas divisões permitiram ao partido de Nkrumah obter em 1956 uma maioria de dois terços e reivindicar a independência, concedida pelos britânicos em 1957. Foi a segunda colônia africana a obter a independência, após o Sudão.

Moedas na Costa do Ouro britânica, 1818

Denominação	Valor em takoe	Valor em pence	Peso em gramas (1796)	Peso em gramas (1818)	Valor em ñ
Moedas de prata 92,5%					
ackey	8	30	15,55	14,13	120
½ ackey	4	15	7,78	7,09	60
¼ ackey	2	7,5	3,89	–	30
takoe	1	3,75	1,94	–	15

Moedas na Costa do Ouro britânica, 1927

Denominação	Valor em pence	Peso em gramas	Valor em ñ 1927
Papel-moeda			
100 xelins (5 libras)	1.200	–	4.800
20 xelins (1 libra)	240	–	960
10 xelins	120	–	480
5 xelins	60	–	240
2 xelins	24	–	96
1 xelim	12	–	48
Moedas de prata 92,5%			
2 xelins	24	11,3104	96
xelim	12	5,6552	48
sixpence	6	2,8276	24
threepence	3	1,4138	12
Moedas de cuproníquel			
penny (1907-1910)	1	15,5	4
penny (1911-1951)	1	9,6	4
½ penny	½	5,8	2
1/10 penny (1909-1957)	1/10	1,9	0,4
Moedas de alumínio			
1/10 penny (1907- 1908)	1/10	1,0	0,4

Independência

Com a independência, o nome de Costa do Ouro foi substituído pelo de Gana, para romper com o passado colonial. Embora a região nunca tenha pertencido ao Império Gana, Nkrumah e a população se identificavam com a herança cultural dessa antiga civilização, com a qual o país tem em comum a riqueza em ouro. É possível, também, que parte de seus ancestrais tenha vindo de lá.

Após a proclamação da República em 1960, Nkrumah impôs um projeto de modernização autoritária, exilando e detendo líderes conservadores. Tentou formar uma união pan-africana a partir de uma federação entre Gana, Mali e Guiné chamada União dos Estados Africanos, que durou de 1960 a 1963, e ajudar a libertação de outros países africanos, permitindo em seu território o treinamento, ministrado por chineses, de guerrilheiros de Angola, Rodésia e Moçambique.

O aumento de impostos para financiar projetos de desenvolvimento, combinado com a queda dos preços do cacau e a inflação, começou a minar sua popularidade. Em 1965, tentou consolidar seu poder colocando fora da lei os partidos da oposição e tornando-se candidato único. Também nesse ano reformou o sistema monetário e criou uma nova moeda, o *cedi* (do nome akan do cauri, usado como moeda pré-colonial), dividido em 100 *pesewas* (nome de um dos menores pesos para ouro em pó). A *pesewa* equivalia ao penny colonial e depois ganês, de modo que o *cedi* equivalia a 100 pence e a libra ganesa a 2,40 *cedis*.

Em 1966, um golpe militar apoiado pela CIA derrubou Nkrumah durante uma visita à China, forçando-o a se exilar na Guiné, onde morreu em 1972. Após o golpe, o *cedi* foi substituído por um "*novo cedi*" com valor de 1,20 *cedi*, supostamente para facilitar a troca pela antiga libra (2 *cedis* novos por libra), mas na realidade como pretexto para eliminar as moedas e cédulas com o rosto de Nkrumah.

Em 1969, foram convocadas eleições que levaram ao governo Kofi Busia, da antiga oposição, que acabou com o ensino superior gratuito, expulsou pequenos negociantes estrangeiros – libaneses, asiáticos e nigerianos – e ao mesmo tempo facilitou os investimentos do Ocidente. Em 1972, Busia foi deposto por outro golpe militar, do tenente-coronel Ignatius Acheampong, mas, durante o regime militar, a inflação disparou. Em 1978, outro golpe militar pôs no seu lugar o tenente-general Frederick Akuffo, que marcou eleições para julho de 1979. Semanas antes de estas se realizarem, foi derrubado por outro golpe, liderado pelo tenente Jerry Rawlings e outros jovens oficiais subalternos, que executou Acheampung, Akuffo e outros comandantes, acusados de corrupção.

A eleição prevista aconteceu, mas o governo civil não conseguiu controlar o déficit público e a inflação e foi deposto em 1981 pelo mesmo Rawlings, que desta vez permaneceu por quase duas décadas e obteve o apoio de agências internacionais para implantar um programa de austeridade e reduzir a inflação à custa do aumento do desemprego. Em 1979 foram emitidas novas notas, trocadas pelas antigas a uma taxa de 10 antigas por 7 novas sem que moedas e contas bancárias fossem afetadas. Em 1983, as notas de 50 *cedis* (então as maiores) foram desmonetizadas para combater o mercado negro e a inflação, sem que muitos ganeses pudessem obter compensação.

Em 1983 o dólar valia 120 *cedis* no mercado negro, embora a taxa oficial ainda permanecesse nos 2,80 *cedis* por dólar de 1978. O governo começou então a desvalorizá-lo por etapas, e em 1990 permitiu a livre flutuação. Em 1992 e 1996, Rawlings foi reeleito pelo Congresso Nacional Democrático, mas em 2000 não fez seu sucessor e a vitória foi do candidato de oposição John Kufuor, que governou até 2008. Seguiu-se uma alternância de poder entre seu Novo Partido Patriótico, liberal, e o Congresso Nacional Democrático, social-democrata.

Em julho de 2007, o *cedi* inflacionado foi substituído por outro *novo cedi* com o corte de quatro zeros, ou seja, à razão de 10.000 para 1. As notas foram substituídas até dezembro do mesmo ano.

Além das moedas e notas circulantes em *cedis*, Gana cunhou moedas comemorativas não circulantes em libras até 1977 e de 1997 a 2003 em *sikas* (de *sika*, "ouro" em akan), sendo a *sika* equivalente a uma onça *troy* de ouro.

Moedas em Gana, 1958

Denominação	Valor em pence	Peso em gramas	Valor em ñ 1958
Papel-moeda interbancário			
1.000 libras	240.000	–	480.000
Papel-moeda convencional			
5 libras	1.200	–	2.400
1 libra	240	–	480
10 shillings	120	–	240
Prata 92,5%			
10 shillings (comemorativa)	60	28,28	240
Moedas de cuproníquel			
2 shillings	24	8,9	48
shilling	12	4,5	24
sixpence	6	2,2	12
threepence	3	3,3	6
Moedas de bronze			
penny	1	5,7	2
½ penny	½	2,9	1

Moedas em Gana, 1965

Denominação	Valor em cedi	Peso em gramas	Valor em ñ 1965
Papel-moeda interbancário			
1.000 libras	1.000,00	–	100.000
Papel-moeda convencional			
100 cedis	100,00		10.000
50 cedis	50,00		5.000
10 cedis	10,00	–	1.000
5 cedis	5,00	–	500
1 cedi	1,00	–	100
Moedas de cuproníquel			
50 pesewas	0,50	13,90	50
25 pesewas	0,25	8,65	25
2 shillings	0,24	8,90	24
shilling	0,12	4,50	12
10 pesewas	0,10	3,20	10
sixpence	0,06	2,20	6
5 pesewas	0,05	4,10	5
threepence	0,03	3,30	3
Moedas de bronze			
penny	0,01	5,70	2
½ penny	0,005	2,90	1

Moedas em Gana, 1967

Denominação	Valor em cedi	Peso em gramas	Valor em ñ 1967
Papel-moeda			
10 cedis	10,00	–	1.000
5 cedis	5,00	–	500
1 cedi	1,00	–	100
Moedas de cuproníquel			
20 pesewas	0,20	11,20	20
10 pesewas	0,10	5,60	10
5 pesewas	0,05	2,85	5
2½ pesewas	0,025	3,20	2,5
Moedas de bronze			
pesewa	0,01	5,72	2
½ pesewa	0,005	2,90	1

Moedas em Gana, 1980

Denominação	Valor em cedi	Peso em gramas	Valor em ñ 1980
Papel-moeda			
50 cedis	50,00	–	100
20 cedis	20,00	–	40
10 cedis	10,00	–	20
5 cedis	5,00	–	10
1 cedi	1,00	–	2
Moedas de cuproníquel			
20 pesewas	0,20	11,20	0,4
10 pesewas	0,10	5,60	0,2
Moedas de bronze			
pesewa	0,01	5,72	0,02

Moedas em Gana, 1991

Denominação	Valor em cedi	Peso em gramas	Valor em ñ 1991
Papel-moeda			
5.000 cedis	5.000	–	250
2.000 cedis	2.000	–	100
1.000 cedis	1.000	–	50
500 cedis	500	–	25
200 cedis	200	–	10
100 cedis	100	–	5
50 cedis	50	–	2,5
10 cedis	10	–	0,5
Moeda bimetálica, núcleo de latão, coroa de cuproníquel			
100 cedis	100	6,90	5
Moedas de aço revestido de níquel			
50 cedis	50	7,70	2,5
20 cedis	20	5,40	1
10 cedis	10	3,50	0,5
Moedas de aço revestido de latão			
5 cedis	5	3,90	0,25

Moedas em Gana, 1998

Denominação	Valor em cedi	Peso em gramas	Valor em ñ 1998
Papel-moeda			
20.000 cedis	20.000		200
10.000 cedis	10.000		100
5.000 cedis	5.000	–	50
2.000 cedis	2.000	–	20
1.000 cedis	1.000	–	10
Moedas de alpaca			
500 cedis	500	9,18	5
Moeda bimetálica, núcleo de latão, coroa de cuproníquel			
100 cedis	100	6,90	1
Moedas de aço revestido de níquel			
200 cedis	200	8,60	2
50 cedis	50	7,70	0,5

Moedas em Gana, 2007

Denominação	Valor em cedi	Peso em gramas	Valor em ñ 2007
Papel-moeda			
50 cedis	50,00	–	1.000
20 cedis	20,00	–	400
10 cedis	10,00	–	200
5 cedis	5,00	–	100
1 cedi	1,00	–	20
Moeda bimetálica, núcleo de latão, coroa de aço revestido de níquel			
1 cedi	1,00	7,30	20
Moedas de aço revestido de níquel			
50 pesewas	0,50	6,15	10
20 pesewas	0,20	4,30	4
10 pesewas	0,10	3,40	2
5 pesewas	0,05	2,50	1
Moedas de aço revestido de cobre			
pesewa	0,01	1,82	0,2

Poder aquisitivo da libra na Costa do Ouro, 1880-1949

Ano	ñ

Ano	ñ
1900	1.223,91
1901	1.219,60
1902	1.218,21
1903	1.215,70
1904	1.217,11
1905	1.220,31
1906	1.216,32
1907	1.207,33
1908	1.207,36
1909	1.166,34
1910	1.162,60
1911	1.151,24
1912	n/d
1913	n/d
1914	n/d

1880	993,33
1881	994,05
1882	994,78
1883	1.072,44
1884	1.071,73
1885	1.074,46
1886	1.076,13
1887	1.081,04
1888	1.117,17
1889	1.114,84
1890	1.119,77
1891	1.252,67
1892	1.150,95
1893	1.172,17
1894	1.360,20
1895	1.232,13
1896	1.232,36
1897	1.230,96
1898	1.231,01
1899	1.228,27

1915	n/d
1916	n/d
1917	n/d
1918	n/d
1919	n/d
1920	412,02
1921	501,52
1922	732,55
1923	853,39
1924	851,69
1925	856,15
1926	857,46
1927	961,03
1928	855,87
1929	1.113,62
1930	1.307,40
1931	1.733,27
1932	1.409,28
1933	1.371,60
1934	1.387,95
1935	1.357,86
1936	1.373,65
1937	1.339,38
1938	1.371,84
1939	1.371,75
1940	1.180,47
1941	908,44
1942	862,73
1943	816,52
1944	775,00
1945	737,50
1946	692,80
1947	679,08
1948	665,90
1949	607,99

Poder aquisitivo e câmbio da moeda de Gana, 1950-2016

moeda	Ano	ñ	US$/₵
libra da África	1950	531,99	0,357
Ocidental =	1951	453,18	0,357
240 pence	1952	504,57	0,357
	1953	508,50	0,357
	1954	508,50	0,357
	1955	485,79	0,357
	1956	476,33	0,357
libra ganesa	1957	481,02	0,357
= 240 pence	1958	472,88	0,357
	1959	459,56	0,357
	1960	439,94	0,357
	1961	407,86	0,357
	1962	392,33	0,357
	1963	355,95	0,357
	1964	304,00	0,357
1º cedi	1965	97,57	1,167
= 100 pence	1966	99,48	1,167
2º cedi	1967	102,48	0,861
=120 pence	1968	91,14	1,020
	1969	88,28	1,020
	1970	87,62	1,020
	1971	79,04	1,034
	1972	70,14	1,333
	1973	55,95	1,164
	1974	48,21	1,149
	1975	34,33	1,149
	1976	21,14	1,149
	1977	10,03	1,149
	1978	4,808	1,763
	1979	4,065	2,749
	1980	1,987	2,749
	1981	0,9528	2,749
	1982	0,6145	8,825
	1983	0,4434	35,97
	1984	0,3417	54,34
	1985	0,2113	89,16
	1986	0,1618	153,65
	1987	0,1192	202,24
	1988	0,0926	269,85
	1989	0,0665	326,16
	1990	0,0564	367,63
	1991	0,0487	436,85
	1992	0,0427	648,71
	1993	0,0328	955,68
	1994	0,0225	1.199
	1995	0,0161	1.635
	1996	0,0135	2.048
	1997	0,0114	2.312
	1998	0,0099	2.666
	1999	1,9867	2,749

moeda	Ano	ñ	US$/₵
2º cedi	2000	0,00767	5.449,19
=120 pence	2001	0,00574	7.163,05
	2002	0,00463	7.924,17
	2003	0,00362	8.667,64
	2004	0,00316	8.994,95
	2005	0,00274	9.062,79
	2006	0,00245	9.164,52
Novo cedi	2007	20,97	0,928
=10.000	2008	18,20	1,047
cedis antigos	2009	15,64	1,395
	2010	13,38	1,421
	2011	11,84	1,509
	2012	10,32	1,819
	2013	9,17	1,993
	2014	7,59	2,936
	2015	6,70	3,760
	2016	5,79	3,928
	2017	5,24	4,521
	2018	4,77	4,912
	2019	4,41	5,613

NIGÉRIA

Nigéria ocidental

A civilização dos iorubás surgiu a partir de dois polos: Ifé, na floresta, ocupado por volta de 700 d.C. (fundado, segundo a lenda, por Oduduá, sucedido pelo filho Obalufã e pelo neto Ogum), e Oió, na savana, fundado mais perto do ano 1000 d.C. (segundo a lenda, por Oraniã, filho de Oduduá, sucedido por seus filhos Dadá Ajacá e Xangô). Outros filhos e netos de Oduduá teriam fundado cidades, entre as quais Owu, Queto, Ilá, Ijexá e Xabé, que a partir do século XI formaram uma rede de cidades-estado hierarquizadas em suseranas e vassalas, sob a liderança de Ifé.

A leste, o sistema das cidades-estado iorubás incluía, por volta de 1180, um povo vizinho, o edo, cujo primeiro rei Eweka seria um dos filhos de Oraniã. Sua capital, Ubinu, depois chamada Bini, seria conhecida pelos portugueses como Benim (sem relação com a atual República de Benim) e admirada pela qualidade de sua arte e eficiência de seus exércitos.

Por volta de 1480, Ginuwa, um príncipe de Benim, fundou entre os vizinhos itsekiri o reino iwerre (depois conhecido pelos ingleses como Warri), inicialmente vassalo da cidade-mãe, cujos soberanos tinham o título de *olu*. No início do século XVII, um filho do olu foi enviado a Portugal, retornou com uma esposa portuguesa e o filho Antonio Domingo; foi olu na década de 1640. Com ajuda dos portugueses, o olu Erejuwa (r. 1720-1800) expandiu Warri politicamente e comercialmente e estabeleceu sua independência de Benim, passando a servir de base para os comerciantes de escravos portugueses e holandeses.

Devido a sua posição comercial favorável e recursos naturais, Oió se tornou uma das cidades mais importantes da África subsaariana no século XIV. Por volta de 1535, teve grande parte de seu território conquistado e foi tomada e saqueada por um povo vizinho, os nupes ou tapas. Ainda no século XVI, porém, seu Estado se reergueu sob a liderança do alafim ("senhor do palácio") Ofinran e recuperou os territórios perdidos ao aprender com os nupes o uso de cavalaria e armaduras e voltar contra eles suas próprias táticas.

Seu sucessor Eguguojo ampliou suas conquistas. No século XVII, Oió dominou a maior parte das cidades iorubás[12] e chegou até o litoral, sem encontrar maior resistência até confrontar, em 1728, o reino fon do Daomé, que não tinha cavalaria, mas recorreu a armas de fogo e trincheiras que neutralizaram os cavalos e obrigaram Oió a combater a pé. Fundado por volta de 1600, o Daomé dispunha também das famosas *mino* ("nossas mães") ou *ahosi* ("mulheres do rei"), uma força de guerreiras criada por seu terceiro rei a partir de um grupo de caçadoras de elefantes. Mesmo assim, o Daomé foi subjugado e obrigado a pagar tributo após sete invasões, em 1748.

A partir dessa conquista, o império de Oió passou a comerciar com os europeus através do porto de Ajaxé, antiga capital do reino iorubá de Popo, chamada Porto Novo (a atual capital do Benim) pelos portugueses. Estes, desde o século XVII, comerciavam pelo velho porto daomeano de Whydah, por eles chamado Ajudá, que fora obrigado por Oió a reduzir suas atividades para diminuir a concorrência. A natureza do comércio em Ajudá e Porto Novo se expressa pelo nome dado aos portugueses à região formada pelos atuais Togo, Benim e Nigéria Ocidental até o Níger: "Costa dos Escravos". Foi a segunda região em fornecimento de africanos escravizados (20,2% ante 39,4% de Angola e Congo), mas os africanos dessa região eram valorizados por virem de civilizações urbanas complexas que os qualificavam para o comércio e a administração. Seu preço médio subiu de 3 libras nos anos 1680 (cerca de 5.000 ñ a preços europeus) para 10 libras (17.000 ñ) nos anos 1730.

Em 1789, o Daomé invadiu Queto no primeiro dos muitos saques que, até os anos 1850, forneceriam aos portugueses a maior parte dos iorubás ou "nagôs"[13] escravizados e vendidos no Brasil. Aqui, sua cultura deu origem à nação Queto (ou Ketu), a mais importante do candomblé. As outras duas são a nação Jeje, originada de povos dos atuais Gana, Togo e Benin, e a nação Angola, formada por povos de língua bantu, do atual Camarões para o sul.

O alafim Abiodun (r. 1770-89), em especial, empenhou-se em

12 Ijexá, Ifé, Ijebu e Queto permaneceram independentes e Ondó se tornou tributária de Benin.

13 "Nagô" foi originalmente um nome pejorativo dado pelos fon do Daomé aos iorubás (nome, por sua vez, dado pelos hauçás). Em Cuba, são chamados "lucumis", termo aparentemente vindo da expressão iorubá *oluku mi*, "meu amigo". Por outro lado, "jeje" significa "estrangeiro" em iorubá e era um nome aplicado aos povos do leste, principalmente fon, ewe, mina (ou gen) e outros falantes de línguas do grupo Gbe.

acumular riqueza pela venda de escravos, assim como seu sucessor Awole (r. 1789-1796). Ifé continuava a ser respeitada como cidade sagrada, da qual o alafim recebia a espada de Oranyan como símbolo de autoridade, em troca da promessa de não a atacar. Em 1793, Awole atacou Apomu, cidade do território de Ifé, para capturar escravos; isso causou revoltas internas, o suicídio de Awole e uma série de disputas entre os pretendentes à sucessão, o que acabou por levar ao colapso do império de Oió.

Em 1817, Ilorin separou-se, levando consigo grande parte da cavalaria de Oió. Seu líder Afonjá recrutou o líder muçulmano fulani Salih Alimi, com a expectativa de que ele o ajudasse a recrutar hauças e fulanis muçulmanos e fazer alianças com o Norte. Em 1823, o Daomé se rebelou, derrotou as forças de Oió que tentaram restaurar sua hegemonia e ampliou os ataques às cidades yorubás para capturar escravos, , em parceria com o conselheiro brasileiro Francisco Félix de Sousa, diretor da fortaleza portuguesa de Ajudá e tido como o maior traficante de escravos de todos os tempos. Contava com uma força de três mil a seis mil *ahosi* (um terço de seu exército) uniformizadas e equipadas com armas de fogo dinamarquesas.

Em 1824, Afonjá foi assassinado, e Abdusalami, filho de Alimi, fez de Ilorin um emirado, vassalo de Sokoto. Em 1835, Sokoto invadiu Oió e destruiu sua capital, Oió-Ilê. Com o colapso de Oió, os remanescentes se estabeleceram em Ago d'Oyó ou Nova Oió, mais ao sul, mas o principal Estado iorubá independente passou a ser Ibadan, formado em torno de um acampamento militar de Oió criado em 1829 às custas dos vassalos egba. Estes, por sua vez, fundaram Abeokutá, ainda mais ao sul, para se protegerem dos caçadores de escravos. Ibadan não se organizou como uma cidade-estado tradicional, mas como um Estado militar governado por sua casta guerreira, que conquistou a maior parte do território iorubá e, em 1840, derrotou Sokoto, detendo seu avanço para o sul.

Abeokutá derrotou os exércitos do Daomé em 1851 e 1864 com ajuda de armas britânicas, mas de 1877 a 1893 enfrentou Ibadan na Guerra Civil Iorubá. Ifé, que entrou na disputa contra Ibadan, foi parcialmente destruída. Ao fim da guerra, todos os reinos iorubás se tornaram protetorados britânicos.

Desde o século XV, pelo menos (talvez antes), a cultura iorubá utilizou principalmente os cauris como moeda. Foram também usadas nas roupas e véus dos reis iorubás, em representações de divindades e em objetos sagrados ou de luxo, com a mesma conotação de valor, riqueza e soberania que o ouro ou a prata em artigos análogos no mundo ocidental. Eram chamados em iorubá de *owo*, palavra que também significa "dinheiro".

Owo ero eram cauris não perfurados, usados em adivinhações e rituais; *owo eyo*, cauris perfurados e usados como dinheiro. A partir da introdução dos cauris de Zanzibar, nos anos 1860, estes passaram a ser usados como dinheiro, e os cauris menores, das Maldivas, reservados para o uso ritual. Atados em fieiras de 40 cauris, formavam um *toque* ou *réstia* (*ogoji*, contração de *ogun meji*, "dois vintes"). Cinco réstias (200 cauris) valiam um *cacho* ou *galinha* (*ogwao*), dez cachos (2.000 cauris, uma cabaça cheia) equivaliam a uma *cabeça* (*egbewa*); e dez cabeças (20.000 cauris) equivaliam a uma *bolsa* (*oke*). No século XVIII, comprava-se um escravo com duas bolsas.

A partir de 1860, a importação de quantidades crescentes de cauris de Zanzibar pelos ingleses os fez perder valor. Em 1853 eram necessários 8.900 a 12.500 cauris para fazer uma libra esterlina (5.400 a 7.500 por um dinar), em 1863, 20 mil a 28 mil por libra. No final do século XIX, 80 mil correspondiam a uma libra esterlina (e 300 a um penny, embora a relação devesse ser teoricamente de 333), o que se manteve nas primeiras décadas do século XX. O governo colonial retirou oficialmente o cauri de circulação em 1923.

Valor da moeda na região iorubá

nome iorubá	nome português	nº de cauris	valor em ñ					
			1590	séculos XVII e XVIII	1820	1853	1863	1899
oke	bolsa	20.000	4.400	4.000	3.000	2.000	1.000	600
egbewa	cabeça	2.000	440	400	300	200	100	60
ogwao	cacho	200	44	40	30	20	10	6
ogoji	réstia	40	8,8	8,0	6,0	4	2	1,2
owo	cauri/ búzio	1	0,22	0,2	0,15	0,10	0,05	0,03

Na adivinhação pelo método do *erindinlogun*, os sacerdotes da maioria dos orixás usam de preferência 16 *owo ero*, prática levada também para o Brasil e Cuba; mas os verdadeiros babalaôs, sacerdotes de Ifá que não se mantiveram nas tradições afro-brasileira e afro-cubana, usam um método mais complexo baseado no *opele-Ifá*, um colar aberto composto de um fio trançado de palha da costa ou algodão do qual pendem oito metades de fava de opele ou outro pequeno objeto com um lado côncavo ou convexo. Suas leituras, baseadas nos 256 resultados possíveis do lançamento do colar, geralmente incluem uma recomendação de ação e um sacrifício que pode incluir animais, objetos (como uma navalha) e geralmente dinheiro em quantidades variáveis, que o adivinho retém como pagamento. William Russell Bascom, que fez um levantamento dos versos decorados e usados pelos adivinhos, encontrou valores que variavam de 0,7 penny (200 cauris, 6 ñ) a 360 pence (120 mil cauris, 2.880 ñ), com 24 pence (8 mil cauris, 192 ñ) como mediana. Os valores mais mencionados, por ordem decrescente de frequência, foram 36 (12 mil cauris, 288 ñ), 19,8 (6.600, 158 ñ), 132 (44 mil, 1.056 ñ), 15 (5 mil, 120 ñ) e 7,2 pence (2.400, 58 ñ). Em 1937-1938, quando fez sua pesquisa em Ifé, o poder aquisitivo desses valores estava talvez reduzido pela inflação, mas não era insignificante: trabalhadores do cacau estavam sendo pagos com 6 pence (47 ñ) ao dia em 1937 e 16,5 por dia (130 ñ) em 1938, ano de uma safra excepcionalmente boa.

Nigéria oriental

A leste, para além do rio Níger (*Oyá* para os iorubás, um dos nomes da divindade mais conhecida no Brasil como Iansã), surgiu no interior a civilização dos igbos, a partir do reino de Nri, que, tradicionalmente datado de 948, atingiu seu maior desenvolvimento no período compreendido entre 1100 e 1400. Ainda no interior, a leste dos igbos e até o atual Camarões, vivem os povos ekoi, que falam línguas bantu: jagham, efutop, nkum e outras. Os jagham são tidos como criadores dos ideogramas *nsibidi*, usados desde o século IV e o único sistema de escrita pré-colonial nativo da África Subsaariana criado de maneira totalmente independente. O sistema foi usado por outros povos da região e levado para as Américas na forma dos vevês, símbolos riscados no chão na prática do vodu haitiano.

O litoral do Delta do Níger para o leste foi chamado pelos portugueses de Costa de Calabar pela presença de um povo de pescadores, ramo da etnia ijaw ou ijó, mais conhecido como awome, mas também como kalabari, nome de um lendário ancestral cujo pai seria de Benim. Nos séculos XV e XVI estavam concentrados no extremo sudeste da atual Nigéria. No século XVII, o povo efik-ibibio ocupou essa região e ali fundou o reino de Akwa Akpa, enquanto os kalabari fundaram outro Estado mais a oeste. O primeiro centro passou a ser chamado pelos europeus de Velho Calabar e deu origem à atual cidade de Calabar. O segundo, onde surgiu o reino de Elem Kalabari, foi chamado Novo Calabar e hoje é a cidade de Kalabari. Ambos foram entrepostos do comércio de escravos.

A partir de 1700, a desestabilização pelo tráfico de escravos desintegrou o reino igbo de Nri em muitas pequenas chefias, embora o reino original continuasse a existir em forma reduzida e como foco da religião étnica conhecida como *ikenga*.

No Delta do Níger, usaram-se barras de ferro desde 1699. Na região de Ogoja, entre os ekoi, era usada uma variante em forma de Y, popularmente conhecida como penny de Ogoja; cerca de quarenta dessas peças pagavam uma noiva. Na área de Nkum, era chamada *efugu*, e em Akuji, *iyawa*.

Em toda a região, também se usaram como dinheiro barras de cobre, arames de cobre e manilhas. No final do século XIX, uma tigela funda de milho era paga com uma manilha grande, e um copo cheio de sal valia uma manilha pequena. Uma unidade de conta chamada *ikpeghe* ou *okpoho* foi usada para manilhas, que podia valer quatro manilhas *nwaohuru* ou *igbiki* (de ¾ *penny* cada uma), uma manilha *perekule* ou *awonawo* (de 3 pence) ou duas ou três manilhas intermediárias.

Usaram-se ainda dois tipos de cauris: o grande, de Zanzibar e Moçambique, na costa, e o pequeno, das Maldivas, no interior, cujo valor era considerado duas vezes maior. Entre 1896 e 1921, o penny britânico valia 60 a 150 cauris, o xelim 720 a 1.500 e a libra 14.400 a 30.000.

Na região igbo, usou-se também como dinheiro uma peça de ferro chamada *umumu*, semelhante a um prego torto de 13 mm de comprimento e cabeça em forma de ponta de flecha. Um umumu era considerado equivalente a 2 cauris (0,18 ñ), 45 a um penny. Apesar do baixo poder aquisitivo, tinha importância ritual em sacrifícios e cerimônias de purificação (nas quais as peças eram jogadas no mato). Os *umumu* eram exigidos nas compras de escravos e terras, que tinham importância espiritual: embora constituíssem uma parte insignificante do pagamento em termos materiais, eram necessários para legitimá-lo, assim como para legitimar o pagamento de uma dívida espiritual pelo sacrifício.

Nigéria setentrional

Uma das mais antigas civilizações da África Subsaariana, conhecida como nok, surgiu no platô de Benue, norte da Nigéria. Com centro no atual estado de Kaduna, existiu de 1500 a.C. a 300 d.C. (com auge entre 900 e 300 a.C.), teve comércio com o Egito e a Núbia, é famosa por suas estátuas de terracota e parece ter sido o centro da invenção e difusão da siderurgia na África sem que existisse nessa região uma "Idade do Bronze" intermediária, mas nada se sabe de sua história e cultura além daquilo que pode ser deduzido da arqueologia. Entretanto, acredita-se que dessa civilização tenham derivado as culturas hauçá, gwari, birom, kanuri, nupe e jukun, do norte da Nigéria.

A cultura hauçá está presente desde o século VII em Kano. Segundo a lenda, foi originalmente uma sociedade matriarcal, governada por uma mulher com o título de *kabara*, das quais a última foi Magajiya Daurama, fundadora de Daura no século IX. Daurama teria se casado com Bayajidda, um príncipe chegado de Bagdá que matou uma serpente que dominava a fonte da cidade, e a partir daí os hauçás foram governados por reis patriarcais.

Bawo, filho do casal real, e seus seis filhos teriam fundado ou governado as *Hausa Bakwai* ("Sete Hauçás"), as sete cidades-estado hauçás, Daura, Kano, Katsina, Zazzau (atual Zaria), Gobir, Rano e Biram (atual Hadejia), enquanto Kargabari, filho de Bayajidda com a escrava Bagwariya, teria fundado as *Banza Bakwai* ("Sete Bastardas"), sete outras cidades-estado sob sua influência: Zamfara, Kebbi, Yauri, Gwari, Kwararafa, Nupe e Ilorin. As sete primeiras tinham funções complementares. Kano e Rano eram as "chefes do anil", que cultivavam, tingiam exportavam e algodão. Biram era a sede do governo. Zaria fornecia mão-de-obra e era conhecida como "chefe dos escravos". Katsina e Daura eram as "chefes do mercado", com acesso direto às caravanas que atravessavam o Saara. Gobir, a oeste, era a "chefe da guerra" e responsável por proteger a aliança de invasores de Gana e Gaô.

No século XI, chegou a existir uma nação hauçá unificada sob a rainha Amina de Zazzau, mas a unidade durou pouco. No século XIV, o rei Yaji I, de Kano, se converteu ao Islã e foi seguido pelos governantes das outras cidades, a começar por Katsina, embora as comunidades rurais continuassem por muito tempo a seguir seus cultos tradicionais.

Nos anos 1774-1775, um erudito muçulmano fulani, Usman dan Fodio, começou a criticar os governos hauçás por corrupção, injustiça, escravização de muçulmanos e práticas mágicas e pagãs, além de condenar, por contrárias à *sharia*, as danças em festas de casamentos, a promiscuidade de homens e mulheres e as leis tradicionais de herança. Nascido em Degel, cidade pertencente a Gobir, reuniu ali um grande número de seguidores nos anos 1790, principalmente entre os pastores fulani, seguidores mais rigorosos do Islã que se sentiam oprimidos pelos reis hauçás. Em 1802, o rei Yunfa de Gobir, que fora na juventude um de seus discípulos e chegara ao trono com sua ajuda, recusou suas reformas religiosas e tentou matá-lo.

Exilado, Usman reuniu em torno de si um grande número de seguidores fulani, enquanto Yunfa reuniu os outros Estados hauçás contra essa ameaça. Em 1804, Usman declarou uma *jihad*, e iniciou-se uma grande revolta em todos os reinos hauçás, apoiada pelos súditos fulani, mas também por camponeses hauçás. Em 1808, havia conquistado os reinos hauçás e parte de Bornu. No ano seguinte, seu filho e lugar-tenente Muhammad Bello fundou Sokoto, que se tornaria sua capital. Após a morte de Usman em 1817, o filho o sucedeu e tornou-se o governante do maior Estado independente da África Subsaariana do século XIX, o Califado de Sokoto, que com seus cerca de 30 emirados vassalos incluía a maior parte dos atuais norte da Nigéria, norte do Camarões e sul do Níger, além de parte de Burkina Faso. Em 1837, tinha cerca de 10 milhões de habitantes, inclusive 1 milhão a 2,5 milhões de escravos.

Sokoto também usou os cauris, *kudi* em hauçá, como dinheiro: 20 cauris formavam 1 *jalo*, 5 *jalos* valiam 1 *hemre* (100 cauris) e 10 *hemres* correspondiam a 1 *zambarre* (2.000 cauris). O valor de câmbio de 100 mil cauris era menos de quatro libras esterlinas, mas pesavam 110 kg se fossem da espécie *Monetaria moneta*, das Maldivas, e pelo menos 220 kg se *Monetaria annulus*, de Zanzibar. Contar essa quantidade levava um dia para um especialista e, para carregá-la, era preciso um camelo, dois asnos ou cinco carregadores humanos. O custo de transportar uma carga de cauris de Zaria para Kano, uma distância de 161 quilômetros, foi estimado em 8 mil cauris por bolsa de 20 mil. Pagamentos de tributos e de bens de maior valor eram frequentemente efetuados com escravos.

Dado o alto custo do transporte por terra, o valor dos cauris na Nigéria do Norte, longe do litoral, foi muito menos afetado pela inflação resultante da importação maciça pelos britânicos do século XIX do que na Nigéria do Sul. Seu valor aumentava quanto mais distante se estivesse do litoral. Em Lokoja, no final do século XIX, os cauris valiam (em termos de câmbio com a moeda ocidental) 2 vezes mais do que em Lagos; em Zaria,2,8 vezes; em Kano, 3,2 vezes; e no norte do Califado, 4 vezes.

Nos anos 1850, uma família podia viver confortavelmente com 50 mil a 60 mil cauris por ano, o que permite atribuir ao cauri, nessa época, um poder aquisitivo de aproximadamente 0,5 ñ. Uma libra era considerada equivalente a 12 mil cauris, um xelim a 600 cauris. Em Nupe, em 1841, uma criança escrava valia 24 xelins (14.400 ñ) e um adulto, 48 xelins (28.800 ñ). Um escravo podia ser autorizado a deixar a casa do amo e trabalhar e se manter por conta própria, em troca de uma taxa periódica, chamada *murgu*. Nos anos 1850, essa taxa variava de 50 a 600 cauris por mês (25 a 300 ñ).

No fim do século XIX e início do século XX, estimava-se que um trabalhador podia se alimentar bem com 100 cauris diários, o que permite estimar o poder aquisitivo do cauri na região hauçá do período em 0,14 ñ. Nesse período, o murgu era da ordem de 3.000 cauris mensais (420 ñ). Um escravo podia comprar sua liberdade por 100 mil a 300 mil cauris (14.000 a 42.000 ñ). Neste período, 200 cauris eram considerados equivalentes a um penny, 2.400 a um xelim, 48.000 a uma libra.

Na capital Sokoto, ao final do século XIX e, 80 cauris compravam alimentos para uma pessoa por um dia e uma banana custava 5 cauris. A moeda metálica mais facilmente disponível em Sokoto era o *táler de Maria Teresa*, mas não em grande quantidade. Seu valor era de 2 mil cauris em 1825, 4 mil em 1854 e 5 mil em 1896, mas, ao gastar 140 táleres, C. H. Robinson, que esteve na capital em 1896, fez sua cotação cair de 5 mil para 4 mil cauris. Pesos hispânicos valiam 1% mais.

Valor da moeda na região hauçá-fulani (Sokoto)

unidade hauçá	nº de cauris	Peso (g)	valor em ñ 1896
Moedas de prata			
dala (táler)	-	28,07	875
Cauris			
zambarre	2.000	4.400	350
hemre	100	220	18
jalo	20	44	4
kudi	1	2,2	0,18

Kanem e Bornu

O primeiro grande Estado no norte da atual Nigéria, formado a partir de 700 d.C., foi Kanem. Sua capital situou-se em Njimi, no atual Tchade; além de quase todo esse país, também dominou partes da Nigéria, Níger, Camarões e Líbia. O império, cujo governante tinha o título de *mai*, começou a ser islamizado a partir de 1085 com a tomada do poder e fundação da dinastia sayfawa por um nobre muçulmano chamado Hummay. O império chegou ao seu auge no século XIII, mas depois a supressão de cultos nativos levou à revolta de povos dominados.

Em 1380, os bulala, outro povo muçulmano, tomaram a capital e forçaram os sayfawa e seus seguidores a adotar uma vida nômade até 1455, quando se fixaram em Ngazargamu, na atual Nigéria, e criaram um novo Estado, o Bornu. Por meio dos casamentos com nativos, deram origem ao povo e à língua kanuri. No século XVI, os *mai* reconquistaram Njimi, mas se mantiveram na nova capital, mais fértil. Kanem-Bornu teve seu auge com o *mai* Idris Aluma (r. 1571–1603), que estabeleceu relações comerciais e diplomáticas com o Império Otomano.

Em 1808, a *jihad* iniciada por Usman dan Fodio, que uniu os haußás sob seu domínio a partir de Sokoto, conquistou também parte de Bornu, inclusive a capital, Ngazargamu. Um líder muçulmano chamado Muhammad al-Kanemi organizou a resistência e fundou uma nova capital, Kukawa ou Kuka. Esta continuou a ser teoricamente governada pelo *mai* da dinastia sayfawa até 1846, quando este provocou uma guerra civil e foi deposto por Umar, filho e herdeiro de Al-Kanemi. Umar adotou o título de *shehu* (xeique). Em 1893, um aventureiro do Sudão invadiu e dominou o reino até 1900, quando foi derrotado pelos franceses. Respeitando o acordo de partilha da África, parte do reino, inclusive Kukawa, foi deixado aos britânicos – que a tomaram em 1902 – e o outra aos alemães do Camarões.

Em Bornu, no início do século XX, usava-se como moeda uma tira de pano não tingida de 5 a 6 centímetros de largura e 3 a 4 metros de comprimento chamada *dandi* ou *gabaga*, com valor de 8 cauris por côvado (45 centímetros), útil para véus, vestes e turbantes. Quatro *gabagas* ou 32 cauris valiam um *rotl*, que originalmente havia sido um peso de cobre (*ratl* ou arrátel, 375 gramas em Bornu), mas por volta de 1840, com a introdução dos cauris e *gabagas* como moedas preferenciais, passou a ser mera unidade de conta de cauris.

A principal moeda europeia era o táler de Maria Teresa, chamado *gurs*. O explorador, diplomata e depois governador colonial alemão Gustav Nachtigal, quando esteve em Kukawa, fez uma descrição detalhada do mercado e de seus preços. Ao chegar em 1870, um *gurs* valia 4 mil cauris (*kungona* em kanuri) ou 125 *rotl*. Ao partir, em 1872, valia 6.080 cauris ou 190 *rotl*. Nos anos 1820, um táler de Maria Teresa valia 10 *rotl* (ainda pesos de cobre), nos anos 1860, 120 *rotl* e, no final do século XIX, 150 *rotl*. No início do século XX, um táler valia 100 *rotl* ou 3.200 cauris, ou 3 xelins britânicos, apesar de seu valor intrínseco em prata ser então apenas 1 xelim.

Em 1841, uma veste simples de homem valia 7 mil cauris e uma de seda, 200 mil cauris. Em 1886, uma veste simples de tecido branco valia 8 mil cauris (1.600 ñ); tingida de anil escuro, 15 mil a 60 mil (3.000 ñ a 12.000 ñ) no padrão chamado "galinha d'Angola", custava 30 mil a 60 mil e as mais caras chegavam a 100 mil (20.000 ñ).

Preços no mercado de Kukawa, Bornu (itens diversos)

Item	unidade	gurs	rotl	unidade	ñ
tapetes de vime, 3 x 2 m a 3 x 2,5 m	un		12	un	77
"	un		8	un	51
tapetes simples	un		7	un	45
"	un		4	un	26
tapetes com padrões coloridos	un		50	un	320
"	un		30	un	192
tapetes finos de Kano e Nupe	un		100	un	640
cesta grande para grãos	un		12	un	77
"	un		10	un	64
cesta pequena	un		4	un	26
"	un		1	un	6
cortina de porta de Logon ou Kotoko	un		50	un	320
"	un		20	un	128
cortina de porta de Bornu	un		8	un	51
"	un		5	un	32
faixa de khâm (algodão cru grosseiro) de 20 x 0,5 m	un	3		un	2.880
faixa de mahmudi (algodão fino) de 30-35 x 0,5 m	un	6		un	5.760
"	un	5		un	4.800

faixa de musselina de 14 m para turbantes	un	1,5		un	1.440
xale egípcio	un	1		un	960
“	un	0,5		un	480
capa árabe com capuz, barata	un	15		un	14.400
“	un	10		un	9.600
capa árabe com capuz, boa qualidade	un	20		un	19.200
“	un	15		un	14.400
tarbush ou fez	un	3		un	2.880
“	un	1		un	960
papel	resma	6		resma	5.760
“	folha		2	folha	13
“	folha		1,5	folha	10
contas	milheiro	8		milheiro	7.680
“	milheiro	2		milheiro	1.920
navalha ou tesoura	un		16	un	102
“	un		8	un	51
espelhos redondos pequenos	un		30	un	192
“	un		10	un	64
odre de Kano	un	1		un	960
“	un	0,75		un	720
odre de Bornu	un	0,75		un	720
“	un	0,5		un	480
sapatos de Bornu	par		30	par	192
“	par		20	par	128
sapatos de couro hauçá	par		60	par	384
“	par		40	par	256
sandálias de Kano	par		30	par	192
“	par		15	par	96
sandálias locais	par		5	par	32
“	par		3	par	19

Preços no mercado de Kukawa, Bornu (escravos)

Item	unidade	gurs	rotl	unidade	ñ
escravo idoso (*kyârî*)	un	5		un	4.800
"	un	4		un	3.840
escrava idosa (*komorsu*)	un	10		un	9.600
"	un	6		un	5.760
escrava de meia-idade (*shomalîya*)	un	15		un	14.400
"	un	10		un	9.600
escravo, homem robusto	un	14		un	13.440
"	un	12		un	11.520
escravo jovem (*sub'ai*)	un	22		un	21.120
"	un	16		un	15.360
escravo adolescente, já com barba (*gurzem*)	un	18		un	17.280
"	un	15		un	14.400
escravo 13-15 anos (*sedâsî*) ou escrava de 10-13 anos (*khomâsî*)	un	25		un	24.000
"	un	20		un	19.200
escravo de 10-13 anos (*khomâsî*)	un	20		un	19.200
"	un	16		un	15.360
escrava-concubina (*surrîya*)	un	100		un	96.000
"	un	40		un	38.400
eunuco (*adim*) menino	un	80		un	76.800
"	un	50		un	48.000

Preços no mercado de Kukawa, Bornu (alimentos e especiarias)

Item	unidade	gurs	rotl	unidade	ñ
carne de boi	libra		5	kg	72
"	libra		3	kg	43
carne de carneiro	libra		7	kg	101
"	libra		5	kg	72
ovo de galinha	quatro		1	un	2
ovo de avestruz	un		10	un	64
"	un		8	un	51
feijão	quintal	1		kg	22
cebola	kg		1	kg	6
leite fresco	litro		8	litro	51
"	litro		5	litro	32

leite azedo	litro		2	litro	13
"	litro		1	litro	6
manteiga	11 libras	1		kg	196
mel	8 libras	1		kg	270
sorgo ou milhete	2,5 quintais	1		kg	9
trigo, cevada ou arroz	quintal	1		kg	22
ração diária para um cavalo	un		8	un	51
especiarias e cosméticos: sândalo, benjoim, kohol, mahaleb, valeriana	libra	1		kg	2.157
cravos	libra	0,5		kg	1.079
canela	libra	0,33		kg	719
açúcar	libra	0,5		kg	1.079
"	libra	0,33		kg	719

Preços no mercado de Kukawa, Bornu (animais, marfim e peles)

Item	unidade	gurs	rotl	unidade	ñ
vaca para abate	un	4		un	3.840
"	un	2		un	1.920
vaca leiteira	un	5		un	4.800
"	un	3		un	2.880
boi ou touro	un	8		un	7.680
"	un	5		un	4.800
camelo local	un	15		un	14.400
"	un	6		un	5.760
camelo tuaregue	un	40		un	38.400
"	un	15		un	14.400
cavalo shuwa ou tubu	un	40		un	38.400
"	un	20		un	19.200
bom cavalo de bornu	un	25		un	24.000
"	un	15		un	14.400
cavalo inferior ou pônei	un	10		un	9.600
"	un	4		un	3.840
jumento	un	5		un	4.800
"	un	2		un	1.920
carneiro ou ovelha	un	1,5		un	1.440
"	un	0,5		un	480

bode ou cabra	un	1		un	960
"	un	0,5		un	480
galo ou galinha	un		5	un	32
"	un		1	un	6
pombo	un		3,5	un	22
"	un		2	un	13
marfim	quintal	50		kg	1.079
pele de avestruz	un	20		un	19.200
pele de leão	un	2		un	1.920
"	un	1		un	960
pele de leopardo	un	1		un	960
"	un	0,5		un	480
pele de antílope	un	0,5		un	480
"	un	0,25		un	240
couro cru de boi	un		30	un	192
"	un		15	un	96
couro cru de bode ou carneiro	un		15	un	96
"	un		5	un	32

Valor da moeda na região kanuri (Bornu)

nome português	nº de cauris	Peso (g)	valor em ñ 1870
táler	4.800	28,07	960
rotl (32 cauris)	32	70	6,4
gabaga	8	3-5 (?)	1,6
cauri/búzio (kunguena)	1	2,2	0,2

Conquista e colonização britânica

Em 1851, os britânicos bombardearam e invadiram Ekó, reino iorubá do litoral chamado de Lagos pelos portugueses, e impuseram um novo rei disposto a cessar o tráfico de escravos e se submeter. Dez anos depois, ante as conspirações do rei deposto para retomar o poder e o receio de que os franceses de Ajudá aproveitassem a situação para assumir o controle dessa área, os britânicos anexaram o reino como colônia de Lagos. Em 1879 criaram a Real Companhia do Níger, com sede em Lokojo, para assegurar o controle da região e, em 1884, após terem seu futuro domínio sobre a Nigéria reconhecido pelas demais potências europeias na Conferência de Berlim, anexaram também a região do Delta do Níger como "Protetorado dos Rios do Óleo", depois "Protetorado da Costa do Níger", com sede no Velho Calabar.

A Real Companhia, com monopólio do comércio em todo o interior, se proclamou único governo legítimo nas margens do Níger. Como era comum entre as empresas europeias na África, pagava os nativos com mercadorias, principalmente sal e tecido. Não se tratava do escambo imaginado nos livros-texto de economia, pois a moeda nativa ou britânica, apesar de ausente em forma física, era referência em todas as transações. A Companhia fixava os preços em "cabeças" de cauris (2 mil unidades) e as considerava equivalentes a 15 pence (150 ñ a preços locais), embora não aceitasse cauris em pagamento, nem usasse dinheiro britânico para comprar produtos. Se um nativo trazia 5 xelins (60 pence) em azeite de dendê, o agente oferecia tecidos de Manchester, sal ou outros produtos com preços fixados em xelins e pence em valor equivalente a 4 cabeças de cauris.

A partir de 1899, surgiu a prática de permutar uma "medida" convencional de um produto por uma "medida" de outro considerada de igual valor, que também se tornou a prática das demais companhias após o fim do monopólio. Por exemplo, tratando-se de caroços de dendê, uma "medida" de 5 xelins podia significar um *bushel* (36,4 litros, cerca de 22 kg). Conforme o lugar e as condições do mercado, a "medida" podia valer de 5 a 14 xelins britânicos (600 a 1.680 ñ a preços locais).

As moedas nativas eram inúteis para as companhias ocidentais; os nativos relutavam em aceitar moeda britânica, e o escambo era mais vantajoso do que o uso de moeda ocidental, pois permitia às companhias britânicas manipular os preços reais e evitava a necessidade de tomar empréstimos e pagar juros aos bancos. Os nativos ficavam em desvantagem, pois, se a companhia não tinha em estoque sal ou outra mercadoria desejada em troca de seus produtos ou serviços, eram obrigados a aceitar um "cheque" (que citava a quantidade de mercadoria e seu valor em moeda britânica), que era na realidade uma nota promissória pela qual a companhia não pagava juros.

Os próprios funcionários nativos eram obrigados a aceitar o pagamento em mercadorias a preços de venda locais. No fim do século XIX, o pagamento mensal da Companhia Real mais alto era quatro sacas de sal por mês como salário e duas a título de manutenção. O preço da saca variava de 36 pence na estação seca a 66 na época das chuvas, mas em média era equivalente a 45 pence (360 ñ a preços de Lagos), de modo que isso representaria um salário diário de 9 pence ou 72 ñ. Em 1905, funcionários nativos da John Holt recebiam trinta xelins por mês (um xelim ou 96 ñ por dia), mas eram pagos em mercadorias cujo custo para a empresa era de vinte xelins.

No enclave costeiro de Lagos, onde o comércio internacional era mais intenso, circulava moeda ocidental em quantidade considerável, principalmente táleres austríacos, pesos mexicanos, peruanos e chilenos e patacões brasileiros de 960 réis – chamados indiferentemente de *dollars* e equivalentes a 50 pence em 1875 –, ao lado de moedas britânicas, moedas de ouro hispano-americanas, estadunidenses e francesas, pó e pepitas de ouro e cauris das Maldivas e da África Oriental. Em 1858, a colônia cunhou uma moeda de 1,69 grama de cobre com o valor de 1/8 de *farthing* ou 1/400 de "dólar", mas teve pouca aceitação entre os nativos e não foi continuada.

Em 1893, ao fim da guerra civil iorubá, tanto Ibadan quanto Abeokutá e seus aliados se tornaram protetorados britânicos. Em 1897, os britânicos conquistaram, incendiaram e saquearam Benin, depois de esse reino insistir em cobrar tarifas alfandegárias e atacar uma primeira expedição britânica. Essas terras e a "Costa do Níger", habitada pelos ibos e outros povos, foram reunidas com Lagos em 1900 no protetorado da Nigéria do Sul. A Real Companhia do Níger vendeu suas concessões e monopólio à Coroa por 865 mil libras e continuou a existir como The Niger Company Ltd. até 1929, quando foi adquirida pela Unilever (cujo principal interesse era o óleo de palma, ou seja, azeite de dendê refinado). Em 1911, o remanescente do reino igbo de Nri foi invadido e seu soberano forçado a renunciar a seu papel ritual.

Em 1902, o Império Britânico, que já consolidara o domínio da Nigéria do Sul, aproveitou-se dos ressentimentos entre os emires vassalos contra o califa de Sokoto para avançar sem encontrar resistência até a capital, onde o califa foi forçado a fugir e seu vizir se rendeu. Os britânicos nomearam um governante fantoche com o título de sultão de Sokoto e, meses depois, cercaram e mataram o califa. Seus domínios, mais o Bornu, formaram o protetorado da Nigéria do Norte.

Na Região Norte, o governo colonial agiu com cautela em relação ao Islã, usou o hauçá como língua administrativa e evitou desafios aos valores tradicionais que poderiam incitar a resistência ao domínio britânico, inclusive impedindo a atuação de missionários cristãos e conciliando as limitadas iniciativas em educação com as instituições islâmicas, de forma a poder usar os emires como intermediários junto a seus súditos.

No Sul ocidental (regiões iorubá e edo), os líderes tradicionais também mantiveram um papel administrativo, embora sua condição de chefes religiosos sagrados fosse esvaziada pela cristianização. No Sul oriental (região igbo, Delta do Níger, Calabar), os britânicos não encontraram grandes Estados nativos e escolheram arbitrariamente chefes regionais e de etnias, que enfrentaram resistência popular por não serem credenciados pela tradição. Nessas regiões, o uso exclusivo do inglês na administração e a difusão do cristianismo e da educação ocidental criaram uma elite ocidentalizada, da qual começou a surgir um nacionalismo moderno.

Em 1914, as Nigérias do Norte e do Sul foram unidas na Colônia e Protetorado da Nigéria. Em 1916, o governador-geral formou o Conselho Nigeriano, um órgão consultivo que reuniu seis líderes tradicionais – incluindo o sultão de Sokoto, o emir de Kano, o alafim de Oió, o obá de Benim, o chefe de Warri (comunidade do povo itsekiri perto do Delta do Níger) e o chefe de Henshaw (comunidade do povo efik perto de Calabar) – teoricamente para representar todas as partes da colônia, na prática usado apenas para informar anualmente os líderes tradicionais da política britânica. Os dois últimos eram chefes escolhidos pelos britânicos entre colaboradores nativos, sem prestígio junto aos povos que supostamente representavam.

Como em outras colônias africanas, os britânicos implementaram um sistema de tributação para obrigar os africanos indígenas a passar da agricultura de subsistência para o trabalho assalariado e recorreram ao trabalho forçado para obras públicas. Além de ser uma maneira de forçar os nativos a entrar no circuito comercial britânico e igualar preços locais e internacionais, de forma a tornar os produtos locais menos competitivos e favorecer as importações britânicas, a imposição de moeda ocidental era uma forma de financiar diretamente a própria colonização. No final do século XIX e início do XX, o preço do metal nas moedas de prata cunhadas pelos britânicos não passava de 44% do seu valor nominal. Em 1913, o governador Frederick Lugard estimou que os lucros da Casa da Moeda com a cunhagem de moedas por si só haviam compensado todos os gastos até então feitos pelo governo na colonização da Nigéria: "não custou nada ao contribuinte britânico".

Os britânicos resistiram a reconhecer legalmente como moedas as manilhas e os cauris, porque isso abriria a possibilidade de desmonetizá-los, mas os obrigaria a resgatar seu valor em moeda britânica. Já as elites nativas os entesouravam em quantidades enormes, pois em sua economia tradicional, na qual havia pouco com o que gastar além das necessidades quotidianas e os chefes contavam com o trabalho gratuito de parentes, esposas e escravos, os valores acumulados tendiam a ser enterrados e eram reservados para ocasiões especiais como casamentos, funerais, pagamento de tributos e grandes expedições comerciais, ou ainda para tempos de escassez.

Os britânicos tratavam esses itens como mercadorias e esperavam que as conveniências da moeda britânica fizessem os nativos abandoná-las espontaneamente. Entretanto, a inconveniência dos cauris e manilhas só existia do ponto de vista dos comerciantes europeus. Para os nigerianos, eram perfeitamente adequados a seu custo de vida e às dimensões de suas compras quotidianas – cinco cauris por uma banana, ou por azeite de dendê para dois dias –, enquanto as moedas britânicas, mesmo o *farthing* (1/4 de penny, equivalente a 25 a 75 cauris, conforme a região), eram de valor alto demais e incômodas de carregar para quem não usava bolsos ou bolsas.

Em 1902, o câmbio do cauri era de 4.000 por xelim de prata em Ilorin e toda a região iorubá, mas apenas 3.600 pela mesma quantia em moedas de cobre (0,027 ñ por unidade a preços de Lagos). Era de 2.500 em Lokoja (0,038 ñ); 3.000 em Bida (0,032 ñ); 1.200 em Sokoto (0,08 ñ) e 1.500 no território igbo (0,064 ñ). Também nesse ano, os valores das barras e manilhas foram fixados de modo a um xelim ser equivalente a 4 barras de cobre, 4 manilhas *perekule*, 6 manilhas *awirawu*, 12 manilhas *abi* ou "príncipe" ou 12 manilhas *atorni* para pagamentos de taxas e multas pelos nativos.

Mesmo nos casos em que unidades de maior valor seriam úteis, os nativos desconfiavam da moeda britânica. As moedas de prata eram aceitas pelo valor ornamental, mas só se estivessem em perfeito estado. Moedas de cobre, sem valor decorativo, eram difíceis de impingir; o papel-moeda, frágil e sujeito a apodrecer ou ser devorado por vermes se, conforme o costume local, fosse enterrado, era inaceitável. Os nigerianos rejeitavam ainda moedas que não tivessem o rosto do monarca britânico reinante (por exemplo, as moedas da rainha Vitória a partir de 1901). Também não facilitava a aceitação o fato de os britânicos, vinculados ao padrão-ouro, só conferirem curso legal às moedas divisionárias até um xelim para moedas de cobre e duas libras para as de prata, enquanto as moedas-mercadorias nativas não tinham qualquer limite.

No início do século XX, o governo colonial decidiu adotar uma política mais ativa para forçar o uso de suas moedas no lugar das nativas. Em 1902, proibiu a importação de manilhas, e em 1904 a de cauris[14], mas isso apenas valorizou esses itens. Por fim, em 1907, os britânicos abriram mão (após décadas de relutância) da tradição de cunhar todas as moedas com a cara do rei ou rainha no anverso e emitiram moedas furadas (com uma simples coroa no anverso) para serem atravessadas por cordões e carregadas em fieiras, como os nigerianos estavam acostumados a fazer com os cauris. Criaram-se nesse formato, além de *pennies* e meios *pennies*, moedinhas de 1/10 de penny, equivalente a algo entre 10 e 30 cauris, chamadas de *onini* ("botão") pelos iorubás. A primeira versão destas últimas, de alumínio, foi rejeitada por ser leve demais e veio a ser substituída por uma versão de cuproníquel em 1908. Esta foi considerada aceitável pelos africanos e parece ter tirado do mercado ao menos a moeda de arame de cobre (*cheetham*), de valor semelhante, por volta de 1911.

Em 1911, o governo colonial deixou de aceitar mercadorias e moedas nativas no pagamento de taxas e multas. Em 1919 proibiu sua aceitação e uso por europeus (às vezes, companhias britânicas as aceitavam dos nativos com acréscimo de 20% nos preços), mas não conseguiram eliminá-las totalmente dos mercados nativos, onde cauris e manilhas continuaram a concorrer com as moedas metálicas por décadas. Por volta de 1923, haviam desaparecido de Lagos e dos principais centros comerciais, mas foi preciso a inflação da II Guerra Mundial, combinada com formação de uma elite

14 Não os "desmonetizaram", pois nunca os haviam reconhecido legalmente como moeda, embora o governo britânico fixasse seu câmbio e as companhias os usassem na sua contabilidade.

ocidentalizada paga em moeda colonial, para desvalorizá-las a ponto de torná-las pouco práticas no interior. Cauris foram usados no interior até os anos 1940 e, na área igbo de Ogbaku, até 1954.

As manilhas resistiram nas regiões de Calabar (ekoi-efik-ibibio) e Owerri (igbo) até os anos 1940, mas sua desvalorização e a instabilidade resultante da redução de sua área de circulação levaram a elite educada nativa a reivindicar sua retirada, a partir da eleição do Conselho Legislativo em 1944, para evitar maiores prejuízos para seu povo. A demanda foi apoiada pelo setor bancário. Em 1948, o governo colonial aceitou a proposta, e, de outubro desse ano a abril de 1949, empreendeu o confisco chamado "operação manilha". Em seis meses, os nativos tiveram de vender a preços oficiais 31,973 milhões de manilhas *okpoho* ("rei"), a 3 pence, 326 mil *okombo* ("rainha"), a 1 penny e 55 mil *abi* ("príncipe"), a ½ penny, por um total de £ 401.135, para serem revendidas como sucata por £ 153 mil. A partir de 1º de abril de 1949, seu uso como dinheiro foi proibido e cada nativo foi autorizado a manter um máximo de 200 manilhas para fins cerimoniais e rituais.

Na década de 1920, nigerianos do Sul, principalmente iorubás e igbos, começaram a formar igrejas e associações profissionais, empresariais e étnicas independentes. As organizações estudantis foram, porém, o principal ponto de partida dos partidos políticos e da consciência nacional. A partir de 1922 foi possível eleger alguns representantes para o conselho legislativo da colônia, e em 1938 começou-se a reivindicar para a Nigéria um estatuto de domínio semelhante ao do Canadá ou Austrália. Em 1939, a Nigéria do Sul foi dividida em duas regiões, a Nigéria Ocidental (de maioria iorubá) e a Nigéria Oriental (de maioria igbo).

A II Guerra Mundial, que teve a participação de unidades nigerianas, resultou no fortalecimento do nacionalismo e da organização sindical e no enfraquecimento do Império Britânico, pressionado por suas dificuldades financeiras e pelos Estados Unidos a rever a política imperialista. Três novas constituições foram promulgadas de 1946 a 1954, ampliando a autonomia da Nigéria e o papel dos partidos. Entretanto, o movimento nacional começou a se dividir pelas linhas étnicas e regionais estabelecidas pelos britânicos. No Sul, iorubás e igbos lideraram correntes políticas separadas e, nos anos 1940, um pequeno grupo de nigerianos do Norte com educação ocidental obteve permissão dos emires para formar um partido político, Congresso do Povo Nigeriano, para contrabalançar as atividades dos partidos do Sul sem desafiar os costumes e autoridades tradicionais.

Em 1954, foi adotada uma Constituição federalista. Em 1957, as regiões Ocidental e Oriental tornaram-se formalmente autônomas sob o sistema parlamentar e um estatuto semelhante foi adquirido pela Região Norte dois anos depois. O governo federal manteve poderes específicos, incluindo a responsabilidade pela banca, moeda, assuntos externos, defesa, comunicações, transporte marítimo e navegação, mas os governos regionais passaram a controlar as receitas e despesas públicas de cada região. A disputa por cargos e verbas reforçou as rivalidades étnicas, enquanto a importância econômica da colônia crescia a partir do início da exportação de petróleo em 1958.

Alguns salários na Nigéria colonial (1900-1920)

Exemplo	Salário	período	ñ/dia	ñ/ano
média, interior	6 pence	dia	60	18.720
média, Lagos	9 pence	dia	90	28.080
obá (rei) de Lagos	300 libras	ano	2.000	720.000
oficial nativo do exército colonial	65 libras	ano	433	124.800

Moedas na Nigéria britânica, 1910

Denominação	Valor em pence	Peso em gramas	Valor em ñ 1910
Papel-moeda (bancos de Lagos)			
5 libras	1.200	–	12.000
uma libra	240	–	2.400
Moedas de prata 92,5%			
2 shillings	24	11,3104	240
shilling	12	5,6552	120
sixpence	6	2,8276	60
threepence	3	1,4138	30
Moedas de cuproníquel			
penny	1	15,5	10
½ penny	½	5,8	5
1/10 penny (onini)	1/10	1,9	1
Moedas de alumínio			
1/10 penny (*onini*)	1/10	1,0	1

Cauris (região ocidental)			
oke ou bolsa (20.000)	60	44.000	600
egbewa ou cabeça (2.000)	6	4.400	60
ogwao ou cacho (200)	0,6	440	6
ogoji ou réstia (20)	0,06	44	0,6
owo ou cauri (1)	0,003	2,2	0,03
Cauris (região oriental) (*)			
nnu (2.400)	19,2	5.280	192
akpa (1.200)	9,6	2.640	96
ukwu (60)	0,48	132	4,8
isiego ou nkpulu (6)	0,048	13,2	0,48
ego ayolo (1)	0,008	2,2	0,08
Cauris (Sokoto, região norte) (*)			
zambarre (2.000)	20	4.400	200
hemre (100)	1	220	10
jalo (20)	0,2	44	2
kudi (1)	0,01	2,2	0,1
Manilhas e similares (região oriental) (*)			
barra de latão	3	n/d	30
manilha *perekule* ou unidade de conta *okpoho*	3	85	30
manilha *awirawu*	2	n/d	20
manilha *abi* ("príncipe")	1	n/d	10
manilha *atorni*	1	n/d	10
cheetham (arame de cobre)	1/8	n/d	1,25
Peças de ferro (região oriental)			
umumu	0,022	n/d	0,22

(*) valores segundo proclamação oficial de 1902. Ao menos na região oriental, a suspensão das importações em 1904 provocou uma valorização do cauri de 1.500 por xelim em 1902 (0,064 ñ por cauri) para 720 por xelim (0,137 ñ por cauri) em 1915.

Poder aquisitivo da libra (Lagos, 1880-1959) e da manilha (Calabar, 1900-1949)

Ano	libra (ñ)	manilhas/ libra	manilha (ñ)
1880	1.286,26		
1881	1.292,90		
1882	1.292,90		
1883	1.377,97		
1884	1.615,33		
1885	1.625,84		
1886	1.636,48		
1887	1.658,19		
1888	1.658,19		
1889	1.827,08		
1890	1.658,19		
1891	2.147,65		
1892	1.978,80		
1893	2.079,36		
1894	2.184,13		
1895	2.310,38		
1896	2.304,57		
1897	1.993,93		
1898	2.234,01		
1899	2.417,30		
1900	2.408,53	192	12,54
1901	2.367,85	320	7,40
1902	1.922,28	320	6,01
1903	1.957,58	232	8,44
1904	2.107,14	320	6,58
1905	2.156,33	320	6,74
1906	2.090,48	240	8,71
1907	2.132,47	240	8,89
1908	2.121,56	210	10,10
1909	2.401,94	210	11,44
1910	2.347,45	240	9,78
1911	2.340,37	240	9,75
1912	2.348,98	240	9,79
1913	n/d	200	n/d
1914	2.317,42	200	11,59
1915	1.971,53	130	15,17
1916	n/d	130	n/d
1917	n/d	130	n/d
1918	n/d	130	n/d
1919	663,54	130	5,10

Ano	libra (ñ)	manilhas/ libra	manilha (ñ)
1920	1.269,00	130	9,76
1921	987,35	130	7,59
1922	1.022,32	130	7,86
1923	907,43	130	6,98
1924	950,30	130	7,31
1925	901,49	130	6,93
1926	1.422,96	130	10,95
1927	1.058,64	130	8,14
1928	1.581,34	250	6,33
1929	1.585,68	250	6,34
1930	1.665,25	250	6,66
1931	1.685,48	340	4,96
1932	n/d	270	n/d
1933	1.878,55	300	6,26
1934	1.944,57	400	4,86
1935	1.945,64	230	8,46
1936	2.060,87	130	15,85
1937	2.142,35	130	16,48
1938	2.164,19	270	8,02
1939	1.857,42	270	6,88
1940	1.643,38	270	6,09
1941	1.665,99	240	6,94
1942	2.055,65	160	12,85
1943	1.240,88	160	7,76
1944	n/d	150	n/d
1945	1.031,91	130	7,94
1946	863,92	100	8,64
1947	778,32	100	7,78
1948	701,21	95	7,38
1949	631,74	80	7,90
1950	569,14		
1951	512,76		
1952	461,95		
1953	404,49		
1954	392,03		
1955	373,32		
1956	346,02		
1957	339,67		
1958	336,85		
1959	326,06		

Nigéria independente

Em 1° de outubro de 1960, após a elaboração de uma nova Constituição e novas eleições, foi concedida a independência, como domínio, à Nigéria, que no ano seguinte dividiu o antigo mandato britânico do Camarões com a República do Camarões. O Congresso do Povo Nigeriano (NPC), conservador e nortista (hauçá-fulani), teve a maior bancada, seguido do Conselho Nacional de Cidadãos Nigerianos (NCNC), liberal e oriental (igbo) e do Grupo de Ação (AG), esquerdista e ocidental (iorubá).

Em 1963, foi proclamada a República, e os dois primeiros partidos, aliados, expulsaram o maior partido iorubá do governo de sua própria região e mandaram seu líder para a prisão, apoiando em seu lugar um partido iorubá conservador, o Partido Nacional Democrático Nigeriano (NNDP). Como parte da manobra, a região Ocidental foi dividida em duas, criando-se uma Meio-Ocidental em torno de Benim. Na eleição de 1965, marcada por amplas fraudes, o NPC e o NNDP formaram maioria e assumiram o governo, enquanto o NCNC, relegado à oposição, aliou-se à AG.

Em 15 de janeiro de 1966, um grupo de majores e capitães progressistas, na maioria igbos e alguns iorubás, derrubou o governo e executou os primeiros-ministros do governo federal e das regiões. Em dois dias foram, porém, depostos pelo general conservador igbo Johnson Aguiyi-Ironsi, que proibiu os partidos e tentou impor um Estado unitário. A crença em uma conspiração dos igbos para dominar o país levou, a partir de maio, a um massacre de milhares de igbos no Norte, respondida por massacres de nortistas na Região Oriental e seguida por movimentos em massa de refugiados entre as regiões e o surgimento de um movimento separatista entre os igbos.

Um terceiro golpe, em julho, pôs no poder o general Yakubu Gowon, que mesmo sendo do Norte era cristão e pertencente a uma minoria, os ngas, o que lhe dava uma posição de relativa neutralidade no conflito regionalista. Em maio de 1967, numa tentativa de diluir o poder dos três principais grupos étnicos e fortalecer as minorias, Gowon redividiu o país em doze estados.

O governador igbo da região Oriental rejeitou a reforma, que retirava dos igbos (60% da população regional) o controle dos campos de petróleo (situados nos novos estados das minorias Ekoi-Efik-Ibibio e Ijó) e proclamou a secessão como República de Biafra, iniciando uma guerra civil que matou 100 mil em combate e dois milhões pela fome. O Reino Unido e a União Soviética apoiaram Gowon, enquanto a França, Israel e Portugal (e a Tchecoslováquia, antes da intervenção soviética de 1968) apoiaram os separatistas, com a expectativa de obter concessões de petróleo e enfraquecer o nacionalismo africano. Em janeiro de 1970, os separatistas foram definitivamente derrotados. Gowon mostrou-se conciliador e não houve o genocídio que muitos temeram, mas os igbos derrotados ficaram confinados a um estado, destroçado, superpovoado e pobre de recursos naturais, além de perder as economias que tinham na forma de *libras de Biafra* – notas de 5 xelins a 10 libras e moedas de 3 pence a 2 ½ xelins – que o governo nigeriano se recusou a reconhecer e resgatar.

Em janeiro de 1973, a Nigéria foi a última ex-colônia britânica a abandonar a libra, adotando em seu lugar uma nova moeda chamada *naira* (abreviação da pronúncia de *Nigeria* em inglês), equivalente a 10 xelins ou meia libra e dividida em 100 *kobo* (iorubá para "moeda de cobre", do inglês *copper*).

Em 1975, o general Gowon, acusado de corrupção, foi derrubado por mais um golpe. O novo grupo de militares no poder, liderado pelo iorubá Olusegun Obasanjo a partir de 1976, patrocinou uma nova Constituição presidencialista e a transferência do poder aos civis. Também iniciou o planejamento da construção de uma nova capital, Abuja, com objetivos semelhantes aos da fundação de Brasília: promover a interiorização do desenvolvimento e desafogar a metrópole de Lagos.

As eleições de 1979 levaram ao poder Shehu Shagari, fulani de Sokoto eleito pelo Partido Nacional da Nigéria, surgido de uma aliança entre nortistas e iorubás. Nesses anos, a alta do preço do petróleo e o aumento da produção, que fez do país o sexto maior produtor, ampliaram muito a receita do governo.

Em 1983, Shehu Shagari foi reeleito e em seguida acusado de corrupção e deposto por militares liderados pelo general Muhammadu Buhari, fulani de Daura. Este, por sua vez, foi deposto em 1985 pelo general Ibrahim Babangida, nortista da etnia gwari. Nesse período foi efetivamente construída a nova capital em Abuja, que, inaugurada em 1991, logo se tornaria a segunda maior cidade do país.

Bagangida quis organizar uma transição para um regime civil controlado, com apenas dois partidos, e promoveu uma eleição em 1993, mas a anulou por não aceitar a vitória do iorubá social-democrata Moshood Abiola. Isso originou uma série de revoltas populares que forçaram o general a entregar o poder a um civil do seu grupo, mas, antes que antes que este cumprisse a promessa de nova eleição, outra ditadura militar foi imposta por um kanuri de Bornu, Sani Abacha. Abiola se proclamou presidente e foi preso. Vários oposicionistas foram presos, inclusive o general Obasanjo, e outros abusos foram cometidos nos anos seguintes.

Redivisões territoriais aumentaram o número de estados para 19 em 1976, 21 em 1987, 30 em 1991 e 36 em 1996. Em 1998, com a morte de Abacha, militares libertaram muitos dos presos políticos e convocaram novas eleições, com três partidos e uma Constituição baseada naquela de 1979. Obasanjo foi eleito pelo Partido Democrático Popular, de caráter liberal, e governou de 1999 a 2007. Lidou com o aumento das disputas entre governo federal e estados, com o crescimento dos conflitos étnicos e religiosos, com a revolta no Delta do Níger contra a pobreza e destruição ambiental provocadas pela exploração do petróleo pela Shell e com o despertar do fundamentalismo islâmico no Norte. Vários estados nortistas adotaram a *sharia* como lei civil e criminal. Em 2002, foi fundada em Bornu a Boko Haram, seita islâmica fundamentalista dedicada a combater a ocidentalização e especialmente a educação laica, chamada *Boko*, "falsa" e declarada *Haram*, "pecado".

Em 2007, Obasanjo foi sucedido por Umaru Yar'Adua, fulani de Katsina, do mesmo partido. Este adoeceu gravemente no final de 2009 e morreu meses depois, deixando o cargo para o vice Goodluck Jonathan, cristão da etnia minoritária ijó, do Sul, que concorreu e foi eleito em 2011. Isso criou inquetação no Norte, ao perturbar o acordo tácito segundo o qual a presidência seria ocupada alternadamente por um muçulmano do Norte e um cristão do Sul, e impulsionou a Boko Haram, que atingiu seu auge em 2015, com mais de 15 mil combatentes, ano no qual rompeu com a Al-Qaeda e se filiou ao Estado Islâmico. A insurreição dominou parte do nordeste da Nigéria, matou mais de 50 mil e provocou o deslocamento de 2,4 milhões de refugiados.

Em 2015, Goodluck Jonathan foi derrotado na tentativa de reeleição pelo ex-golpista Muhammadu Buhari, candidato da União de Todos os Progressistas (coalizão de social-liberais e social-democratas). Seu governo conseguiu importantes vitórias militares contra a Boko Haram e a libertação de muitas de suas prisioneiras, mas não encerrou o conflito. Também continua a rebelião no Delta do Níger contra a exploração de petróleo.

Moedas na Nigéria, 1962

Denominação	Valor em pence	Peso em gramas	Valor em ñ 1962
Papel-moeda			
5 libras	1.200	–	1.400
1 libra	240	–	280
10 xelins	120	–	140
5 xelins	60		70
Moedas de cuproníquel			
2 shillings	24	10,1	28
shilling	12	5,0	14
sixpence	6	2,5	7
Moedas de alpaca dourada			
threepence	3	3,3	3,5
Moedas de bronze			
penny	1	7,5	1,2
½ penny	½	3,8	0,6

Moedas na Nigéria, 1974

Denominação	Valor em nairas	Peso em gramas	Valor em ñ 1974
Papel-moeda			
10 nairas	10,00	–	700
5 nairas	5,00	–	350
1 naira	1,00	–	70
50 kobos	0,50		35
Moedas de cuproníquel			
25 kobos	0,25	9,90	17,5
10 kobos	0,10	4,00	7
5 kobos	0,05	2,80	3,5
Moedas de bronze			
1 kobo	0,01	5,90	0,7
½ kobo	0,005	3,53	0,35

Moedas na Nigéria, 1991

Denominação	Valor em nairas	Peso em gramas	Valor em ñ 1991
Papel-moeda			
50 nairas	50,00	–	200
20 nairas	20,00	–	80
10 nairas	10,00	–	40
5 nairas	5,00	–	20
1 naira	1,00	–	4
Moedas de aço revestido de níquel			
1 naira	1,00	12,10	4
50 kobos	0,50	5,50	2
Moedas de aço revestido de cobre			
25 kobos	0,25	4,50	1
10 kobos	0,10	3,48	0,4
1 kobo	0,01	2,57	0,04

Moedas na Nigéria, 2015

Denominação	Valor em nairas	Peso em gramas	Valor em ñ 2015
Papel-moeda			
1.000 nairas	1.000,00	–	90
500 nairas	500,00	–	45
200 nairas	200,00	–	18
100 nairas	100,00	–	9
50 nairas	50,00	–	4,5
20 nairas	20,00	–	1,8
10 nairas	10,00	–	0,9
5 nairas	5,00	–	0,45
Moedas bimetálicas, núcleo de inox, coroa de aço revestido de cobre			
2 nairas	2,00	7,48	0,18
Moedas bimetálicas, núcleo de latão, coroa de aço inox			
1 naira	1,00	5,43	0,09
Moedas de aço revestido de níquel			
50 kobos	0,50	3,60	0,045

Poder aquisitivo e câmbio da moeda da Nigéria, 1960-2019

moeda	ano	ñ	US$/ ₦
Libra nigeriana	1960	306,41	0,357
	1961	288,19	0,357
	1962	273,84	0,357
	1963	281,41	0,357
	1964	279,09	0,357
	1965	267,71	0,357
	1966	242,22	0,357
	1967	252,22	0,357
	1968	252,42	0,357
	1969	229,13	0,357
	1970	201,34	0,357
	1971	173,62	0,356
	1972	167,80	0,329
Naira	1973	79,59	0,66
	1974	70,64	0,63
	1975	52,73	0,62
	1976	42,43	0,63
	1977	36,86	0,64
	1978	30,29	0,64
	1979	27,11	0,60
	1980	24,66	0,55
	1981	27,53	0,62
	1982	26,73	0,67
	1983	23,62	0,72
	1984	20,83	0,77
	1985	19,59	0,89
	1986	17,73	1,75
	1987	10,44	4,02
	1988	8,414	4,54
	1989	5,751	7,36

moeda	ano	ñ	US$/ ₦
Naira	1990	5,152	8,04
	1991	4,309	9,91
	1992	2,867	17,30
	1993	2,097	22,07
	1994	1,494	22,00
	1995	0,922	21,90
	1996	0,725	21,88
	1997	0,685	21,89
	1998	0,626	21,89
	1999	0,538	92,34
	2000	0,432	101,70
	2001	0,393	111,23
	2002	0,321	120,58
	2003	0,299	129,22
	2004	0,252	132,89
	2005	0,209	131,27
	2006	0,175	128,65
	2007	0,161	125,81
	2008	0,148	118,55
	2009	0,139	148,90
	2010	0,123	150,30
	2011	0,111	153,86
	2012	0,102	157,50
	2013	0,0966	157,31
	2014	0,0933	158,55
	2015	0,0910	192,44
	2016	0,0827	253,49
	2017	0,0743	359,23
	2018	0,0677	364,55
	2019	0,0613	359,00

Eco

Em dezembro de 2019, anunciou-se uma reforma do franco CFA, que passaria a se chamar **eco**, de "economia" e da sigla em inglês (ECOWAS – *Economic Community of West African States*) da Comunidade Econômica dos Estados da África Ocidental. Em princípio, seria utilizada por todos os quinze países dessa comunidade: Benim, Burkina Faso, Costa do Marfim, Mali, Níger, Senegal, Togo e Guiné-Bissau (que atualmente usam o franco CFA), Guiné (franco guineense), Cabo Verde (escudo cabo-verdiano), Gâmbia (dalasi), Gana (cedi), Libéria (dólar liberiano), Nigéria (naira) e Serra Leoa (leone) e também pela Guiné Equatorial, que não pertence à ECOWAs, mas usa o franco CFA.

Com o eco, terminaria a obrigação dos países que usam o CFA de depositar metade de suas reservas em moeda estrangeira em uma conta do tesouro francês e a França deixará de ter um representante no conselho da união monetária, o que em tese daria fim à relação monetária neocolonialista que se manteve entre a metrópole e essas ex-colônias. Presumivelmente as reservas seriam depositadas no Banco Central dos Estados da África Ocidental em Dacar. A moeda continuaria, entretanto, vinculada ao euro, na proporção de 1 euro = 655,957 francos CFA ou ecos.

A proposta, anunciada pelo presidente da Costa do Marfim, foi criticada pelos países da Zona Monetária Oeste-Africana (*West African Monetary Zone* – WAMZ), Nigéria, Gana, Libéria, Serra Leoa, Gâmbia e Guiné. A reforma reduziria a soberania dos países que já têm moedas independentes, ao amarrar suas mãos em relação à política monetária.

As políticas monetárias destinadas a administrar a inflação e a oferta monetária de maneira adequada aos propósitos da economia e das finanças europeias podem não servir às necessidades dos países africanos. Manter uma taxa de câmbio fixa em relação ao euro quando se permite que o capital flua livremente através das fronteiras põe a política monetária desses países à mercê das decisões do Banco Central Europeu. Se este subir as taxas de juros em nome de interesses financeiros europeus, o capital especulativo foge para a Europa e os países africanos teriam também que aumentar suas taxas, mesmo que isso seja prejudicial à sua conjuntura econômica. O Banco Central da ECOWAS poderia tentar vender as suas reservas, mas eventualmente estas se esgotariam.

Além disso, se o crescimento dos salários na zona do eco exceder o da zona do euro (ajustando a produtividade), a taxa de câmbio fixa do eco ficaria supervalorizada. Isso diminuiria as exportações e estimularia as importações, produzindo deficits na balança comercial. O que significa que os governos africanos se veriam forçados a combater aumentos de salários, mesmo que suas economias pudessem permitir uma melhora de seus padrões de vida.

Da forma como foi anunciado, o eco pode significar para a França uma maneira de se desobrigar de custos e responsabilidades em relação ao sistema monetário das ex-colônias que usam o franco CFA sem que estas tenham um ganho real de autonomia monetária e com o risco de que a falta da supervisão e controle franceses sobre as reservas desses países desestimule os investimentos estrangeiros. Para os países que não usam o franco CFA, significa renunciar à soberania monetária que já têm, submetendo-se a políticas de países cujas necessidades são completamente diferentes das suas, se não opostas.

ANGOLA

Angola pré-colonial

Angola foi ocupada pelos povos bantus por volta de 500 a.C. Em 1375 fez-se uma aliança entre os pequenos reinos de Mpemba Kasi e Mbata, no baixo Congo. Em 1390, Lukeni lua Nimi (r. 1380-1420) herdeiro dessa aliança, conquistou o reino de Mwene Kabunga, na atual Angola, e fundou lá sua nova capital, Mbanza Kongo, centro de uma população densa que lhe permitiu formar exércitos capazes de dominar os demais pequenos Estados à sua volta. Surgiu assim o reino do Congo, o mais poderoso da África Central pré-colonial, governado pelo *Mwene Congo* (Senhor do Congo), ou "manicongo" em português. O reino falava a língua quicongo, e sua área de influência, incluindo tributários, se estendia aproximadamente do rio Congo, ao norte, até o Kwanza ao sul e o rio Cuango a leste, chegando a ultrapassá-los.

Ao norte do rio Congo, foram seus tributários os reinos menores de Kakongo, Vungu e Ngoyo, no atual enclave de Cabinda e da atual República Democrática do Congo (Congo-Kinshasa), também do povo bacongo (de língua quicongo). Ao sul, a ameaça de conquista pelo Congo levou os povos umbundos (de língua quimbundo) ao sul, do rio Dande ao Kwanza, a organizarem alianças defensivas, os reinos de Ndongo e Matamba, que também se tornaram tributários semi-independentes. Ndongo, conhecido também pelo título de seu chefe, *Ngola* ("poderoso"), se estendia da costa de Luanda para o interior e tinha capital em Kabasa, perto da atual Ndalatando ("Vila Salazar" no período colonial). A leste de Ndongo, na atual província angolana de Malanje, existia o reino de Matamba, também umbundo, com capital em Mkaria ka Matamba (chamada Mocaria Camatamba ou Cabasso pelos portugueses) e geralmente governado por uma mulher com o título de *Muhongo*. Ao sul de Ndongo e do Kwanza estava a região de Quiçama ou Kisama, dividida em pequenos estados umbundos, considerados vassalos tanto pelo Congo quanto pelo Ndongo.

Um caramujo de cor cinzenta semelhante ao cauri, o *njimbu* (*Olivella nana*), em português *zimbo*, era usado em toda a região como moeda. Era encontrado em toda a costa de Angola, mas os considerados mais belos provinham da ilha de Luanda, cujo nome vem de *lundandu*, plural de *ndandu*, "tributo", pelo tributo em zimbos que Luanda pagava ao rei do Congo. Esse nome originou, por sua vez, o de Aluanda ou Aruanda, dado pelo candomblé de nação angola-congo e outros cultos afro-brasileiros de inspiração bantu à sua ideia de paraíso ou de mundo do além.

Para coletar os zimbos, as mulheres avançavam pela água alguns metros e mergulhavam e enchiam de areia cestos estreitos e compridos, chamados "cofos". Em seguida retiravam os zimbos da areia recolhida e os escolhiam conforme a qualidade. Mil zimbos escolhidos faziam uma *funda*, dois mil uma *macuta*, dez mil um *lufucu*, vinte mil um *cofo* e cem mil um *bondo*.

Ao sul do Ndongo e fora do alcance do Congo, das regiões de Benguela, Huambo e Bié para o sul, estavam os povos ovimbundo, de língua umbundu, que no período pré-colonial ainda eram criadores de gado de organização tribal, organizados em 22 chefias. A leste do Cuango estavam os povos de lingua chocué, frequentes vítimas do tráfico de escravos do Congo, embora muitos se tornassem mercenários a seu serviço.

Colonização e conquista, 1482-1665

Em 1482, o navegador português Diogo Cão chegou à foz do grande rio conhecido pelos nativos como Nzade (Zaire, entenderam os portugueses) e ali entrou em contato com o reino do Congo, cujo nome foi também associado ao rio e a toda a sua bacia. Reinava então Njinga a Nkuwu, neto de Lukeni lua Nimi, que em 1491 foi persuadido a se converter ao cristianismo juntamente com o filho Mvemba a Njinga. O pai recebeu o nome cristão de João I (r. 1470-1509), o filho, de Afonso I (r. 1509-1542), e a capital foi rebatizada com o nome de São Salvador do Congo. No tempo de Afonso I, o cofo de zimbos valia trinta e três cruzados ou 13.200 réis (39.600 ñ).

Inicialmente, a aliança com os portugueses foi útil, pois os ajudou a reprimir revoltas, administrar e centralizar o reino. Entretanto, a partir de 1514, Afonso I começou a entrar em atritos com os portugueses por estes contrariarem suas disposições sobre quem poderia ser escravizado – em princípio, apenas prisioneiros de guerra e criminosos – e capturarem até nobres e membros de sua própria família, além de passarem por cima de sua autoridade ao negociar diretamente com seus vassalos, especialmente Ndongo, que em 1518 enviou uma embaixada a Portugal para pedir missionários e ter sua independência reconhecida. Embora Afonso I se esforçasse por converter seu povo ao cristianismo, o Vaticano mostrou-se surdo a seus pedidos para combater o tráfico. Em 1526, a situação foi provisoriamente resolvida com a criação de uma comissão para investigar a origem de qualquer indivíduo vendido como escravo. Afonso também conseguiu que os missionários enviados por Portugal a Ndongo fossem expulsos e substituídos por outros vindos do Congo.

Após a morte de Afonso I, em 1543, os sucessores em potencial lutaram entre si até Diogo I Nkumbi a Mpudi (r. 1545 – 1561) emergir como vitorioso. Isso enfraqueceu o Congo ante os portugueses, que se aproveitaram da situação para fortalecer sua relação direta com os vassalos e tributários, principalmente o ngola de Ndongo, que em 1556 enviou outra embaixada a Portugal a fim de propor sua conversão ao cristianismo e pedir ajuda militar contra o Congo. A missão portuguesa chegou em 1560, liderada por Paulo Dias de Novais e pelo jesuíta Francisco de Gouveia; mas Novais acabou detido pelo ngola até 1566, quando foi libertado com a promessa de trazer ajuda portuguesa.

Enquanto isso, o recém-entronizado rei do Congo Álvaro I (r. 1568-1587) enfrentava uma invasão de guerreiros jaga vindos do leste do Cuango, que o obrigou a fugir de Mbanza Kongo e pedir socorro aos portugueses. Estes enviaram uma força de 600 arcabuzeiros, liderados por Francisco de Gouveia Sottomaior, que repeliu os invasores. Sottomaior tinha instruções para obrigar Álvaro a prestar vassalagem a Portugal e assim pôr os portugueses que viviam no Congo de novo sob o governo do rei português, mas estes resistiram a essa pretensão. Em vez disso, Álvaro permitiu que os portugueses se instalassem em Luanda, embora continuasse a deter o controle da ilha e de seus zimbos.

Assim, Paulo Dias de Novais retornou com sua força em 1575 como donatário e capitão-geral do rei D. Sebastião, que lhe dava o título de *Governador e Capitão-Mor, conquistador e povoador do Reino de Sebaste na Conquista da Etiópia ou Guiné Inferior*, seguindo o modelo das capitanias-gerais na colonização do Brasil. Desembarcou na ilha de Luanda e ali recebeu uma embaixada do ngola Kiluanji e a permissão deste para se estabelecer no continente, onde fundou São Paulo de Luanda. A carta de donataria requeria a expansão do território para norte até às margens do Rio Dande e para sul e para o interior ao longo do curso do Rio Cuanza, designando a região por "Reino de Angola" (na realidade Ndongo, "reino do ngola"), nome que passou a ser aplicado à colônia portuguesa.

O sonho dos ngolas de se tornarem independentes com ajuda de Portugal não durou muito. Em 1579, comerciantes portugueses instalados no Congo, liderados por Francisco Barbuda, avisaram o ngola Kilombo, sucessor de Kiluanji, de que Portugal pretendia assumir o seu país. Com essa informação, Kilombo atraiu as tropas portuguesas para uma emboscada e as massacrou.

Seguiu-se uma guerra na qual o rei do Congo e muitos sobas (chefes locais) de Ndongo apoiaram Portugal contra o ngola, possibilitando a união de territórios costeiros à colônia. Em 1590, os portugueses decidiram atacar a capital de Ndongo. O ngola selou uma aliança com o vizinho Matamba e a força portuguesa foi esmagada, mas Portugal conseguiu reter grande parte da terra conquistada. Em 1599, Portugal e Ndongo delimitaram uma fronteira.

No início dos anos 1600, houve uma trégua inquieta. Os portugueses continuaram sua expansão, mas em 1617 entraram em contato com os imbangala, um grupo nômade para além do Cuango, para convencê-los a lutar pelo lado português. Com sua ajuda, conseguiram invadir e saquear a capital do Ndongo, enquanto o ngola Mbandi se refugiava numa ilha do rio Cuanza. Tentaram impor em Kasala um rei fantoche, mas fracassaram, enquanto parte dos imbangala desertava para fundar seu próprio reino, chamado Kasanje, nas margens do rio Cuango. Também em 1617, uma colônia portuguesa foi fundada em Benguela, no sul.

Em 1621, os portugueses aceitaram um acordo negociado por Njinga, irmã de Mbandi também conhecida como Ginga (assim ela assinava), pelo qual retirariam suas tropas e devolveriam seus prisioneiros; Ndongo pagaria um tributo de 100 escravos por ano. Para selar a paz, Njinga aceitou se converter ao cristianismo e foi batizada como Dona Ana de Sousa. O governador português João Correia de Sousa voltou então suas forças para o Congo, onde fora escolhido para rei Pedro II, que como duque dera asilo a escravos fugidos de Luanda, alegando ter o direito de escolher o sucessor. Os portugueses foram inicialmente vitoriosos, mas Pedro II venceu a batalha decisiva. Tumultos explodiram contra a comunidade portuguesa do Congo, e os portugueses de Luanda, temerosos, expulsaram o governador para Portugal e devolveram ao Congo mais de mil guerreiros capturados.

O governo colonial não pôde ou não quis cumprir o tratado com Ndongo: retirar suas tropas da fortaleza de Ambaca, devolver os cativos e impedir os caçadores de escravos portugueses e seus aliados de pilhar suas aldeias e escravizar seu povo. Mbandi, humilhado, suicidou-se. Njinga abandonou o cristianismo, fez assassinar o filho de Mbandi e se proclamou sua sucessora, mas um rival obteve apoio dos portugueses e de nobres de Ndongo para reinar. Em 1628, Njinga foi derrotada e fugiu para Kasanje, onde fez aliança com um chefe imbangala, depois conhecido como Njinga Mona ("filho de Njinga"), que a ajudou a reconstruir seu exército em Matamba. Em 1631, com a morte da *Muhongo*, assumiu o governo desse reino como Ana I, formou um harém masculino e uma força militar feminina e passou a comandar pessoalmente suas tropas.

Enquanto isso, os portugueses traziam do Brasil caramujos semelhantes ao zimbo de Luanda em grandes quantidades para comprar africanos escravizados ou outras mercadorias. Escrevia Frei Vicente do Salvador, em sua *História do Brasil* (c. 1627), ao descrever a Capitania de Porto Seguro: "*No rio das Caravelas* [tem] *muito zimbo, dinheiro de Angola, que são uns buziozinhos mui miúdos de que levam pipas cheias, e trazem por elas navios de negros"*. O excesso de oferta fez o valor de um cofo de zimbos cair para dez mil réis em 1615 (7.500 ñ a preços de Portugal), três mil réis (2.250 ñ) em 1616-1619, 1.600 réis em 1649 (1.200 ñ), 1.000 a 1.200 réis em 1680 (cerca de 1.000 ñ).

Com a desvalorização dos zimbos, ganharam importância outras moedas-mercadorias, como tecidos, miçangas, pedras de sal, marfim e cobre. Um bom *beirame* ou birama, peça de pano fino de uns cinco metros usada para envolver o corpo como um manto e um símbolo de distinção, chegou a valer um escravo. O troco miúdo foi proporcionado pelos *libongos* (*libongo*, plural de *mbongo*, "pano") ou panos de mabela (*mabella*, singular *dibella*), panos quadrados, amarelos, de 66 cm de lado, feitos das fibras macias da palmeira-bordão (*Raphia textilis*) e usados como tangas, como panos de cabeça ou torços, ou emendados para fazer cangas. Para serem reconhecidos como dinheiro pelo governo colonial, tinham de serem estampados a estêncil com um R (de "real") pelo senado de Luanda.

Em 1641, com apoio do rei do Congo, os holandeses da Companhia das Índias Ocidentais invadiram a colônia portuguesa de Luanda para garantir o abastecimento de escravos para sua colônia da "Nova Holanda", criada quatro anos antes no Nordeste brasileiro. Portugal, em meio à guerra com a Espanha pela restauração da independência perdida em 1580, nada pôde fazer. O rei Garcia II do Congo expulsou os portugueses de suas terras e passou a receber ajuda militar dos holandeses, paga com escravos, para reprimir suas revoltas internas.

Ana I Njinga imediatamente fez uma aliança com os holandeses para expulsar os colonos portugueses refugiados em Masangano e várias fortalezas no interior e recuperar Ndongo. Como rainha de Ndongo e Matamba, mudou sua capital para Kavanga, em território de Ndongo, e, com ajuda dos holandeses e do Congo, sitiou os redutos portugueses sem conseguir conquistá-los.

Em 1648, quando o conflito com a Espanha perdeu intensidade e os holandeses no Brasil sofreram uma derrota na primeira batalha dos Guararapes, os portugueses se animaram a retomar Luanda com tropas vindas do Brasil. Ana I Njinga enviou reforços aos holandeses em Luanda, mas estes capitularam e abandonaram a colônia antes que suas tropas chegassem. Os portugueses fizeram a paz com o Congo em troca da ilha de Luanda e o rei abandonou então os zimbos para usar os panos de fibra de palmeira como moeda.

Ante a volta dos portugueses, a rainha retirou-se para Matamba, de onde continuou a combatê-los até 1657, quando aceitou voltar a se converter ao cristianismo e fazer a paz. Enquanto isso, em 1661, um novo rei do Congo, António I, tentava se aliar à Espanha, Matamba e outros vassalos para expulsar os portugueses. Sabendo desses planos, os portugueses aproveitaram uma disputa sucessória para se apoderar de Mbwila (em português, Ambuíla), um vassalo do Congo. Os exércitos se encontraram em 1665; os portugueses venceram, mataram o rei e capturaram mais de 500 membros da nobreza. A perda das lideranças desintegrou o reino do Congo e deflagrou uma luta pela sucessão entre os pretendentes ao título agora esvaziado. Da mesma forma, com a morte de Njinga em 1663, aos 81 anos, o reino de Matamba foi disputado entre sua família e o Njinga Mona. A decomposição dos dois maiores reinos nativos permitiu aos portugueses controlar de fato a maior parte do território da colônia e aumentar como nunca o tráfico de escravos.

A colônia, 1665-1910

Em 1693, o governo de D. Pedro II de Portugal (r. 1683-1706) decidiu substituir o dinheiro de pano por moedas metálicas feitas especialmente para Angola, de 20, 10 e 5 réis, cuja introdução ocasionou uma revolta. As tropas nativas, quando passaram a receber o soldo em moedas em vez de mabelas, não conseguiram comprar alimentos porque as mulheres do mercado não davam valor às moedas de cobre. Ao não serem atendidos quando pediram que o pagamento voltasse a ser em mabelas, os soldados se rebelaram e se apossaram de Luanda. O governador fingiu ceder e pediu aos amotinados que enviassem seus líderes para negociar. Quando estes apareceram no palácio, o governador disse querer ser apresentado a eles um por um, mas cada oficial, ao ser levado a seu escritório, foi preso por seus guardas e levado ao cárcere, onde o governador não teve dificuldades em persuadi-los.

As moedas de 5 réis foram apelidadas *pano* por equivalerem ao libongo (4 ñ a preços portugueses da época) ou *mulambongo* (de *mulele a mbongo*, "um só pano").

Alguns povos da África Central e Meridional usavam então como protodinheiro cruzetas ou "aspas" de cobre ou ferro fundido que certos numismatas portugueses julgaram ser uma imitação dos algarismos romanos da moeda de 10 réis (X) de D. Pedro II, mas essa é uma especulação equivocada, pois tais peças, também conhecidas como aspas, existiam antes da chegada dos portugueses. O português António Fernandes, ao explorar as terras do Monomotapa em 1514-1515, viu nativos das terras de Ambar ou Mombara (provavelmente Urungwe, no atual Zimbábue) vender aspas de cobre de oito arráteis (3,7 quilos), de cobre que ele julgava serem provenientes dos rios do reino do Congo, mas podiam perfeitamente ser da própria região. Essas peças, encontradas por arqueólogos perto do rio Mpofu, norte do Zimbábue, apresentam forma alongada de "cruz de Santo André", são bem trabalhadas, com rebordo e seção trapezoidal, e são associadas à cultura Monomotapa (Zimbábue e Moçambique). Peças mais simples, em "cruz grega", semelhantes a velas de moinho, foram usadas pelas culturas luba ou baluba (atual sudeste do Congo-Kinshasa) e lunda ou calunda (Angola oriental). Com cerca de 33 cm de envergadura, pesavam 1,7 quilo e, entre os baluba, eram dadas em troca de uma esposa. Podiam também representar o preço de um escravo.

Entrava-se então no auge do tráfico escravista: metade de todos os africanos escravizados por europeus desde o início das navegações portuguesas foram capturados e exportados para as Américas durante o século XVIII, e Angola respondeu pela maior parte desse movimento. Dos mais de 10 milhões de africanos escravizados de 1650 ao século XIX, 39% vieram de Angola (ou do Congo, então sua dependência). O número de africanos retirados à força da região – ainda maior se considerados os mortos no processo de captura ou na viagem por mar – basta para explicar por que Angola, embora seja um país fértil, chegou relativamente despovoado ao século XX.

No reinado de D. João V (r. 1706-1750) foram postas em circulação em Angola moedas feitas para o Maranhão, também de de 20, 10 e 5 réis. No início do reinado de D. José I (r. 1750-1777), de 1752 a 1757, cunharam-se moedas para o "Brasil e Guiné", nesta incluída Angola, de 40, 20, 10 e 5 réis.

Usava-se então na costa de Angola a "*macuta*" (do quimbundo *mukuta*, "dinheiro") como moeda de conta equivalente a dez panos de mabela ou libongos, uma peça de tecido de dois metros, uma barra de sal de 8 a 10 polegadas (22 a 27,5 centímetros) ou meio tostão português (30 ñ a preços portugueses da época), como referência de preço para africanos escravizados e mercadorias pedidas em troca. Duas facas valiam uma macuta, e um tacho de cobre de dois arráteis (0,918 kg) valia três macutas.

Para simplificar esse comércio, D. José I fez cunhar de 1762 a 1771 uma série de moedas para Angola baseadas na macuta: peças de prata nos valores de 12, 10, 8, 6, 4 e 2 macutas e de cobre nos de 1, ½ e ¼ macuta. A moeda de ½ macuta ou 25 réis foi chamada *mbende* (talvez uma corruptela local do português "vintém"), *miletânu* (*milele itanu*, "cinco panos") e a de ¼ de macuta ou 12½ réis chamou-se *ipaca* ou *quipaca* (*kipaka*, plural de *mpaka*, "dinheiro", em quicongo)[15], ou ainda "*equipaga*" na corruptela portuguesa. A moeda de uma macuta era também chamada *ngumba* e a de duas macutas, *rikoka*. Cem macutas eram chamadas "um saco", porque essa quantia em cobre era o peso que um homem podia carregar e assim o dinheiro era enviado ao interior. Da macuta se originou a expressão "macuta e meia" para alguma coisa barata, que no português brasileiro, ao se perder a referência original, virou "tuta e meia" e "tutameia". Essas moedas voltaram a ser cunhadas no reinado de D. Pedro III (r. 1777-1786), D. Maria I e início da regência de D. João VI até 1797.

D. João VI, durante sua estada no Brasil, desvalorizou a moeda angolana em 50%. Fez cunhar no Rio de Janeiro moedas de cobre reduzidas de 2, 1 e ½ macuta em 1814-1816 e recunhar as moedas antigas com o dobro do valor nominal em réis (e as moedas de 5 réis como moedas de ¼ de macuta).

A moeda portuguesa foi desvalorizada de 3$555 para 4$166 por libra esterlina a partir de 1822 e 4$500 em 1846, sem que a moeda angolana a acompanhasse. Consequentemente, as antigas moedas de prata de macutas tiveram seu valor em réis portugueses reajustado em 25%, passando a valer 62½ réis portugueses "fortes" ou 100 réis angolanos "fracos" por macuta, enquanto as moedas desvalorizadas de D. João VI passaram a valer 31¼ réis "fortes" ou 50 réis "fracos" por macuta, moeda que continuou a ser cunhada até 1860. As "peças" de ouro portuguesas, de 7$500, depois 8$000 em Portugal, circularam como moedas de 10$000, depois 13$000

15 Dessa palavra vem o regionalismo *ovipaco* ou *vipaco* (dinheiro, diamante na mão), usado na linguagem popular da Chapada Diamantina, no Brasil.

em Angola; os pesos espanhóis e patacões brasileiros como 1$000, depois 1$400 réis angolanos.

Esta situação durou até 1861, quando os réis "fracos" foram abolidos e a contabilidade em Angola passou a ser feita em réis "do reino". As macutas ainda em circulação passaram a valer 30 réis e as moedas estrangeiras passaram a ter o mesmo valor em réis do que na metrópole.

Enquanto isso, nas regiões de Moçâmedes, Benguela e Cuanza eram usados como moeda-mercadoria discos recortados do grande caracol terrestre *Achatinia monetaria* (interior) ou *Achatinia balteata* (litoral). Os discos, chamados *dongos*, eram amarrados em fieiras de seis, do tamanho de um antebraço, que eram conhecidas como *quitandas* ou *quirandas*, muito valorizadas como dinheiro ou ornamento. Em meados do século XIX e início do século XX, uma quiranda valia de 1$000 a 4$000 em dinheiro português (275 a 1.100 ñ a preços portugueses da época). Os zimbos, embora tivessem deixado de ser usados na costa e no Congo, eram ainda procurados pelos povos do interior, que iam periodicamente a Luanda obtê-los em troca de seus produtos.

Até o início do século XIX, Angola continuou a ser fundamentalmente um entreposto do tráfico de escravos. A ocupação do território pouco avançou além das conquistas do século XVII, salvo pela imposição de uma vassalagem formal a algumas das chefias dos ovimbundos no Sul. O próprio reino do Congo, apesar de reduzido, continuou a existir com pouca presença ou interferência de Portugal.

Com a proibição efetiva do tráfico, a partir de 1850, aumentou o interesse pela colonização do Norte, do Sul e do interior para extrair tributos dos nativos e tomar seu território para fazendas portuguesas, bem como para prevenir a ocupação por rivais europeus. Em 1856, os portugueses aproveitaram sua intervenção numa guerra de sucessão no Congo para deixar ali uma guarnição permanente. Nos anos seguintes, começaram a ocupação da bacia do Cuango e depois também de outros rios, processo limitado pela partilha da África de 1885, que atribuiu territórios pretendidos pelos portugueses à Alemanha e ao rei da Bélgica (que se apoderou de boa parte do antigo reino do Congo) e pelo ultimato britânico de 1890 que impôs a retirada dos portugueses dos atuais Malauí, Zâmbia e Zimbábue e vetou a conexão entre Angola e Moçambique. Tal humilhação desmoralizou a família real portuguesa e iniciou o processo que levaria à República. Os portugueses ainda puderam, porém, impor um protetorado ao reino de Ngoyo, que se tornou o enclave de Cabinda, e, em 1888, fazer do rei do Congo um vassalo formal.

Enquanto isso, em 1864 era criado o Banco Nacional Ultramarino (BNU), que no ano seguinte estabeleceu sua primeira sucursal em Angola e em 1868 iniciou a emissão de papel-moeda, inicialmente séries específicas para cada colônia, depois uma emissão geral apelidada "Vasco da Gama", em valores de 1.000 a 50.000 réis.

Moedas de Angola, 1697

Denominação	Valor em réis	Peso em gramas	Valor em ñ 1697
Moedas de cobre			
20 réis	$020	14,34	15
10 réis	$010	7,17	7,5
5 réis (pano ou mulambongo)	$005	3,59	3,8

Obs.: valores a preços portugueses

Moedas de Angola, 1770

Denominação	Valor em réis	Peso em gramas	Valor em ñ 1770
Moedas de prata 91,67%			
12 macutas	$600	17,50	360
10 macutas	$500	15,00	300
8 macutas	$400	11,70	240
6 macutas	$300	8,75	180
4 macutas	$200	6,00	120
2 macutas ou rikoka	$100	3,00	60
Moedas de cobre			
1 macuta ou ngumba	$050	36,50	30
½ macuta (mbende ou miletânu)	$025	18,00	15
¼ macuta (equipaga ou kipaka)	$012½	9,00	7,5
5 réis (pano ou mulambongo)	$005	3,70	3

Obs.: valores a preços portugueses

Moedas de Angola, 1847

Denominação	Valor em réis fracos (angolanos)	Valor em réis fortes (portugueses)	Peso em gramas	Valor em ñ 1847
Moedas de ouro 91,7%				
Peça	13$000	8$000	14,34	3.840
Meia peça	6$500	4$000	7,17	1.920
Moedas de prata 90,3%				
Peso hispânico	1$400	$875	27,07	420
Patacão brasileiro	1$400	$875	27,07	420
Moedas de prata 91,67%				
12 macutas (antigas)	1$200	$750	17,50	360
10 macutas (antigas)	1$000	$625	15,00	300
8 macutas (antigas)	$800	$500	11,70	240
6 macutas (antigas)	$600	$375	8,75	180
4 macutas (antigas)	$400	$250	6,00	120
2 macutas (antigas)	$200	$125	3,00	60
Moedas de cobre				
2 macutas	$100	$062½	35,2	30
1 macuta	$050	$031¼	16,0	15
½ macuta (mbende ou miletânu)	$025	$016	7,8	7,5
¼ macuta (equipaga ou kipaka)	$012½	$008	3,6	3,75

Obs.: valores a preços portugueses

Moedas de Angola, 1875

Denominação	Valor em réis	Peso em gramas	Valor em ñ 1875
Papel-moeda			
20 mil-réis	20$000	–	6.400
10 mil-réis	10$000	–	3.200
5 mil-réis	5$000	–	1.600
2 mil-réis	2$000	–	640
1 mil-reis	1$000	–	320
Moedas de ouro 91,7%			
onça de ouro espanhola ou hispano-americana	14$600	27,04	4.672

Peça	8$000	14,34	2.560
meia onça	7$300	13,52	2.336
5 mil-reis	5$000	8,87	1.600
moeda d'ouro brasileira	4$500	8,96	1.440
soberano (libra esterlina)	4$500	7,99	1.440
meia peça	4$000	7,17	1.280
quarto de onça	3$650	6,76	1.168
meio soberano	2$250	3,99	720
2 mil-réis	2$000	3,55	640
Moedas de ouro 90%			
águia estadunidense de 10 dólares ou "patacas"	9$200	16,72	2.944
meia águia	4$600	8,36	1.472
Moedas de prata 90,3%			
peso hispânico	$920	27,07	294
patacão brasileiro	$920	27,07	294
Moedas de prata 90%			
dólar estadunidense	$920	26,73	294
escudo francês (5 francos)	$860	25,00	275
Moedas de prata 91,67%			
500 réis	$500	12,50	160
200 réis	$200	5,00	64
100 réis	$100	2,50	32
50 réis	$050	1,25	16
Moedas de cobre			
2 macutas	$060	35,2	19,2
1 macuta	$030	16,0	9,6
20 réis	$020	25,5	6,4
½ macuta (mbende ou miletânu)	$015	7,8	4,8
10 réis	$010	12,0	3,2
5 réis	$005	6,3	1,6
3 réis	$003	3,8	1,0

Obs.: valores a preços portugueses

A colônia, 1910-1975

A ênfase no colonialismo aumentou com a proclamação da república em Portugal em 1910. Os republicanos, que haviam acusado a monarquia de deixar as colônias abandonadas, propuseram-se a explorá-las de forma mais racional, com a implantação de escolas e infraestrutura, promoção da agricultura de exportação (açúcar, café e sisal, principalmente), pagamento aos nativos de salários em dinheiro e estruturas de governo mais modernas, o que levou à abolição formal do reino do Congo (em 1914) e de outras monarquias tradicionais ainda simbolicamente existentes.

Em 1911, o mil-réis foi substituído pelo *escudo* dividido em 100 centavos, sendo o escudo angolano de emissão separada do escudo português. O valor do escudo foi inicialmente fixado em 675 por quilo de ouro puro, ou 4$94 por libra, mas a moeda sofreu forte inflação devido à crise financeira internacional e ao envolvimento efetivo na I Guerra Mundial, na qual Portugal, apesar da traição de 1890, lutou ao lado dos britânicos na Europa e na África para evitar a conquista de suas colônias pela Alemanha. Do Sudoeste Africano (atual Namíbia), os alemães invadiram Angola pelo Sul, situação aproveitada pelos povos da região para se revoltar contra os portugueses.

A libra passou a uma média de 5$58 em 1914, 7$98 em 1915, 20$42 em 1920, 31$47 em 1921, 58$96 em 1922, 95$40 em 1923 e 151$50 em 1924. Para Angola, foram impressas cédulas em escudos no modelo "Vasco da Gama", e em 1921-1924, auge do período inflacionário, foram cunhadas as primeiras moedas metálicas republicanas para a colônia, de 1 a 20 centavos.

Em 1924, um jovem vigarista português, Artur Alves dos Reis, falsificou um contrato em nome do Banco (central) de Portugal, então instituição privada, com o qual encomendou 200 mil notas de 500 escudos – o equivalente a quase 700 mil libras (470 milhões de ñ), a 1% do PIB e 6,3% do meio circulante da época – à empresa britânica Waterlow & Sons Limited, a mesma que imprimia as cédulas legítimas, dizendo serem destinadas a um grande empréstimo para o desenvolvimento de Angola, ainda mantido em segredo. Alves dos Reis dividiu o dinheiro com cúmplices, entre eles um irmão do embaixador português em Haia. Com sua parte, 25% do total, fundou em junho de 1925 o Banco de Angola e Metrópole, cuja carta-patente também foi obtida com falsificações, e por meio desse banco tentou adquirir, aos poucos, o controle do próprio Banco de Portugal. Chegou a comprar 10 mil das 45 mil ações necessárias até dezembro, quando a fraude foi descoberta por jornalistas. A falsificação massiva obrigou o governo português a retirar todas as notas de 500 escudos e criou uma crise de confiança na moeda e nas instituições, o que contribuiu para a queda da república.

Em maio de 1926, as dificuldades financeiras e o receio de uma revolução anarco-sindicalista levaram a um golpe militar de ultradireita que pôs o general Óscar Carmona no poder. Devido às emissões massivas para financiar os projetos de infraestrutura e desenvolvimento na colônia, a crise financeira e a inflação estavam piores em Angola do que nas demais colônias e na metrópole. Uma reforma monetária criou em agosto de 1926 um banco emissor especial, o Banco de Angola (com sede em Lisboa), que em setembro começou a emitir para a colônia uma nova moeda, o *angolar*. As cédulas foram trocadas a uma taxa de um angolar por 1,25 escudo angolano, mas a taxa de câmbio com o escudo português permaneceu 1 por 1 e as moedas metálicas não foram afetadas. Ou seja, a reforma consistiu, na prática, em um confisco de 20% do meio circulante para reduzir a inflação. Juntamente com a introdução da nova moeda, o nome de "macuta" foi ressuscitado para denominar a fração de 5 centavos de angolar, da qual as menores moedas eram múltiplos.

A ditadura militar tentou obter um empréstimo internacional para estabilizar a moeda, mas não quis aceitar a exigência da Liga das Nações de controlar as finanças portuguesas. Em 1928 nomeou para o ministério da Fazenda o economista António Salazar, que garantia poder resolver a crise financeira sem recursos externos. Com cortes radicais de gastos públicos e a centralização que incluiu o Ato Colonial – o qual, em 1930, acabou com a limitada autonomia financeira e administrativa das colônias –, Salazar conseguiu um superávit e estabilizou o escudo na cotação de 108$25. Em 1931, Portugal retornou ao padrão-ouro, com o escudo em 0,0739 grama de ouro, ou 110 por libra. Entretanto, o próprio Reino Unido abandonou o padrão-ouro poucas semanas depois, e o câmbio voltou a flutuar até 1940, quando o escudo foi fixado em 27$50 por dólar, depois 25$00 (0,03555 grama de ouro por escudo) ainda no mesmo ano. A paridade foi mantida até 1949, quando passou a 28$75, o que permaneceu até o colapso do acordo de Bretton Woods em 1971.

Com o sucesso de Salazar nas finanças, o general Carmona não se atreveu a contrariá-lo, e a cada exigência lhe concedeu um controle cada vez maior do Estado e do governo. Assim, em 1933, chegou-se à promulgação da Constituição que criou o Estado Novo (expressão depois imitada por Getúlio Vargas no Brasil e Francisco Franco na Espanha), uma ditadura fascista baseada em corporações profissionais e comerciais cujos dirigentes eram nomeados e dirigidos pelo governo.

Portugal se manteve neutro na II Guerra Mundial e exportou matérias-primas da metrópole e das colônias – para ambos os lados, até 1944, quando os aliados cortaram seu comércio com a Alemanha –, o que favoreceu muito o desenvolvimento da agricultura de exportação e da mineração em Angola, com capital estrangeiro e trabalho forçado nativo. Em 1943, a ameaça dos Estados Unidos de ocupar os Açores com tropas brasileiras forçou Salazar a ceder uma base aérea nas ilhas aos Aliados, o que não o impediu de declarar três dias de luto oficial pela morte de Adolf Hitler.

O caráter fascista do regime não foi empecilho para que Portugal entrasse na OTAN e se aliasse aos Estados Unidos na Guerra Fria, como fizeram outras ditaduras anticomunistas, mas a insistência no império complicou a questão. As populações locais continuaram divididas em "indígenas", sem quaisquer direitos a cidadania; "assimilados", menos de 1% dos africanos, com direitos limitados e condicionados a usar roupas ocidentais e praticar a religião dos colonizadores; "brancos de segunda", nascidos nas colônias, com restrição de direitos – não podiam, por exemplo, ocupar certos cargos públicos – e "brancos de primeira", nascidos na Europa. Havia segregação explícita nas escolas, transportes e locais de lazer e imposição de trabalhos forçados e restrições do comércio aos "indígenas". A tensão racial se intensificou a partir dos anos 1940, com o aumento da migração de portugueses brancos para ocupar posições privilegiadas nas colônias.

Enquanto o Reino Unido e França (neste caso, com exceções) aceitavam reformular os laços com suas colônias e lhes dar mais autonomia, Portugal se limitou a trocar as expressões "Império Colonial" e "Colônias", por "Ultramar" e "Províncias Ultramarinas", anexadas em 1951 como "parte integrante e inseparável de Portugal" sem conferir qualquer grau de cidadania a seus povos. Como parte do novo discurso, decidiu-se em 1953 que o escudo voltaria a ser a moeda de todas as colônias. Moedas que substituíam a expressão "Colônia de Angola" por "Angola" foram cunhadas a partir de 1952, e notas em escudos emitidas a partir de 1956, mas a substituição do angolar só se completou em 1958.

A resistência começou a se manifestar por apedrejamentos de viaturas policiais. Em 1953, surgiu o Partido da Luta Unida dos Africanos de Angola (PLUA), primeiro a reivindicar a independência, e no ano seguinte a União das Populações do Norte de Angola (UPNA), que de início queria a independência do povo bacongo e combatia como invasores os angolanos de outras regiões que viviam e trabalhavam no Norte. Só a partir de 1961, após se fundir a outro movimento político, passou a se chamar Frente Nacional de Libertação de Angola (FNLA) e tentou se caracterizar como movimento nacional. Em 1955, surgiu o Partido Comunista Angolano, que se fundiu ao PLUA em 1956 para formar o Movimento Popular pela Libertação de Angola (MPLA), com bases principalmente entre angolanos cultos e o povo umbundo da região central.

Em 1961, após a descolonização da África britânica, francesa e belga, ocorreram as anexações de Goa pela Índia e da fortaleza de Ajudá pelo Daomé (hoje Benim) e começou a Guerra da Independência de Angola, a partir dos primeiros ataques da FNLA e do MPLA. Para tentar conter a insatisfação, o ministro do Ultramar aboliu formalmente o trabalho forçado (embora continuasse a existir na prática) e parte das leis discriminatórias, levou ensino superior às colônias e possibilitou a circulação dos africanos pelos territórios portugueses. Essas políticas inquietaram Salazar a ponto de demiti-lo, mas se mostraram insuficientes e tardias.

Preocupado com o crescimento dos movimentos comunistas na África Portuguesa, John Kennedy propôs a Salazar em 1963 um processo de descolonização em dez anos, durante os quais os Estados Unidos ajudariam financeiramente a desenvolver as colônias e prepará-las para a independência. Com a recusa de Salazar, os Estados Unidos passaram a condenar a política colonial de Portugal, que se viu política e diplomaticamente isolado, salvo pela racista África do Sul, enquanto o MPLA era apoiado pelo bloco soviético e a FNLA por países ocidentais, africanos e Israel através do Congo-Kinshasa (renomeado Zaire pelo ditado Mobutu Sese Seko de 1971 a 1997). Movimentos revolucionários surgiram também nas colônias portuguesas da Guiné e Moçambique. Em 1964, Portugal tinha 85 mil soldados em combate, 52 mil dos quais em Angola, e gastava um terço do orçamento com a guerra. A China ajudou a FNLA até 1966, quando passou a respaldar uma terceira organização, a União Nacional para a Independência Total de Angola (UNITA), com bases entre os ovimbundos do sul. Surgiu também uma Frente de Libertação do Enclave de Cabinda (FLEC), província rica em petróleo, que foi apoiada pela França, interessada em contratos petrolíferos.

Em 1968, quando começava a produção de petróleo em Angola, Salazar foi incapacitado por um AVC. O regime chamou para chefiar o governo Marcelo Caetano, tido como relativamente liberal, que promoveu alguma modernização econômica e permitiu à oposição ter uma participação simbólica nas eleições, mas não quis ou não pôde promover uma abertura real na metrópole e muito menos nas colônias. No início dos anos 1970, Portugal gastava 44% de seu orçamento com a guerra colonial e tinha 148 mil soldados em combate (65 mil em Angola). A maior parte da juventude masculina prestava dois a quatro anos de serviço militar na África; 25% fugiam pela emigração ilegal. A rejeição à ditadura cresceu na metrópole e entre os próprios militares, que em 1974 depuseram Marcelo Caetano e puseram fim ao salazarismo e à guerra colonial.

Moedas de Angola, 1921

Denominação	Valor em escudos	Peso em gramas	Valor em ñ 1921
Papel-moeda			
100 escudos	100$00	–	2.000
50 escudos	50$00	–	1.000
20 escudos	20$00	–	400
10 escudos	10$00	–	200
5 escudos	5$00	–	100
2½ escudos	2$50	–	50
1 escudo	1$00	–	20
50 centavos	0$50	–	10
Moedas de níquel			
50 centavos	0$50	10,5	10
Moedas de cuproníquel			
20 centavos	0$20	5,8	4
10 centavos	0$10	3,0	2
Moedas de bronze			
5 centavos	0$05	8,0	1
2 centavos	0$02	5,0	0,4
1 centavo	0$01	3,0	0,2

Obs.: valores a preços portugueses

Moedas de Angola, 1928

Denominação	Valor em angolares	Peso em gramas	Valor em ñ 1928
Papel-moeda			
10 angolares	10$00	–	100
5 angolares	5$00	–	50
2½ angolares	2$50	–	25
1 angolar	1$00	–	10
Moedas de alpaca			
50 centavos	0$50	9,81	5
Moedas de cuproníquel			
20 centavos = 4 macutas	0$20	4,2	2
10 centavos = 2 macutas	0$10	2,4	1
Moedas de alpaca			
5 centavos = 1 macuta	0$05	1,4	0,5

Obs.: valores a preços portugueses

Moedas de Angola, 1950

Denominação	Valor em angolares	Peso em gramas	Valor em ñ 1950
Papel-moeda			
1.000 angolares	1:000$00	–	3.000
100 angolares	100$00	–	300
50 angolares	50$00	–	150
20 angolares	20$00	–	60
10 angolares	10$00	–	30
5 angolares	5$00	–	15
Moedas de alpaca			
50 centavos	0$50	4,40	1,5
Moedas de bronze			
20 centavos	0$20	2,84	0,6
10 centavos	0$10	2,00	0,3

Moedas de Angola, 1968

Denominação	Valor em escudos	Peso em gramas	Valor em ñ 1968
Papel-moeda			
1.000 escudos	1:000$00	–	2.400
500 escudos	500$00	–	1.200
100 escudos	100$00	–	240
50 escudos	50$00	–	120
20 escudos	20$00	–	48
Moedas de cuproníquel			
2½ escudos	2$50	3,46	6
Moedas de bronze			
1 escudo	1$00	8,00	2,4
50 centavos	0$50	4,00	1,2
20 centavos	0$20	2,60	0,5

A guerra civil, 1975-2002

Enquanto organizava a retirada de militares e civis, o novo governo português quis transferir o governo de Angola a uma comissão dos três movimentos guerrilheiros, mas estes não se entenderam. Antes mesmo da proclamação oficial de independência, forças sul-africanas invadiram o país para apoiar a UNITA e a FNLA contra o MPLA, que por sua vez obteve a ajuda de tropas cubanas e instrutores soviéticos. Em 11 de novembro de 1975, o MPLA, no controle da região central, 20% do território, proclamou a República Popular de Angola em Luanda, enquanto a UNITA proclamava a República Social Democrática de Angola em Huambo, no Sul, a FNLA a República de Angola em Ambriz, no Norte, e a FLEC a República de Cabinda, de Paris.

Para a irritação dos Estados Unidos, o governo socialista do MPLA foi imediatamente reconhecido pelo Brasil e pela Organização da Unidade Africana e até abril de 1976 pela maior parte do mundo, inclusive países da Europa Ocidental. Em 1977 o MPLA, com ajuda dos cubanos, tinha o controle de todas as cidades e da maior parte do país, apesar de a UNITA, liderada por Jonas Savimbi, continuar em ação nas zonas rurais do Sul. Em janeiro desse ano, o escudo angolano foi substituído pelo *kwanza* (do nome do principal rio da Angola central), do mesmo valor, dividido em 100 *lweis* (do nome de um dos afluentes do Kwanza). Os cidadãos tiveram três dias para fazer a troca até o limite de vinte mil *kwanzas* por família, sendo o valor excedente depositado no Banco Nacional de Angola.

Agostinho Neto, que liderava o partido desde as origens, morreu em 1979 e foi sucedido por José Eduardo dos Santos. Angola fazia acordos com o Zaire, que abandonou a FNLA e expulsou seu líder, e com Zâmbia, que vetou à UNITA usar seu território. Isso não inibiu Washington, a África do Sul e Israel de continuarem a apoiar a organização, mas o conflito se complicou com a entrada das forças angolanas na atual Namíbia para apoiar a guerrilha independentista local, a SWAPO, contra a África do Sul, a fim de responder à interferência desta em Angola. Angola se tornou um dos principais focos da Guerra Fria, juntamente com o Afeganistão e a Nicarágua. No início de 1988, houve em Cuito Cuanavale, onde Angola e os cubanos enfrentaram a UNITA e sul-africanos, a segunda maior batalha da história da África, depois de El Alamein na II Guerra Mundial, após a qual as partes concordaram em negociar. Houve, assim, um cessar-fogo temporário.

Em 1990, a África do Sul foi forçada a conceder a independência à Namíbia e encerrar sua intervenção em Angola. Ao mesmo tempo, com o colapso do bloco soviético e a retirada dos cubanos, o MPLA abandonou a ortodoxia marxista-leninista e o sistema de partido único, abrindo a possibilidade de um acordo. Em setembro desse ano, numa tentativa de limitar a inflação após o fim do controle estatal da economia e a liberação de preços e mercados, o *kwanza* foi substituído pelo *novo kwanza,* sendo a expressão "novo" abandonada um ano depois. O processo de troca de moeda consistiu na troca de 5% do numerário entregue e depósito dos restantes 95% no Banco Central com a promessa de entrega de títulos de dívida púbica. Isso não veio a acontecer, e o valor acabou por ser reembolsado em dinheiro dois anos depois da operação de troca.

Em 1992, houve eleições, mas a UNITA contrariou o governo dos Estados Unidos, que a patrocinara, não aceitou o resultado do primeiro turno, recusou participar do segundo e preparou-se para retomar a luta. O MPLA a atacou em Luanda e em várias frentes; recomeçou a guerra civil, com ainda mais intensidade e mortos, a UNITA recuperou vários territórios e tomou cidades que havia perdido em 1976. O Conselho de Segurança da ONU decretou um embargo à organização, dificultou suas compras de armas e combustível com diamantes. O governo dos Estados Unidos reconheceu o governo do MPLA.

Em julho de 1995, a inflação do *kwanza* levou à sua substituição por um *kwanza reajustado (KzR)*, com o valor de 1.000 *novos kwanzas*. Mesmo a nova moeda era de valor tão baixo que as denominações das notas variaram de 1.000 a 5 milhões de *kwanzas reajustados*.

A guerra voltou a virar a favor do governo e, em 1996, sob pressão dos Estados Unidos e da ONU, as duas forças concordaram em formar um governo de coalizão. No ano seguinte, a UNITA o descumpriu ao impedir a entrada do MPLA em suas cidades, e o Conselho de Segurança a puniu com novas sanções. Ao mesmo tempo, forças angolanas ajudaram rebeldes a derrubar os governos do Zaire e do Congo, que apoiavam a UNITA. Com o isolamento, vários líderes da organização abandonaram Savimbi; uma nova ofensiva do governo destruiu a maior parte do que restava da UNITA e retomou seus territórios até o fim de 1999, reduzindo-a a uma força guerrilheira pouco eficaz, enquanto vinham à luz seus crimes de guerra, inclusive recrutamento forçado de menores e escravização sexual de meninas. Em dezembro desse ano, o *kwanza reajustado* foi substituído pelo *segundo kwanza* (este dividido em cêntimos e não em *lweis*) à taxa de um milhão por um. Em 2002, Savimbi foi morto e o que restava da UNITA aceitou depor as armas definitivamente e converter-se em partido político, encerrando de vez a guerra civil.

A reconstrução, 2002 em diante

A paz e as receitas do petróleo trouxeram a Angola um crescimento econômico acelerado: o PIB cresceu a uma média de 7,2% anuais de 2003 a 2015 e o país tornou-se uma potência regional, que exporta produtos industriais aos países vizinhos, investe em Portugal e mais de uma vez interveio nas guerras civis do Congo-Kinshasa e arbitrou sua sucessão. O MPLA recebeu o crédito pela pacificação e pelo desenvolvimento, mas também foi acusado de autoritarismo, corrupção e nepotismo.

O tráfico de influência nos projetos de infraestrutura (em grande parte realizados pela China) e comércio de petróleo claramente trouxe oportunidades de enriquecimento. José Filomeno de Sousa dos Santos, um dos filhos de José Eduardo, fundou o primeiro banco de investimentos de Angola e administrou o fundo soberano do país, que controla mais de cinco bilhões de dólares. Isabel dos Santos, uma das filhas, tornou-se a mulher mais rica da África, com investimentos da ordem de três bilhões de dólares em vários setores de Angola e Portugal, e presidente da estatal angolana do petróleo, a Sonangol. Seu esposo congolês, Sindika Dokolo, além de empresário, tornou-se o maior colecionador e patrocinador da arte no continente.

O MPLA conseguiu maiorias nas eleições livres celebradas a partir de 2008, embora decrescentes: 82% em 2008, 72% em 2012 e 61% em 2017. Com esta última vitória, João Lourenço, escolhido para liderar o partido no final de 2016, tornou-se presidente de Angola, encerrando 38 anos de poder de José Eduardo. O novo governo tratou de reformar as estatais de mineração, petróleo e gás e o fundo soberano, afastar os filhos de José Eduardo do comando e reduzir a influência de sua família, acusada de desviar recursos públicos em benefício próprio.

Moedas de Angola, 1978

Denominação	Valor em kwanzas	Peso em gramas	Valor em ñ 1978
Papel-moeda			
1.000 kwanzas	1.000,00	–	1.600
500 kwanzas	500,00	–	800
100 kwanzas	100,00	–	160
50 kwanzas	50,00	–	80
20 kwanzas	20,00	–	32
Moedas de cobre			
50 kwanzas	50,00	5,50	80
Moedas de cuproníquel			
20 kwanzas	20,00	10,00	32
10 kwanzas	10,00	7,70	16
5 kwanzas	5,00	6,90	8
2 kwanzas	2,00	5,00	3,2
1 kwanza	1,00	3,91	1,6
50 lweis	0,50	2,00	0,8

Moedas de Angola, 1993

Denominação	Valor em kwanzas	Peso em gramas	Valor em ñ 1993
Papel-moeda			
500.000 kwanzas	500.000	–	2.500
100.000 kwanzas	100.000	–	500
50.000 kwanzas	50.000	–	250
10.000 kwanzas	10.000	–	50
5.000 kwanzas	5.000	–	25
1.000 kwanzas	1.000	–	5
500 kwanzas	500	–	2,5
100 kwanzas	100	–	0,5

Moedas de Angola, 1996

Denominação	Valor em kwanzas reajustados	Peso em gramas	Valor em ñ 1996
Papel-moeda			
5.000.000 kwanzas reajustados	5.000.000	–	2.000
1.000.000 kwanzas reajustados	1.000.000	–	400
500.000 kwanzas reajustados	500.000	–	200
100.000 kwanzas reajustados	100.000	–	40
50.000 kwanzas reajustados	50.000	–	20
10.000 kwanzas reajustados	10.000	–	4
5.000 kwanzas reajustados	5.000	–	2
1.000 kwanzas reajustados	1.000	–	0,4

Moedas de Angola, 2000

Denominação	Valor em kwanzas	Peso em gramas	Valor em ñ 2000
Papel-moeda			
100 kwanzas	100,00	–	500
50 kwanzas	50,00	–	250
10 kwanzas	10,00	–	50
5 kwanzas	5,00	–	25
1 kwanza	1,00	–	5
Moedas de aço revestido de níquel			
5 kwanzas	5,00	7,0	25
2 kwanzas	2,00	5,0	10
1 kwanza	1,00	4,5	5
50 cêntimos	0,50	3,8	2,5
Moedas de aço revestido de cobre			
20 cêntimos	0,20	3,0	1
10 cêntimos	0,10	1,5	0,5

Moedas de Angola, 2015

Denominação	Valor em kwanzas	Peso em gramas	Valor em ñ 2015
Papel-moeda			
5.000 kwanzas	5.000,00	–	500
2.000 kwanzas	2.000,00	–	200
1.000 kwanzas	1.000,00	–	100
500 kwanzas	500,00	–	50
200 kwanzas	200,00	–	20
100 kwanzas	100,00	–	10
50 kwanzas	50,00	–	5
10 kwanzas	10,00	–	1
5 kwanzas	5,00	–	0,5
Moedas bimetálicas, núcleo aço revestido de prata, coroa aço revestido de bronze			
20 kwanzas	20,00	11,64	2
Moedas bimetálicas, núcleo de alpaca dourada, coroa de cuproníquel			
10 kwanzas	10,00	8,0	1
Moedas bimetálicas, núcleo de cuproníquel, coroa de alpaca dourada			
5 kwanzas	5,00	7,0	0,5
Moedas de aço revestido de latão			
1 kwanza	1,00	5,0	0,1

Poder aquisitivo e câmbio da moeda de Angola, 1953-2019

Moeda	Ano	ñ	US$/Kz
Angolar	1950		
	1951		
	1952		
	1953	3,31	28,75
	1954	3,21	28,75
	1955	3,28	28,75
	1956	3,24	28,75
	1957	3,24	28,75
Escudo angolano (colônia)	1958	3,28	28,75
	1959	3,18	28,75
	1960	3,24	28,67
	1961	3,39	28,73
	1962	3,14	28,68

Moeda	Ano	ñ	US$/Kz
2º Kwanza	2000	4,8610	10,04
	2001	2,3708	22,06
	2002	0,9688	43,53
	2003	0,4994	74,61
	2004	0,3723	83,54
	2005	0,2607	87,16
	2006	0,2236	80,37
	2007	0,2116	76,71
	2008	0,1805	75,03
	2009	0,2127	79,33
	2010	0,1610	91,91
	2011	0,1211	93,93
	2012	0,1131	95,47

	1963	3,08	28,75
	1964	2,91	28,82
	1965	2,75	28,78
	1966	2,66	28,82
	1967	2,47	28,84
	1968	2,37	28,73
	1969	2,19	28,56
	1970	2,11	28,63
	1971	2,16	28,19
	1972	2,20	27,05
Escudo angolano (independente)	1973	2,148	24,51
	1974	1,905	25,41
	1975	2,441	25,55
	1976	2,096	29,38
Kwanza	1977	1,902	29,92
	1978	1,615	29,92
	1979	1,459	29,92
	1980	1,124	29,92
	1981	1,148	29,92
	1982	1,148	29,92
	1983	1,148	29,92
	1984	1,148	29,92
	1985	0,964	29,92
	1986	1,060	29,92
	1987	0,985	29,92
	1988	0,963	29,92
	1989	0,831	29,92
Novo Kwanza	1990	0,749	29,92
	1991	0,347	55,10
	1992	0,062	251,42
	1993	0,0062	2.660,17
	1994	0,00027	59.515,00
Kwanza Reajustado	1995	0,0141	2.750,23
	1996	0,000471	128.029,17
	1997	0,000236	229.040,08
	1998	0,000170	392.823,52
2º Kwanza	1999	25,45	2,79

	2013	0,1103	96,52
	2014	0,1077	98,30
	2015	0,1119	120,06
	2016	0,0916	163,66
	2017	0,0745	165,10
	2018	0,0560	308,61
	2019	0,0473	481,97

Moçambique

Moçambique pré-colonial

A região que é hoje Moçambique foi ocupada pelos povos bantus entre o século I e o século V. Seu mais antigo centro urbano conhecido é Sofala. Fundada na foz do rio Buzi por volta de 700 d.C., do lado oposto da atual Beira, foi visitada por árabes em 915, quando já era um centro de comércio de ouro. O geógrafo e historiador árabe Al-Masudi a citou em sua obra de 947, e iranianos se estabeleceram ali em 1020. O nome *Sufalah* significa "terra baixa" em árabe, mas atualmente os nativos chamam de *Boani* essa cidade, hoje decaída pelo assoreamento de seu porto. Sofala fez parte de uma cultura das costas e ilhas africanas do Índico que existiu desde a Antiguidade e chegou a se estender de Moçambique à Somália.

A *Geografia* de Ptolomeu, escrita em Alexandria em cerca de 150 d.C., menciona Sarapion, provavelmente próxima da atual Mogadishu; Nikon, mais ao sul e identificada com as ruínas de Port Dunford, no sul da atual Somália; a ilha de Menuthias (Zanzibar) e Raphta (provavelmente em frente à ilha de Mafia), como entreposto mais ao sul da "costa de Azânia". Moedas do Egito ptolomaico e do Império Romano encontradas nas ruínas atestam a importância de seu comércio com as civilizações do Mediterrâneo.

Com a decadência das civilizações europeias no início da Idade Média, o comércio da costa da África Oriental voltou-se para o mundo islâmico, embora também se encontrem nessas cidades moedas e mercadorias provenientes da China, Vietnã, ilhas malaias, Sri Lanka e Índia. A Arqueologia indica que essa cultura era essencialmente autóctone, mas, durante a Idade Média, a intensificação dos contatos com outras civilizações do Índico e o casamento de nativas com mercadores iranianos e árabes levaram seus descendentes a se identificarem com estes. Dessa forma, adotaram o Islã e uma identidade persa – chamam a si mesmos *shirazi*, ou seja, originários da cidade iraniana de Shiraz – para se se distinguirem dos africanos não muçulmanos, chamados de *kaffir*, "infiéis" (cafres, em português).

A principal língua da cultura shirazi veio a ser o suaíli, língua bantu originada da atual costa do Quênia, mas com escrita e boa parte do vocabulário emprestada do árabe. Na Idade Média, a região era chamada *Zang* ("negra", no sentido étnico) em persa e *Zinj* em árabe e contava com pelo menos 37 cidades comerciais suaílis relevantes, incluindo Mogadishu, Barawa e Kismayu na atual Somália, Lamu, Malindi, Gedi e Mombaça, no atual Quênia, e Kilwa (Quíloa, para os portugueses), no sul da atual Tanzânia. O principal entreposto persa e árabe foi a ilha de Unguja, onde chegaram no século X e à qual chamaram Zanzibar (do persa *Zang Bar*, "costa negra", em árabe *Zanjibar*).

Mogadishu foi a primeira a se destacar no comércio com persas e árabes (seu nome deriva de *Maq'ad Shah*, "Sede do Xá") a partir do século X. Em 1250 tornou-se a capital de um sultanato que durou até o século XVII. Os nomes dos sultões são conhecidos graças às inscrições nas moedas de cobre, semelhantes aos faluzes árabes, por eles cunhadas a partir de 1323. Outra cidade-estado importante foi Barawa, organizada como república aristocrática. Mas ambas foram superadas em importância por Kilwa, que, segundo a lenda, foi fundada por Ali ibn al-Hassan Shirazi, príncipe de Shiraz espoliado pelos irmãos e casado com uma escrava etíope. Kilwa criou ainda no século X uma colônia na ilha de Mafia e veio a controlar a maior parte da costa do Índico de Inhambane a Malindi (incluindo Sofala e seu comércio de ouro e marfim, a partir de 1180), mais as ilhas de Zanzibar, Pemba, Mafia, Comoras e postos comerciais na costa noroeste de Madagascar.

Do século IX ao XIV, Kilwa cunhou moedas de cobre de 2 a 3 gramas e 19 a 25 mm. Devem ter sido mais usadas no comércio interno, pois se concentram na própria cidade e em Mafia, e em menor quantidade em Zanzibar e Pemba. Entretanto, algumas foram encontradas em Omã e no Grande Zimbábue e até em ilhas da costa norte da Austrália, talvez levadas por mercadores malaios por volta de 1100. São conhecidas também moedas de ouro em Kilwa nos anos 1330, cujo peso, não padronizado, variava em torno de 4,2 gramas como o dos dinares árabes. Embora contenham inscrições islâmicas, essas moedas não se parecem com as de outros Estados islâmicos da época. Mais diferentes ainda são as minúsculas moedas de prata encontradas em Shanga, no atual Quênia (0,11 a 0,27 grama, 8-9 mm), cunhadas do século IX ao XII e de uma diferente tradição, encontradas em Kilwa, Mafia, Pemba e Zanzibar (0,02 a 0,20 grama, 7-12 mm) e datadas dos séculos X e XI. Cauris foram encontrados entesourados junto a essas moedas; talvez tivessem aceitação mais ampla na costa e no interior da África do que elas, cujo uso parece ter sido mais local.

A prosperidade da civilização shirazi ou suaíli vinha de servirem de intermediários comerciais entre a Ásia e os kaffir, alguns dos quais criaram Estados poderosos. De 1075 a 1220, existiu na atual África do Sul, perto da fronteira do Zimbábue, o reino de Mapungubwe, cuja capital era uma cidade fortificada de pedra e madeira com evidência de estratificação social. Tal reino é atribuído aos calangas, um ramo dos xonas, povo que também criou a cidade de pedra bem maior do Grande Zimbábue (há mais de 150 construções de pedra menores chamadas "zimbábues" em Zimbábue e Moçambique, provavelmente suas tributárias), também do povo xona, que floresceu de 1200 a 1450 no país que recebeu seu nome e teve intenso comércio de ouro e marfim com Kilwa e outros Estados suaílis.

Segundo a tradição, em 1430 um príncipe de Zimbábue fugiu da fome que grassava na capital conquistando um território ao norte e fundando um novo núcleo perto da atual fronteira de Moçambique, com capital em Zvongombe. Quando, em 1450, o reino de Zimbábue se desintegrou, o sucessor desse príncipe conquistou as terras entre Zvongombe e a costa de Moçambique, criando um império xona conhecido pelo título de seu governante, Monomotapa (*Mwene Mutapa*, "Senhor do Reino"), com uma estrutura administrativa mais eficiente que a do seu antecessor e uma religião organizada em torno do culto do deus supremo Mwari. Enquanto isso, os calangas da região a oeste da antiga capital formaram um reino menor chamado Butua ou Torwa, com capital em Khami (perto da atual Bulawayo), mais fiel às tradições de Zimbábue, inclusive nas construções de pedra.

A partir de 1300, surgiram mais ao norte, entre os Grandes Lagos Africanos, civilizações sem grandes construções de pedra, mas com Estados relativamente grandes, alguns dos quais chegaram aos tempos modernos. Incluem Ruanda e Burundi, hoje repúblicas independentes; o Buganda, que se tornou o núcleo da atual Uganda; e o império de Kitara, que se fragmentou no século XVI e originou o reino de Bunyoro, também incorporado a Uganda.

Sofala se tornou o porto do Monomotapa no Índico. Os reinos tributários de Manica (na atual fronteira entre Moçambique e Zimbábue), Madanda e Quiteve (junto à costa) foram intermediários entre o Monomotapa e Sofala, que tinha sua própria elite, comunidades mercantis, colônias na costa até o Cabo Correntes (Inhambane) e na ilha de Madagascar e rotas comerciais que chegavam à Indonésia. Formalmente, Sofala, governada por um xeque, pertencia ao Monomotapa; a comunidade suaíli lhe pagava tributo para residir e negociar. O sultão de Kilwa tinha jurisdição apenas sobre os moradores suaílis, e seu representante era mais um cônsul do que um governante. Seus meios de troca incluíram cauris, tecidos, ouro em pó, cobre, contas, enxadas, lanças e milhete.

Ao norte de Sofala havia outros portos suaílis: Quelimane, principal acesso a esse rio e dependência de Kilwa, o sultanato de Angoche, entreposto de ouro e marfim fundado pelo sultão deposto de Kilwa em 1490, e a ilha que os portugueses chamaram de Moçambique (de Ali Musa Mbiki, seu governante no tempo de Vasco da Gama), um centro de construção naval tributário de Zanzibar e os xecados vizinhos de Sancul, Sangaje e Quitangonha. No interior, os povos mais importantes viviam ao norte, em volta de Moçambique e Angoche: os macuas (*makhuwa*), sociedade matriarcal de aldeias independentes, e povos de línguas aparentadas, como os chuabos, em torno de Quelimane. No centro, à volta de Sofala, predominavam os xonas do Monomotapa. No sul, viviam os tsongas, povo tribal patriarcal e agropastoril.

A África Oriental portuguesa

Em 1489, o português Pero da Covilhã, disfarçado de mercador árabe, chegou a Sofala, percorreu o sultanato de Kilwa até Malindi e descreveu suas cidades e riquezas. O relatório foi aproveitado por Vasco da Gama em suas viagens para a Índia de 1497-1499 e 1502-1503. Tomé Lopes, que o acompanhou na segunda viagem, escreveu que julgava ter sido Sofala o lar da rainha de Sabá e a bíblica Ofir da qual Salomão importava ouro, prata e pedras preciosas[16]. Ante o

16 Influenciado pela narrativa portuguesa, o poeta inglês John Milton, em *Paraíso Perdido* (1667), identificaria a região de Sofala com as lendárias minas de Salomão. O explorador alemão Karl Mauch, ao visitar as ruínas de Zimbábue em 1871, ressuscitaria essa especulação e iria ainda mais longe: disse ter lá encontrado um dintel de cedro do Líbano trazido por fenícios e afirmou ser Zimbábue uma réplica do palácio da rainha de Sabá em Jerusalém. A fantasia fenícia fascinou colonos ingleses e arqueólogos amadores e influenciou romances de aventura como *As Minas do*

sonho de encontrar um Eldorado no interior da África Oriental e a oportunidade gerada pelo fato de o trono de Kilwa ter sido tomado por um vizir visto como usurpador, Vasco da Gama tratou de persuadir vassalos e aliados de Kilwa a se aliarem aos portugueses e lhes concederem o monopólio do comércio marítimo, esperando assim controlar o comércio do Índico e um dia, as minas do interior.

Malindi (Melinde, para os portugueses) foi a primeira a se unir aos portugueses, aliando-se a estes contra Mombaça em 1497. Na segunda viagem, Vasco da Gama fez acordos em separado com Sofala, Malindi e Moçambique e forçou Kilwa a lhe pagar tributo. Em 1505, Pero de Anaia foi autorizado pelo xeque Isuf a construir em Sofala um forte e uma feitoria. Anaia queria tomar o comércio do ouro, e o xeque buscava apoio dos portugueses para consolidar sua independência de Kilwa. Pouco depois, os portugueses invadiram Kilwa, depuseram o emir e colocaram um protegido no governo.

Em 1507, os portugueses tomaram a ilha de Moçambique, cujo porto era mais adequado a navios de maior calado, e transferiram para lá o centro de operações de sua hegemonia sobre toda a costa suaíli. Embora a colônia, subordinada ao Vice-Reino da Índia, continuasse a se chamar Capitania de Sofala até 1569 e Capitania de Moçambique e Sofala até 1836, Sofala se tornou secundária. Para escapar ao controle português, a maior parte das exportações de ouro tomou o caminho do ainda independente porto de Angoche até 1544, quando os portugueses instalaram uma feitoria no rio Zambeze para ter acesso direto ao ouro. Inicialmente, pagaram um tributo ao sultão de Angoche, mas algum tempo depois capturaram o sultão quando este foi a Moçambique cobrar o tributo e manipularam a disputa pela sucessão para pôr em seu lugar um pretendente submisso.

Em 1561, um jesuíta chegou à corte do Monomotapa e o converteu ao cristianismo. Entretanto, os mercadores muçulmanos da capital convenceram o soberano, dias depois, a voltar atrás e executar o missionário. Os portugueses organizaram uma expedição punitiva, mas esta fracassou, e assim o Monomotapa continuou por muito tempo a controlar as minas de ouro e cobrar dos portugueses tributos e tarifas de importação de mercadorias.

Rei Salomão e *Ela* (*She*) de Henry Rider Haggard. Arqueólogos da segunda metade do século XX comprovaram a construção de Zimbábue por bantus durante a Idade Média, mas suas descobertas foram censuradas até os anos 1970 pelo governo racista da Rodésia, que insistiu em origens fenícias ou árabes para negar a existência das civilizações africanas e afirmar a superioridade branca.

Em Moçambique, usava-se então como moeda-mercadoria o *metical* (do árabe *mithqal*, unidade de peso): 4,78 gramas de ouro em pó – uma oitava e 24 grãos portugueses – colocado no interior das raques (eixos centrais) de penas de aves, de preferência as maiores penas de pato, cujas extremidades eram tapadas com cera de abelha. 100 meticais faziam uma *pasta*, 1/8 de metical chamava-se uma *tanga* (de *tanka*, moeda da Índia). O missionário João dos Santos, que esteve em Moçambique de 1586 a 1597, relatou que um metical valia então 480 réis. Isso seria cerca de 480 ñ a preços espanhóis ou portugueses da época, mas aparentemente bem menos ali, ao menos para comprar produtos europeus. Segundo o missionário, um metical ali valia tanto quanto "dois reais ou meio tostão" (40 ou 50 réis) em sua terra, e os padres não poderiam se sustentar se recebessem menos de um metical como esmola por sua missa. Em um período de escassez, quando se perdeu o navio semestral que traria mercadorias de Portugal, uma canada de vinho português (1,4 litro) chegou a custar 14 meticais e uma caixa de marmelada de cinco arráteis (2,3 kg), cinco meticais.

João dos Santos também menciona barrinhas de cobre de meio palmo de comprimento e dois dedos de largura (cerca de meio quilo, pode-se presumir) chamadas *maçontas*, que valiam três vinténs (60 réis). L*ingotes ou "pães" de calaim (liga de estanho com chumbo) de meio arrátel (229,5 gramas) eram chamados pondos e valiam 120 réis ou 2 tangas. Um* fio de miçangas coloridas de barro vidrado com um palmo de comprimento era chamado *mite* e também usada como dinheiro, com valor de 2 réis. Um conjunto de 10 mites chamava-se *lipote* (ô fechado) e 20 lipotes uma *motava*, que equivalia a um cruzado (400 réis). Roupas também eram usadas para comprar mercadorias e pagar dívidas. Em seu tempo, o Capitão-geral de Sofala pagava ao rei de Quiteve um tributo de 200 panos por ano, que valiam em Sofala mais de 40 mil réis entre os portugueses e 100 mil réis entre os "cafres".

No início do século XVII, os portugueses persuadiram os vassalos do Monomotapa a aceitarem a proteção de Portugal, de modo a enfraquecer o império e reduzir sua receita tributária. Em 1629, o Monomotapa tentou expulsar os europeus e foi derrotado. Portugal colocou então no trono um imperador fantoche e consolidou seu controle. Dois anos depois, o sultão de Mombaça, educado e batizado pelos portugueses em Goa, rebelou-se e massacrou a guarnição portuguesa.

Os portugueses retomaram a cidade no ano seguinte e passaram a governá-la diretamente, criando mais insatisfação entre os africanos. Também durante o século XVII, a confederação Maravi, com centro no atual Malauí, expandiu-se para o norte do atual Moçambique.

Por essa época, o governo colonial começava a implantar a partir do vale do Zambeze o sistema de "prazos", contratos renováveis de arrendamento pelo prazo de três gerações. Quando não eram concedidos a ordens religiosas, eram transmitidos por linha feminina – isto é, de pai (se um homem recebesse a concessão original) ou mãe para filha. Os beneficiários, "prazeiros" ou "prazeiras", eram portugueses, goeses ou "muzungos", mestiços de portugueses nascidos em Moçambique, que recebiam ou conquistavam concessões de distritos inteiros e se tornavam, na prática, chefes africanos, relacionados às chefias nativas como vassalos ou aliados. A partir de 1629, os prazeiros puderam se estabelecer nos domínios do Monomotapa, e em 1663 se tornaram poderosos a ponto de depor o governante para impor outro de sua preferência.

Com o enfraquecimento do Monomotapa, um povo antes sob seu controle, os rozvi, invadiu em 1684 o reino de Butua e a partir dele construiu um novo império, com capital em Danangombe, perto da antiga Khami e da atual Bulawayo. Seu soberano, chamado em português Changamire (*Changa we Mbire*, "senhor do Mbire", montanha no sul do Zimbábue), expulsou os portugueses do planalto do Zimbábue entre 1693 a 1695 e seus sucessores dominariam a região até 1866.

Quase ao mesmo tempo, Saif bin Sultan, filho do sultão do Omã que havia expulsado os portugueses de Mascate em 1650, retomou na costa da África a luta contra os portugueses. Para isso contava com o apoio dos shirazis, revoltados contra o governo colonial. Em 1696-1698 tomou a fortaleza portuguesa em Mombaça, e a partir dela conquistou Zanzibar, Pemba, Kilwa e as atuais costas do Quênia e Tanzânia; eliminou a presença portuguesa ao norte do rio Rovuma e a reduziu ao atual Moçambique. Salvo episódios de rebelião, o Omã continuaria a dominar essa costa até 1861, quando um conflito entre dois herdeiros do trono levou à divisão de seus domínios entre dois sultanatos, Omã e Zanzibar. O segundo seria partilhado em 1890 entre o Reino Unido e a Alemanha, ficando o primeiro com o Quênia e o arquipélago de Zanzibar e a segunda com a África Oriental Alemã, depois dividida em Tanganica, Ruanda e Burundi.

A colônia de Moçambique

O Monomotapa, reduzido ao vale do Zambeze, tornou-se vassalo do Changamire e expulsou os portugueses em 1712. Com o Zambeza ameaçado e saqueado pelos Changamires e seus vassalos e a expansão para o planalto bloqueada pelos Changamires, os prazeiros se expandiram para o norte, tomando território aos Maravis, cuja confederação se desintegrou por volta de 1720. Também nessa época, o que restava do Monomotapa voltou a buscar a proteção de Portugal e mudou sua capital para perto de Tete, no atual Moçambique. Em 1759, uma guerra civil desintegrou o império, reduzido a um pequeno reino conhecido como Chidima.

De 1725 a 1750, no reinado de D. João V, foram cunhadas em Goa as primeiras moedas destinadas a Moçambique: cobres de 10, 15 e 30 réis e moedas de prata de 200, 400 e 800 réis. Estes não eram réis portugueses, mas "réis fracos": a moeda de Goa se inflacionara em relação à metrópole. No final do século XVII seu real valia 0,533 do real português, e a de algumas de suas dependências, mais ainda. O conteúdo em prata das moedas de Moçambique equivalia a apenas 47,4% daquele das moedas portuguesas.

Em 1752, o governo de Moçambique deixou de depender de Goa para responder diretamente a Lisboa (sem mudança imediata do seu padrão monetário), mas o interior foi deixado à mercê dos prazeiros, cujo poder dependia de sua capacidade de impor tributos e escravizar os nativos. Frequentemente enfrentavam revoltas ou fugas em massa. O governo colonial só controlava de fato Sofala e a ilha de Moçambique; os prazeiros eram quase independentes e frequentemente faziam guerra entre si. Por volta de 1760, o governo do Marquês de Pombal tentou reduzir sua autonomia e o tamanho de seus territórios, com pouco sucesso.

Também no reinado de José I (r. 1750-1777) foram contramarcadas moedas para uso em Moçambique com denominações inflacionadas em relação às da metrópole. Moedas brasileiras de 600 réis foram contramarcadas como 1.000 réis e pesos hispano-americanos como 2.400 réis. Foram também cunhadas novas moedas de prata de 100 a 800 réis e moedas de ouro de 1.000 a 4.000 réis, com conteúdo em ouro por real equivalente a 56,6% daquele das moedas portuguesas da mesma época.

Durante o século XVIII, uma moeda-mercadoria muito usada

no contato com mercadores foi o marfim. Em Moçambique era medido em *bares*, que equivaliam a 294,76 kg nas regiões de Zambézia e Sofala e a 247,86 kg em Inhambane e na ilha de Moçambique. Um bar de marfim na Zambézia valia, no século XVIII, cerca de 200$000 (110.000 ñ a preços portugueses de 1750).

Nos anos 1780, o tráfico de escravos ganhou importância. Embora secundário em relação a outras regiões da África – Moçambique e Madagascar foram origem de apenas 4,7% dos africanos escravizados –, a caça aos nativos, destinados ao Brasil, a Cuba e às ilhas francesas de Maurício e Reunião, perturbou as outras formas de comércio, enfraqueceu os prazeiros em favor dos traficantes e multiplicou as revoltas quando os prazeiros começaram a vender seus próprios lavradores por lucros de curto prazo. Até o fim efetivo do tráfico nos anos 1850, o controle português do interior tornou-se ainda mais precário.

Em 1820, foram cunhadas moedas de 20, 40 e 80 réis para Moçambique. Na ilha de Moçambique, também circulavam peças portuguesas de 14,34 gramas por 10.000 réis, "patacas" (pesos) espanholas por 800 réis e moedas de tutanaga (liga de estanho, chumbo e cobre) por 30 réis. Em 1832, o "real fraco" moçambicano valia 0,42 real português. Um pão de trigo de ¼ arrátel ou 115 gramas custava 100 réis fracos (20 ñ a preços portugueses, 170 ñ/kg), mas era considerado um luxo. O soldo de um soldado europeu era 120 réis fracos diários, mais dois alqueires (27,6 litros ou cerca de 22 kg) de arroz por mês.

De 1817 a 1835, o interior da África meridional foi foco da turbulência chamada *mfecane* ("esmagamento") pelos zulus, deflagrada pela demanda por gado e marfim da feitoria de Lourenço Marques, fundada em 1782 na baía de Maputo, sul de Moçambique. Em 1817, os mthethwa, da atual África do Sul, fizeram uma aliança com os tsongas para controlar essa rota comercial e cortaram o acesso a Lourenço Marques dos rivais ndwandwe. Estes entraram em guerra e foram inicialmente vitoriosos, mas os mthethwa buscaram uma aliança com os zulus, cujo líder Shaka usou a guerra para construir um enorme exército e expandir seus domínios em todas as direções. Isso fez povos inteiros fugirem e tentarem conquistar outros territórios para sobreviver, deflagrando uma reação em cadeia que derrubou e construiu impérios. Os ndwandwe fugiram para o atual sul de Moçambique, conquistaram terras dos tsongas e em 1824 criaram o reino de Gaza, que, com capital em Manjacaze, depois Mossurize, dominou o atual Moçambique ao sul do Zambeze até 1895. Um grupo zulu dissidente de Shaka, conhecido por ndebele, tentou estabelecer-se mais ao norte e foi derrotado pelos boeres; em 1837 migrou para o atual Zimbábue, destruiu o império Rozvi e fundou um novo reino, com capital em Bulawayo.

No reinado de D. Maria II, foram cunhadas novas moedas de 20 a 80 réis (1840), moedas de um e dois réis (1853) e marcadas barrinhas de prata de uma onça ou 6 cruzados e barrinhas de ouro de 2½ meticais e 66 cruzados (1843-1851). O conteúdo em metal precioso dessas peças era menos de 30% do correspondente ao mesmo valor em réis nas moedas da metrópole, e o "real fraco" de Moçambique era agora equivalente a 0,244 real português e 410 réis moçambicanos a 100 réis portugueses.

Em dezembro de 1852, porém, decretou-se que as moedas de Moçambique fossem as mesmas do reino, eliminando-se os "réis fracos" e a contabilidade neles baseada. As moedas provinciais perderam o valor legal, e foram cunhadas moedas de 1 e 2 réis especialmente para a colônia, para complementar as cunhagens portuguesas de maior valor. Foram também emitidas notas de 2$500 e 5$000 réis para circulação em Moçambique.

Em 1854, o governo português aboliu o sistema de prazos para substituí-lo por arrendamentos, deflagrando novos conflitos na região central. Esses conflitos, bem como a falta de recursos financeiros e humanos de Portugal para estabelecer sua autoridade fora da ilha de Moçambique e de uns poucos enclaves costeiros, deixaram a colônia em posição de fraqueza ante o Império Britânico na corrida pela partilha da África dos anos 1880. Os portugueses haviam explorado, negociado com governantes locais e ocupado pontualmente, com colonos e guarnições, regiões dos atuais Zimbábue e Malauí desde o século XVI e Zâmbia desde o século XVIII. Esperavam integrar essas regiões em um domínio contínuo de Angola a Moçambique. Ao mesmo tempo, os britânicos liderados pelo empresário da mineração de diamantes Cecil Rhodes se interessavam pela região central, rica em minérios, e esperavam ocupar também a maior parte do atual Moçambique.

Os portugueses se apressaram: ocuparam a região de Manica, em 1887 fundaram Chiveve (depois Beira), onde Rhodes planejara construir um porto; no mesmo ano, transferiram a capital da colônia da ilha de Moçambique para Lourenço Marques, no continente; assinaram um tratado de vassalagem com o rei de Gaza em 1886 e com chefes locais nos atuais Malauí e Zimbábue em 1888 e 1889. Entretanto, em 1890 o Império Britânico exigiu com um ultimato humilhante e sob ameaça de guerra a imediata retirada dos portugueses. Estes capitularam, e as forças de Rhodes não só tomaram as regiões inicialmente disputadas como enfrentaram os portugueses até Chiveve.

Em junho de 1891, um novo tratado garantiu o controle do litoral pelos portugueses. Os britânicos recuaram até os limites atuais, mas a humilhação deflagrou o processo que derrubaria a monarquia portuguesa. Os portugueses concentraram-se então em impor sua autoridade dentro das fronteiras que lhes foram concedidas, reprimindo os prazeiros rebeldes e liquidando o reino de Gaza em 1895.

Para acelerar a ocupação ante a falta de recursos do Estado português, dois terços do território foram concedidos por até 50 anos a empresas privadas chamadas "companhias majestáticas". Estas formaram seus próprios exércitos de europeus e "cipaios", mercenários nativos, para derrotar os africanos, tomar suas terras, cobrar impostos, impor trabalhos forçados, assumir o poder público e emitir moeda e selos em troca de pagar 7,5% de seus lucros ao governo português. O modelo havia sido aplicado pelo Império Britânico e pela Alemanha em suas próprias colônias, mas, ao contrário desses países, Portugal não tinha empresas nacionais com recursos para tal empreitada e entregou as concessões a empresas britânicas e alemãs, sem nenhum interesse em seus projetos nacionais.

A Companhia de Moçambique, formada por capitais britânicos e sul-africanos, recebeu de 1891 a 1942 o centro-sul de Moçambique. Por meio do Banco da Beira, fundado em sua capital como sociedade com o Banco Nacional Ultramarino, emitiu a partir de 1919 tanto papel-moeda resgatável em ouro e denominado em libras esterlinas (de meia libra a 20 libras) quanto resgatável em prata e denominado em escudos, de dez centavos a um escudo. Entre 1925 e 1926, abusou do privilégio a ponto de suas emissões se desvalorizarem em cerca de 70%. O banco foi liquidado e a emissão assumida diretamente pela Companhia, continuando a ser denominada e conversível em libras de ouro. Em 1933, após o abandono do padrão-ouro pelo Reino Unido, a moeda denominada em libras passou a ser conversível em escudos à razão de 110 escudos por libra, até o fim da concessão. Pouco desenvolveu a agricultura, pois seu maior interesse no interior era recrutar trabalhadores para as minas sul-africanas de seus sócios.

A Companhia do Niassa recebeu as províncias de Cabo Delgado e Niassa em 1894 e em seus primeiros anos cunhou moedas de cobre de 10 e 20 réis e de prata de 500 réis, de peso e tamanho semelhante às portuguesas. Inicialmente de capital britânico, foi adquirida por alemães que pretenderam se apoderar do norte de Moçambique até ser confiscada por britânicos na I Guerra Mundial, mas em 1929 a companhia renunciou à concessão por não a julgar suficientemente lucrativa. Outras companhias receberam concessões menores e com menos privilégios.

Com a expansão repentina da demanda por dinheiro, devida à ocupação do interior e ao comércio com a África do Sul, e a falta de cunhagem apropriada, em 1889 mais moedas contramarcadas foram postas para circular em Moçambique: xelins britânicos foram marcados como 225 réis, rúpias da Índia Britânica como 450 réis e táleres austríacos como 920 réis.

Em 1911, um ano após a queda da monarquia portuguesa, o mil-réis foi substituído pelo escudo, de mesmo valor, dividido em 100 centavos. Na I Guerra Mundial, Portugal lutou ao lado dos britânicos para evitar a perda de suas colônias para a Alemanha. Os alemães invadiram Moçambique a partir da então África Oriental Alemã e incitaram os nativos contra os portugueses. A revolta de Bárue, em 1917-1920, levou três anos para ser reprimida e resultou no fim de Chidima e outros reinos surgidos da desintegração do Monomotapa. O único ganho territorial de Portugal foi um pequeno território alemão na foz do Rovuma anexado a Moçambique. A maior parte da África Oriental Alemã tornou-se a colônia britânica de Tanganica, salvo Ruanda e Burundi, entregues à Bélgica.

O descontrole das contas públicas resultante da guerra levou a uma explosão inflacionária, escândalos financeiros e agitação anarco-sindicalista. Um golpe instalou uma ditadura militar em 1926, que em 1928 convidou António Salazar a controlar as contas públicas e acabou por lhe dar poder praticamente absoluto, consolidado em 1933 no regime fascista do Estado Novo.

A partir de 1936, foram cunhadas moedas de 10 centavos a 10 escudos para Moçambique. O regime salazarista intensificou a repressão e exploração dos nativos pela venda de seu trabalho forçado a empresas privadas ou pelo seu recrutamento pelas minas sul-africanas, que pagavam impostos e 60% dos salários diretamente ao governo português. Ao mesmo tempo, estimulou a migração de portugueses para Moçambique, aumentando as tensões sociais ao lhes conceder terras e privilégios e criar um sistema de segregação racial.

Em 1951, com a expectativa de escapar às pressões pela descolonização, Portugal anexou oficialmente suas colônias e declarou-as "Províncias Ultramarinas" sem conferir qualquer grau de cidadania a seus povos. No entanto, o início da descolonização na Ásia e África por outras potências começou a inspirar movimentos anticoloniais moçambicanos a partir de meados dos anos 1950. O primeiro com o objetivo declarado de independência foi a UDENAMO - União Democrática Nacional de Moçambique, fundada por exilados na então Rodésia do Sul (atual Zimbábue) e seguida pela MANU - Mozambique African National Union, fundada em Tanganica (atual Tanzânia), e pela UNAMI - União Nacional Africana para Moçambique Independente, fundada na Niassalândia (atual Malauí).

Em meados de 1960, ocorreu um massacre considerado decisivo para o início do movimento independentista. Em Mueda (nordeste de Moçambique), cerca de cinco mil agricultores, cujo porta-voz era a MANU, quiseram reivindicar melhores preços para seus produtos e *uhulu*, "liberdade" em maconde (equivalente a *uhuru* em suaíli), em relação ao trabalho forçado para os macondes que voltassem de Tanganica, onde essa prática já não existia. O governador de Cabo Delgado os recebeu e falou em melhorar o preço do algodão, mas nada de *uhulu*. Os representantes da MANU reclamaram, foram imediatamente presos, a multidão protestou e tentou libertá-los e o governador mandou os policiais dispararem, matando 30 manifestantes, segundo o relatório oficial, ou 150, segundo os africanos.

Em 1962, os três movimentos independentistas concordaram em se unir na Frente de Libertação de Moçambique (FRELIMO), a qual, apoiada pelo presidente Julius Nyerere, de Tanganica, e liderada pelo sociólogo Eduardo Mondlane, iniciou em setembro de 1964 uma campanha de guerrilha no norte do país. Tiveram o apoio da União Soviética, Cuba, Alemanha Oriental e China, e receberam ainda ajuda financeira dos países nórdicos e apoio logístico de Tanganica (Tanzânia a partir da fusão com Zanzibar em 1964) e Malauí (independente a partir desse mesmo ano). Em 1967, cerca de 14% da população e 20% do território eram controlados pela FRELIMO.

Em 1969, Mondlane foi assassinado por uma carta-bomba, atribuída ao serviço secreto português. Após um conflito interno, a FRELIMO passou a ser liderada por Samora Machel, que impôs à organização uma orientação socialista e ampliou o conflito, passando a visar também as cidades e os colonos portugueses. A guerra em Moçambique, Angola e Guiné esgotou cada vez mais os recursos humanos e financeiros de Portugal, até os próprios militares se rebelarem e deporem a ditadura salazarista em abril de 1974. Inicialmente, o general António de Spínola, que assumiu a presidência após a Revolução dos Cravos, pretendeu manter as colônias ligadas a Portugal por meio de uma federação. Em julho, a contragosto, foi forçado a admitir o direito à autodeterminação, mas insistiu em negociar uma transição de quatro ou cinco anos sob controle português, de modo a preservar os privilégios dos colonos, organizar outras forças políticas e evitar a entrega do poder aos revolucionários. Isso, porém, se mostrou inviável: os oficiais subalternos, muitos deles marxistas, se recusavam a continuar a luta, confraternizavam com os guerrilheiros e lhes entregavam seus postos.

Em 7 de setembro, Portugal capitulou quase incondicionalmente. Em Lusaca, Zâmbia, assinou um acordo com a FRELIMO para formar um governo de transição com ministros portugueses e guerrilheiros e entregar o poder a curto prazo. Colonos portugueses, sentindo-se traídos, promoveram levantes em Lourenço Marques e Beira, com a esperança de criar em Moçambique, ou pelo menos no sul, um Estado de apartheid. Milícias brancas circularam pelos subúrbios, ameaçando e matando supostos simpatizantes da FRELIMO. Entretanto, não receberam a esperada ajuda da Rodésia e África do Sul, nem a adesão de militares, e depois de quatro dias as tropas portuguesas restauraram a ordem com a ajuda de forças guerrilheiras, recebidas nas cidades nos termos do acordo. Seguiram-se represálias por parte da população negra e o endurecimento da posição da FRELIMO em relação aos colonos, resultando na fuga de 200 mil deles.

Moedas de Moçambique (1740)

Denominação	Valor em réis fracos	Peso em gramas	Valor em ñ (1740)
Moedas de prata 91,67%			
800 réis	$800	11,6	224
400 réis	$400	5,8	112
200 réis	$200	2,7	56
Moedas de cobre			
30 réis	$030	36	8,4
15 réis	$015	21	4,2
10 réis	$010	12	2,8

Obs.: valores a preços portugueses, real moçambicano = 0,47 real português

Moedas de Moçambique (1765)

Denominação	Valor em réis	Peso em gramas	Valor em ñ (1765)
Moedas de ouro 98,96%			
ducado holandês	2$900	3,46	870
Moedas de ouro 91,67%			
2 escudos espanhóis	5$300	6,76	1.590
4 mil réis	4$000	5,08	1.200
2 mil réis	2$000	2,54	600
mil réis	1$000	1,27	300
Moedas de prata 90,3%			
peso mexicano ou peruano	1$400	27,07	420
Moedas de prata 91,67%			
moeda brasileira de 600 réis	1$000	18,11	300
800 réis	$800	14,40	240
400 réis	$400	7,30	120
200 réis	$200	3,37	60
100 réis	$100	1,65	30
Moedas de cobre			
60 réis	$060	20	18

Obs.: valores a preços portugueses, real moçambicano = 0,56 real português

Meios de troca no interior de Sofala (1834)

Denominação	Valor em réis fracos (moçambicanos)	Valor em réis fortes (portugueses)	peso em gramas	valor em ñ (1834)
Ouro em pó				
Pasta	300$000	120$000	559,35	52.800
Dogado	12$000	4$800	22,37	2.112
Murrumo	6$000	2$400	11,19	1.056
xivingue ou matical	3$000	1$200	5,59	528
Inhamussira	$167	$067	0,31	29
Contas				
fio de coral ou miçangas	$083	$033	n/d	15
Marfim				
Bar	240$000	96$000	330.448,90	42.240
Faraçola	12$000	4$800	16.522,44	2.112
Tecido				
pano (*)	1$000	$400	n/d	176

Obs.: valores a preços portugueses, real moçambicano = 0,4 real português

(*) "cada pano tem duas mãos e cada mão é o comprimento que vai do dedo índice ao cotovelo", ou seja, o pano teria 91 cm

A equivalência efetiva do xivingue em ouro a preços da ilha de Moçambique era de 17 "cruzados fracos" de 160 réis portugueses, num total de 2$720 réis portugueses, e o do bar de marfim a 160 mil réis, sendo a diferença o lucro na troca com os nativos da região do rio Sena.

Moedas de Moçambique (1851)

Denominação	Valor em réis fracos (moçambicanos)	Valor em réis fortes (portugueses)	Peso em gramas	Valor em ñ (1851)
Moedas de ouro 91,67%				
peça	32$800	8$000	14,34	4.100
meia peça	16$400	4$000	7,17	2.050
Barrinhas de ouro 75%				
2½ meticais	26$400	6$600	14,50	3.300
1¼ metical	13$200	3$300	7,20	1.650
Barrinhas de prata 66,7%				
uma onça	2$400	$600	28,50	300
Moedas de cobre				
80 réis	$080	$020	14,8	10
40 réis	$040	$010	7,4	5
20 réis	$020	$005	3,7	2,5
Moedas de tutanaga				
15 réis	$015	$00375	18	1,87
10 réis	$010	$0025	9	1,25

Obs.: valores a preços portugueses, real moçambicano = 0,25 real português

Moedas de Moçambique (1889)

Denominação	Valor em réis	Peso em gramas	Valor em ñ 1889
Papel-moeda			
50 mil-réis	50$000	–	15.000
20 mil-réis	20$000	–	6.000
10 mil-réis	10$000	–	3.000
5 mil-réis	5$000	–	1.500
2.500 réis	2$500	–	750
2 mil-réis	2$000	–	600
1 mil-reis	1$000	–	300
Moedas de ouro 91,7%			
onça de ouro espanhola ou hispano-americana	14$600	27,04	4.380
peça	8$000	14,34	2.400
meia onça	7$300	13,52	2.190
5 mil-reis	5$000	8,87	1.500
moeda d'ouro brasileira	4$500	8,96	1.350
soberano (libra esterlina)	4$500	7,99	1.350
meia peça	4$000	7,17	1.200
quarto de onça	3$650	6,76	1.095
meio soberano	2$250	3,99	675
2 mil-réis	2$000	3,55	600
Moedas de ouro 90%			
águia estadunidense de 10 dólares ou "patacas"	9$200	16,72	2.760
meia águia	4$600	8,36	1.380
Moedas de prata 90,3%			
peso hispânico (chamado "pataca")	$920	27,07	276
patacão brasileiro (chamado "pataca")	$920	27,07	276
Moedas de prata 90%			
dólar estadunidense (chamado "pataca")	$920	26,73	276
escudo francês (5 francos)	$860	25,00	258
Moedas de prata 83%			
táler austríaco (contramarcado) (*)	$860	28,07	258
Moedas de prata 92,5%			
xelim britânico (contramarcado)	$225	5,65	68
6 pence britânicos (contramarcado)	$090	2,83	27
Moedas de prata 91,67%			
500 réis	$500	12,50	150
1 rúpia da Índia Britânica (contramarcada)	$450	11,66	135
½ rúpia (contramarcada)	$225	5,83	68
200 réis	$200	5,00	60

100 réis	$100	2,50	30
50 réis	$050	1,25	15
Moedas de cobre			
20 réis	$020	25,6	6,0
10 réis	$010	12,8	3,0
5 réis	$005	6,4	1,5
3 réis	$003	3,84	0,9
2 réis	$002	2,56	0,6
1 real	$001	1,28	0,3

Obs.: valores a preços portugueses, real moçambicano = real português

(*) 920 réis de 1864 a 1886, 860 réis a partir de janeiro de 1887

Moedas de Moçambique (1937)

Denominação	Valor em escudos	Peso em gramas	Valor em ñ (1937)
Papel-moeda (Banco Nacional Ultramarino)			
1.000 escudos	1:000$00	–	12.000
500 escudos	500$00	–	6.000
100 escudos	100$00	–	1.200
50 escudos	50$00	–	600
20 escudos	20$00	–	240
10 escudos	10$00	–	120
5 escudos	5$00	–	60
2½ escudos	2$50	–	30
1 escudo	1$00	–	12
Papel-moeda (Banco da Beira)			
20 libras	2:200$00	–	26.400
10 libras	1:100$00	–	13.200
5 libras	550$00	–	6.600
1 libra	110$00	–	1.320
1/2 libra	55$00	–	660
1 escudo	1$00	–	12
50 centavos	0$50	–	6
20 centavos	0$20	–	2,4
10 centavos	0$10	–	1,2

Moedas de prata 83,5%			
10 escudos	10$00	12,5	120
Moedas de prata 65%			
5 escudos	5$00	7,0	60
2½ escudos	2$50	3,5	30
Moedas de cuproníquel			
1 escudo	1$00	8,0	12
50 centavos	0$50	4,4	6
Moedas de bronze			
20 centavos	0$20	4,9	2,4
10 centavos	0$10	4,0	1,2

Obs.: valores a preços portugueses, escudo moçambicano = escudo português

Moedas de Moçambique (1973)

Denominação	Valor em escudos	Peso em gramas	Valor em ñ (1973)
Papel-moeda (Banco Nacional Ultramarino)			
1.000 escudos	1:000$00	–	340
500 escudos	500$00	–	170
100 escudos	100$00	–	34
50 escudos	50$00	–	17
Moedas de níquel			
20 escudos	20$00	12,2	7
Moedas de cuproníquel			
10 escudos	10$00	9,2	3,4
5 escudos	5$00	7,0	1,7
2½ escudos	2$50	3,5	0,85
Moedas de bronze			
1 escudo	1$00	8,0	0,34
50 centavos	0$50	4,5	0,17
20 centavos	0$20	1,8	0,07

Obs.: valores a preços locais

Moçambique independente

Em 25 de junho de 1975, foi proclamada a independência com Samora Machel como presidente e várias cidades coloniais foram rebatizadas com nomes africanos, a começar por Lourenço Marques, que se tornou Maputo. A economia, abalada pela saída dos colonos portugueses, foi reorganizada com ajuda soviética em bases socialistas e o novo governo uniu-se ao boicote internacional à Rodésia e apoiou a guerrilha da União Nacional Africana do Zimbábue (ZANU, pela sigla em inglês), que lutava contra esse regime de apartheid. Em represália, a Rodésia apoiou e armou uma guerrilha anticomunista em Moçambique, o Movimento Nacional de Resistência (MNR), depois Resistência Nacional Moçambicana (RENAMO), que em 1979 iniciou uma guerra civil.

Em 1980, o governo rodesiano foi forçado a capitular ante a ZANU e permitir a eleição de um governo negro liderado por Robert Mugabe, mas a RENAMO sobreviveu com patrocínio da África do Sul e realizou seguidos ataques à infraestrutura, a escolas e centros de saúde e às aldeias comunais e fazendas estatais, colocando milhões em fuga. Combinados com ineficiências administrativas e com as secas dos anos 1984-1985, esses ataques resultaram numa grave deterioração da economia moçambicana, que chegou a ser considerada a mais pobre do mundo em termos de renda per capita.

Em junho de 1980, Moçambique substituiu o escudo moçambicano pelo metical (MT) do mesmo valor, retomando o nome daquela que era considerada a primeira moeda do país. O desequilíbrio financeiro causado pela guerra e pela crise econômica a submeteu, porém, a forte inflação.

Em 1986, Samora Machel morreu num acidente de avião, atribuído por muitos a uma sabotagem sul-africana, e foi sucedido por Joaquim Chissano. No ano seguinte, com a perda do interesse do governo soviético de Mikhail Gorbachev por apoiar a revolução na África, o governo de Moçambique desistiu do marxismo-leninismo e assinou um acordo com o Banco Mundial e o FMI.

Por outro lado, o regime sul-africano desmoronava: em 1990, Nelson Mandela foi libertado e o governo branco chegou a um acordo com o Congresso Nacional Africano (CNA) para desmantelar o apartheid e abrir caminho a um governo de maioria. A RENAMO foi forçada a negociar e em 1992 aceitou um acordo de paz e eleições livres, com uma transição supervisionada pela ONU.

As eleições de 1994, assim como todas as que se seguiram, deram vitória à FRELIMO, mantendo-se a RENAMO como principal partido de oposição. Chissano foi sucedido por Armando Guebuza em 2005 e este por Filipe Nyusi em 2015, ambos seus correligionários.

O fim da guerra civil trouxe o retorno de 1,7 milhão de refugiados externos ao país e de um milhão de refugiados internos às suas casas, permitindo a retomada da agricultura. As relações comerciais com a África do Sul, agora governada pelo CNA, foram normalizadas e Moçambique recebeu investimentos desse país, da Ásia e da Europa, ajudados por sua adesão à Comunidade (ex-Britânica) das Nações. A economia recuperou-se e o PIB triplicou nos vinte anos seguintes. Entretanto, em 2014 a RENAMO não reconheceu o resultado das eleições regionais e retomou a insurgência, com menor intensidade. Além disso, um grupo fundamentalista islâmico chamado Ansar al-Sunna iniciou em 2017 uma insurreição na província de Cabo Delgado.

Em julho de 2006, o metical inflacionado foi substituído por um metical novo (MTn), à razão de mil por um. A transição foi completada até o fim do ano, e a moeda passou a ser chamada simplesmente de metical.

Moedas de Moçambique, 1980

Denominação	Valor em meticais	Peso em gramas	Valor em ñ 1980
Papel-moeda			
1.000 meticais	1.000,00	–	320
500 meticais	500,00	–	160
100 meticais	100,00	–	32
50 meticais	50,00	–	16
Moedas de cuproníquel			
20 meticais	20,00	12,0	6
10 meticais	10,00	9,1	3
Moedas de latão			
1 metical	1,00	8,0	0,3
Moedas de alumínio			
5 meticais	5,00	2,6	1,6
2½ meticais	2,50	1,9	0,8
50 centavos	0,50	1,4	0,2

Moedas de Moçambique, 1994

Denominação	Valor em meticais	Peso em gramas	Valor em ñ 1994
Papel-moeda			
100.000 meticais	100.000	–	340
50.000 meticais	50.000	–	170
10.000 meticais	10.000	–	34
5.000 meticais	5.000	–	17
1.000 meticais	1.000	–	3,4
500 meticais	500	–	1,7
Moedas de aço revestido de níquel			
1.000 meticais	1.000	9,1	3,40
500 meticais	500	8,0	1,70
100 meticais	100	7,2	0,34
50 meticais	50	5,0	0,17
Moedas de aço revestido de latão			
20 meticais	20	7,1	0,068
10 meticais	10	5,2	0,034
5 meticais	5	3,5	0,017
1 metical	1	2,3	0,003

Moedas de Moçambique, 2006

Denominação	Valor em meticais novos	Peso em gramas	Valor em ñ 2006
Papel-moeda			
1.000 meticais	1.000,00	–	700
500 meticais	500,00	–	350
200 meticais	200,00	–	140
100 meticais	100,00	–	70
50 meticais	50,00	–	35
20 meticais	20,00	–	14
Moedas bimetálicas, núcleo de aço revestido de níquel, coroa de latão			
10 meticais	10,00	7,51	7
Moedas de aço revestido de níquel			
5 meticais	5,00	6,50	3,5
2 meticais	2,00	6,00	1,4
1 metical	1,00	5,30	0,7
Moedas de aço revestido de latão			
50 centavos	0,50	5,80	0,35
20 centavos	0,20	4,10	0,14
10 centavos	0,10	3,06	0,07
Moedas de aço revestido de cobre			
5 centavos	0,05	5,80	0,035
2 centavos	0,02	4,10	0,014
1 centavo	0,01	3,06	0,007

Poder aquisitivo e câmbio da moeda moçambicana, 1970-2019

Moeda	Ano	ñ	US$/MT
Escudo Moçambicano (colônia)	1970	0,425	28,75
	1971	0,387	28,31
	1972	0,362	27,05
	1973	0,340	24,52
	1974	0,313	25,41
Escudo Moçambicano (independente)	1975	0,301	25,55
	1976	0,279	30,23
	1977	0,274	30,41
	1978	0,266	30,00
	1979	0,253	30,00
Metical	1980	0,238	32,40
	1981	0,320	35,35
	1982	0,276	37,77
	1983	0,246	40,18
	1984	0,209	42,44
	1985	0,155	43,18
	1986	0,140	40,43
	1987	0,0485	290,73
	1988	0,0324	524,64
	1989	0,0218	744,92
	1990	0,0115	929,09
	1991	0,0102	1.434,47
	1992	0,00766	2.516,55
	1993	0,00516	3.874,24
	1994	0,00340	6.038,59
	1995	0,00226	9.024,33
	1996	0,00167	11.293,75
	1997	0,00153	11.543,58
	1998	0,00145	11.874,58
	1999	0,00131	12.775,11

Moeda	Ano	ñ	US$/MT
Metical	2000	0,00118	15.227,25
	2001	0,00104	20.703,64
	2002	0,00090	23.677,96
	2003	0,00086	23.782,27
	2004	0,00080	22.581,34
	2005	0,00075	23.060,97
Metical Novo	2006	0,699	25,40
	2007	0,635	25,84
	2008	0,599	24,30
	2009	0,581	27,52
	2010	0,538	33,96
	2011	0,516	29,07
	2012	0,489	28,37
	2013	0,471	30,10
	2014	0,464	31,35
	2015	0,446	39,98
	2016	0,397	63,06
	2017	0,351	58,43
	2018	0,334	61,24
	2019	0,314	61,06

ETIÓPIA

A região hoje chamada "Chifre da África" – Etiópia, Eritreia, Djibuti e Somália – pode ter sido a origem comum da superfamília linguística afro-asiática que, por volta de 8000 a.C., se dispersou pelo norte da África e Oriente Médio para dar origem às famílias omótica, chadiana, cuxita, egípcia, berbere e semita. As línguas cuxitas – que incluem oromo (a mais falada na atual Etiópia), somali (língua oficial da Somália e co-oficial do Djibuti), afar (cooficial no Djibuti), sidamo e as línguas agau – parecem ter originalmente predominado nessa região, mas ainda antes de 2000 a.C. surgiu na atual Eritreia e norte da Etiopia, região cuja língua original parece ter sido relacionada ao agau, uma população de língua sul-semita, originada de migração ou contato com o atual Iêmen. Desta se originaram as línguas afrossemíticas ou etiópicas, inclusive o antigo ge'ez (língua litúrgica das igrejas cristãs etíopes) e as modernas línguas amárico (língua oficial da Etiópia), tigrínia (língua oficial da Eritreia e da região etíope de Tigré) e harari.

Na região afrossemita nasceram as mais antigas civilizações africanas ao sul do Saara. A primeira da qual se tem notícia foi a Terra de Punt, com a qual os egípcios tiveram comércio regular de 2200 a.C. a 1150 a.C. e cuja localização nessa região foi comprovada pela análise de múmias de babuínos de Punt preservadas no Egito. Segue-se a civilização de Da'amat, de língua afrossemita, cujo centro foi a cidade de Yeha, no atual estado de Tigré (norte da Etiópia). Floresceu de cerca de 980 a.C. a 400 a.C. e teve contatos comerciais e provavelmente políticos com a vizinha civilização de Sabá, então em seu apogeu e hegemônica no atual Iêmen, mas parece ter sido independente. Foi durante esse período que surgiu o alfabeto ge'ez, o único criado na África Subsaariana antes do período colonial. No século IX a.C., as inscrições encontradas na Etiópia ainda usavam o alfabeto da Arábia do Sul, mas a partir do VII a.C. já mostram características próprias.

A civilização de Axum

Na mesma região de Tigré, surgiu por volta de 400 a.C. a cidade de Aksum, de língua ge'ez. Por volta de 100 d.C. tornou-se capital de um império que, a partir de 200 d.C., também dominou territórios do outro lado do Mar Vermelho e se envolveu nos conflitos do Iêmen. Segundo o folclore local, o nome da cidade é a união de Aku, "água" em línguas agau, com Sum, "chefe" ou "governante" em línguas afrossemitas. O soberano tinha o título de *nigusa nagast*, "rei dos reis" ou "imperador" de Aksum, abreviado frequentemente para *nigus*, em português *negus*, embora na Etiópia *nigus* seja propriamente "rei", título de grandes vassalos hereditários do imperador.

Aksum teve um intenso contato comercial com o Império Romano. Existiu uma comunidade de mercadores greco-romanos em sua segunda maior cidade, o porto de Adúlis (perto da atual Massaua, na Eritreia). Depois de usar moedas romanas, esse império tornou-se o primeiro país ao sul do Saara a cunhar moedas, a partir do reinado de Endúbis (r. 270-290 d.C.).

Também por influência dos contatos com greco-romanos, o imperador Ezana (r. 330-350) se converteu ao cristianismo e foi seguido por muitos de seus súditos. A igreja etíope foi chefiada por um *abuna* ou bispo nomeado pelo patriarca de Alexandria, no Egito, e o acompanhou nos cismas cristãos, definindo-se como monofisita e copta. Entretanto, desenvolveu várias peculiaridades, inclusive a observação do sabbath, a proibição da carne de porco, a circuncisão de meninos e meninas (ou seja, mutilação genital feminina) e a inclusão em sua Bíblia de vários livros considerados apócrifos pelo cristianismo ocidental.

Segundo a tradição judaica, a comunidade judia de Aksum, ao rejeitar o cristianismo, migrou então para o sul e fundou junto ao lago Tana o reino judeu de Beta Israel ("Casa de Israel"), que falava línguas agau. Embora houvesse uma comunidade judaica no Iêmen desde o século II, pelo menos, os judeus etíopes não estão a eles geneticamente relacionados. Podem ser resultado de conversões ou de uma migração em separado a partir da desaparecida comunidade judaica da Núbia. Seu judaísmo também tem particularidades em relação ao resto do mundo, como a ausência do Talmude e da celebração do Hannukah, indicando uma separação muito antiga do restante do mundo judeu.

Ezana também invadiu e conquistou o milenar reino da Núbia, no atual Sudão, que, com capital em Meroé, rivalizara no passado com o Egito e conservara muitas de suas tradições. Esse rei parece ter sido o primeiro a usar para o império o nome grego de

"Etiópia", "terra do povo de cara queimada" (que para os geógrafos gregos designava toda a África Subsaariana) na forma *Ityopya.* O ge'ez começou então a ser escrito com vogais. Há sinais de que nessa época já havia se tornado uma língua morta e o tigrínia se tornara a língua do dia-a-dia.

A unidade de ouro aksumita, às vezes chamada *"quinário"* por numismatas modernos, mas cujo verdadeiro nome é desconhecido, originalmente pesava 2,725 gramas (metade do *nummus aureus* romano de Diocleciano) com o rosto do rei nas duas faces, a inscrição grega *Endubis basileus* (rei Endúbis) numa face e *basileus axomito* (rei dos aksumitas) na outra. A unidade de prata, apelidada de forma análoga como "dracma", pesava cerca de 2,3 gramas, cerca da metade do aureliano romano, mas ao contrário deste era feita de prata quase pura. A unidade de bronze era de cerca de 2,4 gramas. Aos preços de mercado de metais na Roma de Diocleciano, a unidade de ouro valeria 1.600 ñ, a unidade de prata, 100 ñ e a de bronze, 1 ñ.

No início do século IV, o imperador Aphilas cunhou moedas de ouro com valores que partiam de 1/8 de unidade (0,34 grama) e 7 mm, que não foram continuadas. Inovou ao folhear a ouro seu próprio retrato nas moedas de prata com a metade do peso das anteriores, tradição não só continuada pelos reis posteriores como estendida para algumas das moedas de bronze. Estas dobraram de peso, para 4,83 gramas. Assim, as unidades teriam passado para 1.600 ñ, 50 ñ e 2 ñ.

Aksum acompanhou a mudança do padrão monetário romano no século IV, cunhando moedas de peso estabelecido em função do *solidus* de Constantino. A moeda mais importante passou a ter 1,51 grama de ouro ou um terço de solidus e foi apelidade pelos numismatas de "tremisse" por ser equivalente a essas moedas cunhadas pelos romanos. Foram cunhadas também moedas de prata de cerca de 0,75 gramas, chamadas "meia síliqua" também por analogia com as moedas romanas, além de moedas de bronze, algumas com o retrato do rei folheado a ouro. Se os preços eram equivalentes aos romanos do século V, as moedas de ouro valeriam em torno de 800 ñ e as de prata, 50 ñ.

Enquanto isso, do outro lado do Mar Vermelho, no final do século III o reino himiarita conquistou Sabá e passou a dominar o Iêmen. Por volta de 380, um rei himiarita abandonou a religião tradicional e converteu-se ao judaísmo, provavelmente para afirmar sua independência e neutralidade em relação às potências cristãs (Roma e Axum) e à zoroastrista-zurvanista-maniqueísta (Império Sassânida). Esse reino esteve sob influência limitada de Aksum, pagando-lhe ocasionalmente tributo, até 523. Foi quando, segundo relatos cristãos, Yusuf Dhu Nuwas atacou sua comunidade cristã e tentou convertê-la à força ao judaísmo, em retaliação à perseguição de judeus por cristãos no Império Bizantino. Incitado pelo imperador bizantino Justino I, o imperador Kaleb invadiu o Iêmen e o pôs sob seu domínio direto, levando Aksum ao auge de sua expansão territórial. Entretanto, o domínio aksumita na região durou apenas até 570, quando o imperador sassânida Khosrau I aliou-se a um líder iemenita para expulsá-los e fazer do Iêmen um tributário do Império Persa.

Em 613-615, um grupo dos primeiros seguidores de Maomé, perseguidos em Meca, asilou-se em Aksum e foi protegido pelo imperador Armah. Entre estes estava Uthman, futuro terceiro califa (r.644-656) e sua prima Ramla, irmã de outro futuro califa, Muawiya (r. 661-680). Durante esse exílio, Ramla deu à luz uma filha e seu marido converteu-se ao cristianismo. Quando ele faleceu, Maomé propôs casamento à viúva por meio de procuração. O imperador ofereceu a cerimônia e um dote de 400 dinares, e no ano seguinte, 628, arranjou dois navios para levar os refugiados a Medina, onde se encontrariam com Maomé. Graças a isso, o império foi tido como amigo pelo Profeta e seus primeiros sucessores.

Mesmo assim, com a conquista muçulmana da Síria e Egito, de 634 a 642, Aksum ficou isolada do que restou do Império Romano e da Europa cristã. Embora mantivesse seus laços com o patriarca de Alexandria e com os reinos cristãos de Macúria e Alódia, que haviam resultado de sua invasão da Núbia, suas antigas rotas marítimas decaíram, o porto de Adúlis foi abandonado e a circulação de moedas se restringiu ao interior. No início do século VIII, foi abandonada a cunhagem; a sede do império se mudou de Aksum para uma cidade mais ao sul e no interior, chamada Ku'bar pelos árabes. Talvez se trate da atual Hayq, no estado etíope de Amhara, mais próxima do porto de Zayla, muçulmano a partir do século VII e mais relevante para o comércio agora dirigido para a Arábia.

O país passou a ser chamado pelos árabes de *Al-Habash*, palavra da qual deriva o nome de Abissínia, usado para o país no mundo árabe e no Ocidente até 1931 (quando o governo etíope pediu formalmente que fosse substituído por "Etiópia"), mas não por seu próprio povo. *Habesha* parece ter sido originalmente um reino no extremo leste do atual Iêmen, e na língua sul-árabe mahri significa "coletores" (de incenso), mas a partir do Alcorão o nome veio a se aplicar ao "Chifre de África" e em árabe tem o significado algo pejorativo de "mestiço" ou "misturado".

Ao redor de Zayla, surgiram, a partir de 896, vários sultanatos muçulmanos, dos quais o mais importante foi inicialmente o de Shewa. Zayla e a cidade de Harar, fundada mais para o interior nesse período, foram parte do sultanato de Adal, que recebeu esse nome de um emir de Harar do século XI.

A Etiópia medieval

Há tradições contraditórias sobre o que aconteceu em seguida. Segundo as mais consistentes e compatíveis com fontes independentes, o império procurou expandir-se para o sul, e isso o pôs em choque com Beta Israel. Por volta de 960, uma rainha judia chamada Yodit (variante de Judite), em aliança com agaus pagãos, derrotou o imperador Dil Na'od, matou seus parentes masculinos e queimou igrejas e livros. Descendentes da rainha, talvez também mulheres, teriam reinado como uma dinastia judaica até 1137, quando um agau chamado Mara Takla Haymanot converteu-se ao cristianismo, casou-se com uma descendente de uma filha do último imperador de Aksum e restaurou o cristianismo numa forma particularmente teocrática. Da dinastia Zagwe iniciada com esse soberano, três reis foram canonizados e um deles ordenado sacerdote. Por essa época, o amárico se tornou a língua da corte, do exército e do clero no lugar do ge'ez, conservado apenas na liturgia. A nova dinastia reinou em Roha (estado de Amhara), que se tornou a segunda cidade sagrada da Etiópia, famosa por suas igrejas monolíticas esculpidas na rocha viva do subsolo. O imperador Lalibela (r. 1181-1121) a reformou para fazer dela uma nova Jerusalém e a capital passou, desde então, a ser conhecida pelo seu nome.

Em 1270, Yekuno Amlak, príncipe cristão de língua amárica de Shewa (sul do atual estado de Amhara), educado e apoiado por um monastério junto ao lago Hayq, depôs o imperador da dinastia Zagwe e casou-se com uma de suas filhas. A nova dinastia "salomônica" substituiria a cultura urbana e centralizada de Aksum e Zagwe por um império feudal, dividido em reinos vassalos e encabeçado por um imperador sem capital fixa, que se deslocava com um exército e uma corte de 20 mil a 40 mil pessoas por diferentes acampamentos conforme a necessidade militar, embora, até 1599, a área de Tegulet, na Shewa de origem, tenha sido preferida na estação das chuvas, quando não havia combates. Isso implicou na decadência e abandono das cidades e no fim das construções monumentais, embora os mosteiros continuassem a florescer e produzir crônicas e hagiografias.

Poucos anos depois da ascensão de Yekuno Amlak, os sultanatos muçulmanos foram unificados sob a liderança do sultanato de Awfat (ou Ifat), com capital em Zayla e território inicialmente bem mais amplo que o da Etiópia, que atacou em 1320. Foi o início de uma longa série de guerras, encerrada em 1415 com a invasão e saque da sua capital pelos etíopes. Awfat usava dinares de ouro e dirrãs de prata, possivelmente cunhados no Egito. Segundo autores árabes, 30 arráteis de carne custavam meio dirrã, o que sugere um poder aquisitivo de 1.600 ñ para o dirrã. Em Dawaro, um sultanato mais para o interior, usava-se como meio de troca a *hakuna*, um pedaço de ferro com comprimento de uma agulha e a espessura de três agulhas. Uma vaca e um carneiro eram comprados por 5.000 e 3.000 hakuna, respectivamente, o que sugere um poder aquisitivo de 0,5 ñ por hakuna.

Para apoiar sua duvidosa legitimidade e tachar os Zagwe de usurpadores, Yekuno Amlak se disse descendente direto, por linha masculina, do imperador Dil Na'od. Forjou-se então a lenda segundo a qual ele e seus supostos ancestrais de Aksum eram descendentes diretos do rei Salomão com a rainha de Sabá, nessa versão uma rainha de Aksum chamada Makeda[17], cujo filho Menelik I ("Filho do Sábio") teria sido o primeiro imperador. Menelik teria trazido a Arca da Aliança à Etiópia ao voltar de uma visita ao pai.

---

17 O nome Makeda pode ser derivado de *maqtawi*, título de administradores ou administradoras a serviço de grandes senhores em Sabá. Na versão muçulmana, a rainha é chamada Bilquis, do grego *pallakis*, "concubina". A lenda etíope tem algum apoio em textos da Antiguidade, pois o historiador judeu Flávio Josefo, no século I, julgava ser Sabá um nome antigo de Meroé, na Núbia, e desde Orígenes (século III) os cristãos identificam a rainha com a sulamita "negra e bela" do Cântico dos Cânticos. Entretanto, o texto hebraico distingue Sabá (*Sheba*, em hebraico), no Iêmen, de Seba (*Seba*), país africano precursor de Aksum, e não menciona nenhum relacionamento entre Salomão e a rainha (cujo nome não menciona) além da diplomática troca de presentes. E não havia nenhuma menção a uma suposta descendência de Salomão na época de Aksum, cujos imperadores até 330 d.C. adoravam os deuses Astar (da chuva e fertilidade), Behar (do mar) e Maher (da guerra).

Outra lenda, surgida no século anterior, também faria história. Em 1144, o bispo de Jableh, enviado pelo príncipe de Antioquia ao Papa para pedir ajuda contra os muçulmanos, contou que o "Preste João", um rei-sacerdote cristão do Oriente, tentara socorrer os cristãos de Jerusalém, mas fora impedido por uma cheia do rio Tigre. Referia-se provavelmente à invasão do Sultanato Seljúcida em 1141 pelo budista Yelü Dashi, *gurkhan*, "chefe dos *khans*", de Karakitai, na Ásia Central. Por ter vassalos e cortesãos cristãos e lutar contra muçulmanos, o bispo pode ter acreditado erronamente ser ele cristão e entendido seu título mongol como "João". O boato inspirou falsas esperanças entre os cruzados, e em 1165 circularam cópias de uma suposta carta ao imperador bizantino Manuel I de um "Preste João", que se descrevia como "rei das Três Índias" e propunha uma aliança contra os muçulmanos. A carta foi aparentemente forjada por judeus do norte da Itália com propósitos desconhecidos, mas o papa Alexandre III a levou a sério a ponto de enviar ao Oriente uma resposta, cujo emissário jamais retornou. Por "Três Índias" entendia-se então a "Índia Superior", aproximadamente o norte da Índia e o Irã; a "Índia Inferior", o sul da Índia; e a "Índia Meridiana", a África Oriental. Segundo a lenda medieval, seriam as pátrias dos reis magos Melquior, Gaspar e Baltazar, evangelizadas por São Bartolomeu, São Tomé e São Mateus. Por volta de 1250, quando missionários europeus chegaram à corte mongol e constataram não existir império cristão no Oriente, os mais racionalistas concluíram que o "Preste João" fora Toghril, *khan* dos queraítas (r. 1165-1203), clã mongol convertido ao cristianismo nestoriano no século XI e vencido por Gengis Khan em 1203. Outros, apegados à lenda, deslocaram para a "Índia Meridiana" as esperanças depositadas no "Preste João". Em 1306, quando o imperador etíope Wedem Arad enviou embaixadores à Europa, foi identificado por cronistas europeus com o rei lendário.

Uma aliança eficaz era na época impraticável, mas seu sucessor Amda Tseyon I (r. 1314-1344) teve sucesso em reorganizar seu exército, reconquistar territórios perdidos pelos antecessores e derrotar os sultanatos muçulmanos que o ameaçavam. Antes reduzido a uma faixa estreita, o império voltou a dominar uma parcela expressiva da atual Etiópia e escapou ao destino dos vizinhos cristãos Macúria e Alódia, conquistados por muçulmanos em 1317 e 1509.

Durante todo o período medieval, a Etiópia deixou de cunhar

moedas, por falta de comércio com outros países que as utilizassem. As principais estradas e santuários estavam ligadas às rotas de comércio do sal e provavelmente barras de sal foram o principal meio de troca.

Em 1415, com a derrota do sultanato de Awfat e a invasão de Zayla, o sultanato de Adal, com capital inicialmente em Dakkar, passou a liderar a aliança muçulmana do Oeste. Em 1468, o Emir de Zayla rebelou-se contra o pagamento de tributo ao imperador da Etiópia e impôs sua autoridade ao sultão, iniciando nova série de guerras contra o império cristão.

O contato com os europeus

Em 1490, o explorador português Pero da Covilhã, depois de passar por Moçambique e pela costa suaíli da África, chegou à Etiópia e acreditou ter encontrado o "reino do Preste João". Como outros europeus que ali haviam chegado em anos anteriores, não lhe foi permitido deixar o país, e passou o resto da vida como conselheiro e cortesão do imperador, mas a lenda predispunha Portugal a buscar uma relação amigável. O imperador enviou um emissário a Lisboa para pedir ajuda contra Adal, e em 1520 uma frota portuguesa chegou às suas costas, com embaixadores e missionários.

A aliança foi concretizada no momento certo. Em 1528, o sultanato de Adal, que anos antes mudara sua capital para Harar, invadiu a Etiópia decidido a conquistá-la e invadiu o planalto central, saqueando e destruindo monumentos cristãos em aliança com o Império Otomano e o sultanato de Mogadishu. O imperador, refugiado em fortalezas nas montanhas, pediu socorro a Portugal, que em 1541 enviou de Goa uma frota e uma tropa 400 arcabuzeiros comandados por Cristóvão e Estêvão da Gama, filhos de Vasco da Gama. Em 1543, abissínios e portugueses destroçaram o exército de Adal e seu comandante. Durante essa guerra, Beta Israel, vassalo da Etiópia desde o século anterior, julgou certa a derrota do imperador e tentou se aliar aos muçulmanos, mas foi desdenhado. Após a vitória sobre Adal, o imperador se vingou invadindo e anexando a maior parte do reino judeu.

A derrota de Adal provocou uma crise de fome em Harar, cuja descrição proporciona a primeira menção às moedas ali cunhadas, embora existam moedas dessa cidade datadas desde 1218: um *sa'* de sorgo (cerca de 2 kg) era vendido a 12 *ashrafi*[18], a mesma quantidade de sal a 15 *ashrafi* e uma vaca a 300 *ashrafi*. Quando a economia se recuperou e os preços voltaram ao normal, o *sa'* de sorgo passou a ser vendido a 4 ou 5 *mahallak*, o que sugere um valor de 3 ñ por *mahallak*.

Adal sobreviveu à derrota, mas em 1577 desintegrou-se pelo conflito entre as tribos afar que o governavam. O remanescente formou o imamato de Aussa, com capital no oásis desse nome e que incluía Harar, o norte da Somália e a atual Djibuti.

Em 1557 os otomanos conquistaram o porto de Massaua, voltando a isolar a Etiópia e cortando seu acesso a armas de fogo. Apesar dessa dificuldade, da recusa a submeter a igreja etíope a Roma e do confinamento dos jesuítas na vila fortificada de Fremona, no Tigré, os portugueses e seus descendentes criados na Etiópia continuaram a ajudar os imperadores contra rebeldes, otomanos e os Oromo do sudeste. Estes, na segunda metade do século XVI, ao dominar a guerra a cavalo, invadiram e ocuparam a maior parte de Shewa e grandes áreas do planalto central etíope e submeteram populações amáricas.

Em 1622, o imperador Susenyos I (r. 1606-1632) quis reforçar a aliança convertendo-se ao catolicismo. Nos anos seguintes, acabou de conquistar e destruir Beta Israel. Entretanto, a maioria dos súditos se recusou a acompanhá-lo; seguiram-se várias revoltas. Seu próprio exército começou a se amotinar e, em 1632, o imperador desistiu de impor a religião estrangeira e abdicou em favor do filho Fasilides, que restaurou a igreja copta e baniu os jesuítas.

Desde 1559, os imperadores haviam transferido seu refúgio da estação das chuvas para a área de Emfraz, perto do lago Tana. Em 1636, Fasilides abandonou a prática da corte itinerante e fundou um pouco mais ao norte, no que havia sido o centro de Beta Israel, a cidade de Gondar, que se tornou sua capital fixa. Também construiu pontes e igrejas em várias partes do país. Apesar de voltar a se fechar ao mundo exterior, o império passou por um renascimento cultural que durou até 1769, com obras de arte, arquitetura e filosofia de importância universal.

Enquanto isso, em 1672, o imamato de Aussa se dividiu entre o

18 Geralmente se conhece como *ashrafi* o *dinar ashrafi*, moeda de ouro de 3,45 gramas cunhada pelo sultão do Egito Al-Ashraf a partir de 1425 e imitada por séculos no Irã e Índia. Nesse caso, porém, faria mais sentido tratar-se do *dirham ashrafi* de 2,47 gramas de prata. Este, que valia 20 dirrãs-faluzes de bolhão (comparáveis ao *mahallak*), deixou de ser cunhado no Egito em 1440, mas pode ter sido imitado e continuado em Harar.

sultanato de Aussa, em torno da atual Djibuti, e o emirado de Harar, que incluia a região da cidade e o norte da atual Somália e tornou-se teoricamente um vassalo do Império Otomano.

No século XVI, os portugueses viram peças de ferro em forma de pá serem usadas como meio de troca, e também miçangas importadas, diferentes em cada distrito. Tributos e multas eram fixados em número de bois e vacas (ou cavalos, conversíveis em vacas). Moedas eram rejeitadas, mas ouro era aceito por peso. O sal continuava a ser a principal moeda-mercadoria e mercadores podiam trocar o sal acumulado por ouro com banqueiros.

No século XVIII eram aceitas moedas de prata estrangeiras, conforme observou o capitão escocês Alexander Hamilton por volta de 1714. Segundo ele, o sal era partido em pedaços de 5, 10, 20, 40 ou 80 libras, e vinte libras de sal valiam um xelim britânico (cerca de 80 ñ a preços britânicos da época).

No reinado do imperador Iyoas (r. 1755-1769), Mikael Sehul, governador de Tigré, foi chamado para socorrê-lo contra um levante do povo oromo ou galla, muçulmanos do sul. Mikael aproveitou-se da situação para tomar a capital com suas tropas e proclamar-se regente. Quando o imperador tentou assassiná-lo, Mikael o fez ser julgado e executado e nomeou seus sucessores até 1784, quando foi derrotado pelos oromo e se refugiou em Tigré.

O império caiu numa era de conflito interno conhecida como "Era dos Príncipes", que durou até 1855. Grandes senhores com título de *negus* ("rei" ou "vice-rei"), ou *ras* ("príncipe" ou "duque") – de Shewa, Lasta, Yejju, Gojjam, Welo, Begemder, Tigré, alguns dos quais se diziam descendentes da casa imperial –, lutavam entre si e impunham imperadores fantoches ao conseguir se apoderar de Gondar.

O emirado de Harar continuou a ser um importante centro comercial. W. C. Barker, que esteve ali em 1842, relatou que um táler valia então 40 *ashrafi* e um *ashrafi*, 22 *mahallak*. O *mahallak* era então uma moedinha de bolhão em torno de 0,3 grama, e o *ashrafi*, uma mera moeda de conta.

Richard Burton, em 1855, relatou que 22 bananas-da-terra (usadas como troco) valiam um *mahallak*, 22 *mahallak*, um *ashrafi* e 3 *ashrafi*, um táler. Uma escrava custava 100 a 400 *ashrafi*, um menino 9 a 150 *ashrafi* e 120 frangos ou 66 galinhas custavam um táler. Pode-se arriscar que um táler valia cerca de 3.300 ñ, um *ashrafi* 1.100 ñ, um *mahallak* 50 ñ e uma banana, cerca de 2 ñ.

A reconstrução do império

Em 1852, um chefe militar chamado Kassa, originário de Qwara, tomou Gondar, venceu os senhores de Gojjam, Tigré e Shewa e em 1855 reunificou a Etiópia. Apesar de não ter ancestrais "salomônicos", proclamou-se imperador Tewodros II e tratou de impor um governo centralizado e trazer armeiros ingleses para modernizar seu exército. Entretanto, desentendeu-se com o Império Britânico e aprisonou seus emissários. Os britânicos enviaram uma força militar para resgatá-los que subornou outro Kassa, senhor de Tigré, para deixá-los passar. Ao ser surpreendido, o imperador suicidou-se. Tekle Giyorgis II, um senhor de Lasta descendente da dinastia Zagwe, assumiu o trono, mas em 1871 foi deposto pelo Kassa de Tigré. Este se proclamou imperador Yohannes IV e, apesar de ter apenas um parentesco distante com a dinastia "salomônica", pôde reunificar o país.

Em 1875, o Egito, que havia praticamente se separado do Império Otomano e herdado a suserania sobre a Eritreia, tomou Harar. Os egípcios encontraram o *mahallak* a um valor de 33 por táler e o reduziram a 311 por táler ao considerar seu real conteúdo metálico (equivalente, portanto, a 0,0752 grama de prata pura). Em 1882, os britânicos derrotaram o Egito e tomaram a cidade, mas dois anos depois a abandonaram em troca de ajuda da Etiópia contra o *mahdi* do Sudão. O imperador derrotou o emir e anexou Harar, onde cunhou a primeira moeda etíope desde os tempos de Aksum, um *mahaleki* (de *mahallak*) de prata de 1,4 grama (1/20 de táler).

A Itália, que desde 1869 havia arrendado a cidade de Assab, no sul da atual Eritreia, ao sultão de Raheita, desembarcou em Massaua, apoderou-se de toda a Eritreia (incluindo o sultanato de Aussa, transformado em protetorado) e buscou aliança com Sahle Miriam, *negus* de Shewa, presenteando-o com milhares de fuzis. Quando Yohannes IV foi morto em guerra com o *mahdi* do Sudão, em 1889, Sahle proclamou-se imperador Menelik II (r. 1889-1913), retomou o nome do fundador lendário da "dinastia salomônica", da qual se dizia descendente por linha masculina, e mudou a capital do império para Addis Abeba, fundada em 1886 como sede do reino de Shewa, então no extremo sul do território etíope, recentemente reeconquistado aos oromos.

Menelik II assinou então um tratado com a Itália para lhe ceder a Eritreia em troca de armamento moderno e iniciou a expansão do território para o sul e o leste, derrotando e submetendo os clãs oromo.

Mas a versão italiana do tratado, ao contrário da amárica, fazia da Etiópia um protetorado, conforme os italianos alardearam na Europa. O imperador, ao descobrir a trapaça, preparou um exército e em 1896 impôs aos italianos uma derrota humilhante, forçando-os a assinar um novo tratado e reconhecer sua independência. Isso fez da Etiópia a primeira nação africana a derrotar decisivamente uma potência europeia moderna e a única a se manter livre do colonialismo.

O imperador forçou também italianos e britânicos a aceitar seu domínio sobre o planalto de Ogaden, interior da Somália pretendido por ambos. Acelerou ainda a modernização ao proibir o tráfico de escravos, fundar um sistema postal, assinar um contrato para uma ferrovia de Addis Abeba a Djibuti e introduzir eletricidade, telefone, telégrafo, automóvel e serviços de água e esgoto na capital.

Teve menos sucesso, porém, em reformar o sistema monetário. No século XIX, aumentara a circulação de moedas de prata, principalmente táleres austríacos da imperatriz Maria Teresa, seguidos por pesos hispânicos e rúpias indianas. Em 1893, Menelik II fez cunhar na França 200 mil moedas chamadas *talari* (táler) ou *birr* ("prata"), divididas em 20 *ghersh* (de *qirsh* ou piastra, moeda otomana cujo nome vem em última instância dos *groschen* germânicos e *grossi* italianos) ou 40 *bessa*. Os valores foram modificados para 16 *ghersh* e 32 *bessa* por *birr* a partir de 1903, de modo que o *ghersh* fosse equivalente à peça indiana de 2 anás, que circulava nas províncias orientais do império. A partir de 1897, foram cunhadas moedas de ouro, denominadas em *werk* ("ouro"), mas elas variam de peso e talvez devam ser consideradas meras como moeda de prestígio.

Mesmo nas cidades, o comércio desconfiava das novas moedas e continou a preferir os táleres austríacos, que o Banco da Abissínia (inaugurado em 1906 e dirigido pelos mesmos donos do Banco Nacional do Egito, o germano-britânico Ernest Cassel e os egípcios irmãos Suares) importou à razão de 1,2 milhão de peças por ano até a I Guerra Mundial, quando começou a emitir papel-moeda. A taxa de câmbio era de 10 *birr* por libra esterlina, de modo que um *birr* equivalia a 2 xelins.

Nas zonas rurais, a resistência era ainda maior: mesmo nos anos 1950, tribos próximas a comunidades amhara ainda rejeitariam o dinheiro moderno. Em muitas regiões, as despesas quotidianas continuavam a ser feitas com sal. Barras de sal mineral escuro embrulhadas em palha, chamadas *amole tchew*, pesavam cerca de meio quilo, tinham 25 a 30 cm de comprimento e 4 cm de espessura – e, curiosamente para os europeus, valiam mais do que o seu peso em sal refinado branco. Mulheres as levavam ao mercado e quebravam pequenos pedaços para pagar suas compras. O valor aparentemente variava bastante conforme a época e lugar. Segundo Richard Burton (1894), em Harar podia-se comprar um escravo com a carga de sal de um burro (cerca de 75 kg). W. Sievers e F. Hahn reportaram que um táler valia 48 barras em Adwa, em 1901. D. Kurchhoff, em 1907, anotou que um táler valia 4 a 5 barras na região oromo ou galla, 10 a 12 em Egibie, 12 a 13 em Amas, 15 em Tatsher Diver e 40 em Adwa. Segundo R. E. Cheeseman, que esteve na região do lago Tana em 1926, um táler valia 3 a 5 barras de sal; nas aldeias remotas, as pessoas as preferiam às moedas de prata, pois "dólares não se comem".

H. C. Maydon (1925), em Simien, registrou 8 barras por táler – e viu também cartuchos de fuzil serem usados como dinheiro, inclusive nas vizinhanças da capital e por guerreiros armados apenas com lanças, com valor de 3 a 4 cartuchos por táler. O fotógrafo A. H. Savage-Landor (1907) viu que em algumas partes da Etiópia não se aceitava dinheiro, mas apenas cartuchos Gras (franceses): com um deles, que custaria 2 pence (8 ñ) no Reino Unido, seu criado pôde comprar uma galinha, seis ovos e pão de cevada (algo da ordem de 50 a 100 ñ)

Entre os borana oromo (sul da Etiópia), usavam-se panos, braceletes, miçangas, cauris e pequenos cubos de metal branco (liga de estanho) que não tinham outra utilidade além de meio de troca. O explorador Ignazio Nicolas Dracopoli, em 1912-1914, comprou uma "ovelha gorda" (algo da ordem de 1.000 ñ) por 250 cubos, que na costa custavam apenas meio táler.

Na região somali, os camelos eram a principal forma de riqueza, usada para pagar dívidas e indenizações: pagava-se 100 camelas por um homem assassinado, 50 por uma mulher. Um ferimento que tirasse sangue da cabeça valia 30 camelas e um ferimento leve, 3 ou 4. Pequenas contas eram feitas com miçangas e tabaco.

Em Berbera, na costa norte da atual Somália, o padrão de valor era uma peça de pano azul de dois cúbitos (cerca de 90 cm) chamada *sauda*, considerada equivalente a 4 paisas indianas (cerca de 6 ñ a preços indianos). Tâmaras eram usadas como troco, bem como mancheias de milhete. Em Jubalândia, no Sul, uma "peça" de pano de 36 metros era o padrão de troca reconhecido e base de todas as negociações, dividido em 5 "medidas" inteiras ou em 8 "meias medidas". Havia três qualidades de pano, *bufta* (calicô), *murduf* (sarja) *e americani* (tecido comum de algodão). Sete metros de *bufta* de largura dupla faziam um *tobe*, traje com o qual se envolvia todo o corpo.

Hailé Selassié, o ras Tafari

Tanto Yekuno Amlak e seus descendentes, a partir de 1270, quanto Menelik II, em 1889, fizeram de uma suposta descendência direta de Salomão por linha masculina o padrão de legitimidade ante rivais presumidamente descendentes da mesma família por linha feminina. No entanto, quando, em 1913, o imperador morreu, não deixou o trono ao sobrinho que era o herdeiro mais próximo por linha masculina, de quem ele não gostava, mas a Iyasu V, filho adolescente de sua segunda filha. O jovem imperador, além de desagradar a corte com um comportamento irresponsável e caprichoso, fez viagens misteriosas a Djibuti e Harar e, segundo espiões italianos, declarou ali ser muçulmano, como fora seu pai Mohammed Ali, *ras* de Wollo, que só se batizou cristão quando Yohannes IV impôs essa condição para ocupar cargos no império.

A suposta apostasia deu à corte o pretexto para excomungá-lo e depô-lo em 1916 e pôr no seu lugar a tia Zewditu I (r. 1916-1930), filha mais velha de Menelik II, em mais uma ruptura com a tradição, pois nunca na tradição da Etiópia uma imperatriz reinara por direito próprio, exceto a lendária Makeda e a odiada usurpadora Yodit. Como seu marido, *ras* Gugsa, não era de sangue imperial, e era inconcebível para os etíopes da época uma mulher reinar sozinha, foi-lhe designado como regente e herdeiro um primo, *ras* Tafari Makonnen, governador de Harar, descendente por linha feminina do avô de Menelik II e figura-chave da articulação para depor Iyasu V.

A conservadora Zewditu tinha o apoio da Igreja e da nobreza mais reacionária, mas o *ras* Tafari, reformista, tinha o apoio das classes médias urbanas e dos nobres mais jovens. Sob sua regência, a Etiópia prometeu abolir a escravidão para ser aceita na Liga das Nações e viajou pela Europa e Oriente Médio em busca de apoio para conseguir uma saída para o mar, sem sucesso. Em 1928, a imperatriz tentou um golpe, mas fracassou. Tafari a forçou a se retirar da política e a lhe conceder o título de negus. Inimigos viram isso como um desrespeito à imperatriz, pois antes esse título só fora atribuído a governantes de províncias distantes da capital. Em 1930, o marido de Zewditu moveu um exército contra Tafari, porém foi derrotado e morto.

A imperatriz, já doente, morreu dois dias depois. Tafari subiu ao trono imperial da Etiópia com o nome oficial de Hailé Selassié I, "Poder da Trindade", numa cerimônia que contou com a presença de membros das famílias reais britânica e italiana e emissários de todas as grandes potências. Os convidados receberam presentes luxuosos. O impacto da grandiosa coroação na imprensa internacional gerou mais um mito em torno da Etiópia. A partir de 1933, o jamaicano Leonard Howell proclamou que o imperador, supostamente descendente da Casa de Davi, era a concretização da profecia bíblica do retorno do Messias e deveria ser adorado como a encarnação de Deus. A Etiópia, para o pregador, era uma terra ideal, com uma língua perfeita e um povo sem igual, e os negros deveriam emigrar para a África a fim de criar ali uma nova sociedade sob sua liderança.

O movimento religioso iniciado por Howell, conhecido como *Rastafari* pelo nome anterior do imperador – ainda utilizado pela imprensa –, veio a ter cerca de um milhão de seguidores e influenciar amplamente a cultura e os ideais políticos da diáspora africana e da própria África. Como único país africano a resistir vitoriosamente à conquista europeia, a Etiópia se tornou símbolo da luta contra o racismo e o colonialismo. As cores de sua bandeira, verde, amarelo e vermelho (originalmente representativas do Espírito Santo, do Pai e do Filho, respectivamente), foram adotadas por movimentos negros da diáspora e por muitas nações africanas e caribenhas ao se tornarem independentes.

As preocupações de Hailé Selassié eram então, bem mais mundanas: tratava-se de modernizar o país e torná-lo respeitado no cenário internacional. Criou estradas, escolas, hospitais, comunicações, administração e serviços públicos, uma Constituição e um Parlamento nomeado pelo imperador entre os nobres, ao qual delegou parte de seus poderes. Em 1931, insistiu junto às nações estrangeiras que chamassem o país de Etiópia e não Abissínia e liquidou o Banco da Abissínia, privado, para substituí-lo por um estatal, o Banco (central) da Etiópia. O *birr* ou talari foi decimalizado, passando a dividir-se em 100 *metonnyas* ou *matonas*. Entretanto, não avançou em uma questão crítica para a elite etíope: a abolição efetiva da escravidão. Dos estimados 12 milhões de habitantes em 1930, pelo menos dois milhões eram escravos.

O progresso da Etiópia persuadiu o ditador Benito Mussolini a realizar um ataque preventivo antes que o país se tornasse forte o suficiente para se opor a uma nova tentativa de conquista. A permanência da escravidão na Etiópia foi usada como principal pretexto para vingar a derrota de 1896 e demonstrar a superioridade do fascismo. Contrariando as convenções de guerra, os italianos recorreram em grande escala a ataques aéreos com gás venenoso, inclusive a hospitais da Cruz Vermelha, mas tiveram o cuidado de poupar cidades onde vivessem europeus. A Etiópia esperava receber apoio da Liga das Nações, mas Reino Unido e França optaram por permitir à Itália conquistar o país em troca da promessa italiana (que não seria cumprida) de defender a independência da Áustria contra uma anexação alemã. Em maio de 1936, após sete meses de guerra, a família imperial partiu para o exílio. Hailé Selassié fez um discurso histórico na Liga das Nações para denunciar a hipocrisia das nações ocidentais, que o fez "homem do ano" da *Time* e símbolo antifascista e contribuiu para a imposição de sanções à Itália que levaram Mussolini a romper com a Liga[19].

A ocupação italiana aboliu a escravidão e promoveu um programa de construção de estradas e ferrovias e de desenvolvimento agrícola e industrial, inclusive fábricas de cimento e tecidos. No entanto, a resistência continuou. Os italianos controlavam as cidades e as principais rotas de caravanas, mas os guerrilheiros etíopes dominavam as áreas rurais e às vezes atacavam nas áreas urbanas. Mussolini planejou colonizar o país com um milhão de italianos, mas apenas 35 mil chegaram à Etiópia, dos quais só 3,2 mil tentaram se estabelecer em propriedades rurais.

O governo de ocupação introduziu a lira italiana, fechou o Banco da Etiópia, implantou bancos italianos e retirou as cédulas etíopes de circulação a 3 liras por *talari* ou *birr* (embora o câmbio fosse de 6 liras por *birr* antes da invasão), mas não convenceu a população a se desfazer das moedas de prata. Para tentar retirá-las, ofereceu uma taxa de câmbio de 4,50 liras, depois 5 e mais tarde até 13,50, com pouco sucesso.

Em junho de 1940, quando a Itália se aliou à Alemanha para invadir a França, os britânicos buscaram aliança com Hailé Selassié. O imperador foi levado a Cartum, no Sudão, para liderar um exército etíope-sudanês treinado por britânicos. Entrou na Etiópia em janeiro de 1941 e, com apoio de um levante geral contra os italianos, Addis Abeba foi retomada em quatro meses. Em maio, o imperador voltou à sua capital e, contrariando as autoridades de ocupação britânicas,

19 Algumas fontes falam dessas sanções como ineficazes, mas (mesmo que os Estados Unidos as tenham ignorado) a economia italiana foi abalada e a lira caiu de 60 por libra para 90 por libra em 1936.

reorganizou rapidamente seu governo e assumiu o controle da ex-colônia italiana da Eritreia.

As forças britânicas levaram consigo moeda indiana, egípcia, britânica e de suas colônias na África Oriental, todas aceitas em pagamentos oficiais. As moedas italianas e notas até 50 liras continuaram a circular como troco e as denominações mais elevadas foram retiradas a uma taxa de 24 liras por xelim. Os táleres circularam com um valor de 22½ pence ou 45 liras. O xelim da África Oriental Britânica foi a moeda contábil e legal de 1 de julho de 1942 a 1945, quando o *birr* (*Ethiopian dollar* na versão em inglês do texto das cédulas) foi reintroduzido a uma taxa de 2 xelins = 1 *birr*, agora dividido em 100 *santim* (derivado do *centime* francês).

No pós-guerra, a Etiópia conseguiu da ONU o reconhecimento da anexação da Eritreia em 1952, adotou uma nova Constituição com uma Câmara eleita em 1955. Entretanto, o imperador reteve poderes absolutos sobre o Executivo e manipulou rivalidades entre facções e ministros, estratégia com a qual protegia sua autoridade e os privilégios da aristocracia latifundiária, mas entravava reformas necessárias e o próprio funcionamento do governo.

Em 1960, houve uma primeira tentativa de golpe militar, que foi rapidamente debelada, mas evidenciou a insatisfação com a monarquia. No ano seguinte, iniciou-se uma guerrilha marxista pela independência da Eritreia. O imperador reagiu abolindo a autonomia e o parlamento da região e impondo o amárico na educação, o que só serviu para colocar a população cristã ao lado dos separatistas, inicialmente apenas muçulmanos. Em 1963, iniciou-se uma guerrilha no Ogaden pela incorporação da região à Somália, então apoiada pela União Soviética. Movimentos estudantis de esquerda se organizaram na capital, em defesa da reforma agrária e das minorias étnicas, que começavam a se rebelar em outras regiões. Surgiram em 1968 o Movimento Socialista Pan-Etíope e em 1972 o Partido Revolucionário do Povo Etíope, ambos marxistas, enquanto governo e o exército se envolviam cada vez mais com a repressão e a fome devastava amplas regiões.

Em setembro de 1974, oficiais de médio escalão se revoltaram contra a elite imperial e desferiram um golpe de Estado que pôs no poder um comitê de mais de 100 militares conhecido como *Derg*, "Conselho", liderado pelo major Mengistu Mariam. O imperador foi posto em prisão domiciliar. Em dezembro, após a execução de 59 membros do governo anterior, inclusive generais, ex-ministros e um neto do imperador, o Derg se proclamou socialista e declarou extinta a monarquia. Hailé Selassié morreu no ano seguinte, oficialmente devido a complicações de uma cirurgia de próstata.

A República

Governos de outros países africanos, como a Somália, o Congo-Brazzaville, o Benim e as ex-colônias portuguesas se declararam marxistas nos anos 1970, mas de modo superficial. Buscavam apoio soviético e cubano contra os colonizadores ou contra o imperialismo e seus aliados internos, mas se tratava fundamentalmente de luta pela independência política e econômica. O caso da Etiópia era diferente: um país jamais colonizado (à parte a breve ocupação italiana), mas com uma longa história de opressão dos camponeses por senhores feudais nativos. Tratava-se por esse prisma de uma verdadeira revolução social contra uma monarquia retrógrada. Pelas semelhanças com a revolução russa de 1917, os soviéticos identificaram-se com o regime etíope mais do que com outros aliados na África e passaram a apoiá-lo totalmente, enquanto a Somália, abandonada, buscou o apoio dos Estados Unidos. A moeda passou a chamar-se apenas *birr*, abandonando-se o nome alternativo de "dólar etíope".

A reforma agrária de 1975 transferiu a propriedade de todas as terras para o Estado, com concessões de até 10 hectares para os camponeses que cultivavam a própria terra. Indústria, bancos, seguros, comércio atacadista e imóveis urbanos foram estatizados, eliminando a base econômica da antiga classe dominante. Associações de camponeses foram organizadas no campo e organizações de bairro nas cidades. Entretanto, a produção agrícola caiu pelo fracionamento excessivo das propriedades, pela fixação de preços pouco favoráveis aos produtores e por secas que começaram em 1980 e atingiram o auge em 1984, causando uma fome que afetou milhões e matou 400 mil.

Em 1976, o Partido Revolucionário do Povo Etíope, de caráter mais democrático, rompeu com o regime que inicialmente apoiara, denunciou o Derg como uma ditadura fascista e passou à luta armada contra o regime. O Movimento Socialista Pan-Etíope, mais afinado com o autoritarismo, continuou a apoiar o regime, ocupou cargos no governo e apoiou a repressão ao rival; mas, no ano seguinte, o Derg voltou-se também contra ele e esse movimento passou à oposição.

A crise agrícola, a revolta dos partidos civis de esquerda e as rebeliões étnicas potencializaram umas às outras. Com a ajuda militar do bloco soviético, os etiópes derrotaram a rebelião dos somalis do Ogaden, mas não a da Eritreia. Surgiram outras rebeliões de base étnica, Tigré, Oromo e sul-etíope, que em 1989 se uniram à guerrilha de esquerda na Frente Democrática Revolucionária do Povo Etíope (EPRDF, pela sigla em inglês, ou Ehadig, em amárico). Enquanto isso, a União Soviética, em crise interna, suspendia o apoio ao Derg. Em 1991 a frente rebelde avançou sobre Addis Abeba e Mengistu fugiu para o Zimbábue.

Enquanto a Eritreia se separava como república independente, reconhecida em 1993, os vitoriosos criaram um governo transitório e uma constituição federativa que deu autonomia a estados constituídos em bases étnicas. Os amhara, que até então dominavam a cúpula do governo, passaram a ser mais uma etnia entre outras e controlar apenas seu próprio estado.

O novo governo, baseado num equilíbrio delicado entre povos, voltou a abrir o país ao investimento estrangeiro e aliou-se aos Estados Unidos contra os movimentos fundamentalistas islâmicos que se apossaram de grande parte da Somália. A Ehadig, liderada pelo primeiro-ministro Meles Zenawi, de etnia Tigré, obteve maioria nas eleições realizadas a partir de 1995, consideradas razoavelmente livres pelos observadores internacionais, mas com restrições à mídia independente e intimidação de eleitores. Alegando a ameaça do terrorismo, o governo tendeu a tornar-se mais repressivo nos anos 2010. A economia, entretanto, recuperou-se e esteve entre as de maior crescimento do mundo nesses anos.

Nas eleições de 2010, o governo da Ehadig foi acusado de fraude pela coalizão de oposição, Medrek (sigla para Fórum para o Diálogo Democrático na Etiópia). Meles Zenawi faleceu em 2012 e foi substituído por Hailemariam Desalegn, da etnia Welayta. A Ehadig voltou a vencer as eleições de 2015, com a invalidação de uma porcentagem significativa de votos e mais acusações de fraude. Em agosto de 2016, o governo reprimiu com violência uma onda de protestos pela libertação de presos políticos e redistribuição da riqueza e contra violações de direitos humanos.

Um estado de emergência foi declarado que durou até agosto de 2017 e em fevereiro de 2018, Hailemariam Desalegn, da etnia Welayta, sucedido por Abiy Ahmed Ali, do mesmo partido, mestiço Amhara-Oromo. Depois de 20 anos de conflito territorial intermitente com a Eritreia, Abiy Ahmed viajou ao país vizinho e conseguiu um acordo definitivo, esforço pelo qual ganhou um Nobel da Paz. Também libertou presos políticos e anunciou reformas econômicas e prometeu eleições livres em 2020.

Moedas da Etiópia, 1896

Denominação	Valor em birr	Peso em gramas	Valor em ñ 1896
Moedas de prata 83,5%			
1 birr / dólar etíope / táler / talari	1	28,07	200
½ birr	1/2	14,03	100
¼ birr	1/4	7,02	50
1/8 birr	1/8	3,51	25
mahaleki (Harar)	1/20	1,40	10
Moedas de latão			
1 gersh	1/20	28	10
1 bessa = ½ gersh	1/40	14	5
½ bessa = ¼ gersh	1/80	7	2,5

Moedas da Etiópia, 1915

Denominação	Valor em birr	Peso em gramas	Valor em ñ 1915
Papel-moeda			
500 birr / dólares etíopes	500	–	100.000
100 birr / dólares etíopes	100	–	20.000
50 birr / dólares etíopes	50	–	10.000
10 birr / dólares etíopes	10	–	2.000
5 birr / dólares etíopes	5	–	1.000
Moedas de ouro 90% (*)			
1 werk	8	7,00	1.600
½ werk	4	3,50	800
¼ werk	2	1,75	400
Moedas de prata 83,5%			
1 birr / dólar etíope / táler / talari	1	28,07	200
½ birr	1/2	14,03	100
¼ birr	1/4	7,02	50
1/8 birr	1/8	3,51	25
1 gersh	1/16	1,40	12,5
Moedas de latão			
1 bessa = ½ gersh	1/32	2,86	6,25
1/100 birr = 1 matona	1/100	5,00	2

(*) pesos e valores aproximados, pois essas moedas não tiveram peso fixo

Moedas da Etiópia, 1935

Denominação	Valor em birr	Peso em gramas	Valor em ñ 1935
Papel-moeda			
500 birr / dólares etíopes	500,00	–	100.000
100 birr / dólares etíopes	100,00	–	20.000
50 birr / dólares etíopes	50,00	–	10.000
20 birr / dólares etíopes	20,00	–	4.000
10 birr / dólares etíopes	10,00	–	2.000
5 birr / dólares etíopes	5,00	–	1.000
2 birr / dólares etíopes	2,00	–	400
Moedas de prata 83,5%			
1 birr / dólar etíope / táler / talari	1,00	28,07	200
Moedas de níquel			
50 matonas	0,50	7,11	100
25 matonas	0,25	4,97	50
10 matonas	0,10	2,00	20
Moedas de cobre			
5 matonas	0,05	3,00	10
1 matona	0,01	1,50	2

Moedas da Etiópia, 1965

Denominação	Valor em birr	Peso em gramas	Valor em ñ 1965
Papel-moeda			
500 birr / dólares etíopes	500,00	–	20.000
100 birr / dólares etíopes	100,00	–	4.000
50 birr / dólares etíopes	50,00	–	2.000
20 birr / dólares etíopes	20,00	–	800
10 birr / dólares etíopes	10,00	–	400
5 birr / dólares etíopes	5,00	–	200
1 birr / dólar etíope	1,00	–	40
Moedas de prata 70%			
50 santim	0,50	7,03	20
Moedas de cobre			
25 santim	0,25	6,63	10
10 santim	0,10	6,00	4
5 santim	0,05	4,00	2
1 santim	0,01	2,89	0,4

Moedas da Etiópia, 1978

Denominação	Valor em birr	Peso em gramas	Valor em ñ 1978
Papel-moeda			
100 birr	100,00	–	1.700
50 birr	50,00	–	850
10 birr	10,00	–	170
5 birr	5,00	–	85
1 birr	1,00	–	17
Moedas de cuproníquel			
50 santim	0,50	6,00	8,5
25 santim	0,25	3,70	4,3
Moedas de latão			
10 santim	0,10	4,50	1,7
5 santim	0,05	3,00	0,85
Moedas de alumínio			
1 santim	0,01	0,60	0,17

Moedas da Etiópia, 2000

Denominação	Valor em birr	Peso em gramas	Valor em ñ 2000
Papel-moeda			
100 birr	100,00	–	500
50 birr	50,00	–	250
10 birr	10,00	–	50
5 birr	5,00	–	25
1 birr	1,00	–	5
Moedas de aço revestido de cuproníquel			
50 santim	0,50	5,40	2,5
Moedas de aço revestido de níquel			
25 santim	0,25	3,29	1,25
Moedas de aço revestido de latão			
10 santim	0,10	4,56	0,5
5 santim	0,05	2,96	0,25
Moedas de alumínio			
1 santim	0,01	0,60	0,05

Modas da Etiópia, 2015

Denominação	Valor em birr	Peso em gramas	Valor em ñ 2015
Papel-moeda			
100 birr	100,00	–	100
50 birr	50,00	–	50
10 birr	10,00	–	10
1 birr	1,00	–	1

Moedas bimetálicas, núcleo alpaca dourada, coroa de aço revestido de níquel			
1 birr	1,00	6,82	1
Moedas de aço revestido de cuproníquel			
50 santim	0,50	5,40	0,5
Moedas de aço revestido de níquel			
25 santim	0,25	3,29	0,25
Moedas de aço revestido de latão			
10 santim	0,10	4,56	0,1
5 santim	0,05	2,96	0,05

Poder aquisitivo e câmbio da moeda da Etiópia, 1960-2019

Ano	ñ	US$/Br
1960	n/d	2,48
1961	n/d	2,48
1962	n/d	2,48
1963	n/d	2,48
1964	n/d	2,50
1965	41,28	2,50
1966	41,66	2,50
1967	41,77	2,50
1968	41,57	2,50
1969	38,76	2,50
1970	36,45	2,50
1971	38,26	2,49
1972	39,19	2,30
1973	34,68	2,10
1974	32,65	2,07
1975	28,10	2,07
1976	22,08	2,07
1977	19,29	2,07
1978	16,98	2,07
1979	15,41	2,07
1980	14,88	2,07
1981	14,57	2,07
1982	14,22	2,07
1983	13,87	2,07
1984	14,31	2,07
1985	10,75	2,07
1986	11,47	2,07
1987	12,05	2,07
1988	11,58	2,07
1989	10,87	2,07
1990	10,29	2,07
1991	8,67	2,07
1992	7,45	2,80
1993	6,55	5,00
1994	6,35	5,47
1995	5,6	6,16
1996	5,55	6,35
1997	5,55	6,71
1998	5,51	7,12
1999	5,38	7,94

Ano	ñ	US$/Br
2000	5,28	8,22
2001	5,59	8,46
2002	5,75	8,57
2003	5,10	8,60
2004	4,80	8,64
2005	4,39	8,67
2006	3,98	8,70
2007	3,36	8,97
2008	2,64	9,60
2009	2,11	11,78
2010	2,03	14,41
2011	1,68	16,90
2012	1,26	17,70
2013	1,20	16,38
2014	1,09	15,26
2015	0,99	13,85
2016	0,90	12,91
2017	0,84	27,36
2018	0,75	28,03
2019	0,67	31,74

Bibliografia

A MOEDA angolana: macuta. *Diniz Numismática*. 2012. Disponível em http://diniznumismatica.blogspot.com.br/2012/10/a-moeda-angolana-macuta.html. Acesso em 24/1/2020.

ABBOU, Tahar. *Mansa Musa's journey to Mecca and its impact on Western Sudan*. Department of English- Faculty of Letters and Languages- University of Adrar, Algeria. [S. l., s. d.].

ANNAES do Conselho Ultramarino. Lisboa: Imprensa Nacional, 1867.

BOTELHO, Sebastião Xavier. *Memoria estatistica sobre os dominios portuguezes na Africa Oriental*. Lisboa: José Baptista Morando, 1835.

CHATELAIN, Héli. The african mabellas. *Illustrated Christian World*, Nova York, Janeiro de 1897.

CHUKU, Gloria. *Igbo women and economic transformation in southeastern Nigeria, 1900-1960*. London: Routledge, 2005.

CHUKWU, Dan O. Trends and changes in the nigerian currency system, colonial period – 2008. *The journal studies of tribes and tribals (Stud Tribes Tribals)*. Kamla-Raj Enterprises. vol. 8, n. 2, 2010, p. 87-101.

CONRAD, David. *Empires of medieval West Africa:* Ghana, Mali, and Songhay. New York: Facts On File, 2005.

EINZIG, Paul. *Primitive money:* in its ethnological, historical and economic aspects. Oxford: Pergamon, 1966.

FULLER, Harcourt. *From cowries to coins:* money and colonialism in the Gold Coast and British West Africa in the early 20th century. Georgia State University, 2009.

GARCIA, Luís Pinto. *Descrição das moedas de Angola e S. Tomé e Príncipe*. Publicações da Sociedade Portuguesa de Numismática , vol. 125, 1965.

GARRARD, Timothy F. Studies In Akan goldweights : the origin of the goldweight system. *Transactions of the Historical Society of Ghana*, v. 13, N. 1, June 1972.

GUERRA, Izidoro Gomes da. *Tratado de câmbios*. Lisboa: Galhardo e Irmãos, 1837.

HEWSON, A. D. The ashanti weights: a statistical evaluation. *Journal of Archaeological Science*, v. 7, 1980, p. 363-370.

HISTORICAL gold weights of the Akan on the West African Gold and Ivory Coast. *Wikimedia Commons*. [2019?]. Disponível em https://commons.wikimedia.org/wiki/Akan_gold_weights. Acesso em 24/1/2020.

HOGENDORN, Jan. Slaves as money in the Sokoto caliphate. *Credit, currencies, and culture: african financial institutions in historical perspective***.** Estocolmo: Nordic Africa Institute, 1999.

IANSEN, Marta. Moedas de troca no comércio de africanos para escravização . *História e Outras Histórias*, 2011. Disponível em https://martaiansen.blogspot.com.br/2011/05/moedas-de-troca-no-comercio-de.html. Acesso em 24/1/2020.

IBÁñEZ, Miguel. Una moneda colonial para el comercio africano: las 'manillas' (slave token). *Crónica Numismática*, vol. 16, n. 173, p. 42-45, 2005.

ISICHEI, Elizabeth. **V***oices of the poor in Africa:* moral economy and the popular imagination. University Rochester Press, 2004.

LOVEJOY, Paul E. Murgu: the wages of slavery in the Sokoto Caliphate. *Slavery & Abolition,* vol. 14, n. 1, 1993, p. 168-185.

MEMÓRIAS da Academia Real das Sciências de Lisboa. Volumes 1-2. Classe de Ciências Moraes, Politicas e Bellas Lettras. Lisboa, 1857

NAANEN, Ben. Economy within an economy: the Manilla currency, exchange rate instability and social conditions in South-Eastern Nigeria, 1900–48. *The Journal of African History*, vol. 34, issue 03, November 1993, p. 425 – 446.

NACHTIGAL, Gustav. *Sahara and Sudan*, vol. 2. London: C. Hurst, 1980.

NEGASH, Tekeste. *The Zagwe period re-interpreted*: post-Aksumite Ethiopian urban culture. [S. l., s/d.]

NORTHRUP, David. The growth of trade among the Igbo before 1880. *The Journal of African History*, vol. 13, Issue 02, April 1972, p. 217 – 236.

OFONAGORO, Walter Ibekwe. *The currency of revolution in Southern Nigeria*: 1880-1948. University of California, 02/10/2012.

OZIOGU, Appolos Ibeabuchi. Nigeria's indigenous currencies. *Vanguard.* 25 october 2012. Disponível em https://www.vanguardngr.com/2012/10/nigerias-indigenous--currencies/. Acesso em 24/1/2020.

PERKINS, John. The Indian Ocean and Swahili Coast coins, international networks and local developments. *Afriques.* Jun.2015. Disponivel em https://afriques.revues.org/1769. Acesso em 24/1/2020.

SANTOS, João dos. *Ethiopia Oriental,* vol. 1. Lisboa: Bibliotheca de Classicos Portuguezes, 1891.

SILVA, Alberto da Costa e. *A enxada e a lança:* a África antes dos portugueses. 5ª ed. Rio de Janeiro: Nova Fronteira, 2011.

SWINDELL, Ken. The commercial development of the North: company and government relations, 1900-1906". *Paideuma,* Frobenius Institute. Bd. 40: The Sokoto Caliphate and the European Powers 1890-1907. 1994, p.149-162.

TEMPLE, O. *Notes of the tribes, provinces, emirates and states of the northern provinces of Nigeria.* London: Routledge, 2013.

WORLD paper money catalog and history of world currency. *ATSnotes.* [201-?]. Disponível em http://www.atsnotes.com/catalog/catalog.html. Acesso em 24/1/2020.

ZEKARIA, Ahmed. Harari coins: a preliminary survey. *Journal of Ethiopian Studies.* Institute of Ethiopian Studies. vol. 24, november 1991, p. 23-46.

América pré-colombiana

Não existiu moeda propriamente dita na América pré-colombiana, mas houve várias formas tribais de protodinheiro, como o *wampum* mencionado na primeira parte desta obra. Algumas se tornaram moedas-mercadorias no contato com os colonizadores, e as civilizações mais complexas das regiões mesoamericana e andina criaram redes comerciais suficientemente sofisticadas para usarem moedas-mercadorias antes do contato com europeus.

MESOAMÉRICA

Os maias usaram várias mercadorias como meios de troca, sem predomínio claro de uma delas. Isso inclui amêndoas de cacau, sinos de cobre, conchas, pedras coloridas, machados de cobre, contas de jade e penas de aves.

Na civilização do Vale do México, dominada pelos méxicas ou astecas na época da conquista espanhola, a moeda-mercadoria mais importante foram as amêndoas de cacau, usadas tanto como meio de troca quanto no pagamento de tributos. Um *zontle* equivalia a 40 amêndoas, 1 *xiquipilli* a 8 mil e uma "carga" de cacau, o peso que podia ser carregado nas costas por longas distâncias, continha 24 mil amêndoas, pesando 22,5 a 27 kg. Amêndoas de cacau eram às vezes falsificadas para fins de uso como dinheiro recheando-se cascas vazias de amêndoas com barro, misturando cera e pasta de amaranto ou usando pedaços de caroço de abacate.

Um meio de troca e tributo amplamente aceito entre os astecas eram capas de algodão cujo valor variava, conforme a qualidade da tecelagem, de 60 a 300 amêndoas de cacau. Cem amêndoas compravam uma capa pequena de primeira qualidade chamada *tototlaqualtequachtli*, 80 amêndoas uma capa pequena de segunda qualidade classificada como *tequachtli* e 60 uma capa grande e grosseira chamada *quachtli*. Uma terceira forma de moeda era uma peça de cobre com peso da ordem de 75 gramas, chamada pelos espanhóis de *tajadera*, "talhadeira", e provavelmente usada para raspar peles, que valia 8 mil amêndoas de cacau. Também se fala de peças delgadas de estanho e pó de ouro dentro de raques de penas de pato como meios de troca.

Em Tenochtítlan, 20 *quachtli* ou 2.000 amêndoas sustentavam um plebeu por um ano com produtos comprados no mercado. Isto permite avaliar o poder aquisitivo de uma amêndoa de cacau em até 4 ñ, um *quachtli* grande em 400 ñ, uma *tajadera* em 32.000 ñ e uma carga de cacau em 96.000 ñ.

Um homem poderia vender a filha como escrava ou para um sacrifício por 500 a 700 amêndoas (2.000 a 2.800 ñ). O preço normal de um escravo era 2.000 amêndoas (8.000 ñ) e um escravo adulto para sacrifício podia valer 3.000 a 4.000 amêndoas (12.000 a 16.000 ñ). O ouro não era especialmente valioso: uma estátua de ouro de aproximadamente 0,62 kg custou 250 amêndoas (1.000 ñ), de modo que o cacau podia valer mais do que o dobro do seu peso em ouro.

Vários tipos de capas também eram usadas no pagamento de tributos, assim como cargas de chia, milho, amaranto e feijão, madeiras e trajes completos de guerreiro (escudo incluído).

Após a conquista, as moedas tradicionais continuaram a ser usadas por algum tempo. O valor do cacau variava conforme a abundância relativa e era periodocamente reajutado em relação ao *tomín de peso de tepuzque*, unidade equivalente a 0,575 grama de peso de ouro 57% ou a um real espanhol: 200 grãos por real em 1545, 180 em 1553, 140 em 1555, 100 em 1575, 200 em 1576, 120 em 1590 e 150 em 1592, 80 a 100 no final do século XVI, 50 a 140 no século XVII, 80 por um no final do período colonial. Um *quachtli* ou manta era avaliado em 5 pesos (40 *reales*) no início do século XVII. Quatro *tajaderas* novas valiam 5 *reales* e 10 tajaderas desgastadas, um real. Em 1557, se pagava a um índio mexicano 25 amêndoas por dia de trabalho agrícola, mais alimentação. Um carregador fazia uma viagem de um dia por 20 amêndoas no Iucatã, e 40 por dia foi registrado para trabalhadores em campos de agave em 1543.

Preços de mercado – Tlaxcala, 1545 – lista estabelecida por um juiz, em resposta a reclamações contra preços excessivos

Item	preço	valor em ñ
Tomín ou real castelhano (*)	200 amêndoas	800
Peru	300 amêndoas	1.200
Perua (**)	100 amêndoas	400
Lebre da floresta	100 amêndoas	400
Coelho pequeno	30 amêndoas	120
Galinha castelhana crescida	40 amêndoas	160
Galo	20 amêndoas	80
Frango	15 amêndoas	60
Salamandra grande	4 amêndoas	16
Salamandra pequena	2 amêndoas	8
Peixe embrulhado em cascas de milho	3 amêndoas	12
Pedaço de casca de pinheiro (para iluminação)	5 amêndoas	20
Abóbora	4 amêndoas	16
Ovo de peru	3 amêndoas	12
Ovo de galinha	2 amêndoas	8
Abacate fresco	3 amêndoas	12
Abacate completamente maduro	1 amêndoa	4
Tamal	1 amêndoa	4
Sapoti grande	1 amêndoa	4
Sapoti pequeno	2 por amêndoa	2
Figo da Índia ou nopal	1 amêndoa	4
Tomate grande	1 amêndoa	4
Tomate pequeno	20 por amêndoa	0,2
Pimenta verde comprida, fresca	2 por amêndoa	2
Pimenta verde comprida, totalmente madura	4 por amêndoa	1

(*) os preços estão estabelecidos em "amêndoas cheias", mas um tomín podia também ser trocado por 230 "amêndoas encolhidas"

(**) ou 120 "amêndoas encolhidas"

Itens de maior valor

Item	preço	valor em ñ
Canoa de água doce	1 capa	400
100 folhas de papel	1 capa	400
Botoque de ouro	25 capas	10.000
Vestuário completo de guerreiro, com escudo	64 capas	25.600
Capa de penas	100 capas	40.000
Colar de contas de jade	600 capas	240.000

Na Nicarágua, segundo Fernández de Oviedo (1535), um coelho podia ser comprado por 10 amêndoas de cacau, um sapoti por 4 amêndoas, um escravo por 100 e uma prostituta pedia 8 a 10 amêndoas.

Região andina

O comércio não teve nas civilizações andinas a mesma importância que nas mesoamericanas. As unidades políticas das regiões montanhosas procuravam controlar terrenos em várias altitudes, de forma a possuírem todos os cultivos dos quais necessitavam e se tornarem autossuficientes, assim dependendo o mínimo possível do comércio.

O Império Inca ou *Tahuantinsuyu*, quando unificou essas unidades autárquicas conhecidas como *ayllu*, organizou a armazenagem e redistribuição de excedentes de forma a eliminar quase totalmente os mercados e os comerciantes. O tributo não era pago em bens ou dinheiro, mas diretamente em trabalho, na forma da *mit'a*, trabalho a serviço do Estado ao qual cada comunidade enviava rotativamente parte de seus membros ou dedicava parte do trabalho local. Em troca, as comunidades tinham acesso em caso de necessidade a alimentos, ferramentas, matérias-primas e roupas nos armazéns do Estado, cuja capacidade total era superior a um milhão de metros cúbicos, num império de 12 milhões de habitantes. Os funcionários do Império eram privilegiados com moradias imponentes, ornamentos, trajes de luxo, servidores (*yana*) e mulheres escolhidas (*aqlla*) a seu dispor, mas não era possível acumular riqueza pessoal por atividades comerciais.

Eram exceção as cidades costeiras, cujas jangadas mantinham um comércio de cabotagem entre si e com regiões para além do império, incluindo tecidos, ornamentos, espelhos, braceletes, cerâmicas, metais e pedras preciosas e semipreciosas. Também organizavam o transporte desses produtos para o interior. A mais importante rede comercial era a dos senhores de Chincha, na costa central, vassalos e aliados dos Incas de Cusco que lhe conferiam privilégios excepcionais, inclusive o de serem carregados em liteiras ao lado do imperador, quando este visitava seus domínios.

O principal meio de troca usado por esses mercadores eram as conchas chamadas *mullu* (*Spondylus princeps*), ostras espinhosas, brancas por dentro e vermelhas ou alaranjadas por fora. Tais ostras eram raras na costa peruana, onde só apareciam quando as águas eram aquecidas por *El Niño*, mas mais comuns do litoral do atual Equador até o México. Eram usadas como enfeites, inteiras, esculpidas em figurinhas ou quebradas em contas chamadas *chaquiras*, e frequentemente oferecidas em sacrifício aos deuses, tal como o eram tecidos, metais, grãos e folhas de coca.

Foi por meio desse comércio que os espanhóis, ao chegarem ao Panamá, tomaram conhecimento da existência do Tahuantinsuyu e puderam planejar sua conquista. Francisco Pizarro interceptou uma dessas jangadas, saqueou suas riquezas em ouro, prata e joias e retornou para conseguir autorização da coroa e reunir soldados e capital afim de ir em busca de sua fonte.

Segundo a *Crônica do Peru* de Pedro Cieza de León (escrita em 1548-1550), caciques da província de Quimbaya (norte da atual Colômbia) ofereciam 1.500 pesos – o equivalente a 6,9 quilos de ouro – por menos de uma libra (460 gramas) de chaquiras vermelhas. Na Espanha, isso seria uma fortuna da ordem de 600 mil ñ, mas, na abundância de ouro dos primeiros tempos da conquista, repartido entre um pequeno número de espanhóis, o valor não era tão grande. Na mesma época, se vendia entre eles uma porca com um leitão por 1.600 pesos, um leitão a 225 a 500 pesos, uma lhama a 285 pesos e uma faca a 15 pesos, de modo que o poder aquisitivo real do peso devia ser da ordem de 5 ñ.

Bibliografia

ARANDA KILIAN, Lucía. El uso de cacao como moneda en la época prehispánica y su pervivencia en la época colonial. *Actas del XIII Congreso Internacional de Numismática, 2003*. Madrid. *V*. 2, 2005

BEANZ meanz money! *Mexico Lore*. [2019]. Disponível em http://www.mexicolore.co.uk/maya/chocolate/beanz-meanz-money. Acesso em 24/1/2020.

BERDAN, Frances, ANAWALT,Patricia Rieff. *The essential Codex Mendoza*, v. 2. California : University of California Press, 1997.

DUNMIRE, William W. *Gardens of New Spain*: how Mediterranean plants and foods changed America. Austin: University of Texas Press, 2005.

DURAND-FOREST, Jacqueline de. El cacao entre los aztecas. *Estudios de Cultura Náhuatl*. México : UNAM, Instituto de Investigaciones Históricas, 1968

GIRALDEZ, Arturo. Cacao beans in Colonial Mexico: Small Change in a Global Economy. *Money in the pre-industrial world:* bullion, debasements and coin substitutes. Oxon: Routledge, 2016.

LÓPEZ CUEVA, Fernando. El *Spondylus* em el Perú prehispánico: su significación religiosa y económica. *Revista de Estudios de Ciencias Sociales y Humanidades*, n. 14, 2005. p. 33-42

SPENCER, Herbert. *Los antiguos mexicanos*. México: Oficina Tipográfica de la Secretaría de Fomento, 1896.

DINHEIRO E FANTASIA: O PAPEL DA MOEDA NUMA FICÇÃO JAPONESA MODERNA

Autores de ficção especulativa não necessariamente precisam refletir muito sobre moedas ou outros meios de troca em mundos imaginários. Muitas histórias funcionam bem sem precisar tocar no assunto. Mas se a trama envolve peripécias do comércio ou dificuldades da vida quotidiana numa civilização urbana complexa, é interessante considerar o que está sendo usado como dinheiro (ou, se quiser ser mais original, como as pessoas se arranjam sem precisar dele), nem que seja apenas por um toque de concretude e verossimilhança.

Nos volumes 1 e 3 da História do Dinheiro, citamos alguns exemplos de moedas imaginárias de mundos de fantasia mágica ou pseudo-medieval e de ficção científica, respectivamente. Vamos aqui dar mais um: a novela juvenil (*light novel*) japonesa *Honzuki no Gekokujō: Shisho ni Naru Tame ni wa Shudan o Erandeiraremasen*, literalmente "A Rebelião da Amante da Leitura: faço qualquer coisa para ser uma bibliotecária", também conhecida pelo título em inglês, *Ascendance of a Bookworm*, cuja autora é a escritora Miya Kazuki. Iniciada em 2013, a série continua e está sendo convertida em anime e mangá.

Trata-se de um *isekai* ou "mundo alternativo", um gênero de ficção japonesa bem popular no qual uma pessoa do mundo moderno é lançada em um mundo totalmente diferente para viver estranhas aventuras. Na maioria das histórias recentes do gênero, o protagonista é um adolescente ou jovem adulto mal-sucedido no Japão moderno (um "nem trabalha, nem estuda" solitário ou um empregado superexplorado em um emprego humilde e massacrante) que é misteriosamente teletransportado ou morre num acidente e "reencarna", já crescido, num mundo de fantasia medieval de videogame, derrota monstros e se torna um herói legendário graças a conhecimentos trazidos de sua vida anterior e dos RPGs que jogava. Como se pode imaginar, trata-se frequentemente de uma fantasia de compensação em estado bruto.

Honzuki no Gekokujō vai além desse clichê e desenvolve uma história bem mais inteligente e envolvente. Trata-se de um mundo de fantasia medieval bem diferente dos clichês dos jogos: quase realista, explora conflitos políticos e sociais em meio a uma brutal diferença de classes, resultado da aliança da magia com o poder político e econômico. A protagonista é uma bibliotecária japonesa que morre num terremoto e reencarna como Myne, uma menina doentia de família plebeia que se lembra da vida anterior e de sua paixão pelos livros após uma febre terrível consumir sua frágil personalidade infantil. Rata de biblioteca incurável, ela decide revolucionar esse mundo onde saber ler e ter livros manuscritos em pergaminho são privilégios da nobreza e do clero e se envolve mais em intrigas políticas dignas de Maquiavel do que em batalhas com monstros e feiticeiros. Os primeiros passos para esse objetivo, porém, envolvem levar a esse mundo em que a alfabetização é privilégio de ricos e poderosos o papel e as prensas de tipos móveis para reencenar a revolução de Gutenberg, o que exige envolver-se com comerciantes, artesãos e dinheiro.

A unidade monetária no imaginário ducado de Ehrenfest, onde a história é ambientada, é chamada *lion*. Isso é bem verossímil: um leão tricéfalo é a insígnia heráldica da família do duque e muitas moedas medievais europeias foram nomeadas de acordo com a insígnia nelas cunhada. Assim, a moeda de ouro Florença era chamada *florim* pela flor-de-lis em seu anverso, símbolo da cidade-estado e a da França foi chamada *escudo* (*écu*) pelo escudo do rei francês.

Entretanto, essa unidade monetária é de valor ínfimo, tão pequeno que não existe uma moeda de "um lion": a menor moeda de cobre vale dez lions. Provavelmente, Miya Kazuki quis que os preços soassem familiares e plausíveis aos leitores do Japão, onde o iene tem hoje um valor muito reduzido, como vimos no volume IV da *História do Dinheiro*, e a moeda de menor valor ainda comum em circulação é a de dez ienes, de cobre.

Isso seria atípico para uma moeda da Idade Média europeia, mas não impossível. A inflação – então chamada "quebra" ou "aviltamento" da moeda –, não era um fenômeno desconhecido.

Como vimos no Volume I, tanto o Império Romano como as monarquias medievais recorreram a essa prática em maior ou menor medida em vários momentos de sua história, conforme a disposição do Estado de contrariar os credores e sua dificuldade de se financiar com impostos tradicionais em situações difíceis, seja reduzindo a porcentagem de prata na liga de bolhão (prata e cobre), reduzindo o tamanho da moeda ou aumentando o valor nominal das moedas existentes. Portugal foi o país que mais usou desse recurso, razão pela qual o real (que já era uma moeda nova, equivalente a 35 libras ou 8.400 dinheiros do início da história portuguesa) tinha um valor tão reduzido já no final da Idade Média. Nesse aspecto, o lion de Ehrenfest é plausível, principalmente considerando, como se explica ao longo da novela, que o reino ao qual pertence passou por uma brutal guerra civil logo antes do início da narrativa.

Por outro lado, a novela comete um leve anacronismo ao descrever o primeiro contato de Myne com a escrita, na forma de tabuletas de preço em bancas de alimentos. No primeiro volume da parte I, a tabuleta de uma banca de frutas diz "30 lions" (capítulo 4). Na verdade, esse é um costume moderno. Preços não eram publicamente afixados em comércios antigos e medievais e não só porque a maioria das pessoas eram analfabetas. O costume era o vendedor pedir preço alto – principalmente se o freguês parecia ingênuo e abonado – e o cliente pechinchar, como ainda é comum em muitas feiras e mercados tradicionais pelo mundo.

Os preços fixos surgiram na Europa do século XVII com o inglês George Fox, fundador da organização religiosa puritana "Sociedade dos Amigos". Ele e seus seguidores, popularmente conhecidos como quacres, acreditavam que se todos eram iguais perante Deus, todos deveriam pagar o mesmo preço, independentemente de sua astúcia e que preços fixos promoviam a honestidade e eliminavam a ganância. Fora da comunidade quacre, a prática só foi inaugurada no Ocidente pela loja de John Wanamaker em Filadélfia, em 1861 e então se popularizou porque, na era industrial, as compras à vista de desconhecidos são mais frequentes, há menos tempo para barganhar e fica mais cômodo lidar com preços fixos.

A prática foi inventada independentemente em Edo, Japão, pelo comerciante de tecidos Mitsui Takatoshi em 1673, ao focar na classe média emergente como clientela em vez da nobreza e de mercadores ricos, e foi bem-sucedida a ponto de fazer dele a origem do atual conglomerado industrial e financeiro (*keiretsu*) Mitsui.

Vejamos a série de moedas descrita no capítulo 38. A menor, como vimos, é o "cobre pequeno", de 10 lions. Um "cobre médio" vale dez cobres pequenos, um "cobre grande", dez cobres médios, uma "prata pequena", dez cobres grandes, uma "prata grande" dez pratas pequenas, um "ouro pequeno", dez pratas grandes e um "ouro grande", dez ouros pequenos. Este último, portanto, valeria 10 milhões de lions, um milhão de vezes a menor moeda. Pena não haver uma descrição detalhada de seu tamanho: como veremos, seria interessante. Também não se descreve sua aparência, salvo que o "cobre médio" tem um furo no centro.

Quanto valem? No segundo volume da parte I, ficamos sabendo que Gunther, militar plebeu e pai de Myne, ganha uma "prata grande" ou 100 mil lions por mês (capítulo 38) e esse é também o preço de um traje de aprendiz de vendedor de roupas de luxo (capítulo 43). Um ábaco vale 6 "cobres grandes" ou 6 mil lions (capítulo 42) e um aprendiz de carpinteiro ganha 8 a 10 "cobres grandes" por mês (capítulo 43). Esses valores são compatíveis com supor que o poder aquisitivo do "ouro grande" se compara a 10 milhões de ienes, cerca de 700 mil ñ em nosso sistema comparativo. O que permite construir a seguinte tabela, no nosso estilo:

Denominação	Valor em lion	Peso em múltiplos de x	Valor em ñ
Unidades de conta			
lion	1	–	0,07
Moedas de ouro			
Ouro grande	10.000.000	1.000x	700.000
Ouro pequeno	1.000.000	100x	70.000
Moedas de prata			
Prata grande	100.000	100x	7.000
Prata pequena	10.000	10x	700
Moedas de cobre			
Cobre grande	1.000	100x	70
Cobre médio (furado)	100	10x	7
Cobre pequeno	10	1x	0,7

Um sistema decimal, apesar de inusitado para a Europa medieval, não seria inconcebível – a China pré-moderna, por exemplo, usava um sistema monetário decimal baseada em múltiplos de uma moeda de cobre, como vimos também no volume IV. A escala é inusitada, mas também não totalmente sem precedentes. No reinado de D. Manuel I de Portugal, como vimos no volume II, foi cunhada pelo menos uma moeda de 500 cruzados ou 200 mil réis (1,8 kg de ouro), criada para presentear o papa Leão X, ao mesmo tempo que moedas de um ceitil ou um sexto de real (1,9 grama de cobre): uma proporção de 1,2 milhão para um. Na Índia do Grão-Mogol do século XVII (volume IV), houve moedas de 1.000 mohur ou 10 mil rúpias (11 kg de ouro) e de um *tanki* ou 1/200 de rúpia (4,2 gramas de cobre), 2 milhões para um.

Vale notar que ao longo da maior parte da história antiga, medieval e moderna, valor do ouro girou em torno de dez vezes o valor da prata e mil vezes o valor do cobre. No mundo real antes da era industrial, dependendo da época e lugar, 700 mil ñ em ouro poderia pesar de menos de 400 gramas (Índia medieval) a mais de 3 quilos (Europa do século XVII). Dada a proporção de um milhão para um, a maior moeda deveria ter por volta de mil vezes o peso da menor – a menor moeda de cobre poderia ter de 0,4 a 3 gramas, o que parece bem razoável.

Na ficção de Miya Kazuki, moedas de valor enorme não são apenas para ostentação, como se deu no mundo real, mas circulam de fato – notadamente para comprar livros. Quando Myne por fim consegue (volume 2 da parte 2, capítulo 15), com um mimeógrafo primitivo e papel feito por ela mesma, imprimir seu primeiro livro – uma adaptação infantil de um trecho da "Bíblia" dessa civilização – este é oferecido a famílias da nobreza por "um ouro pequeno e oito pratas grandes" e o sócio observa que é um valor ridículamente barato: os livros que os nobres compram custam quatro ou cinco "ouros grandes".

No volume 2 da parte 4 de *Honzuki no Gekokujō*, Myne conhece na escola dos filhos da nobreza a primeira biblioteca digna desse nome no mundo em que vive e descobre que, para levar um livro emprestado, é preciso deixar um depósito de três "ouros grandes". "Quero orar em homenagem ao poderoso Ranganathan, que estabeleceu o empréstimo gratuito com suas cinco leis da biblioteconomia", exclama ela, referindo-se ao indiano S. R. Ranganathan (1892-1972) que, no mundo real, foi um dos marcos da história dessa área do conhecimento.

Esses preços são exagerados por um fator de dezenas. Como se lê no volume I da *História do Dinheiro*, uma cópia dos diálogos de Platão custava no Império Bizantino do século X perto de 45.000

ñ, seis ou sete "pratas grandes" na moeda ficcional (21 *nomismata*, moedinhas de ouro, na história real). Isso equivalia a dois ou três anos de trabalho de um artesão, mas no mundo de Myne, seria mais do que ele ganharia em toda uma vida.

Na Inglaterra do século XIV, segundo *The Cost of Doing Scribal Business: Prices of Manuscript Books in England, 1300-1483,* de Joanne Filippone Overty (in *Book History, Vol. 11, 2008*), a produção de dois antifonários custou 24 libras, 5 soldos e 2 dinheiros, ou cerca de 116.000 ñ cada um, incluindo texto, iluminuras e notação musical (70% do custo), pergaminho (20%) e os serviços e materiais de encadernação (10%), incluindo fechos de metal, capa de couro e borlas de seda.

A famosa Bíblia de Gutenberg, o primeiro livro impresso no Ocidente, era vendida em 1455, a 42 florins (moedas de ouro pequenas) quando feita de papel e 100 florins se impressa em pergaminho[20], cerca de 76.000 ñ e 180.000 ñ, respectivamente. O maior valor equivale a até cinco anos da renda de um camponês da época, mas ainda é bem menos do que um "ouro grande" de Ehrenfest.

Os preços do pergaminho e do papel nessa ficção são ainda mais superdimensionados: no já citado capítulo 38, conta-se que uma folha de pergaminho do tamanho usado para contratos é vendida por uma "prata grande" – o salário mensal do pai de Myne – e um pergaminho inteiro custa um "ouro pequeno". Um pedaço de papel ou pergaminho do tamanho de um cartão postal vale duas "pratas pequenas".

Na história real, segundo *The Cost of Books in Chaucer's Time*, de Wilbur Lang Schramm (em *Modern Language Notes*, Vol. 48, No. 3, Mar., 1933), um caderno de pergaminho comum, cortado de uma pele inteira de cabra ou ovelha crescida e costurado para formar 16 páginas, custava 3 pence (moedinhas de prata) no século XIV ou cerca de 120 ñ e um caderno de velino (pergaminho fino, de cordeiros ou cabritos recém-nascidos) valia o dobro. Ou seja, o preço na novela está superdimensionado centenas de vezes. O valor de uma "prata grande" ou de um mês de salário deveria comprar algo como trinta cadernos. Ainda é caro, mas não tanto.

Preços para livros mais altos que os da Idade Média real poderiam ser explicados pelo fato de o trabalho de copista ser feito por

---

20 ***Materialität und Präsenz von Inkunabeln: Die deutschen Erstdrucker im französischsprachigen Raum bis 1500***, Charlotte Katharina Kempf, Kohlhammer Verlag, 2020 (p. 417).

nobres e não por escribas ou monges humildes, como parece ser o caso, mas isso não explica o pergaminho tão caro. Pergaminho é simplesmente pele não curtida de animais de criação e estes são relativamente acessíveis nesse mundo, pois plebeus pobres como a família de Myne abatem porcos para estocar carne para o inverno e comerciantes usam sapatos de couro. As razões para o exagero são, com certeza, dramáticas: trata-se de ressaltar e mesmo superdimensionar os abismos de classe, o valor e inacessibilidade dos livros e dos meios de escrita e, por tabela, a importância da reviravolta gutenberguiana sonhada e iniciada por Myne. Não pareceria tão impressionante se o pai de Myne pudesse comprar um pergaminho com o soldo de um dia.

A autora não descreve as moedas em detalhe, mas o desenho explicativo do anime sugere que elas são imaginadas como parecidas a moedas modernas.

A maioria dos leitores não percebe o quanto o sistema monetário imaginado por Miya Kazuki é peculiar porque vive numa época em que só existe moeda fiduciária, cujo valor é arbitrado pelo Estado e normalmente bem superior a seu conteúdo em metal. São cunhadas em metais de cores diferentes, com tamanhos (e, às vezes, formatos) algo diferentes só para que seja mais fácil distingui-las. Numa época em que um pedaço de papel pode valer 500 euros, não parece tão absurdo uma moeda de ouro de tamanho normal poder comprar a casa de um próspero mercador.

Mas esse não era o caso numa época de moedas toscas que seriam fáceis de falsificar, se não fosse o custo de seu conteúdo metálico real. O conceito de moeda fiduciária sem valor intrínseco ou representativo não era incompreensível nem absurdo para as civilizações antigas e medievais. Recorreu-se a moeda fiduciária em emergências e às vezes em moedas metálicas de longa duração, caso, por exemplo, dos *wan* de cobre da China antiga e do sestércio romano de latão, cujo valor foi estável por gerações. Entretanto, essas eram moedas de valor relativamente pequeno e não muito mais que o dobro de seu conteúdo metálico.

Quando o valor da moeda é alto e muito superior ao do metal contido, o incentivo para falsificá-la é muito alto e o risco de a falsificação ser imediatamente detectada é baixo, porque as técnicas de cunhagem – bater manualmente rodelas de metal com martelo – ou de fundição (na China) eram grosseiras e mesmo moedas verdadeiras podiam não parecer exatamente iguais, ainda mais considerando o desgaste natural do uso. Como descobriram vários imperadores chineses que tentaram lançar moedas de valor nominal muito alto em relação ao peso, elas eram prontamente falsificadas e desvalorizadas. Moeda fiduciária (ou representativa) de alto valor só se tornou viável, na China medieval ou no Ocidente moderno, quando técnicas de impressão refinadas criaram papel-moeda difícil de falsificar. Justamente a tecnologia que tanto faz falta no mundo de Myne e que ela luta para introduzir e difundir.

A novela é coerente ao descrever muitos aspectos de uma imaginária civilização pseudo-medieval e hábil em apresentar as limitações e possibilidades criadas pelo dinheiro ou pela falta dele. Poderia ser ainda mais interessante e viva (e mais convincente a quem conhece história monetária) com um pouco mais de trabalho sobre a materialidade da moeda. Poderia assumir moedas de ouro de meio quilo ou mais, descrevê-las em detalhes e tirar as consequências: mercadores ricos e aristocratas acompanhados por serviçais carregando moedas pesadas para acertar as contas. Ou poderia descrever as moedas de cobre de menor valor como minúsculas e fáceis de perder, para a ansiedade de plebeus já bem oprimidos. E a introdução de preços fixos poderia ser mais uma das novidades propostas por Myne.

A história também poderia ter optado por ser mais fantasiosa e criativa e supor moedas fiduciárias de autenticidade garantida por ferramentas mágicas, relativamente comuns nesse mundo – digamos que os comerciantes tivessem pedras que brilham na presença de moedas verdadeiras. Ou conceber alguma forma de usar *mana*, a energia mágica desse mundo, como moeda. A autora decidiu usar sua imaginação de outra maneira, mas teria sido divertido.

À parte livros e pergaminhos, cujos preços parecem propositalmente exagerados, a novela ao menos não comete o erro mais frequente das fantasias medievais ao tratar de dinheiro, que é subestimar grosseiramente o valor dos metais preciosos. Em jogos de RPG e às vezes também na literatura do gênero, vê-se adagas simples custarem como 90 gramas de ouro (como nas primeiras edições de D&D), uma caneca de cerveja custar uma ou duas peças de ouro (*Runescape*) e uma bandana 45 peças de ouro (*Dragon Quest*). Isso banaliza o dinheiro e a riqueza sem nenhuma vantagem dramática, a não ser, talvez, a de fazer os tesouros mais volumosos e vistosos – mas baratos. A materialidade do dinheiro não é irrelevante. Um aventureiro não iria muito longe se tivesse de carregar quilos de ouro (para não falar de dezenas de quilos de prata) para pagar uma semana de despesas triviais.

Na verdadeira Idade Média europeia, uma ou duas moedas de prata muito menores que qualquer das moedas de hoje pagavam um dia de trabalho de um operário ou artesão e uma (rara) pequena moeda de ouro poderia pagar seu salário por um mês. Uma algibeira de pendurar à cintura, com umas duzentas gramas de ouro, pagaria mais de um ano de despesas comuns. Teoricamente, pois na prática o ouro era reservado a grandes transações e ao comércio exterior e pequenos comerciantes de áreas rurais talvez sequer soubessem como trocá-lo. Sua cotação em moedas de uso comum variava todos os dias nas cidades comerciais, como o câmbio das moedas estrangeiras nos dias de hoje.

A rigor, não existiam moedas de cobre (salvo em Bizâncio e no mundo árabe) e sim de bolhão, liga de cobre e prata, pois se julgava necessário pelo menos uma porcentagem simbólica de prata para justificar as moedas. Na Inglaterra, ainda na Idade Moderna só se usavam moedas de prata esterlina, o que tornava o troco um problema bem incômodo. Moedas de um *penny*, já pequeninas, às vezes tinham de ser cortadas em quatro. A dificuldade só não era maior porque a prática da maioria dos comércios populares da Idade Média, ao menos com vizinhos e fregueses conhecidos, era vender fiado e acertar as contas ao fim do mês ou da safra.

Há muitas situações peculiares (do ponto de vista moderno, é claro) que decorrem da forma medieval de usar o dinheiro e são pouco ou nada exploradas na ficção. O que se passava entre credores, devedores e comerciantes quando um soberano medieval decidia "quebrar" a moeda, reduzindo o conteúdo de prata pela metade para pagar suas dívidas? Provavelmente, muitos consideravam esse um fato da vida (como se lida hoje com uma concordata ou recuperação judicial), outros iriam à falência, devedores aliviados festejariam, credores inconformados passariam para a facção rival da família reinante e assim por diante.

Afinal, o que levava as pessoas a usar dinheiro? Civilizações sofisticadas existiram por muito tempo sem precisar de moedas, inclusive sumérios, egípcios faraônicos, assírios, babilônios, hebreus e até a próspera civilização mercantil dos fenícios. Entretanto, assim que a moeda é inventada, na Lídia e na China, espalha-se como uma praga e ninguém mais parece conseguir imaginar como se vivia sem ela.

Do ponto de vista do Estado, é fácil perceber as vantagens. Impérios que não conheciam a invenção da moeda – como ainda os incas sul-americanos em época menos recuada – eram obrigados a organizar e contabilizar a coleta e armazenagem de dezenas de tipos diferentes de produtos necessários a seus palácios e exércitos que eram arrecadados como tributos e sustentar milhares de servos capazes de fornecer os serviços de que necessitavam. Com o dinheiro, basta usar moedas para pagar pelo que se precisa e recolhê-las de volta por meio de impostos, criando uma máquina estatal muito mais ágil, eficiente e flexível, que se adapta mais rapidamente às mudanças de conjuntura e a novos desafios políticos e militares.

É menos óbvio, porém, como isso trouxe vantagens à sociedade civil, ou pelo menos às suas camadas superiores. Os mercadores e empreendedores do tempo da moeda metálica não foram forçados a usá-la, aceitavam-na de bom grado. Quando acumulavam metais preciosos com suas atividades do comércio ou da mineração, nada os proibia de usá-los como meio de troca. Entretanto, quase sempre acharam mais conveniente entregá-los à Casa da Moeda do governante local para recebê-los de volta na forma de moedas ligadas e diluídas, mesmo com o desconto pelo Estado de uma porcentagem às vezes bem significativa. Mais valiam para um comerciante novecentas libras em moedas prontamente reconhecidas e aceitas do que mil em lingotes ou pepitas que pouquíssimos aceitariam ou saberiam avaliar. Também aí há histórias a serem contadas, em civilizações históricas ou imaginárias.

Essa são apenas duas possibilidades entre muitas – e se pensarmos em outras épocas, culturas e civilizações, pode-se pensar em infinitas possibilidades. Hoje há uma certa tendência a evitar falar muito de dinheiro na literatura por estar associado a contas a pagar e outras coisas chatas da vida quotidiana, mas a literatura e a arte são também formas de olhar para a realidade de outro ponto de vista, com o distanciamento da ficção e mesmo da fantasia. Ainda mais aquelas que mais determinam as escolhas e as limitações das nossas vidas. A literatura clássica, de Jane Austin e Balzac a Machado de Assis, não tinha pudor em discuti-lo, como também não uma moderna e divertida novela juvenil de fantasia como *Honzuki no Gekokujō*.

A História do Dinheiro por quem a vive

Quando recebi o e-mail sobre o lançamento dos volumes II e III da série História do Dinheiro, em janeiro de 2020, fui tomado por uma sensação de euforia por saber que essa importante pesquisa, iniciada com a publicação do volume I em 2018, não pararia por ali. A essa altura eu já tinha lido o primeiro volume e me maravilhado com as informações que traz. Não medimos esforços para mobilizar a comunidade numismata e ajudar a concretizar essa publicação. Com o lançamento do volume IV, temos o fechamento dessa brilhante série, que traz luz ao valor das moedas, das coisas e do trabalho desde a pré-história até a idade contemporânea, agora incluindo também o Extremo Oriente, Sul da Ásia e a África Subsaariana.

Como diz a sua própria biografia, o autor Antonio Luiz M. C. Costa é formado em Engenharia de Produção e Filosofia e também pós-graduado em Economia, tendo trabalhado como analista de investimentos e assessor econômico financeiro até se reencontrar na escrita, onde se dedicou por mais de dez anos na cobertura de Política Internacional na revista CartaCapital, e mais recentemente se dedicando à ficção especulativa, publicando contos, novelas, romances e também importantes trabalhos de não-ficção, como este que você tem em mãos. Uma característica marcante de seu trabalho como escritor sempre foi a criteriosa pesquisa e checagem de informações, conferindo verossimilhança quando imaginou mundos e histórias fantásticas e rigor e credibilidade quando se tratavam de de suas enciclopédicas obras de consulta.

O volume IV da série História do Dinheiro, publicado pela Editora Draco, teve sua meta inicial do financiamento coletivo batida em menos de sete horas após o início da campanha, o que demonstra a confiança dos pesquisadores, colecionadores e numismatas com o trabalho desenvolvido pelo autor. Agora completa, a série passa a ser uma importante fonte de pesquisa sobre a história do dinheiro mundial, particularmente especial por tratar da possibilidade de valoração do dinheiro e de seu poder de compra nas mais diversas épocas da existência humana, tema esse que nunca foi abordado de maneira compreensível e fiável.

O quanto uma moeda comprava em sua época é tema que sempre despertou o interesse de todos, sejam eles pesquisadores, colecionadores ou simplesmente curiosos, que ao verem uma moeda qualquer imaginam o que aquele pedaço de metal poderia ter comprado quando circulava como dinheiro. A série História do Dinheiro é a solução para essas dúvidas, pois permite que se saiba o poder de compra de uma determinada moeda (e depois das cédulas) na sua época de utilização. E tudo isso acompanhado de comentários sobre a histórica econômica mundial para melhor compreensão dos aspectos sociais de cada recorte temporal.

Quando analisamos a história do dinheiro, em especial a história monetária mundial, temos um longo caminho, iniciado há mais de 2.500 anos. Essa história em muitos momentos se confunde com a própria história da humanidade, sendo possível contar com precisão muitos fatos históricos através do que está representado nas moedas. Isso se confirma pelo fato de que a humanidade só sabe como era Cleópatra VII, a mais famosa rainha do Egito, pelas moedas cunhadas na época que traziam estampadas seu busto. Se não fosse por isso, talvez a posteridade nunca soubesse como Cleópatra se parecia.

As moedas são utilizadas desde a sua criação, no século VII a.C., no Reino da Lídia, como importante veículo de comunicação e poder, com os governos estampando nelas as suas vitórias, possessões, lendas, símbolos, deuses, fauna e flora, bem como suas figuras públicas como reis, presidentes, primeiros-ministros e ditadores, imortalizando-se e gravando seus nomes para sempre de uma forma que não é possível apagar.

Nesses estudos e em tudo relacionado à história do dinheiro surge a Numismática, que é a ciência que estuda as moedas, cédulas, medalhas, fichas, vales, jetons e outros objetos monetiformes. Ou seja, tudo relacionado à história do dinheiro é estudado por essa área do conhecimento. Mas a numismática vai além da pesquisa, também compreendendo o colecionismo desses objetos. Mais recentemente o estudo passou a englobar um novo campo, que são as moedas virtuais. A cada ano surgem novas possibilidades de pesquisa e colecionismo, tornando essa ocupação prazerosa e dinâmica.

Aqui no Brasil a entidade responsável pela organização desses estudos e auxílio dos colecionadores é a Sociedade Numismática Brasileira, entidade quase centenária, fundada no dia 19 de janeiro de 1924, em São Paulo, com a presença de poucos colecionadores, mas que hoje conta com outras associações similares e um grupo bem maior de colecionadores tanto nacionais como no exterior.

A SNB é uma entidade civil, sem fins lucrativos, mantida por seu corpo de associados. Tendo como finalidade exclusiva a promoção e desenvolvimento da Numismática. Foi reconhecida de utilidade pública em 1951, por meio da Lei Estadual nº 1.342 de 11 de dezembro de 1951 e está inscrita no Ministério da Cultura sob o nº 35.002.588/87-41. Conta com uma sede própria de 320 m² no centro de São Paulo, onde estão seu museu numismático e sua biblioteca, uma das maiores da América Latina, com mais de 3.000 exemplares.

Para nós da Sociedade Numismática, colecionadores e pesquisadores ávidos, sermos contemplados pela publicação da série História do Dinheiro é algo formidável, principalmente pelo fato do autor não ser do nosso meio, mas ser tão apaixonado pela história das moedas quanto nós, tornando-o tão numismata quanto nós.

Aqui registramos, em nome de todos os associados, nossos agradecimentos ao autor, Antonio Luiz M. C. Costa, pela pesquisa e publicação deste importante estudo que auxiliará a todos que se interessam por numismática, economia e pela história mundial. Também agradecemos aos nossos associados que apoiaram a publicação dessa série. Com a união dos apaixonados pela Numismática tornaremos a pesquisa numismática no Brasil cada vez mais avançada e referência no campo internacional.

Bruno Henrique Miniuchi Pellizzari
Vice-Presidente da Sociedade Numismática Brasileira

FINANCIADORES QUE VALEM OURO

Agradecemos a todos os apoiadores fãs de numismática e entusiastas da História da Economia mundial. E queremos depositar um obrigado especial a Bruno Pellizzari e a Sociedade Numismática Brasileira (www.snb.org.br), cujo incentivo e colaboração na divulgação nos foi de grande valor para realizar mais este projeto.

Abel Mendonça
Advocacia Garcez
Alan Maschion Guimaraes
Alexandre Dias Rodrigues
Alexandre Dorota Oliveira Martins
Alexandre Velho
Allana Dilene de Araújo de Miranda
Ana Carolina Andrade
André Mellini
Associação Amigos do Museu de Valores
Athos Assumpção
Augusto Bello Zorzi
Breno dos Santos Magalhães
Bruno Belloc Nunes Schlatter
Bruno César Alves Cantuária
Bruno Pellizzari
Bruno Pinheiro Ivan
Carlos Eduardo Cordeiro Fini
Carlos Eduardo Rodrigues Biondo
Carlos Porto Filho
Carlos Santos Amorim Junior
Claudio Angelini
Conrado De Biasi
Dalva R. Freire
Diego Pereira Batista
Douglas Cruz de Carvalho
Douglas Wallace
Edil Gomes
Edson Elnei Lehr
Eduardo Maciel Ribeiro
Elias de Paula lima
Euclides Colaço
Fábio Brasil da Silva
Fabio Henrique Alves
Fernando Schubert
Filipe Alface
Gabriel Mamoru Marques Shinohara
Gio D Vazzoler Katsuo
Giordano Alan Barbosa Sereno
Gleison Juliano Wojciekowski
Gustavo Fernandes
Gustavo Frade
Henrique J. M. C. da Costa
Honório Gomes
Igor Vaz Guimarães
Itané de Borba
João Goulart de Souza Gomes

José Daneluzzi Barone
Jose Joaquim Porto de Paula
José Tertuliano Oliveira
Joseane Baratto
Julio Stodieck
Julio Yamawaki
Leandro Volpini Bernardes
Leonardo Henrique
Lucas Freitas de Figueiredo Andrade
Luciana Liscano Rech
Luciano Borges Junqueira
Luciano Orcy Sauer
Luis Alberto de Seixas Buttes
Luiz Eduardo Viaccava
Luiz Felipe Proost de Souza
Marcelo Brum
Marcelo Pinella Valerio
Marco Antonio da Costa
Marco Poli de Araujo
Marcos Souza Ferreira
Marcos Yokota
Marília Carneiro Godinho
Mateus Vacelli Spina
Matheus Milani
Mauricio Nardini
Mauricio Vaillant Amarante
Mauro Cavalcante Mesquita Filho
Milton Saes Junior
Moab Agrimpio
mushi-san
Oracir Alberto Pires do Prado
Oswaldo M. Rodrigues Jr.
Otavio Duarte
Paulo Cesar Fim
Paulo Cezar Mendes Nicolau
Plínio Pierry Borges Mota
Rafael Augusto de Mattos Ferreira
Rafael Lobato
Ricardo Dutra Sugahara
Rodrigo Calegario
Rodrigo Luciano de Paula
Rodrigo Ortiz Vinholo
Roger Israel Feller
Ronaldo Cunha
Soren Francis
Telma Ceolin
Tenor e Pellizzari Leilões
Thiago Carvalho Bayerlein
Thiago Tonoli Boldo
Tiago Luiz Ribeiro Gonçalves
Walter Nieves Filho
William Gomack
Willy Vukan
Yuri Victorino Inácio da Silva

Coleção de não-ficção do mesmo autor:

História do Dinheiro v. I

História do Dinheiro v. II

História do Dinheiro v. III

História do Dinheiro v. IV

Batalhas Espaciais

Títulos de Nobreza e Hierarquias

Armas Brancas

Este livro foi impresso em papel pólen bold na Renovagraf em Novembro de 2021.